Hans-Friedrich Eckey

Regionalökonomie

Hans-Friedrich Eckey

Regionalökonomie

Unter Mitarbeit von:
Nina Muraro

GABLER

Bibliografische Information der Deutschen Nationalbibliothek
Die Deutsche Nationalbibliothek verzeichnet diese Publikation in der
Deutschen Nationalbibliografie; detaillierte bibliografische Daten sind im Internet über
<http://dnb.d-nb.de> abrufbar.

Univ.-Prof. Dr. Hans-Friedrich Eckey ist Leiter des Fachgebiets Empirische Wirtschaftsforschung und
Ökonometrie an der Universität Kassel.

1. Auflage 2008

Alle Rechte vorbehalten
© Gabler | GWV Fachverlage GmbH, Wiesbaden 2008

Lektorat: Stefanie Brich | Renate Schilling

Gabler ist Teil der Fachverlagsgruppe Springer Science+Business Media.
www.gabler.de

Umschlaggestaltung: Ulrike Weigel, www.CorporateDesignGroup.de
Druck und buchbinderische Verarbeitung: Wilhelm & Adam, Heusenstamm
Gedruckt auf säurefreiem und chlorfrei gebleichtem Papier

ISBN 978-3-8349-0999-2

Vorwort

Das Lehrbuch will den Lehrinhalt der Regionalökonomie, wie er in den Wirtschaftswissenschaften an Universitäten und Fachhochschulen für fortgeschrittene Studenten
und Studentinnen gelehrt wird, vermitteln. Dabei wird auf mehrere Aspekte verstärkt
Wert gelegt:

■ Die moderne Volkswirtschaftslehre und damit auch die Regionalökonomie ist
häufig formal ausgerichtet und setzt gute Kenntnisse in der Mathematik voraus.
Zum besseren Verständnis und zur besseren Lesbarkeit des Textes sind mathematische Ableitungen in den Anhang aufgenommen worden. Mathematisch weniger
interessierte Leser können diese Ableitungen übergehen, ohne dass dies die weitere Lektüre erschwert. Außerdem sollen Beispiele das Verständnis erleichtern.

■ Das Buch will die Brücke von der Theorie der Regionalökonomie zu ihrer politischen Anwendung schlagen. Dies soll den Studierenden die Bedeutung der Regionalökonomie für die praktizierte Wirtschaftspolitik deutlich machen. Es ist deshalb (auch) anwendungsorientiert und damit ebenfalls für Praktiker der regionalen Wirtschaftspolitik interessant, die sich für die theoretischen Grundlagen der
Regionalpolitik interessieren.

Grundlage des Buches ist ein Manuskript, das mehrfach der Vorlesung „Regionalökonomie" an der Universität Kassel zugrunde gelegt wurde; Anregungen der Studierenden, denen das Manuskript im Internet zur Verfügung gestellt wurde, waren er-
wünscht und wurden – wenn immer möglich – in das Lehrbuch aufgenommen.

Außerdem haben mehrere Kollegen und wissenschaftliche Mitarbeiter den Entwurf
gelesen, ihn einer kritischen Betrachtung unterzogen und Verbesserungsvorschläge
gemacht. Insbesondere möchte ich Herrn Kollegen Prof. Dr. Reinhold Kosfeld und
meinen wissenschaftlichen Mitarbeitern, Frau Nina Muraro, Herrn Günter Schu-
macher und Herrn Alexander Werner für viele anregende Diskussionen danken.

Mit großem Engagement wurde das Manuskript von Frau Iris Tolle und Frau Dagmar
von Bargen geschrieben. Auch ihnen sei herzlich für ihre Geduld und Sorgfalt gedankt.

Kassel, im April 2008

Hans-Friedrich Eckey

Inhaltsverzeichnis

Verzeichnisse

Abbildungsverzeichnis

Tabellenverzeichnis

Übersichtsverzeichnis

Symbolverzeichnis

a	1. positive externe Effekte in Region A
	2. Parameter
A	1. Arbeit
	2. Standort A
A_A^*	Arbeitsangebot
A_G^*	gleichgewichtige Arbeitsmenge (Vollbeschäftigung)
A_N^*	Arbeitsnachfrage
A_C	Arbeitsmenge in der Region C
A_D	Arbeitsmenge in der Region D
AP_i	Angebotspotential in einer Region i
$Absatz_A$	Absatz an Standort A
$Absatz_G$	Gesamtabsatz aller Standorte
AKR	Arbeitskraftreservekoeffizient
AZ	Ausgleichsziel
b	1. positive externe Effekte in Region B
	2. Parameter
B	1. Boden
	2. Beschäftigung
	3. Standort B
B_0	Ballungsoptimum
B_r	realisierte Ballung
BR	Bodenrente
c	marginale Konsumneigung

XVI

cm_j	Konsum des Industriegutes j
C	1. Konsumgüternachfrage
	2. Standort C
C^{aut}	autonomer Konsum
C_A	Konsum der Agrargüter
C_M	Konsum der Industriegüter
d	Entfernung, Reichweite
d_{Einzug}	Einzugsbereich
$d_{i,A}$	Entfernung zwischen den Raumpunkten i und A
d_{max}	äußere Reichweite
d_{min}	innere Reichweite
D	Abschreibungen
DK	Durchschnittskosten
E_i (E_j)	Attraktivität und Größe der Gemeinde i (j)
f	technologischer Standard
f^{int}	regionsintern verursachter technologischer Standard
f^{ext}	regionsextern verursachter technologischer Standard
F	fixer Arbeitseinsatz je Outputeinheit
g	1. Wachstumsrate
	2. Funktionsform
G	1. Gewinn
	2. Staatsnachfrage
GF	Ausgaben für die benötigte Gewerbefläche
H	Humankapital
i	1. Raumpunkt
	2. Region
	3. Gut
inv	Investitionsquote
I	Investitionen
IZL	Investitionszulagen
IZS	Investitionszuschüsse
j	1. Produktionsfaktor
	2. Region

k	1. variable Kosten pro produzierter Einheit
	2. Kapitalintensität $\left(\dfrac{K}{A}\right)$
	3. Anzahl der Inputfaktoren
k_{ji}	Anteil des Kapitalimports aus j nach i am BIP in i
K	1. (Sach-)Kapital
	2. Kosten
K_{ji}	Kapitalimport aus j nach i
Kf	Fixkosten
L	Ort der geringsten Arbeitskosten
ℓ	Lohnsatz
m	1. Anzahl der für die Produktion benötigten lokalisierten Materialien
	2. marginale Importneigung
m_{ji}	Wanderungssaldo der Region j mit der Region i, bezogen auf die Bevölkerung in i
M	1. Importe
	2. regionalpolitisches Instrument
MI	Materialindex
n	1. natürliche Bevölkerungsentwicklung
	2. Halbwertszeit
	3. Lebensdauer
ncm	Anzahl der Industriegüter
N	Nachfrage
O*	Optimalpunkt
p	Preis
p_{v_j}	Preis der Produktionsfaktoren je Flächeneinheit
P	Produktionsstandort
r	1. Zinssatz
	2. Renditeerwartung
r_2 (r_4)	Radius im 2. Fall (4. Fall) des Launhardtschen Modells
r^H	Grenzproduktivität des Humankapitals
r^K	Grenzproduktivität des (Sach-)Kapitals
r_{min}	minimaler Einzugsbereich

R	1. Region
	2. Restwert
s	1. Sparquote
	2. Steuersatz
S	1. Standort
	2. Ersparnisse
SA	Sonderabschreibungen
t	1. Zeitpunkt
	2. Transportkosten pro Entfernungseinheit
T	1. Transportkosten
	2. Transaktionen
	3. Transformationskurve
T_B	„breakpoint"
T_S	„sustainable point"
U	Nutzen
Um	Umwelt
v	1. Produktionsfaktor je Flächeneinheit
	2. Kapitalkoeffizient $\left(\dfrac{K}{Y}\right)$
V	Produktionsfaktor
W	gesamtgesellschaftliche Wohlfahrt
WGP	Wertgrenzprodukt
x	1. mengenmäßiger Output je Einheit eines Produktionsfaktors
	2. Achse im Koordinatensystem
X	1. mengenmäßiger Output
	2. Exporte
y	1. wertmäßiger Output je Einheit eines Produktionsfaktors
	2. Achse im Koordinatensystem
Y	wertmäßiger Output
Y^{lim}	durch geringe Nachfrage limitierter wertmäßiger Output
Y^W	wachstumsmaximaler wertmäßiger Output
Y^A	ausgleichsoptimaler wertmäßiger Output
z	Anzahl der k-Systeme bei Lösch
Z	Subventionen

Griechische Buchstaben

α	Exponent, der sich je nach Dienstleistungsart unterscheiden kann (Reilleysches Gesetz)
α	Produktionselastizität der Arbeit
$1-\alpha$	Produktionselastizität des Kapitals bei konst. Skalenerträgen
β	Produktionselastizität des Kapitals
β	variabler Arbeitseinsatz je Outputeinheit
$\hat{\beta}_1$	durchschnittliche Anpassungsgeschwindigkeit
γ	Produktionselastizität der Umwelt
δ	Hilfswinkel zur Bestimmung der Transportkosten
λ_1	Anteil der Region 1 an der Menge der Industriearbeiter
λ	Grad der Unterschiedlichkeit der Produktionsfunktionen
μ	Nutzenelastizität der Industriegüter
$1-\mu$	Nutzenelastizität der Agrargüter
σ	Substitutionselastizität zwischen den einzelnen Gütern
ϑ	Abschreibungsrate
Δ	Veränderung
ΔB	gesamte Beschäftigungsänderung in der Region
$\Delta EXPBS$	Beschäftigungsexpansion in bestehenden Unternehmen
$\Delta EXPGR$	Beschäftigungsexpansion durch Unternehmensgründungen
$\Delta EXPANS$	Beschäftigungsexpansion durch Ansiedlung von vorher in anderen Regionen tätigen Unternehmen
$\Delta MINBS$	Beschäftigungsminderung in bestehenden Unternehmen
$\Delta MINSCHL$	Beschäftigungsminderung durch Unternehmensschließungen
$\Delta MINVERL$	Beschäftigungsminderung durch Verlagerung in eine andere Region

I Einleitung

I.1 Die räumliche Dimension in den Wirtschaftswissenschaften

Jedes menschliche Handeln spielt sich in Raum und Zeit ab. So hat jedes Wirtschaften eine räumliche und eine zeitliche Dimension, findet also in einem konkreten Standort und zu einem bestimmten Zeitpunkt statt. Während die zeitliche Dimension in der Wirtschaftstheorie in vielfältiger Weise untersucht wurde[1], wird im Hinblick auf die räumliche Dimension meist die vereinfachende, aber unrealistische Annahme von Punktwirtschaften unterstellt.[2] Eine solche Vorgehensweise ist aber nur dann akzeptabel, wenn räumliche Einflüsse bei dem im Modell erklärten Phänomen gar keine oder nur eine untergeordnete Rolle spielen. Bei diesen Einflussgrößen handelt es sich um solche, die konzentrierend auf die ökonomische Verteilung im Raum wirken, also die Bündelung von Produktion und Konzentration in wenigen Raumpunkten verursachen, und solche, die eher dekonzentrierend wirken, also die gleichmäßige Verteilung von Produktion und Konsumtion im Raum nahe legen. Im Zusammenspiel erklären sie Landschaftsstruktur und Städtesysteme; bei Änderungen ihrer Bedeutung im Zeitablauf lassen sich auch der Aufstieg und der Niedergang von Regionen begreiflich machen.

Ein konzentrierender Effekt geht vor allem von **Agglomerationsvorteilen**[3] aus, die sich in interne und externe Überlegenheiten räumlicher Ballungen von wirtschaftlichen Handlungen unterteilen lassen und bereits auf Marshall[4] zurückgehen. Zu den unternehmensinternen Vorteilen zählen **zunehmende Skalenerträge**. Sind X die produzierte Menge und DK_X die mit ihr verbundenen Durchschnittskosten, so gilt $\dfrac{dDK_X}{dX} < 0$ für alle X. Verantwortlich für interne Skalenerträge sind die Existenz fixer

---

1   Die Beschäftigung mit Systemen, die sich im Zeitablauf unter dem Einfluss von Aktionen der Entscheidungsträger und von ihnen nicht beeinflussbaren Rahmenbedingungen entwickeln, hat in der Ökonomie eine lange Tradition; Beispiele sind die Konjunktur- und die Wachstumstheorie. Mit Hilfe der Kontrolltheorie steht ein modernes methodisches Instrumentarium zur Verfügung, intertemporale Haushalts- und Unternehmensoptima zu bestimmen, die sich u.a. in Spar- und Investitionsentscheidungen niederschlagen; sie werden intersubjektiv durch die Höhe des Zinssatzes aufeinander abgestimmt.

2   Isard spricht von „a wonderland of no spatial dimensions" und fordert [Isard, W. (1956, S. VII)] zu Recht, „that a comprehensive theory of society or economy should embrace both time and space dimensions".

3   Vgl. Ottaviano, G. (2004, S. 2564 ff.).

4   Vgl. Marshall, A. (1890).
    Ein guter Überblicksartikel findet sich bei Rosenthal, S.S./Strange, W.C. (2004, S. 2119 ff.).

Kosten, Spezialisierung aus Arbeitsteilung, der lohnende Einsatz von Spezialmaschinen und „learning by doing". Interne Skalenerträge führen zu einer hohen optimalen Betriebsgröße, die sich wegen der dortigen Ergiebigkeit des Arbeitsmarktes nur in Ballungsgebieten realisieren lässt. Die unternehmensexternen Nutzen lassen sich in Lokalisationsvorteile[5] und Urbanisierungsvorteile unterteilen. **Lokalisationsvorteile** beschreiben die externen Ersparnisse, die sich aus der räumlichen Konzentration von mehreren Unternehmen der gleichen Branche ergeben. Die Begründung liegt in der gemeinsamen Nutzung spezifischer regionaler Arbeits-, Beschaffungs- und Informationsmärkte. Der Teil der Ersparnisse, der sich aus der räumlichen Konzentration von nicht branchengleichen Unternehmen ergibt, wird als Urbanitäts- oder **Urbanisierungsvorteil** bezeichnet. Die Nähe zu Vorlieferanten und Abnehmern, zu Banken, Versicherungen und anderen produktionsorientierten Dienstleistungen sowie zu (Aus- und Weiter-) Bildungs- und Forschungseinrichtungen wirkt standortverbessernd.

Dekonzentrierend wirken dagegen **Agglomerationsnachteile** und Transportkosten. Bei den Agglomerationsnachteilen ist an steigende Bodenpreise, hohe Umweltbelastungen und überlastete Infrastruktureinrichtungen zu denken. Räumlich immobile Produktionsfaktoren wie Rohstoffverfügbarkeiten, Boden, Lage und Erreichbarkeit sowie Infrastrukturausstattungen kehren die Vorteile der Massenproduktion ab einem gewissen Output in ihr Gegenteil. Hinzu treten **Transportkosten**, also jene Kosten, die bei der Raumüberbrückung von Personen, Gütern und Nachrichten anfallen. Stellen wir uns eine Fläche vor, über die sich die Nachfrage gleichmäßig verteilt. Findet die Produktion eines Gutes nur in wenigen Raumpunkten statt, so müssen die Güter zum Ort des Verbrauchs geschafft werden. Je geringer die Anzahl der Produktionsstätten, umso höher die durchschnittlichen Transportentfernungen und damit die Transportkosten.

Die bisherige Beschäftigung mit der räumlichen Dimension ökonomischen Handelns hat eine fast 200jährige Tradition. Standorttheorien wurden bereits im 19. Jh. in der europäischen und vor allem der deutschen Nationalökonomie fruchtbar behandelt. Systematische Beschäftigungen mit der Standortwahl von Unternehmen gehen auf Wilhelm Roscher und Albert Eberhard Friedrich Schäffle zurück, doch erst die Arbeiten von Wilhelm Launhardt[6] und Alfred Weber[7] fanden weitgehende Beachtung. Die Vielzahl individueller Standortentscheidungen führt zu bestimmten Raumstrukturen, die durch Raumwirtschaftsmodelle erklärt werden. Für die Landwirtschaft gehen sie auf von Thünen[8], für das Produzierende Gewerbe auf Lösch[9] und für den Dienstleistungsbereich auf Christaller[10] zurück.

---

5   Auch als Akkumulationsvorteile bezeichnet.
6   Launhardt, W. (1882).
7   Weber, A. (1922).
8   Thünen, J.H. von (1826).
9   Lösch, A. (1940).
10 Christaller, W. (1933).

Die Beschäftigung der Volkswirtschaftslehre mit Fragen der Raumwirtschaftstheorie erlebt ausgeprägte Konjunkturen. Zeiten, in denen die Regionalökonomie eher einen weitgehend unbeachteten Randbereich der Volkswirtschaft darstellt, folgen Phasen, in denen sie in den Mittelpunkt des Interesses rückt. So war die Regionalökonomie seit Ende der 60er Jahre des vorigen Jahrhunderts aus dem Blickpunkt der wirtschaftswissenschaftlichen Forschung verschwunden, erlebt jedoch seit Ende der 80er Jahre eine Renaissance. Impulse kamen insbesondere aus den USA, wo – aufbauend auf Überlegungen zur Außenhandelstheorie (Krugman)[11], zur neuen Wachstumstheorie (Lucas, Barro)[12] und zur Clusterforschung (Porter)[13] – das Feld der „Regional Economics" einen erheblichen Aufschwung nahm.

Verantwortlich für diese erfreuliche Entwicklung sind zum einen die weltweiten Globalisierungsprozesse mit ihren tiefgreifenden Auswirkungen auf Wirtschaftsräume und zum anderen geänderte Rahmenbedingungen der vor neuen Problemen stehenden regionalen Wirtschaftspolitik, die konzeptionelle Änderungen nahe legen.

Die sinkende Bedeutung nationaler Grenzen durch die Auflösung des Ostblocks, durch die Bildung von supranationalen Wirtschaftsgemeinschaften und durch den Abbau von tarifären und nichttarifären Handelshemmnissen im Rahmen der World Trade Organization (WTO) sowie erhebliche Fortschritte beim Transport von Gütern, Nachrichten und Personen hat zu einer **Globalisierung** ökonomischer Prozesse geführt, die sich als neue, fortgeschrittene Form der Internationalisierung definieren lässt. Diese zunehmende weltweite Verflechtung führt aber auch zu einer **Aufwertung der Regionen**, die zulasten der Nationalstaaten an Bedeutung gewinnen. „Statt Nationalökonomie ist Regionalökonomie gefragt."[14] Die Begründung liegt in einer durch die Globalisierung hervorgerufene erhöhte Wettbewerbsintensität zwischen Unternehmen, in der Unternehmen in hochentwickelten (und damit teuren) Ländern nur überleben können, wenn sie durch kontinuierliche Lernprozesse ihre Produkte und Produktionsprozesse laufend verbessern, um ihren Wissens- und Wettbewerbsvorsprung gegenüber konkurrierenden Unternehmen auszubauen oder zumindest zu erhalten. Technologisch anspruchsvolle Produktion und komplexe Innovationsprozesse erfordern aber interaktives Handeln und gemeinsame Problemlösungen zwischen den Herstellern, Zulieferern und Abnehmern in einer Wertschöpfungskette. Diese produkt- und prozessbezogenen gemeinsamen Lernprozesse funktionieren dann besonders gut, wenn die Interaktionen personengebunden sind bzw. ein Mindestmaß an Übereinkünften und Regeln zur Zusammenarbeit existiert. Hierfür ist räumliche Nähe besonders hilfreich, und zwar aus mehreren Gründen: Zum einen ist ein Großteil des Wissens nicht kodifizierbar, sondern an Personen gebunden; der gewünschte Wissensaustausch ist also an persönliche Kontakte geknüpft. Zum Zweiten sind solche persönlichen Kontakte auch Basis für das Entstehen eines Vertrauensverhältnisses, das für

---

[11] Vgl. Krugman, P.R. (1991a).
[12] Lucas, R.E. (1988); Barro, P.J./Sala-i-Martin, X. (1995).
[13] Porter, M.E. (1999).
[14] Baron, S. (2006).

den Austausch von Wissen unerlässlich ist, und zum Dritten existiert durch die Einbindung in eine gemeinsame Region ein gesellschaftlicher Sanktionsmechanismus, der ein Abweichen von (explizit vereinbarten oder impliziten) Regeln sehr unwahrscheinlich werden lässt. Regional organisierte Produktionssysteme führen damit zu erheblichen Wettbewerbsvorteilen, weil unternehmensspezifische Kompetenzen zu einem großen Teil auf regionsspezifischen Ressourcen, Qualifikationen und Institutionen basieren. Enge Produktionsbeziehungen in regionalen Netzwerken sichern die globale Wettbewerbsfähigkeit.[15] Diese Auswirkungen der Globalisierung auf die Regionalökonomie lassen sich wie folgt grafisch darstellen.

Abbildung I.1- 1:   *Die Auswirkung der Globalisierung des Wirtschaftens auf die Ökonomie und Politik der Regionen*

Quelle: Blume, L. (2003), S. 20

Hinzu treten eine Reihe weiterer Faktoren, die die Regionalökonomie stärker in den Mittelpunkt des wissenschaftlichen und politischen Interesses rückt.

■ **Geopolitische Änderungen** haben das ökonomische Gefüge zwischen den Nationalstaaten verändert. Durch den Zusammenbruch des Ostblocks und die Erweite-

---

15   In enger Anlehnung an Bathelt, H. (2000). Siehe auch das Kapitel III.2.3.2.2.4 Cluster- und netzwerkorientierte regionale Wirtschaftspolitik.

rung der EU entstanden neue Handelsstrukturen zwischen Ländern und Regionen, wobei der Wettbewerbsdruck zwischen den Wirtschaftsräumen erheblich zugenommen hat. Verstärkt wird diese Tendenz dadurch, dass Schwellenländer wie China und Indien intensiv auf die Weltmärkte drängen und damit ebenfalls rentable Produktionen insbesondere in strukturschwachen Regionen hochentwickelter Industriestaaten gefährden.

- Durch die **Wiedervereinigung Deutschlands** und die **Erweiterung der EU** hat sich das Gefälle zwischen den Regionen erheblich intensiviert. Es sind neue Problemgebiete wie extrem dünn besiedelte, periphere ländliche Räume und ökologisch hoch belastete alte Industriegebiete aufgetreten, die es bisher in dieser Form nicht gegeben hat.

- Der gesellschaftliche Veränderungsprozess von der Industriegesellschaft in die Dienstleistungs- und Wissensgesellschaft hat zur Folge, dass sich die Bedeutung von Standortfaktoren verändert. Waren in der Agrar- und Industriegesellschaft die klassischen Produktionsfaktoren Boden, Arbeit, Kapital von entscheidender Bedeutung, so ist heute wirtschaftlicher Erfolg hoch entwickelter Volkswirtschaften ohne technischen Fortschritt und eine breite Wissensbasis nicht denkbar. Diese **Umgewichtung der Standortfaktoren** hat mehrere regionale Auswirkungen. Zum einen verstärkt die Bedeutung von Innovation und Wissen als entscheidende Parameter im interregionalen Wettbewerb die Entwicklungsunterschiede zwischen florierenden Dienstleistungszentren auf der einen und strukturschwachen, zurückgebliebenen Regionen auf der anderen Seite. Auch dieser Faktor impliziert ein weiter zunehmendes Regionalgefälle. Hinzu tritt, dass Human- und Sachkapital erheblich mobiler sind als die traditionellen Produktionsfaktoren Boden und einfache Arbeit. Auch aus diesem Grund nimmt die Wettbewerbsintensität zwischen den Regionen erheblich zu. Geringe Anpassungsflexibilitäten an geänderte Rahmenbedingungen sowie eine falsche Politik treffen Wirtschaftsräume viel härter und unmittelbarer als bisher.

Es sind somit zwei Tendenzen unübersehbar: Erstens gewinnt die regionale Ebene für die wirtschaftliche Entwicklung von Unternehmen zunehmend an Bedeutung; unternehmensspezifische Kompetenzen gründen sich zu einem erheblichen Teil auf die Einbindung in regionsspezifische Innovationen, Institutionen, Qualifikationen und Ressourcen. Zweitens nehmen aufgrund der Marktkräfte die Unterschiede in den regionalen Lebensverhältnissen zu; es droht die Gefahr eines kumulativen Prozesses, in dem reiche Regionen noch reicher und arme Regionen noch ärmer werden.

Damit ist der Einsatz der regionalen Wirtschaftspolitik verstärkt erforderlich. Sie hat zum einen die zunehmende Aufgabe, Interaktionsprozesse zwischen den Unternehmen von Wirtschaftsräumen zu unterstützen und zu organisieren, und zum anderen

Sorge dafür zu tragen, dass die Kluft zwischen den Regionen nicht immer größer wird.[16]

Diesen gestiegenen Anforderungen an die regionale Strukturpolitik stehen (speziell in Deutschland) immer geringere Möglichkeiten einer traditionellen Ausgestaltung gegenüber. Dies ist vor allem auf drei Faktoren zurückzuführen: Erstens sind die öffentlichen Kassen leer; umfangreiche Transfers zugunsten zurückgebliebener Wirtschaftsräume stoßen zunehmend an ihre Grenzen. Zweitens steht die gesamte Volkswirtschaft unter erhöhtem Wettbewerbsdruck, dem sie nur dann Stand halten kann, wenn sie Wachstum in Regionen mit komparativen Wettbewerbsvorteilen, also vor allem die innovativen Verdichtungsräume, nicht limitiert, sondern fördert. Der internationale Wettbewerbsdruck verlangt eine stärkere Betonung des gesamtwirtschaftlichen Wachstums- zulasten des interregionalen Ausgleichsziels. Was geschieht aber mit den strukturschwachen Wirtschaftsräumen? Und drittens stößt die nationale Regionalpolitik deshalb zunehmend an ihre Grenzen, weil die Europäische Union verstärkt Kompetenzen an sich zieht. Sie betreibt mittlerweile eine eigene regionale Entwicklungspolitik[17], die die nationale Ebene zu Anpassung und Koordination zwingt. Außerdem überprüft sie die Maßnahmen der nationalen Regionalpolitik im Rahmen der Beihilfekontrolle daraufhin, ob sie evtl. den Wettbewerb zwischen den Mitgliedsstaaten verfälschen; diese Maßnahmen sind dann zu unterlassen.

> Jedes Handeln spielt sich an einem bestimmten Ort ab. Diese räumliche Dimension ist in der traditionellen Wirtschaftstheorie und -politik kaum berücksichtigt worden. Dies ändert sich in der jüngsten Vergangenheit, weil die Einbettung in eine Region zunehmend über die Wettbewerbsfähigkeit von Unternehmen entscheidet und die regionale Wirtschaftspolitik vor völlig neuen Problemen sowie einem erhöhten Handlungsdruck steht.

---

[16] Wachstums- und Ausgleichsziel werden ausführlich in den Kapiteln III.2.1.1 Das Wachstumsziel und III.2.1.3 Das Ausgleichsziel dargestellt.

[17] Vgl. Kapitel III.3.1 Die Ebene der Europäischen Gemeinschaft: Die Strukturfonds.

I.2 Grundlegende Begriffe und Tatbestände

I.2.1 Region, Regionalökonomie, Raumwirtschaftstheorie und regionale Wirtschaftspolitik

Vor dem Einstieg in die Grundlagen der Regionalökonomie gilt es, sie zu definieren und von eng verwandten Begriffen abzugrenzen.

Unter **Regionalökonomie** versteht man die **wissenschaftliche Beschäftigung mit der Verteilung menschlicher (vor allem wirtschaftlicher) Aktivitäten im Raum.** Diese Beschäftigung gliedert sich in die Teilaspekte:[18]

a) **Beschreibung von Raumstrukturen**

Typische Fragestellungen sind z.B.:

◾ Wie kann man wirtschaftlichen Wohlstand von Regionen[19] messen?

◾ Wie sieht der Wohlstandsunterschied zwischen Regionen aus (= statische Analyse) und wie hat er sich entwickelt (= dynamische Analyse)?

◾ Werden die regionalen Entwicklungsunterschiede im Zeitablauf größer (= Divergenz) oder kleiner (= Konvergenz)?

b) **Erklärung von Raumstrukturen**

Hier wird nach dem „Warum?" für die Entstehung und Veränderung räumlicher Strukturen gefragt, etwa:

◾ Warum sind bestimmte Regionen wohlhabender als andere?

◾ Warum entwickeln sich bestimmte Regionen besser als andere?

◾ Warum siedelt sich ein Unternehmen im Standort S_A an und nicht in einem anderen Standort S_B?

◾ Warum kauft ein Konsument im Ort S_A und nicht im Ort S_B ein?

c) **Bewertung von Raumstrukturen**

Hier werden gegebene Raumstrukturen (= so sind die ökonomischen Aktivitäten im Raum verteilt) mit räumlichen Leitbildern (= so sollten sich die ökonomischen Aktivitäten im Raum verteilen) verglichen. Die hiermit verbundene zentrale Fragestellung lautet: Klaffen Ist- und Sollzustand so weit auseinander, dass der Staat in den Marktprozess korrigierend eingreifen sollte?

---

[18] Vgl. Blotevogel, H.H. (2005) und Stiller, S. (2005).
[19] Zur Definition von Region bzw. Wirtschaftsraum vgl. Kapitel II.3.1 Begriff der Region.

d) Beeinflussung von Raumstrukturen

Ist die unter c) gestellte Frage mit ja zu beantworten, so stellt sich das Problem nach einer geeigneten Strategie, mit der man die in der Realität vorhandenen in Richtung auf die angestrebten Raumstrukturen verändern kann. Dabei ergeben sich u.a. folgende Fragestellungen:

- Welche Regionen sollen gefördert werden?

- Wie sieht ein geeignetes Förderinstrumentarium aus?

- Wer soll für den Einsatz des Förderinstrumentariums verantwortlich sein, etwa die Förderregion selber (= regionale Wirtschaftspolitik durch die Region) oder zentrale Instanzen wie EU, Bund oder Land (= regionale Wirtschaftspolitik für die Region)?

Die Teilaspekte a) und b) bilden die Kernbereiche der Raumwirtschaftstheorie,[20] die Teilaspekte c) und d) die Elemente der regionalen Wirtschaftspolitik.[21] Damit lassen sich die Zusammenhänge zwischen Regionalökonomie, Raumwirtschaftstheorie und regionaler Wirtschaftspolitik wie folgt beschreiben:

Abbildung I.2.1- 1:   Bestandteile der Regionalökonomie

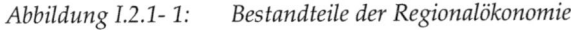

Regionalökonomie
(=Beschreibung, Erklärung, Bewertung und Beeinflussung menschlicher ökonomischer Aktivitäten im Raum)

Theorie der Regionalökonomie
Raumwirtschaftstheorie
(=Beschreibung und Erklärung menschlicher ökonomischer Aktivitäten im Raum)

Politik der Regionalökonomie
Regionale Wirtschaftspolitik
(=Bewertung und Beeinflussung menschlicher ökonomischer Aktivitäten im Raum)

Die **Raumwirtschaftstheorie** will also räumliche Strukturen und Prozesse erklären (**Standorttheorien**) sowie Gründe für ihre Veränderungen aufzeigen (**Regionale Wachstumstheorien**).[22] Einzelwirtschaftliche Standorttheorien erläutern die Standortwahl von Haushalten und Unternehmen, gesamtwirtschaftliche Standortmodelle (auch als Landschaftsstrukturmodelle bezeichnet) die Raumstrukturen, die sich aus dem Zusammenspiel individueller Standortentscheidungen ergeben.

---

20 Vgl. Krieger-Boden, C. (2005).
21 Vgl. Eckey, H.-F. (2005).
22 Vgl. Jenkins, H.-W. (1995), S. 23-36.

Die **Raumwirtschaftspolitik** (= regionale Wirtschaftspolitik) umfasst jene Maßnahmen, die bewusst darauf abzielen, die Raumstruktur, insbesondere die Verteilung menschlicher ökonomischer Aktivitäten im Raum, zu beeinflussen, sie also anders zu gestalten, als sie sich aufgrund des marktwirtschaftlichen Prozesses ergeben hätte. Sie wird dies nur dann tun, wenn die Marktergebnisse in nicht tolerabler Weise von gesellschaftlichen Leitbildern abweichen.

I.2.2   Abgrenzung von eng verwandten Begriffen: Raumordnung und Raumordnungspolitik

Im Folgenden wollen wir die Begriffe

◼ Regionalökonomie und Raumwirtschaftslehre

◼ Theorie der Regionalökonomie und Raumwirtschaftstheorie

◼ Politik der Regionalökonomie, regionale Wirtschaftspolitik, regionale Strukturpolitik und Raumwirtschaftspolitik

synonym gebrauchen. Sie sind Ausdruck der räumlichen Dimension der Volkswirtschaftslehre. Von ihnen zu unterscheiden sind die Begriffe Raumordnung, Raumordnungstheorie und Raumordnungspolitik.

Raumordnung beschäftigt sich nicht nur mit ökonomischen, sondern mit allen menschlichen Aktivitäten im Raum. Damit die Lebensverhältnisse in einer Region als hinreichend empfunden werden, müssen Voraussetzungen erfüllt sein, wie sie aus Abbildung I.2.2- 1 hervorgehen.

Während sich die **Regionalökonomie** schwerpunktmäßig mit der **wirtschaftlichen Entwicklung von Gebieten** beschäftigt, ist der Ansatz der **Raumordnung** wesentlich umfassender und beinhaltet auch die **Versorgung mit Dienstleistungen und Wohnraum sowie die regionale Umwelt- und Sicherheitssituation.**

Raumordnung setzt aber nicht nur an der Lebenssituation in einer Region, sondern auch an dem Verhältnis zwischen verschiedenen Räumen an. Zwei (oder mehrere) Regionen können

◼ kooperieren oder in Wettbewerb miteinander stehen.

◼ gleichberechtigt oder hierarchisch miteinander verbunden sein.

◼ in engem Austausch miteinander stehen oder sich voneinander abschotten.

◼ sich in ihrer Entwicklung gegenseitig begünstigen oder bremsen.

Abbildung I.2.2- 1:   *Tatbestände, die die Lebenssituation in einer Region beeinflussen*

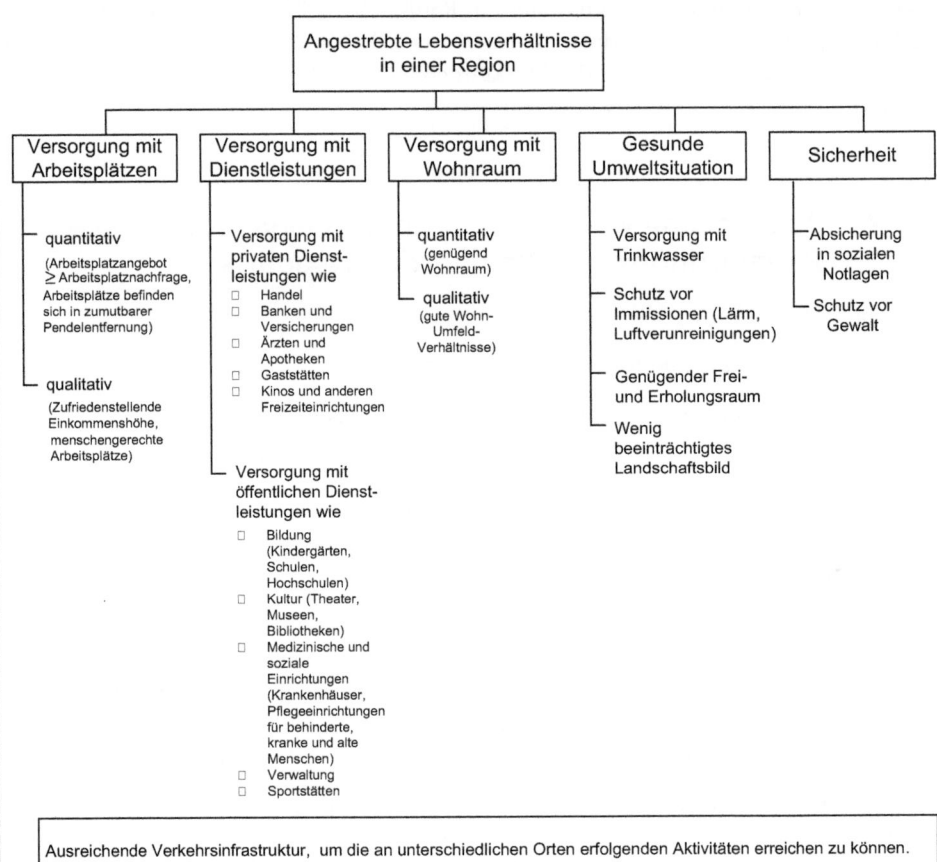

auf ähnlichem Entwicklungsstand stehen oder ein Gefälle zueinander aufweisen.

die gleichen oder unterschiedliche Entwicklungsziele anstreben.

ähnliche oder divergierende Entwicklungsinstrumente einsetzen.

Raumordnung[23] hat also das Verhältnis der Regionen untereinander und die regions-internen Lebensverhältnisse zum Inhalt. Sie gliedert sich in die **Raumordnungstheorie** und die **Raumordnungspolitik**, die auch Regionalpolitik genannt wird. Während die Raumordnungstheorie das Verhältnis der Regionen untereinander sowie die Lebens-verhältnisse innerhalb der Regionen, also die existierende räumliche Ordnung, be-

---

23   Vgl. Sinz, M. (2005), S. 863-872.

schreibt und erklärt, geht die Raumordnungspolitik von normativen Vorstellungen der Ordnung und Entwicklung von Regionen aus (= räumliche Leitbilder) und stellt die Instrumente bereit, die zur leitbildgerechten Gestaltung benötigt werden.

Wichtige **Leitbilder der Raumordnungspolitik**[24] sind:

- die **optimale Verteilung menschlicher Aktivitäten innerhalb und zwischen Regionen** (= optimale Raumnutzung). Die unterschiedlichen Nutzungsansprüche des Menschen an den Raum (Wohnen, Arbeiten, (Verkehrs-) Infrastruktur, Freiraum- und Grünflächen, Flächen für die land- und forstwirtschaftliche Nutzung, Flächen zur Wassergewinnung und Rohstoffförderung) müssen gesammelt, bewertet und in einem räumlichen Gesamtkonzept umgesetzt werden. Solche unterschiedlichen Raumansprüche und daraus resultierende Konflikte treten häufig auf. Wohnen z.B. viele Menschen in der Gemeinde S_A, arbeiten aber in S_B, so erleichtert ein Ausbau der Straße zwischen S_A und S_B das Pendeln, erschwert aber evtl. durch Zerschneidungseffekte und zusätzlichen Lärm die Freizeitgestaltung und das Wohnen in ihrem Einzugsbereich.

- die **Gleichwertigkeit der Lebensverhältnisse in allen Teilräumen eines Staates**. Sie findet in Deutschland ihren rechtlichen Niederschlag in Art. 72 Abs. 2 GG und leitet sich aus dem Sozialstaatsprinzip ab. Gleichwertigkeit der Lebensverhältnisse bedeutet dabei nicht Gleichartigkeit, sondern eine Wertgleichheit der Lebensverhältnisse. Sie können sich interregional stark voneinander unterscheiden (z.B. Industrieregionen auf der einen und Fremdenverkehrsregionen auf der anderen Seite), sollen jedoch von den Menschen als (ungefähr) gleichwertig angesehen werden. Die unterschiedlichen funktionalen Stärken der Regionen sollen gezielt gepflegt und ausgebaut werden, um so über räumliche Spezialisierung und Arbeitsteilung zu einer Umsetzung des Ziels der Gleichwertigkeit zu kommen (= funktionsräumliche Arbeitsteilung).

- die **nachhaltige Raumentwicklung**[25], nach der die Raumnutzung so zu gestalten ist, dass sie den Gebrauch durch nachfolgende Generationen nicht beeinträchtigt. Wirtschaftliche und soziale Ansprüche an den Raum sind so mit dem Natur- und Ressourcenschutz abzustimmen, dass ein gerechter Interessenausgleich zwischen den heute Lebenden und nachfolgenden Generationen stattfindet.[26]

Räumliche Leitbilder finden sich vor allem in Gesetzen[27] und Plänen, die als Raumordnungspläne auf unterschiedlichen Ebenen von der EU bis zu den Kommunen aufgestellt werden. Instrumente zur Durchsetzung dieser Leitbilder sind vor allem

---

[24] Konkrete Leitbilder für die Raumordnung in der Bundesrepublik Deutschland finden sich bei BMVBS (2006).

[25] Seit 1998 ist sie in §1 Abs. 2 des Raumordnungsgesetzes (ROG) rechtlich verankert.

[26] Vgl. Bundesamt für Bauwesen und Raumordnung (Hrsg.) (2005), S. 91 ff.

[27] z.B. Raumordnungsgesetz des Bundes (ROG) vom 18. August 1997, zuletzt geändert durch Artikel 10 des Gesetzes vom 9.12.2006 (BGBl. I S. 2833).

- Funktionszuweisungen an Orte (Zentrale Orte, Gewerbeorte, Entwicklungszentren), Linien (Entwicklungsachsen) und Flächen (Vorranggebiete etwa für Freizeit, Wasser- oder Rohstoffgewinnung, land- und forstwirtschaftliche Nutzung u.ä.).

- Prüfungen der Raumverträglichkeit von Großprojekten (Umweltverträglichkeitsprüfung, Raumordnungsverfahren, Planfeststellungsverfahren).

- der räumlich gezielte (Aus-) Bau der Infrastruktur.

- Finanzzuweisungen (kommunaler Finanzausgleich, Gemeindeverkehrsfinanzierungsgesetz GVFG, Wohnungsbaufördermittel sowie Mittel der Stadtsanierung).

Damit besteht zwischen Regionalökonomie und Raumordnung ein Zusammenhang, wie er aus Abbildung I.2.2- 2 hervorgeht.

Abbildung I.2.2- 2:   *Verhältnis von Raumordnung und Regionalökonomie*

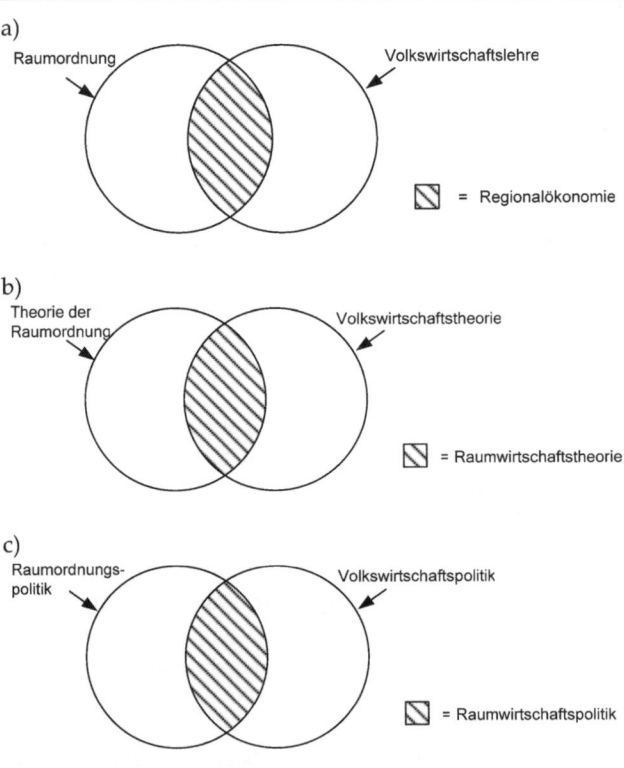

Die Regionalökonomie stellt die Schnittmenge zwischen Raumordnung und Volkswirtschaftslehre dar. Sie gehört zur Volkswirtschaftslehre, weil sie sich wie diese mit der Gesamtheit aller auf die Wirtschaft einwirkenden Kräfte beschäftigt, wobei die

Wechselwirkung zwischen Raum und ökonomischen Aktivitäten der Menschen im Mittelpunkt des Erkenntnisinteresses steht. Sie ist aber auch Teilgebiet der Raumordnung, weil sie sich mit der Nutzung des Raumes durch den Menschen beschäftigt.

> Unter Regionalökonomie verstehen wir jenen Teil der Volkswirtschaftslehre, der sich schwerpunktmäßig mit der räumlichen Dimension ökonomischen Handelns beschäftigt. Sie lässt sich in die Theorie der Regionalökonomie (= Beschreibung und Erklärung ökonomischer Aktivitäten im Raum) und Politik der Regionalökonomie (= Bewertung und Beeinflussung ökonomischer Aktivitäten im Raum) gliedern. Eng verwandt ist sie mit dem Begriff der Raumordnung, die den Raum nicht nur ökonomisch, sondern umfassender betrachtet. Regionalökonomie stellt daher die Schnittmenge zwischen der Volkswirtschaftslehre auf der einen Seite und der Raumordnung auf der anderen Seite dar.

I.3 Aufbau des Lehrbuchs

Die Definition der Regionalökonomie legt einen bestimmten Aufbau des Buches nahe, dem wir folgen werden. Begonnen wird mit der Theorie der Regionalökonomie, bei der wir mit der Standortwahl von Unternehmen (Kapitel II.1) anfangen werden. Dabei werden wir zunächst darlegen, was Standortfaktoren sind und wie sie die Standortwahl beeinflussen (Kapitel II.1.1). Anschließend werden wir drei spezielle Standortmodelle vorstellen, die grundlegenden Charakter in der Standorttheorie gewonnen haben und auf die weiterführende Theorien aufbauen; hierbei handelt es sich um die Modelle Launhardts (Kapitel II.1.2.1), Webers (Kapitel II.1.2.2) und Hotellings (Kapitel II.1.2.3).

Die individuellen Standortentscheidungen einer Vielzahl von Wirtschaftssubjekten führen zu einer bestimmten Raumstruktur, die wir als ökonomische Landschaft bezeichnen wollen. Wegen unterschiedlicher Einflussgrößen empfiehlt es sich, dabei zwischen Landwirtschaft (Kapitel II.2.1), Industrie (Kapitel II.2.2) und Dienstleistungen (Kapitel II.2.3) zu unterscheiden.

Die ökonomische Landschaft ist dauernden Änderungen unterworfen, so dass es unbedingt erforderlich ist, die gegebene räumliche Verteilung ökonomischer Aktivitäten zu einem bestimmten Zeitpunkt (= statische Analyse) um ihre Änderung im Zeitablauf (= dynamische Analyse) zu ergänzen. Damit sind wir bei der Regionalen Wachstumstheorie, in der wir zunächst den Begriff der Region klären (= Kapitel II.3.1) und darlegen, welche Einflussgrößen ihr ökonomisches Wachstum bestimmen (Kapitel II.3.2); ausgewählte spezielle regionale Wachstumstheorien schließen sich an (Kapitel II.3.3). Abschließend wollen wir empirisch bestimmen, wie sich die Regionen in Deutschland entwickeln und ob die Kluft zwischen ihnen größer oder kleiner wird (Kapitel II.3.4).

Damit ist der Übergang zur regionalen Wirtschaftspolitik vollzogen, in der wir uns zunächst mit der Frage auseinandersetzen wollen, warum es überhaupt sinnvoll ist, innerhalb eines marktwirtschaftlichen Systems Regionalpolitik zu betreiben, warum man also die Verteilung ökonomischer Aktivitäten im Raum nicht dem Markt überlässt, sondern hier korrigierend durch politische Maßnahmen eingreift (Kapitel III.1). Welche Ziele werden hierbei angestrebt und warum werden sie nicht über den Markt realisiert (Kapitel III.2.1)? Hat sich die Politik zur Beeinflussung ökonomischer Landschaften entschlossen, so steht sie vor der Klärung bestimmter Grundsatzentscheidungen (Kapitel III.2.2), insbesondere vor der Frage, welches Instrumentarium sich zur Erreichung der angestrebten Ziele am besten eignet (Kapitel III.2.3.1 und III.2.3.2) und wie seine Effizienz überprüft werden kann (Kapitel III.2.3.3).

Abschließend wollen wir darstellen und kritisch reflektieren, wie in Deutschland regionale Wirtschaftspolitik praktisch betrieben wird (Kapitel III.3). Dabei werden wir bei den Trägern der Maßnahmen die regionalen Ebenen der EU, des Bundes und der Länder sowie der Kommunen unterscheiden.

II   Theorie der Regionalökonomie

II.1   Mikroökonomische Standorttheorien: Die Standortwahl von Unternehmen

II.1.1   Die Standortwahl beeinflussende Faktoren

II.1.1.1   Theoretische Begründung der Standortfaktoren

Als **Standort** bezeichnet man in der Regionalökonomie einen vom Menschen für bestimmte Nutzungen, insbesondere die Produktion von Gütern und Dienstleistungen, ausgewählten Raumpunkt.

Standortwahl ist der Entscheid zwischen mehreren Raumpunkten, die um eine bestimmte Nutzung im Wettbewerb miteinander stehen.[28]

Standortfaktoren sind jene ökonomischen Größen, die die Standortwahl beeinflussen und bestimmen.

Im Hinblick auf Standortwahl und Standortfaktoren sind mehrere Einteilungen und Unterscheidungen sinnvoll. Beginnen wir mit einer entsprechenden Systematisierung der Standortwahl.[29]

---

[28] Der Standortwettbewerb ist ein Wettbewerb im Raum, zwischen Orten, Städten, Regionen und Ländern, der sich auf drei Ebenen vollzieht (Siebert, H. 2000):
- Zwischen den Unternehmen, die mit ihren Produkten im Wettbewerb der Gütermärkten der Welt stehen.
- Zwischen Länder und Staaten, die auf internationalen Faktormärkten um die mobilen Produktionsfaktoren Kapital, technisches Wissen und qualifizierte Arbeitskräfte (Humankapital) konkurrieren.
- Zwischen den immobilen Produktionsfaktoren wie den geringer qualifizierten Arbeitskräften, die im Wettbewerb um komplementäre Produktionsfaktoren wie Sachkapital und hoch qualifizierte Arbeitskräfte stehen.

Eine andere Bewertung der internationalen Wettbewerbsfähigkeit und der Standortqualität Deutschlands am Ende der neunziger Jahre unterscheidet zwischen den Möglichkeiten:
- ability to sell (Möglichkeit etwas zu verkaufen),
- ability to attract (Fähigkeit mobile Produktionsfaktoren anzuziehen),
- ability to innovate (Innovationsverhalten) (Löbbe, K. 2000).

Als Indikator einer relativ hohen Standortqualität gilt i.A. die Attraktivität des jeweiligen Landes für Anlage suchendes Kapital (vgl. III.2.3.1. Abgrenzung und Bestimmung der Förderregionen).

[29] Vgl. Schöler, K. (2005b).

■ Bei der Standortwahl wird zunächst zwischen einem **normativen (= neoklassischen)** und einem **positiven (= behavioristischen)** Ansatz unterschieden. Der normative Ansatz legt dar, wie sich ein Unternehmen bei der Standortwahl entscheiden sollte, wenn es ein vorgegebenes Unternehmensziel bestmöglich realisieren will. In einer Marktwirtschaft stellt das Gewinnmotiv die wichtigste Antriebskraft unternehmerischen Handelns dar, da es kurzfristig zu hohem Einkommen führt und langfristig das Überleben des Unternehmens sichert. Im normativen Modell wird daher (in der Regel) der Standort gesucht, der den Gewinn maximiert.

Im Rahmen der positiven Standortwahl wird der Frage nachgegangen, warum sich Unternehmen im Rahmen der Standortwahl für einen bestimmten Raumpunkt entschieden haben. So kann der Abbruch der Standortsuche nach dem Auffinden eines Raumpunktes, der auskömmlichen Gewinn verspricht, die Berücksichtigung familiärer und historisch-zufälliger Aspekte, der Wunsch, in der Heimatregion zu bleiben, oder das Übernehmen eines bereits bestehenden Unternehmens zur Wahl eines Standortes führen, der nicht gewinnmaximal ist.

■ Bei der Standortwahl ergeben sich **unterschiedliche regionale Ebenen**. Entscheidet z.B. ein weltweit agierender Konzern wie BMW über die Produktionsstätte eines neuen Autos, so stehen zunächst Großräume wie Asien, Amerika und Europa in Standortwettbewerb miteinander (= **großräumige Standortwahl**). Ist dann die Entscheidung z.B. zugunsten von Europa gefallen, ist die Auswahl zwischen Nationalstaaten wie Deutschland, Frankreich, Polen usw. vorzunehmen (= **nationale Standortwahl**). Innerhalb des Nationalstaates ist dann eine bestimmte Region auszuwählen (= **regionale Standortwahl**); so hat sich BMW u.a. für die Region Leipzig entschieden. Schließlich entscheidet sich das standortsuchende Unternehmen für ein bestimmtes Grundstück innerhalb der ausgewählten Region (= **kleinräumige Standortwahl**). Letztlich besteht noch die Möglichkeit einer Standortentscheidung für eine bestimmte ökonomische Aktivität innerhalb einer bestehenden Betriebsstruktur (= **innerbetriebliche Standortwahl**).

■ Die Standortanforderungen unterschiedlicher Unternehmen weichen sehr stark voneinander ab. Hier macht es Sinn, zu unterscheiden nach

a) **Sektoren.** So achten Industrieunternehmen vor allem auf Kostenunterschiede zwischen den konkurrierenden Standorten, während Dienstleistungsunternehmen ihren Standort häufig kunden- und absatzorientiert wählen.

b) **Funktionen.** Verwaltungs- und Forschungsaufgaben lokalisieren sich wegen der dortigen Agglomerationsvorteile vor allem in Ballungsgebieten, während reine Standardproduktion (= verlängerte Werkbänke) und Logistikaufgaben in peripheren Regionen angesiedelt werden.

c) **Betriebsgrößenklassen.** Große Unternehmen drängen wegen des dortigen ergiebigen Arbeitsmarktes in Ballungsgebiete, kleine Unternehmen dagegen wegen der dort geringeren Lohnkosten in den ländlichen Raum.

d) **dem rechtlichen Status.** Mutterunternehmen wählen häufig Großstädte, während Zweigbetriebe eher peripher angesiedelt werden.

■ Zu beachten ist auch der **Zeitpunkt der Standortentscheidung:**[30]

a) Handelt es sich um eine Unternehmensneugründung (**Standortfestlegung**)?

b) Wird eine Verlagerung des Unternehmens geplant (**Standortänderung**)?

c) Kommt es zu einer Verlagerung von Teilbereichen des Unternehmens (**Standortspaltung**)?

d) Sollen Teilbereiche zusammengelegt werden (**Standortkonzentration**)?

e) Welche Aufgaben sollen die einzelnen Teilbereiche erfüllen (**funktionale Zuordnungen**)?

Als Standortfaktoren haben wir jene ökonomischen Größen definiert, die Einfluss auf die Standortwahl nehmen. Auch sie lassen sich systematisieren:

■ Eine erste Einteilung basiert auf ihrer Spezifität. **Allgemeine Standortfaktoren sind** solche, die alle Unternehmen betreffen; hierzu zählen etwa die Höhe von Steuern und Gebühren, das Vorhandensein von Flächen und Gebäuden sowie die Kosten und die Qualität der Arbeitskräfte. Speziell oder spezifisch heißen dagegen jene **Standortfaktoren**, die nur für ausgewählte Unternehmen von Interesse sind wie die räumliche Nähe zu Universitäten und Forschungseinrichtungen, das Vorhandensein eines internationalen Flughafens oder Abbaumöglichkeiten von Rohstoffen.

■ Eng mit der vorstehenden Einteilung verwandt ist die Unterscheidung zwischen **lokalisierten und ubiquitären Standortfaktoren.** Lokalisierte Standortfaktoren finden sich nur an wenigen Raumpunkten (internationaler Flughafen), während ubiquitäre Standortfaktoren überall vorhanden sind (Industrie- und Gewerbefläche, niederrangige Dienstleistungen).

■ Nach der Position in der Wertschöpfungskette wird zwischen **beschaffungsbezogenen** (Rohstoffe, Energie, Vorlieferanten), **produktionsbezogenen** (Arbeitskräfte, steuerliche Belastung) und **absatzbezogenen** (Nähe zu Abnehmern und Wettbewerbern, Güte der Verkehrsinfrastruktur) **Standortfaktoren** unterschieden.

■ Standortfaktoren, die direkten Einfluss auf Erlöse und Kosten nehmen, werden als **harte Standortfaktoren** bezeichnet, während **weiche Standortfaktoren** außerökonomischer Art sind und nur mittelbar ökonomische Auswirkungen entfalten.

---

[30] Vgl. Bea et al. (2000). S. 336; Schmalen, H. (2002). S. 51.

Übersicht II.1.1.1 -1: Harte und weiche Faktoren der Standortwahl der Unternehmen

Die Produktionsrentabilität beeinflussende (= harte) Faktoren	Den Versorgungs- und Freizeitbereich betreffende (= weiche) Faktoren
▪ Geeignetes Gelände einschl. Ver- und Entsorgung	▪ Gute schulische Versorgung
▪ Nähe zu benötigten Roh-, Hilfs- und Betriebsstoffen	▪ Breite Palette an privaten tertiären Diensten
▪ Nähe zu den Abnehmern	▪ Genügend Freizeiteinrichtungen
▪ Quantitativ und qualitativ ausreichendes Arbeitsangebot	▪ Geringe Umweltverschmutzung
▪ Imagewert von Gemeinden	▪ Hinreichendes kulturelles Angebot
▪ Ansiedlungsbeihilfen	▪ Gute ärztliche Versorgung
▪ Gewerbesteuerhebesatz	▪ Landschaftliche Attraktivität
▪ Energiekosten	▪ Sicherheit
▪ Beratung durch städtische Stellen	
▪ Agglomerationsvorteile a) Skaleneffekte b) Akkumulationseffekte c) Urbanisierungseffekte	
▪ Nähe zu Universitäten und sonstigen Forschungs- und Entwicklungseinrichtungen	

Sucht das Unternehmen nach einem gewinnmaximalen Standort, so nehmen alle erlös- und kostenbeeinflussenden Faktoren auf die Entscheidung Einfluss, die sich in Qualität oder Preis zwischen den Raumpunkten unterscheiden. Betrachten wir hierzu zwei konkurrierende Standorte S_A und S_B, so wird die Entscheidung zugunsten von S_A fallen, wenn in S_A ein höherer Gewinn als in S_B anfällt ($G_A > G_B$). Gehen wir von einem Unternehmen aus, das nur ein Gut X produziert, so gilt für $G_A > G_B$

$$\text{II.1.1.1-1} \qquad p_A \cdot X_A(p_A) - \sum_{j=1}^{m} p_A^j \cdot V_j > p_B \cdot X_B(p_B) - \sum_{j=1}^{m} p_B^j \cdot V_j \, .$$

Der in S_A (S_B) gewinnmaximale Preis sei $p_A(p_B)$; zu ihm werden $X_A(X_B)$ Einheiten abgesetzt. Zur Produktion werden m verschiedene Inputs (Arbeitskräfte, Energie, Vorprodukte usw.) eingesetzt, die in A (B) zum Preis $p_A^j\left(p_B^j\right)$ in homogener Qualität zu erhalten sind. Die eingesetzten Mengen V_j seien technologisch vorbestimmt und unterscheiden sich zwischen den Standorten nicht.

Wir unterstellen zunächst, dass Preis und abgesetzte Menge zwischen beiden Standorten gleich sind. Dies entspricht annähernd der Situation in der Industrie, die die in einem bestimmten Raumpunkt gefertigten Produkte mit heute sehr geringen Transportkosten zu jedem anderen Raumpunkt bewegen kann. Setzen wir vereinfachend $p_A \cdot X_A(p_A) = p_B \cdot X_B(p_B)$, so wird II.1.1.1-1 zu

II.1.1.1-2
$$\sum_{j=1}^{m} p_A^j \cdot V_j < \sum_{j=1}^{m} p_B^j \cdot V_j$$

$$\sum_{j=1}^{m} \left(p_A^j - p_B^j \right) \cdot V_j < 0 \quad \big| : X = X_A = X_B$$

$$\sum_{j=1}^{m} \left(p_A^j - p_B^j \right) \cdot \frac{V_j}{X} = \sum_{j=1}^{m} \left(p_A^j - p_B^j \right) \cdot v_j < 0$$

Damit hat ein **Produktionsfaktor j** auf die Standortwahl umso **größeren Einfluss, je**

▪ **stärker sich sein Preis zwischen verschiedenen Raumpunkten unterscheidet.**

▪ größer der Inputkoeffizient $v_j = \dfrac{V_j}{X}$ ist, **je umfangreicher also der Produktionsfaktor bei der Herstellung des Gutes benötigt wird.**

Betrachten wir zunächst zur Darstellung der Wichtigkeit der Inputfaktoren die Kostenstruktur für das Produzierende Gewerbe und seine einzelnen Sektoren.

Neben der Wichtigkeit der einzelnen Inputfaktoren, die sich für das Produzierende Gewerbe insgesamt erheblich voneinander unterscheiden und sich in den einzelnen Sektoren ganz unterschiedlich darstellen, tritt als zweiter Faktor, der den Einfluss der Produktion auf die Standortwahl bestimmt, der räumlich divergierende Preis der Produktionsfaktoren. Manche Kostenarten wie Fremdkapitalzinsen und nichtörtliche Steuern weisen keine oder nur geringe Unterschiede zwischen verschiedenen Standorten auf und nehmen damit keinen Einfluss auf die Standortwahl, während bei anderen Kostenarten wie Bodenpreise, Mieten und Personalkosten erhebliche Divergenzen im Raum beobachtet werden können. Nicht für alle Kostenarten liegen hierzu die benötigten Informationen auf regionaler Ebene vor. Wir betrachten beispielhaft die Lohn- und Gehaltskosten pro Arbeitsstunde im Produzierenden Gewerbe 2004 in den Stadt- und Landkreisen Deutschlands.

Tabelle II.1.1.1- 1: Kostenstruktur des Produzierenden Gewerbes im Jahr 2004

Anteil am Bruttoproduktionswert insgesamt (in %) Kostenart	Verarbeitendes Gewerbe insgesamt	Höchster sektoraler Wert		Niedrigster sektoraler Wert	
			im Sektor		im Sektor
Personalkosten	20,0	68,5	Kohlenbergbau	1,5	Mineralölverarbeitung
Energieverbrauch	1,7	8,7	Gewinnung von Steine und Erden	0,2	Tabakverarbeitung
Übriger Materialverbrauch	36,8	51,3	Herstellung von Kraftwagen	6,2	Wasserversorgung
Einsatz von Handelsware	15,0	79,1	Gasversorgung	0,1	Stuckateurgewerbe, Gipserei und Verputzerei
Kosten für Lohndienstleistungen	3,2	38,3	Hochbau	0,1	Gewinnung von Erdöl und Erdgas
Kosten für sonstige Dienstleistungen	2,6	35,1	Kohlenbergbau	0,2	Tabakverarbeitung
Mieten und Pachten	1,5	4,1	Spezialbau und sonstiger Tiefbau	0,3	Tabakverarbeitung
Sonstige Kosten (Werbekosten, Provisionen, Prüfungs-, Beratungs- und Rechtskosten, Frachten, Versicherungsprämien u.ä.)	9,1	19,1	Verlags- und Druckgewerbe	1,7	Gasversorgung
Kostensteuern	3,3	49,4	Tabakverarbeitung	0,2	Herstellung von Büromaschinen und EDV-Anlagen
Abschreibung auf Sachanlagen	3,2	20,9	Wasserversorgung	0,7	Tabakverarbeitung
Fremdkapitalzinsen	0,8	9,5	Wasserversorgung	0,3	Gewinnung von Erdöl und Erdgas

Quelle: Eigene Berechnungen nach Statistischem Jahrbuch 2006, S. 367

Die Bandbreite liegt zwischen fast 32 € pro Arbeitsstunde in München, Wolfsburg und Stuttgart sowie wenig über 10 € in Nordvorpommern, Sangershausen und Mecklenburg-Strelitz. Es zeigt sich insgesamt das erwartete Ost-West- bzw. Stadt-Land-Gefälle. Da die Personal- einen erheblichen Anteil an den Gesamtkosten aufweisen und sie im Verhältnis von (fast) 3 : 1 in der Fläche divergieren, ist zu erwarten, dass sie einen deutlichen Einfluss auf die unternehmerische Standortwahl ausüben.

Gehen wir nun von gleichen Kosten im Raum aus, so dass das Unternehmen bei der Standortwahl lediglich zwischen Raumpunkten divergierende Erlöse in sein Kalkül einbeziehen muss. Dies gilt vor allem für Dienstleistungen, bei denen sich der Verbraucher zum Ort des Angebotes bewegen muss. Dann wird die Standortwahl zum einen über die **räumliche Verteilung der Nachfrage** [31] und zum anderen über die **Standortwahl der Wettbewerber** bestimmt.

---

[31] Eine ausführliche Darstellung der Abgrenzung von Marktgebieten im Rahmen der räumlichen Preistheorie findet sich bei Schöler, K. (2005a).

Abbildung II.1.1.1-1: Lohn- und Gehaltssumme pro Arbeitsstunde (in €) im Produzierenden Gewerbe in den Stadt- und Landkreisen Deutschlands 2004

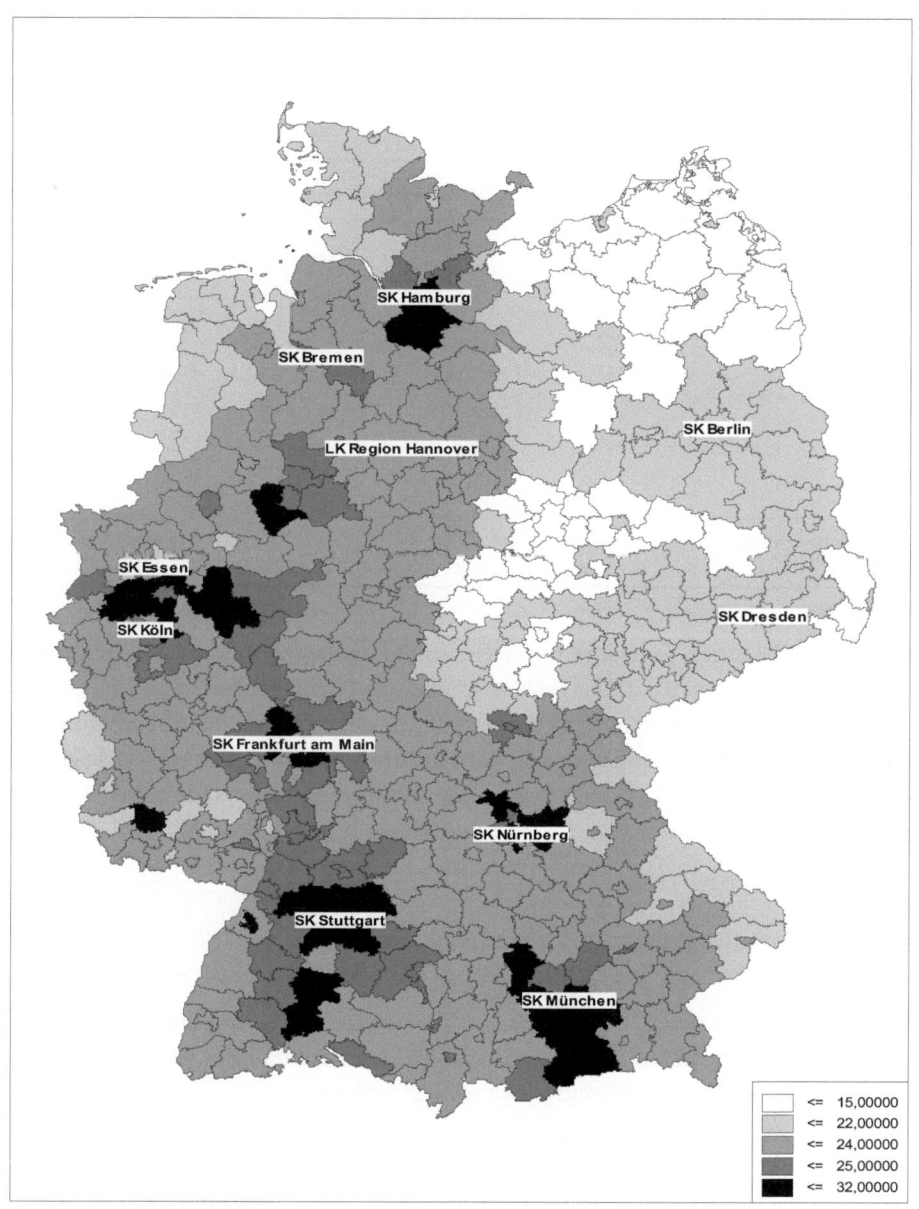

Legende: SK= Stadtkreis, LK= Landkreis
Quelle: Eigene Darstellung nach Statistik Regional 2006

Wir unterstellen zunächst eine gleichmäßige Verteilung der Nachfrage über die Fläche sowie gleiche Produktions- und Transportkosten in allen Raumpunkten (= homogene Fläche). Außerdem setzen wir zur Vereinfachung der Produktion voraus, dass unser in S_A lokalisierter Unternehmer nur ein Produkt herstellt und vertreibt, das wir mit X bezeichnen wollen. Wir legen einen Schnitt durch die Fläche und können dann den Absatz und den Preis im Raum darstellen.

Abbildung II.1.1.1-2: Preis und Entfernung vom Angebotsort S_A

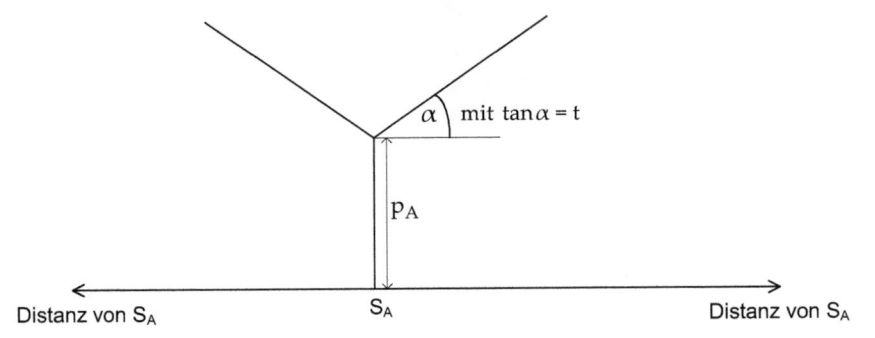

In dem Angebotsort S_A verlangt unser Unternehmer einen Preis für eine Einheit des Produkts in Höhe von p_A; dieser Preis wird auch als Locopreis bezeichnet. Für nicht in S_A lokalisierte Nachfrager treten Transportkosten auf, egal, ob der Unternehmer das Gut zum Nachfrager schafft oder sich der Nachfrager nach S_A bewegt; sie seien mit t pro Entfernungseinheit konstant. Beträgt die Entfernung eines Raumpunktes S_i nach S_A $d_{i,A}$, so kostet das Gut in i

II.1.1.1-3 $\qquad p_i = p_A + t \cdot d_{i,A}$.

Die Darstellung des Preises im Raum nimmt die Form eines Trichters an, der nach seinem „Entdecker" auch als **Launhardtscher** [32] **Trichter** bezeichnet wird.

Betrachten wir nun den Zusammenhang zwischen der im Raumpunkt S_i abgesetzten Menge X_i und seiner Entfernung zu S_A. Sie ist eine Funktion des Preises, wobei wir eine lineare Preis-Absatz-Beziehung unterstellen wollen.

II.1.1.1-4 $\qquad X_i = f(p_i) = a - b \cdot p_i = a - b(p_A + t \cdot d_{i,A})$

---

[32] Vgl. Launhardt, W. (1885), S. 60.
Siehe hierzu die ausführliche Darstellung in Kapitel II.1.2.1 Das Modell Launhardts.

Abbildung II.1.1.1-3: Absatz und Entfernung vom Angebotsort S_A

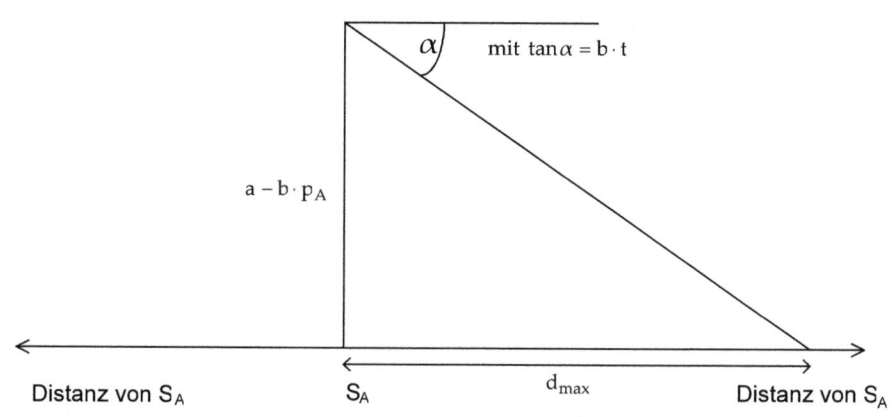

Je weiter ein Raumpunkt i von A entfernt liegt, umso geringer die dortige Nachfrage, weil sich durch zusätzliche Transportkosten der Bezugspreis des Gutes x verteuert. Beträgt die Entfernung d_{max}, so wird die Nachfrage nach dem in A hergestellten Gut 0; wir wollen d_{max} als **äußere Reichweite** des Gutes bezeichnen. Zu ihrer Bestimmung gehen wir von der Gleichung $a - b(p_A + t \cdot d_{max}) = 0$ aus und erhalten

II.1.1.1-5 $\qquad d_{max} = \dfrac{a - b \cdot p_A}{b \cdot t}$.

Somit ist die äußere Reichweite eine positive Funktion von a sowie eine negative Funktion von p_A, b und t.

Den Absatz des in A lokalisierten Unternehmens erhalten wir, indem wir die Preis-Absatz-Funktion zwischen A und der Grenze des Absatzgebietes, das ohne Wettbewerber mit d_{max} identisch ist, integrieren.

II.1.1.1-6 $\qquad \text{Absatz} = 2 \cdot \displaystyle\int_{d=0}^{d_{max}} \left(a - b(p_A + t \cdot d)\right)dd = \dfrac{(a - b \cdot p_A)^2}{b \cdot t}$ [33]

---

[33] 2, weil sich das Absatzgebiet in zwei Richtungen erstreckt. Um eine Fläche als Absatzgebiet zu erhalten, müsste eigentlich ein zweites Integral von 0 bis $2 d_{max} \pi$ als Maß für die Fläche eines Kreises ($= 2 r \pi$ mit $r = d_{max}$) eingeführt werden, auf das wir aber verzichten, weil es die Darstellung erheblich kompliziert, ohne zu grundsätzlich anderen Ergebnissen zu gelangen. So würden sich bei der Berücksichtigung der Fläche d_{max} in II.1.1.1-5 und p_A in II.1.1.1-7 nicht ändern, während der Absatz in II.1.1.1-6 zu

$2 \displaystyle\int_{0}^{d_{max}} \int_{0}^{2 d_{max} \pi} \left(a - b(p_A + t \cdot d)\right)dd\,dd = \dfrac{4(a - b \cdot p_A)^3 (\pi - 1) - \pi}{b^2 \cdot t^2}$ wird.

Welchen Preis p_A wird unser Unternehmer wählen, wenn er seinen Gewinn maximieren will? Unterstellen wir eine lineare Kostenfunktion $K_A = Kf_A + k_A \cdot X$ mit Kf als fixe Kosten und k als variablen Kosten pro produzierter Einheit sowie den Wunsch des Unternehmers, seinen Gewinn zu maximieren, so ist der optimale Preis

II.1.1.1-7 $\qquad p_A = \dfrac{a + 2 \cdot b \cdot k_A}{3b}$ [34].

Damit wird die maximale Reichweite d_{max} zu

II.1.1.1-8 $\qquad d_{max} = \dfrac{2\left(a - b \cdot k_A\right)}{3 \cdot b \cdot t}$,

der Absatz zu

II.1.1.1-9 $\qquad \text{Absatz} = \dfrac{4\left(a - b \cdot k_A\right)^2}{9 \cdot b \cdot t}$,

während sich der Gewinn als

II.1.1.1-10 $\qquad \text{Gewinn} = \dfrac{4\left(a - b \cdot k_A\right)^3}{27 \cdot b^2 \cdot t} - Kf_A$

berechnet.

Ist $Kf_A < \dfrac{4\left(a - b \cdot k_A\right)^2}{27 \cdot b^2 \cdot t}$, so lohnt sich in einer Welt ohne Wettbewerb die Produktion von X in S_A. Zu einem gleichen Ergebnis führt ein Vergleich der äußeren Reichweite d_{max} mit der **inneren Reichweite** d_{min}[35], die als jenes Einzugsgebiet definiert ist, das eine Produktion gerade noch rentabel möglich macht. Gilt $d_{max} > d_{min}$ in einer Welt ohne Wettbewerber, so lohnt sich die Produktion des entsprechenden Gutes.

Beispiel II.1.1.1- 1

Es sei a=10, b=0,5, k_A=2, t=0,2 und Kf_A=2000.

Dann ist

---

34 Die Ableitung findet sich als Beweis II.1.1.1-1 im Anhang.
35 Nähere Ausführungen zur inneren Reichweite in Kapitel II.1.2.3 Das Modell Hotellings.

$$p_A = \frac{10 + 2 \cdot 0,5 \cdot 2}{3 \cdot 0,5} = \frac{12}{1,5} = 8$$

$$d_{max} = \frac{2(10 - 0,5 \cdot 2)}{3 \cdot 0,5 \cdot 0,2} = \frac{18}{0,3} = 60$$

$$\text{Absatz} = \frac{4(10 - 0,5 \cdot 2)^2}{9 \cdot 0,5 \cdot 0,2} = 360$$

$$\text{Gewinn} = \frac{2(10 - 0,5 \cdot 2)^3}{27 \cdot 0,5^2 \cdot 0,2} - 2000 = 160$$

Da 160>0, lohnt sich das Angebot dieses Gutes. Bei einem Preis von $p_A = 8$ ist die innere Reichweite

$$\text{Gewinn} = \left(\int_0^{d_{min}} a - b(p_A + t \cdot d)\,dd \right) \cdot (p_A - k_A) - Kf_A = 0$$

mit $d_{min} = 43,76$. Da 60>43,76, ist die Produktion von X in S_A rentabel.

Wir führen nun Wettbewerber in das Modell ein und unterstellen, dass X bereits in S_B und S_C produziert wird. Wie lassen sich ihre Einzugsbereiche voneinander abgrenzen?

Abbildung II.1.1.1-4:   Grenze des Einzugsbereiches von in S_B und S_C lokalisierten Unternehmen

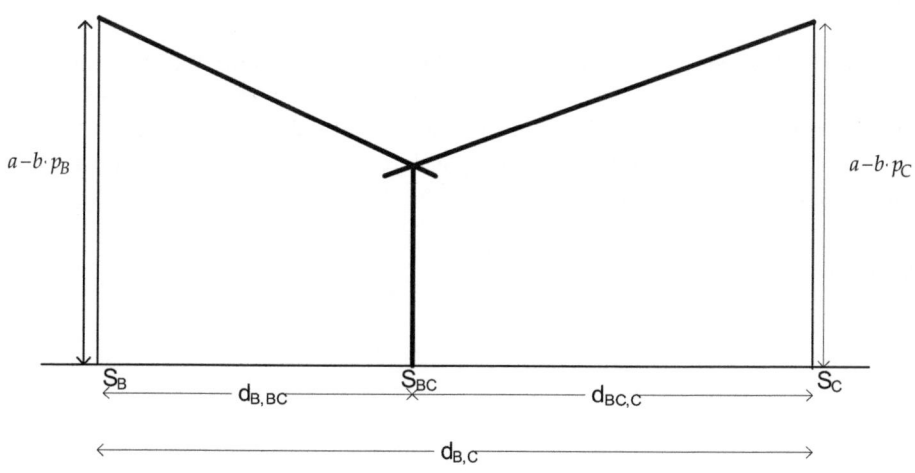

Streben die Konsumenten nach Gewinnmaximierung, so werden sie das Gut bei jenem Anbieter kaufen, bei dem der Einkauf preiswerter ist. Die Grenze des Einzugsgebietes wird damit durch den Punkt S_{BC} bestimmt. Die Länge des Einzugsbereiches von $S_B(S_C)$ ist dann $d_{B,BC}$ ($d_{BC,C}$). Es gilt

II.1.1.1-11 a) $d_{B,BC} = \dfrac{p_C - p_B + d_{B,C} \cdot t}{2 \cdot t}$ [36]

II.1.1.1-11 b) $d_{BC,C} = \dfrac{p_B - p_C + d_{B,C} \cdot t}{2 \cdot t}$

Der Einzugsbereich von S_B in Richtung auf S_C wird umso größer, je

- höher der in S_C geforderte Preis p_C

- niedriger der in S_B geforderte Preis p_B

- größer die Entfernung von S_B nach S_C $d_{B,C}$

ist.

Ein neuer Anbieter A suche nach einem Standort S_A zwischen S_B und S_C und stellt sich in diesem Zusammenhang zwei Fragen: Wo liegt der optimale Standort? Lohnt es sich, in diesem Standort die Produktion von X aufzunehmen? Die erste Frage beantwortet sich relativ einfach: A sollte seinen Standort in S_{BC} suchen.[37] Sein Absatzgebiet ist in beide Richtungen gleich groß und entspricht der Strecke [38]

II.1.1.1-12 $d_{BA,A} + d_{A,AC} = 2 \cdot d_{BA,A} = \dfrac{p_B + p_C - 2p_A + d_{B,C} \cdot t}{2 \cdot t}$

Welchen Preis wird der in S_A angesiedelte Unternehmer fordern? Wir bestimmen zur Beantwortung dieser Frage zunächst den allgemeinen Zusammenhang zwischen dem optimalen Preis p_A und der Größe des Einzugsbereichs des in S_A fertigenden Unternehmens. Setzen wir den Einzugsbereich gleich d_{Einzug} und als gegeben voraus, so gilt für den gewinnmaximalen Preis

II.1.1.1-13 $p_A = \dfrac{a + b \cdot k_A}{2b} - \dfrac{d_{Einzug} \cdot t}{4}$ [39]

---

[36] Der Beweis befindet sich unter II.1.1.1-2 im Anhang.
[37] Siehe Beweis II.1.1.1-3 im Anhang.
[38] Siehe Beweis II.1.1.1-4 im Anhang.
[39] Vgl. Beweis II.1.1.1-5 im Anhang.

Abbildung II.1.1.1-5:   *Grenze des Einzugsgebietes des Anbieters in S_A in Richtung auf die Wettbewerber in S_B und S_C*

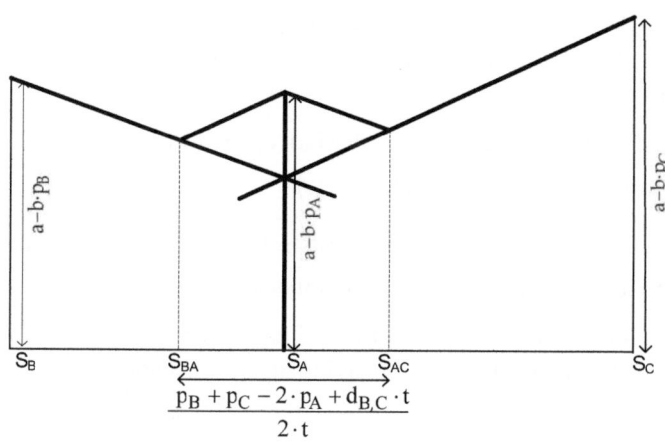

Da d_{Einzug} aber selbst wiederum eine Funktion von p_A ist, muss diese Beziehung weiter entwickelt werden. Hierzu setzen wir $p_B + p_C + d_{B,C} \cdot t = p_W$ und erhalten die gewinnmaximalen Größen

II.1.1.1-14 $\text{Absatz} = \dfrac{(p_W - 2p_A)(8a - b(6a + p_W))}{16t}$ [40]

II.1.1.1-15 $\text{Gewinn} = \dfrac{(p_A - k_A)(2p_A - p_W)(8a - b(6p_A + p_W))}{16t} - Kf_A$ [41]

Erhöht einer der Wettbewerber in S_B oder S_C seinen Preis, so

■ rückt der optimale Standort von S_A näher an ihn heran.

■ wird der Einzugsbereich d_{Einzug} von A größer.

■ hebt der Unternehmer in S_A seinen Preis ebenfalls an.

■ steigen sein Absatz und sein Gewinn.

---

[40]   Siehe Beweis II.1.1.1-6 im Anhang.

[41]   Mit $p_A = \dfrac{1}{18b}\left(8a + 6bk_A + 2bp_W - \sqrt{64a^2 - 8ab(6k_A + 5p_W) + b^2(36ka^2 - 12k_A \cdot p_W + 13p_W^2)}\right)$

Beispiel II.1.1.1- 2

Es sei $d_{BC} = 100 \, (S_B = 0, S_C = 100)$, $p_B = 8$, $p_C = 6$ und $t = 0,2$ und damit $p_W = 8 + 6 + 0,2 \cdot 100 = 34$. Wo sollte A seinen Standort S_A suchen und lohnt sich für ihn die dortige Produktion, wobei ansonsten die gleichen Parameter wie in Beispiel II.1.1.1- 1 gelten?

A sucht seinen Standort im Schnittpunkt der Einzugsbereiche von B und C

$$8 + 0,2 \cdot d_{B,BC} = 6 + 0,2 \big(100 - d_{B,BC} \big)$$

mit $d_{B,BC} = 45$. In diesem Punkt würden die in S_B oder S_C gekauften Produkte (einschließlich Transportkosten) jeweils 17 Geldeinheiten kosten.

Der in diesem Raumpunkt S_A geforderte optimale Preis ist bei weiterhin a=10 und b=0,5 $p_A = 7,55$. Dieses p_A führt zu einem Einzugsbereich von

$$8 + 0,2 \cdot \big(45 - d_{A,BA} \big) = 7,55 + 0,2 \cdot d_{A,BA} \text{ von } d_{A,BA} = d_{Einzug} = 23,625 \, .$$

Verbunden mit diesem Preis und diesem Einzugsbereich ist ein Absatz von 238 und ein Gewinn von $1323 - Kf_A$. Ist $Kf_A < 1323$, so lohnt sich ein Angebot in A.

Wie ändern sich diese für A optimalen Lösungen, wenn B seinen Preis variiert? Eine Antwort auf diese Frage gibt Abbildung II.1.1.1-6.

Abbildung II.1.1.1-6: Variation der Parameter von A bei Preisvariation von B

a) *Standort* $\left(\dfrac{d\, d_{B,BC}}{d\, p_B} < 0 \right)$ b) *Einzugsbereich* $\left(\dfrac{d\, d_{A,BA}}{dp_B} = \dfrac{d\, d_{A,AC}}{dp_B} > 0 \right)$

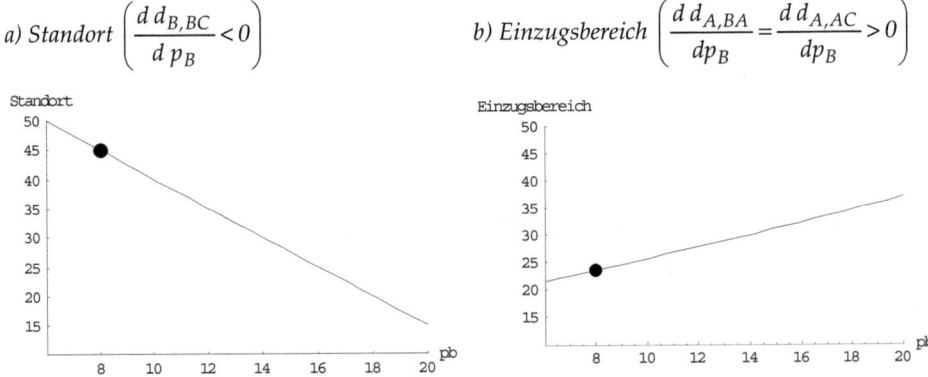

c) *Preis* $p_A\left(\dfrac{d\,p_A}{d\,p_B}>0\right)$

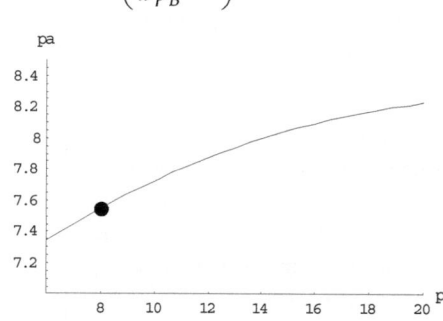

d) *Absatz* $\left(\dfrac{d\,Absatz}{d\,p_B}>0\right)$

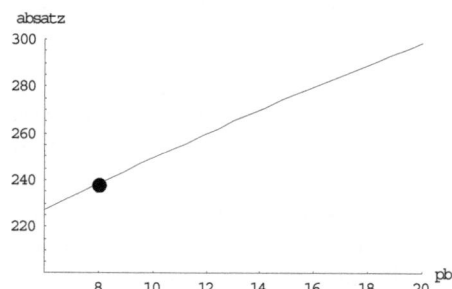

e) *Gewinn* $\left(\dfrac{d\,Gewinn}{d\,p_B}>0\right)$

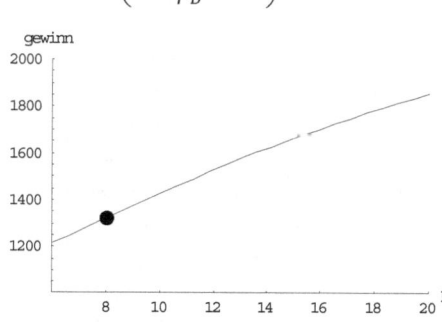

Legende:

• *optimale Lösung im obigen Beispiel*

Unter Standortwahl verstehen wir den Entscheid zwischen mehreren Raumpunkten (= Standorten), die um eine bestimmte Nutzung in Wettbewerb miteinander stehen. Sie wird bestimmt durch räumlich variierende ökonomische Variable, die das Unternehmensziel beeinflussen und die wir als Standortfaktoren bezeichnen.

Bei den Gewinn bestimmenden Standortfaktoren unterscheiden wir solche, die Einfluss auf die Kosten und solche, die Einfluss auf den Erlös nehmen. Bei den Einflussgrößen auf der Kostenseite hat ein Produktionsfaktor umso stärkeres Gewicht bei der Standortsuche, je deutlicher sich sein Preis zwischen potenziellen Standorten unterscheidet und je umfangreicher er für die Produktion benötigt wird. Der Erlös hängt von der räumlichen Verteilung der Nachfrage und der Wettbewerber ab.

Bei der Entscheidung über einen Standort spielen die innere, die effektive und die äußere Reichweite eine entscheidende Rolle. Dabei ist die innere Reichweite das Absatzgebiet, das zu einer rentablen Produktion gerade notwendig ist. Die äußere Reichweite zeigt die Entfernung zu jenem Nachfrager an, der gerade noch bereit ist, das Gut zu erwerben; die effektive Reichweite begrenzt das Absatzgebiet in Richtung auf Wettbewerber. Eine mit Gewinn verbundene Produktion ist in einem bestimmten Raumpunkt dann möglich, wenn bei einem monopolistischen Anbieter die innere Reichweite kleiner als die äußere Reichweite ist, während bei einem im Wettbewerb stehenden Produzenten die innere Reichweite kleiner als die effektive Reichweite sein muss.

II.1.1.2 Empirische Bestimmung der Wichtigkeit von Standortfaktoren[42]

Die Bedeutung der Motive der Standortwahl lässt sich über **Unternehmensbefragungen** und **sekundärstatistische Analysen (= Regressionsanalysen)** ermitteln. Im Vergleich zur Regressionsanalyse liegen die Vorteile der Befragung darin, dass

- auch nach Größen gefragt werden kann, die die amtliche Statistik nicht liefert. Hierzu zählen etwa Motive, Einstellungen und Erfahrungen.

- auch zukünftige Tatbestände wie Erwartungen und Absichten erfragt werden können.

Nachteilig ist dagegen, dass

- nicht alle Unternehmen zur Beantwortung von Fragen bereit sind. Dies kann zu Verzerrungen führen, da die antwortenden Unternehmen nicht unbedingt repräsentativ für die Grundgesamtheit sind.

- Unternehmen häufig nicht ehrlich, sondern strategisch antworten. So übertreiben sie oft die Wichtigkeit von Standortfaktoren, um deren Verbesserung zu erreichen.

Somit haben sowohl Befragungen als auch Regressionsanalysen ihre spezifischen Vor- und Nachteile und damit ihre Existenzberechtigung.

Unternehmensbefragungen in Bezug auf die Standortmotive wurden in den sechziger und siebziger Jahren in großer Anzahl durchgeführt, sind jedoch seitdem deutlich zurückgegangen (vgl. Übersicht II.1.1.2-1). Aus den letzten Jahren seien zwei Untersuchungen angeführt. In der ersten hat das Institut der Deutschen Wirtschaft bei 103 Wirtschaftsförderungsgesellschaften in Deutschland die Bedeutung von Standortfaktoren bei der Ansiedlung von Unternehmen erfragt,[43] während in der zweiten knapp 16.000 Unternehmen von Infratest im Auftrag der Bundesagentur für Arbeit befragt wurden. Ihre Ergebnisse gehen aus der folgenden Abbildung II.1.1.2-1 hervor.

Als besonders wichtig für die Standortwahl erweisen sich die großräumige Verkehrsanbindung, die Qualität der Arbeitskräfte und – zusammengefasst – das „wirtschaftsfreundliche Klima" in einer Region. Dagegen kommt anderen Faktoren, die in der aktuellen regionalpolitischen Diskussion einen hohen Stellenwert haben, ein deutlich geringeres Gewicht zu. Dies gilt etwa für das kulturelle Angebot, die Qualität des öffentlichen Personennahverkehrs, die landschaftliche Attraktivität einer Region sowie die Nähe zu Forschungseinrichtungen.

---

[42] Eine ausführliche Darstellung findet sich z.B. bei Salmen (2001).
[43] Vgl. Abbildung III.3.3-1.

Übersicht II.1.1.2- 1:   *Rangfolgen der wichtigsten Standortfaktoren in ausgewählten empirischen Untersuchungen seit 1945*

Autoren/ Veröffentlichungsjahr:	Wolf 1974	Brede 1971	Ballestrem 1974	Vanhove/Klaassen 1987	Brinkmann/ Schliebe 1975	Lammers/Soltwedel 1986	Steinröx 1991	Pieper 1994	Grabow/ Henckel/etc. 1995
Ansiedlungszeitraum und ‑region:	1945-1971 Hessen	1955-1964 West-Deutschland	1966-1971 Nordrhein-Westfalen	1971 Flandern	1970-1975 West-Deutschland	1980-1984 Schleswig-Holstein	1989-1990 Gesamt-deutschland	1990-1992 Neue Bundesländer	1993 Gesamt-deutschland
Rangfolge der wichtigsten Standortfaktoren:	1. Betriebsgelände 2. Arbeitskräfte-potential 3. niedrige Grundstücks-preise 4. öffentliche Finanzie-rungshilfen 5. vorhandene Betriebs-gebäude 6. Verkehrslage zu Absatz-märkten 7. sonstige Gründe 8. Verkehrslage zu Absatz-märkten 9. Sonder-abschrei-bungen	1. Arbeit 2. Erweite-rungs-möglich-keiten 3. Boden 4. Absatz 5. Steuern/ öffent-liche Vergüns-tigungen 7. Trans-port-kosten 8. Fühlungs-vorteile 9. persön-liche Präf-erenzen 10. natürliche Bedin-gungen	1. verfüg-bare Ar-beits-kräfte 2. Grund-stücks-reserven 3. Grund-stücks-preise 4. Ver-kehrslage 5. erschlos-senes Grund-stück 6. vorhan-dene Ge-bäude und An-lagen 7. Hilfe bei Grund-stücks-erwerb 8. Bau-kosten 9. Hilfe bei Grund-stücks-erschlie-ßung	1. good road connec-tions 2. Faithful-ness of labour to the firm 3. Social climate in the region 4. Access to the Bel-gian mar-ket 5. Easy contact (personal or by tele-phone) with sup-pliers and demand 6. unskilled and trained male workers 7. Financial stimulus in under-de-veloped regions 8. skilled male workers 9. Wage level	1. Flächen und Ge-bäude 2. Angebot an Ar-beits-kräften 3. Absatz und Transport 4. private Gründe 5. öffent-liche Förde-rung 6. Rohstoffe	1. Ansied-lungs-flächen 2. Verhalten der Be-hörden 3. Sonder-abschrei-bungen 4. Inves-titions-zulagen 5. Straßen-anbin-dung, Investi-tions-zuschuß 6. ERP-Regio-nalkredite 7. Mittel-stands-struktur-pro-gramm	1. Verkehrs-anbin-dung 2. Markt-nähe 3. Grund-stücks-markt 4. Arbeits-markt 5. öffent-liche Förde-rung 6. Betriebs-umfeld 7. Wohn-umfeld 8. Umwelt-situation	1. Verfüg-barkeit Gewerbe-fläche 2. Inves-titions-förderung 3. Autobahn 4. Lage zu Absatz-märkten 5. Grund-stücks-preise 6. Fach-kräfte-potential 7. Infra-struktur Ver-Ent-sorgung 8. Lohn- und Gehalts-niveau 9. Potential hoch-qualifizier-ter Arbeits-kräfte 10. Arbeits-weisen der Be-hörden vor Ort ... 16. Kommu-nikations-infrastruk-tur	1. Verkehrs-anbin-dung 2. Verfüg-barkeit quali-fizierter Arbeit-nehmer 3. Kom-munale Abgaben/ Steuern, Kosten 4.–5. Kosten der Flächen und Ge-bäude 4.–5. Wohnen, Wohn-umfeld 6. Wirt-schafts-politisches Klima im Bundes-land 7. Unter-nehmens-freund-lichkeit der kom-munalen Verwal-tung 8. Flächen-verfügbar-keit 9. Umwelt-qualität

Anmerkung: Bei den *kursiv* gesetzten Standortfaktoren handelt es sich um solche, die den weichen Standortfaktoren zugeordnet werden können.

Quelle: Salmen, T. (2001), S. 56

Abbildung II.1.1.2-1:   Bedeutung von Standortfaktoren für den eigenen Betrieb

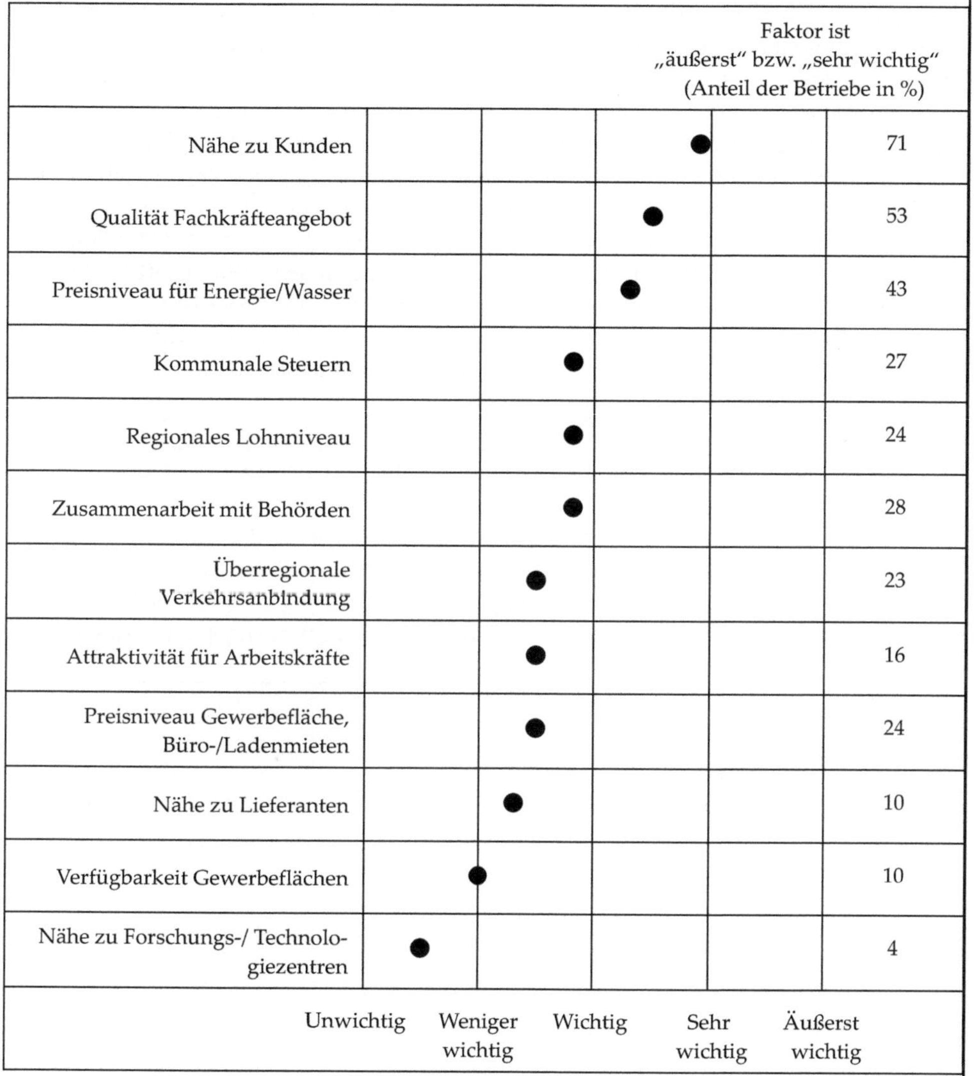

Faktor	Unwichtig	Weniger wichtig	Wichtig	Sehr wichtig	Äußerst wichtig	Faktor ist „äußerst" bzw. „sehr wichtig" (Anteil der Betriebe in %)
Nähe zu Kunden				●		71
Qualität Fachkräfteangebot			●			53
Preisniveau für Energie/Wasser			●			43
Kommunale Steuern			●			27
Regionales Lohnniveau			●			24
Zusammenarbeit mit Behörden			●			28
Überregionale Verkehrsanbindung		●				23
Attraktivität für Arbeitskräfte		●				16
Preisniveau Gewerbefläche, Büro-/Ladenmieten		●				24
Nähe zu Lieferanten		●				10
Verfügbarkeit Gewerbeflächen		●				10
Nähe zu Forschungs-/ Technologiezentren	●					4

Basis: Betriebe der Privatwirtschaft

Quelle: Gabriele Fischer, Jürgen Wahse, Vera Dahms, Marek Frei, Arnold Riedmann, Florian Janik: Standortbedingungen und Beschäftigung in den Regionen West- und Ostdeutschlands, IAB Forschungsbericht Nr. 5/2007, S. 26.

II

In **ökonometrischen Modellen** wird die Entwicklung einer ökonomischen Zielgröße, etwa die der Beschäftigungsmöglichkeiten, über Standortfaktoren erklärt; die Ausprägung der Regressionskoeffizienten gibt an, welche Beziehung zwischen der Ziel- und den Instrumentalvariablen besteht. So überprüft Blume [44] den Erfolg kommunaler Wirtschaftsförderung, indem er den Zufriedenheitsgrad der Unternehmen mit dem kommunalen Standort mit Instrumenten der Kommunalpolitik regressiert, die er durch eine vorgeschaltete Faktorenanalyse verdichtet. Er kommt zu dem Ergebnis, dass vor allem ein guter Service (gute Beratung, moderne und flexible Verwaltung mit kurzen Bearbeitungszeiten, Standortmarketing) und ein hoher Innovationsgrad (neue Steuerungsmodelle in der Verwaltung, Konzentration auf wissens- und humankapitalorientierte Standortfaktoren) den Erfolg einer kommunalen Wirtschaftsförderung bestimmen, wobei dieser Einfluss statistisch signifikant nachweisbar ist.[45] Eine solche generelle Betrachtung lässt sich differenzieren, indem man etwa nach sektoraler Zugehörigkeit, Unternehmensgröße oder rechtlichem Status unterscheidet.

> Die Bedeutung der Motive der Standortwahl lässt sich über Unternehmensbefragungen und sekundärstatistische Analysen (= Regressionsanalysen) ermitteln, die beide ihre spezifischen Vor- und Nachteile haben. Als besonders wichtig für die Standortwahl erweisen sich in den meisten empirischen Untersuchungen die großräumige Verkehrsanbindung, die Qualität der Arbeitskräfte und – zusammengefasst – das „wirtschaftsfreundliche Klima" in einer Region.

---

[44] Blume, L. (2003), S. 203.
[45] Vgl. Abbildung III.3.3-1.

II.1.2 Ausgewählte mikroökonomische Standorttheorien

II.1.2.1 Das Modell Launhardts[46]

Launhardt bestimmt in seinem Modell Marktgebiete in monopolistischen und wettbewerblichen Märkten. Wir nehmen seine Gedanken zum „Absatzgebiet beim Wettkampf mit auswärtigen Gütern"[47] auf und entwickeln sie fort. In seinem Modell geht Launhardt von folgenden Voraussetzungen aus:

Annahme 1:   Das anbietende Unternehmen setzt am Produktionsort einen Preis, der unabhängig von der Größe des Absatzgebietes ist. Die theoretische Begründung kann in einer linearen Kostenfunktion ohne Fixkosten und einer kostenorientierten Preissetzung liegen.

Annahme 2:   Die Nachfrager streben nach Nutzenmaximierung. Sie kaufen das homogene Gut deshalb bei jenem Anbieter, bei dem sie es am preiswertesten erwerben können.

Annahme 3:   Die Transportkosten sind eine lineare Funktion der Entfernung zwischen Produktions- und Absatzort.

Annahme 4:   Die Analyse ist kurzfristig; dies heißt insbesondere, dass die Standorte gegeben sind, also keine Standortverlagerungen vorgenommen werden und keine neuen Anbieter am Markt auftreten.

Wir haben diese Konstellation bereits oben[48] vorausgesetzt und in ihrer Auswirkung auf die Höhe des Preises im Raum für einen in S_A lokalisierten Anbieter beschrieben. Wir nehmen nun einen weiteren Anbieter in S_B in die Betrachtung auf und grenzen die Marktgebiete voneinander ab. Offensichtlich ist die Grenze dort gegeben, wo für den Bezug des in A und B produzierten Gutes gleiche Kosten entstehen.

II.1.2.1-1 $$p_A + t_A \cdot d_{i,A} = p_B + t_B \cdot d_{i,B}$$

Legende:

$p_A(p_B)$ = Preis des Gutes am Produktionsort S_A (S_B)

$t_A(t_B)$ = Transportkosten pro Entfernungseinheit zwischen dem Produktionsort S_A (S_B) und dem Ort des Absatzes

$d_{i,A}(d_{i,B})$ = Entfernung zwischen dem Produktionsort S_A (S_B) und dem Ort des Absatzes i

---

[46]   Launhardt, W., a.a.O., insbesondere S. 149 ff.
[47]   a.a.O., S. 157 ff.
[48]   Vgl. Kapitel II.1.1.1 Theoretische Begründung der Standortfaktoren, insbesondere die Abbildungen II.1.1.1-2 und II.1.1.1-3.

Hierbei sind vier Fälle zu unterscheiden:

1. Fall:

$$p_A = p_B = p \text{ und } t_A = t_B = t$$

Eingesetzt in die obige Beziehung gilt dann

$$p + t \cdot d_{i,A} = p + t \cdot d_{i,B}$$
$$d_{i,A} = d_{i,B}$$

Die Grenze des Einzugsbereichs ist die Mittelsenkrechte auf der Verbindungsstrecke beider Zentren.

Beispiel II.1.2.1-1a

S_A und S_B liegen in den Raumpunkten (0,0) und (100,0), liegen also 100 Entfernungseinheiten auseinander. Es sei $p_A = p_B = 10$ und $t_A = t_B = 0,5$. Dann ergibt sich folgendes Bild, wobei in der oberen Abbildung ein Schnitt durch die Flächen und in der unteren Abbildung[49] ein Blick auf die Fläche erfolgt.

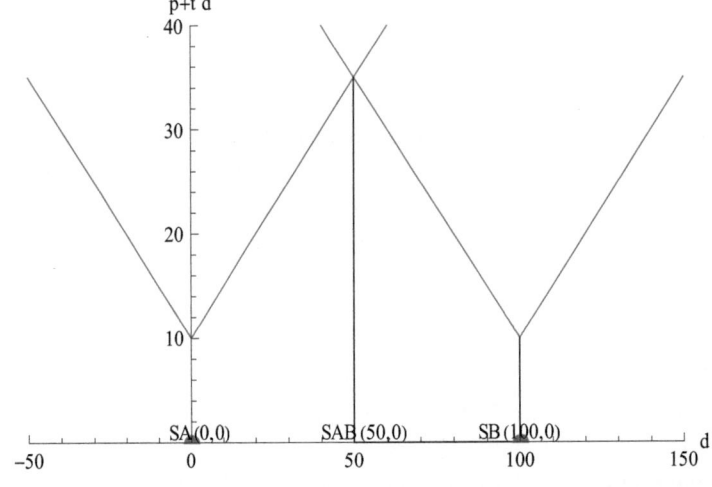

---

[49] Vgl. Beweis II.1.2.1-1a im Anhang.

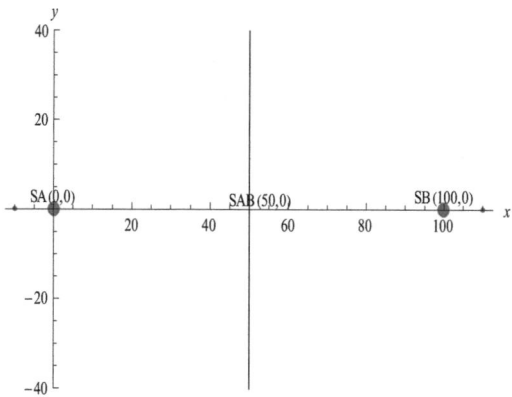

Die Grenze des Einzugsbereichs ist eine Mittelsenkrechte, von der A und B gleich weit entfernt liegen.

2. Fall:

$$p_A = p_B = p \text{ und } t_A \neq t_B$$

Dann gilt

$$p + t_A \cdot d_{i,A} = p + t_B \cdot d_{i,B}$$
$$d_{i,B} : d_{i,A} = t_A : t_B \quad .$$

Das Verhältnis zwischen $d_{i,B}$ und $d_{i,A}$ bleibt konstant. Die Konkurrenzgrenze ist jetzt ein Kreis [50], der die Strecke BA im Verhältnis $t_A{:}t_B$ teilt. Dieser Kreis hat den Mittelpunkt $\dfrac{d_{AB} \cdot t_B^2}{t_B^2 - t_A^2}$ und den Radius $\dfrac{d_{AB} \cdot t_A \cdot t_B}{t_A^2 - t_B^2}$. Damit ist die Größe des Absatzgebietes von A eine positive Funktion von d_{AB} und t_B sowie eine negative Funktion von t_A.

---

[50]   Siehe den Beweis II.1.2.1-1b im Anhang.

Beispiel II.1.2.1-1b

Es sei $p_A = p_B = 10$ und $t_A = 0,7$ $(t_B = 0,3)$. Dann ergibt sich als Einzugsbereich von S_A

ein Kreis mit dem Mittelpunkt $\dfrac{100 \cdot 0,3^2}{0,3^2 - 0,7^2} = -22,5$ und dem Radius

$\dfrac{100 \cdot 0,7 \cdot 0,3}{0,7^2 - 0,3^2} = 52,5$.

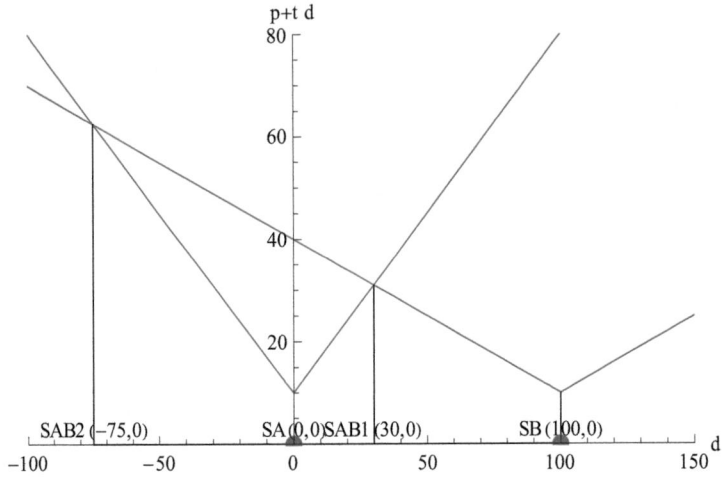

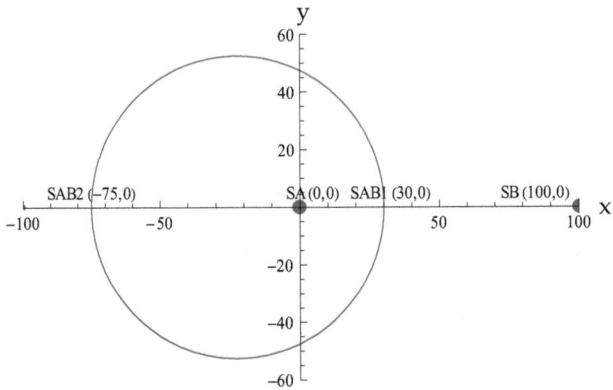

3. Fall:

$$p_A \neq p_B \text{ und } t_A = t_B = t$$
$$p_A + t \cdot d_{i,A} = p_B + t \cdot d_{i,B}$$
$$p_A - p_B = t \cdot d_{i,B} - t \cdot d_{i,A} = t\left(d_{i,B} - d_{i,A}\right)$$
$$d_{i,B} - d_{i,A} = \frac{p_A - p_B}{t}$$

Die Differenz zwischen $d_{i,B}$ und $d_{i,A}$ bleibt konstant. Ergebnis ist eine Hyperbel mit der hohlen Seite zum teueren Zentrum hin.[51] Diese Hyperbel hat die Form

$$\frac{\left(x_i - d_{AB}/2\right)^2}{\left(\dfrac{p_B - p_A}{2 \cdot t}\right)^2} - \frac{\left(y_i - 0\right)^2}{\left(\dfrac{d_{AB}}{2}\right)^2 - \left(\dfrac{p_A - p_b}{2 \cdot t}\right)^2} = 1 \, .$$

Beispiel II.1.2.1-1c

Es sei $t = t_A = t_B = 0,5$ und $p_A = 12$ und $p_B = 8$. Dann ist die Hyperbel als Grenze des Einzugsbereichs $\dfrac{\left(x_i - 50\right)^2}{16} - \dfrac{\left(y_i - 0\right)^2}{2484} = 1$.

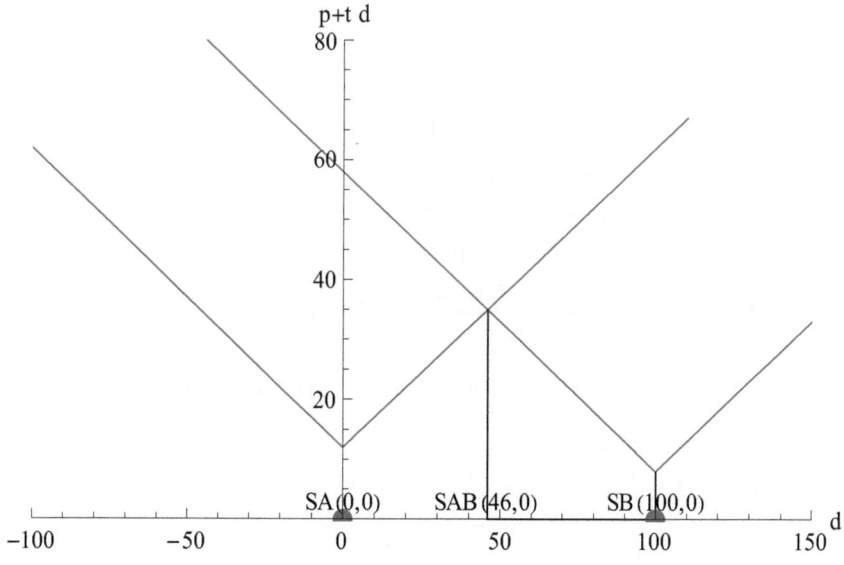

---

51   Vgl. Beweis II.1.2.1-1c im Anhang.

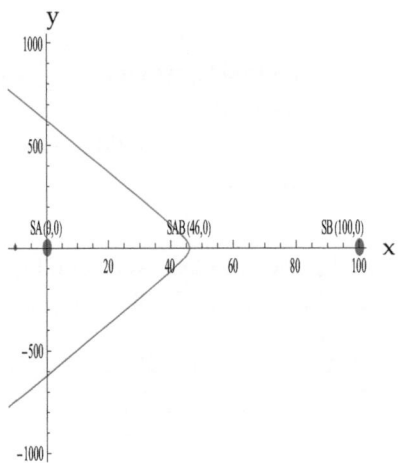

4. Fall:

$$p_A \neq p_B \text{ und } t_A \neq t_B$$

$$p_A + t_A \cdot d_{i,A} = p_B + t_B \cdot d_{i,B}$$

Der Einzugsbereich von A gegenüber B ist bei $t_A > t_B$ eine Ellipse der Form [52]

$$\frac{(x_i - x_M)^2}{a^2} + \frac{(y_i - y_M)^2}{b^2} = 1$$

mit $\quad x_M = \dfrac{t_B(p_B - p_A + d_{AB} \cdot t)}{t_B^2 - t_A^2} = \dfrac{t_B(p_A - p_B)}{t_a^2 - t_b^2} + x_K$

mit $\quad x_K$ = x-Koordinate des Mittelpunkts des Kreises im 2. Fall; je ausgeprägter $p_A > p_B$ ist, umso weniger weit liegt der Mittelpunkt der Ellipse im Vergleich zum Mittelpunkt des Kreises von A entfernt.

$$a = \frac{t_A(-p_A + p_B + d_{AB}t_B)}{t_A^2 - t_B^2} = \frac{(-p_A + p_B) \cdot t_A}{t_A^2 - t_B^2} + r_K$$

mit $\quad r_K$ = Radius des Kreises im 2. Fall; ist $p_A > p_B$, so ist die Hauptachse der Ellipse $< r_K$

und $\quad b = \dfrac{0{,}5\sqrt{t_A\left(4p_D^2 t_A - 4d_{AB}^2 t_A t_B^2 - 8p_B t_B\left(d_{AB}^2 t_A^2 + (p_D - d_{AB} \cdot t_B)^2\right)^{0{,}5}\right)}}{t_A^2 - t_B^2}$.

---

[52] Siehe Beweis II.1.2.1-1d im Anhang.

mit $\quad P_D = P_A - P_B$

Beispiel II.1.2.1-1d

Es sei $p_A = 12$, $p_B = 8$, $t_A = 0{,}7$ und $t_B = 0{,}3$. Dann ist $x_M = -19{,}5$, $a = 45{,}5$ und $b \approx 44{,}86$; damit ergibt sich der folgende Einzugsbereich von A gegenüber B.

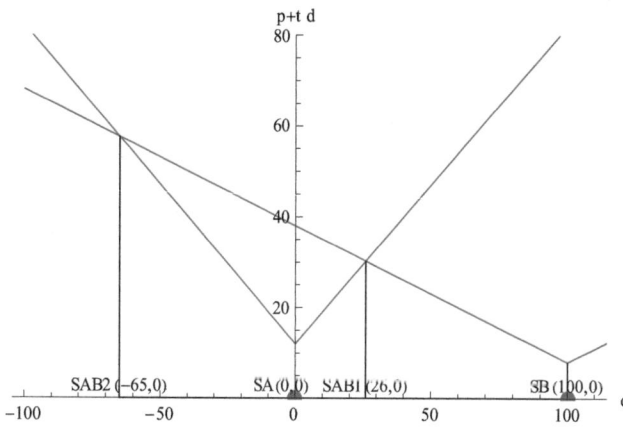

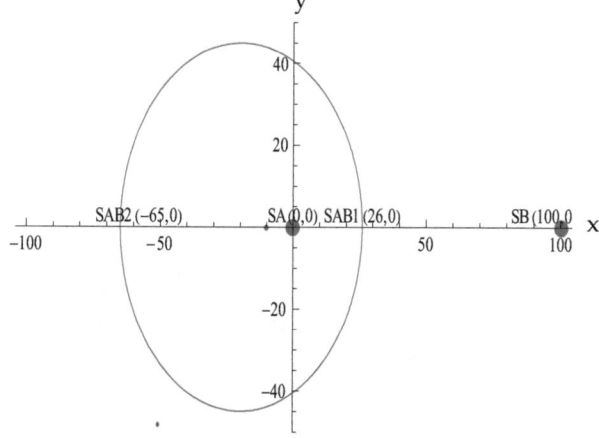

Das Einzugsgebiet von A steigt dabei mit sinkendem p_A und t_A.

Theorie der Regionalökonomie

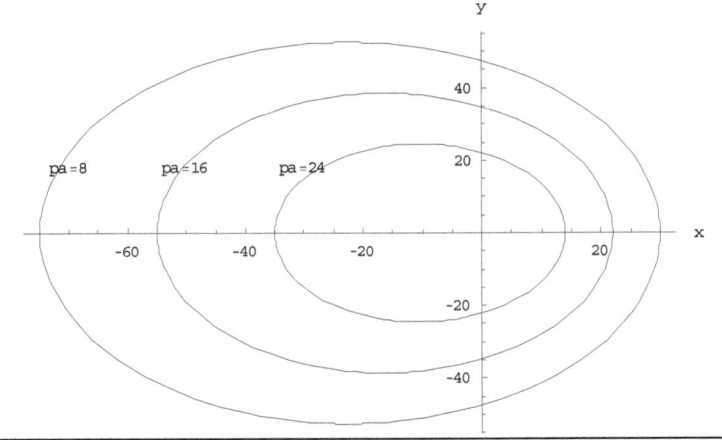

Ist $p_A = p_B$, gilt a=b und die Ellipse wird zum Kreis. Je größer $p_D = p_A - p_B$, umso stärker unterscheiden sich a und b. Ist $t_A = 0{,}7$ und $t_B = 0{,}3$, so ergibt sich zwischen a–b und p_D der folgende Zusammenhang:

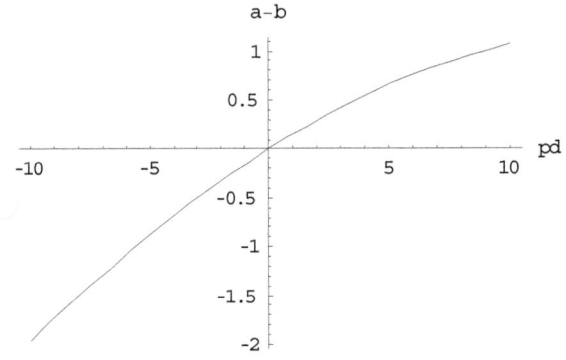

Deutlich stärker hängt die Differenz a–b von der Höhe der Transportkosten ab. Setzen wir $p_D = 4$ und $t_B = 0{,}3$, so wird deutlich, dass mit steigendem t_A die Ellipse gegen einen Kreis konvergiert.

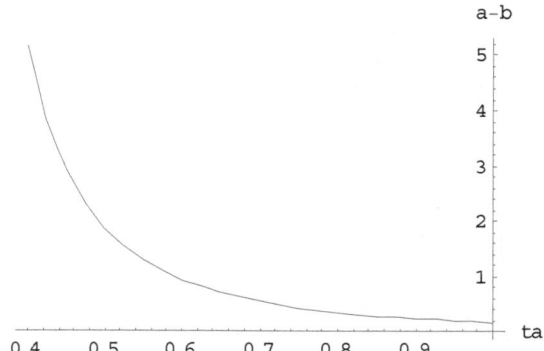

Kritisch zum Modell von Launhardt ist festzuhalten, dass

- er die Produktions- und Transportkosten als externe Größe in sein Modell übernimmt.

- keine Wechselbeziehungen zwischen der Größe des Absatzgebietes und den Produktionskosten berücksichtigt werden.

- die Standorte gegeben sind und nicht selbst wiederum einem Optimierungskalkül unterworfen werden.

Dass die Aussagen von Launhardt aber durchaus empirische Relevanz haben, zeigt sich z.B. an dem auf E. Schneider[53] zurückgehenden Beispiel der Absatzgebiete der deutschen Braunkohlezentren im Jahre 1924.

---

[53] Schneider, E. (1965).

Abbildung II.1.2.1- 1:   Absatzgebiete der deutschen Braunkohlezentren im Jahre 1924

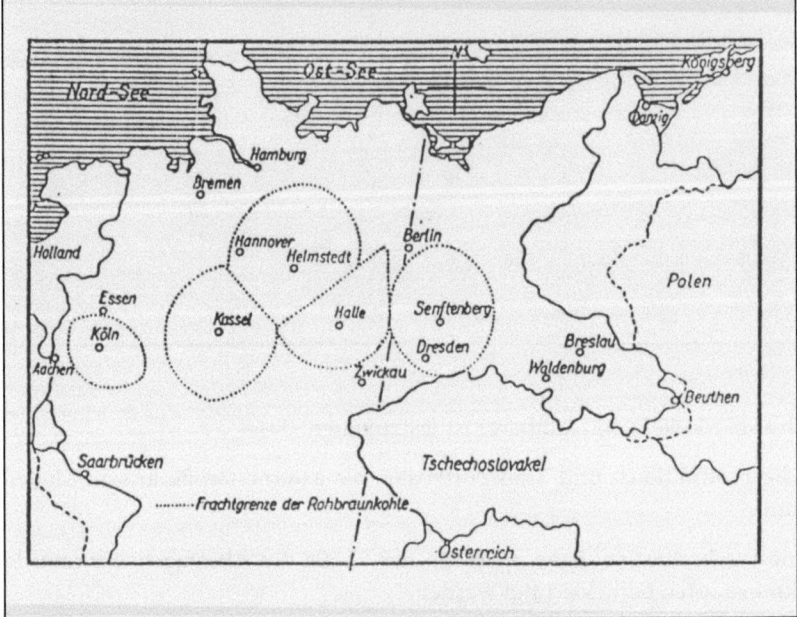

Quelle: Schneider, E. (1965), S. 84

Launhardt untersucht die Größe des Absatzgebietes von Unternehmen in Abhängigkeit von der Höhe der Produktionskosten und der Transportkosten sowie der Nähe zu Wettbewerbern.

Bezeichnen wir den Standort des ersten betrachteten Unternehmers mit S_A und den seines Konkurrenten mit S_B, so nehmen ihre Preise am Herstellungsort (p_A bzw. p_B), ihre Transportkosten (t_A und t_B) sowie die Entfernung zwischen ihren Standorten (d_{AB}) Einfluss auf Größe und Form ihrer Absatzgebiete.

Ist $p_A=p_B$ und $t_A=t_B$, so ist die Grenze des jeweiligen Marktgebietes eine Mittelsenkrechte auf der Verbindungslinie von A nach B. Ist $p_A=p_B$ und $t_A>t_B$, so wird das Marktgebiet von A zu einem Kreis. Zu einer Hyperbel wird das Marktgebiet von A bei $p_A>p_B$ und $t_A=t_B$. Ist schließlich $p_A\neq p_B$ und $t_A>t_B$, stellt sich die Grenze des Absatzgebietes von A als Ellipse dar.

II.1.2.2   Das Modell Webers[54]

Das Modell Webers gilt als erste fundierte **Untersuchung zur Standortwahl von Industrieunternehmen** und damit als Geburtsstunde der industriellen Standorttheorie. Aufbauend auf den Untersuchungen von Launhardt wird die vorherrschende Standortstruktur der Industrie als Ergebnis des Einflusses einer Vielzahl von Standortfaktoren beschrieben. Hierzu nimmt er ihre Einteilung vor in

- **generell** [fallen in allen Raumpunkten in (nahezu) gleicher Weise an; hierzu zählen etwa Transport- und Arbeitskosten] und **speziell** (kommen nur in bestimmten Raumpunkten vor wie das Vorhandensein eines bestimmten Rohstoffs). Generelle Standortfaktoren werden von Weber als **ubiquitär**, spezielle Standortfaktoren als **lokalisiert** bezeichnet.

- **regional** (großräumige Verkehrsanbindungen, Erschließung von Gewerbe- und Industriefläche) und **agglomerativ** (Standortfaktoren, die sich nur in Orten einer bestimmten Größe befinden wie höherwertige Dienstleistungen).

- **natürlich-technisch** (Landschaftsstruktur, Rohstoffe) und **gesellschaftlich-kulturell** (nicht von der Natur vorgegeben, sondern vom Menschen geschaffen wie die Qualität des politischen und kulturellen Systems).

Als Beispiel wählt Weber die Schwer-, insbesondere die Stahlindustrie, die zur Produktion die beiden Rohstoffe Kohle und Eisenerz benötigt. Wählt sie ihren Standort am Ort der Kohleproduktion (= S1), am Ort der Eisenerzförderung (= S2), am Ort des Absatzes (= S3) oder irgendwo dazwischen?

Zur Beantwortung dieser Frage geht *Weber* von folgenden Voraussetzungen aus:

A1: Die wirtschaftlichen, politischen und kulturellen Rahmenbedingungen sind in allen Raumpunkten identisch.

A2: Die Standorte der Rohmaterialien sind bekannt und vorgegeben. Zu einem bestimmten Loco-Preis können dort die Rohstoffe in unbegrenzter Menge bezogen werden.

A3: Die Transportkosten sind in alle Richtungen gleich; sie sind eine Funktion von Gewicht und Entfernung.

A4: Die Produktionstechnologie ist ein Datum und in allen Raumpunkten gleich. Das Endprodukt wird mit fest vorgegebenen Einsatzmengen an Produktionsfaktoren, Rohstoffen und Zwischenprodukten hergestellt.

A5: Die Arbeitskräfte sind immobil, so dass sich die Lohnhöhe zwischen den Standorten unterscheiden kann. Zu diesem Lohnsatz stehen Arbeitskräfte in unbegrenzter Anzahl zur Verfügung.

---

[54] Vgl. Weber, A. (1909).

II

A6: Der Ort des Absatzes ist bekannt und gegeben. Zu einem vorgegebenen Preis kann dort eine bestimmte Menge des Endprodukts abgesetzt werden.

Nach Weber bestimmen die drei Standortfaktoren **Transportkosten**, **Arbeitskosten** und **Agglomerationseffekte** die Standortwahl. In seiner Vorgehensweise leitet *Weber* zunächst den Standort mit den kostenminimalen Transportkosten ab, um anschließend den Einfluss der Arbeitskosten und der Agglomerationsvorteile auf die Standortwahl zu bestimmen. Bei der Erläuterung des Einflusses der Transportkosten auf die Standortwahl spielen bei Weber die Begriffe **Materialindex** und **Standortgewicht** eine ausschlaggebende Rolle.

Während ubiquitäre keine Bedeutung für die Standortwahl haben, sieht dies bei lokalisierten Materialien anders aus. „Maßgebend ist nicht das Verhältnis von verbrauchtem Materialgewicht zum Produktgewicht, sondern das Verhältnis des verbrauchten lokalisierten Materialgewichts zum Produktgewicht, wobei alle Ubiquitäten eben nur als Verstärkung dieses Produktgewichts Bedeutung haben. Dies Verhältnis des lokalisierten Material- zum Produktgewicht wollen wir bezeichnen als »Materialindex« der Produktion. So dass also beispielsweise eine Produktion, die verbraucht für eine T.P. eine Tonne lokalisiertes Material + ½ Tonne Ubiquitäten, ebenso einen »Materialindex« 1 hat, wie eine solche, die eine ganze Tonne Ubiquitäten noch zu einer Tonne lokalisierten Materials (z.B. eine Tonne überall vorhandener Erde zu einer Tonne Kohlen) dazu verbraucht, wie selbstverständlich endlich eine solche, die einfach eine Tonne Reinmaterial verbraucht. Sie alle sind prinzipiell gleich orientiert."[55] Mit Weber definieren wir

$$\text{Materialindex} = \frac{\text{verbrauchtes lokalisiertes Materialgewicht}}{\text{Produktgewicht}}.$$

Die mit dem lokalisierten Material verbundenen Transportkosten sind als jene Aufwendungen definiert, die notwendig sind, um jene Menge des lokalisierten Rohstoffs, der zur Produktion einer Gewichtseinheit des Endprodukts benötigt wird, um eine Raumeinheit zu bewegen. Werden z.B. zur Herstellung einer Tonne Stahl fünf Tonnen Kohle benötigt und kostet es x Geldeinheiten, eine Tonne einen Kilometer zu bewegen, so sind die Transportkosten für Kohle 5x pro Raumeinheit (= Materialindex · Transportkosten je Raumeinheit).

Die Summe der lokalisierten Materialien, die zum Produktionsort geschafft werden müssen, stellt das Gesamtgewicht pro produzierte Einheit dar und wird als Standortgewicht [56] bezeichnet. Dieses Standortgewicht hat den Minimalwert 1 (nur ubiquitäre Materialien) und wächst parallel mit dem Materialindex (Standortgewicht $= 1 + \sum_{j=1}^{m} MI_j$

---

[55] a.a.O., S. 60.
[56] a.a.O., S. 61.

mit MI = Materialindex und m = Anzahl der für die Produktion benötigten lokalisierten Materialien).

Liegen die Informationen für die Indizes der lokalisierten Materialien, deren Transportkosten und der Entfernung zwischen den Orten der Herstellung der lokalisierten Materialien und den potenziellen Produktionsstandorten vor, so lässt sich der transportkostenminimale Raumpunkt bestimmten.

Beispiel II.1.2.2-1 [57]

Wir wollen die drei Standorte S1, S2 und S3 mit Hilfe von Koordinaten im Raum festlegen. S1 habe die Koordinaten (200;100), S2 die Koordinaten (110;200) und S3 die Koordinaten (30;30).

Abbildung II.1.2.2-1: Lage der Standorte S1, S2 und S3 im Raum

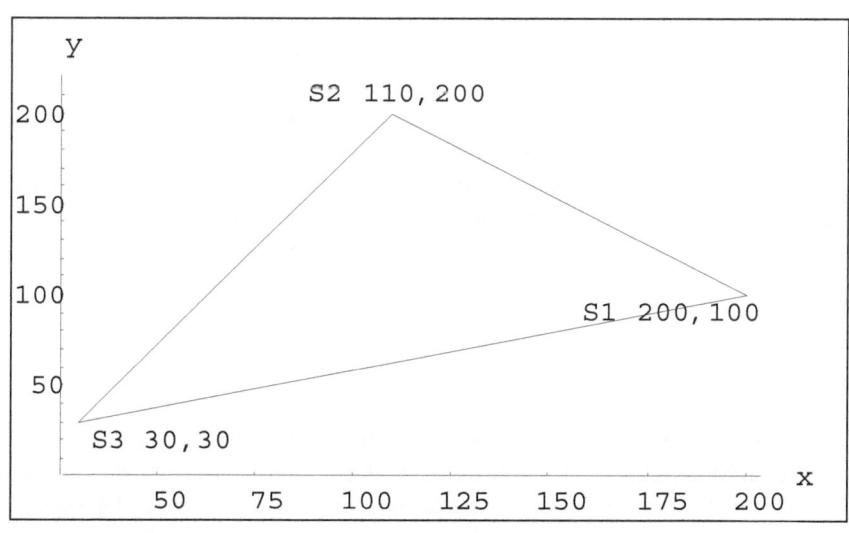

Verbinden wir S1, S2 und S3 miteinander, so erhalten wir ein Dreieck, das auch als **Webersches Standortdreieck** bezeichnet wird. Betrachten wir nun einen bestimmten Produktionsstandort innerhalb dieses Standortdreiecks, den wir mit P bezeichnen wollen und der die Koordinaten (100;100) habe.

---

[57] In Anlehnung an Blum, U.; Dudley, L.; Leibbrand, F.; Weiske, A. (2005), S. 106 ff.

Abbildung II.1.2.2-2: Lage eines Produktionsstandortes P im Standortdreieck

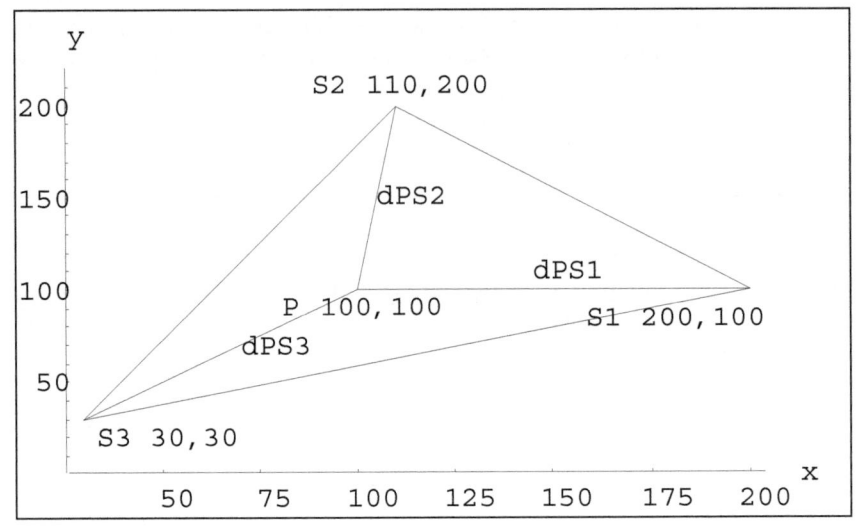

Für P wollen wir die zunächst allein standortentscheidenden Transportkosten bestimmen. Es fallen Transportkosten dadurch an, dass der in S1 gefertigte Rohstoff zum Produktionsort P geschafft wird. Zu ihrer Berechnung brauchen wir zunächst die Entfernung zwischen P und S1, die wir als d_{PS1} bezeichnen wollen. Nach dem Satz des Pythagoras ist sie

II.1.2.2-1
$$d_{PS1} = \sqrt{(y_P - y_{S1})^2 + (x_P - x_{S1})^2}$$
$$\text{hier: } d_{PS1} = \sqrt{(100-100)^2 + (100-200)^2} = 100$$

Die Entfernung ist mit den Transportkosten t_{PS1} zu multiplizieren, die sich als Produkt aus dem Materialindex des Rohstoffes in S1 und den Transportkosten pro Raumeinheit errechnet. Ist etwa $MI = 1/2$ und kostet der Transport dieses Materials 60 GE pro Raumeinheit, so ist $t_{PS1} = 30$, so dass die zwischen S1 und P auftretenden Transportkosten $TK_{PS1} = t_{PS1} \cdot d_{PS1} = 30 \cdot 100 = 3000$ sind.

Setzen wir $t_{PS2} = 40$ und $t_{PS3} = 50$, ist

$$T_{PS2} = \sqrt{(100-200)^2 + (100-110)^2} \cdot 40 = 100,5 \cdot 40 = 4020 \text{,}$$
$$T_{PS3} = \sqrt{(100-30)^2 + (100-30)^2} \cdot 50 = 99 \cdot 50 = 4950$$

so dass in P pro Gewichtseinheit des Endprodukts 11.970 Geldeinheiten Transportkosten anfallen.

Der optimale Produktionsstandort P_{opt} ist entsprechend durch eine Minimierung der Transportkosten zu bestimmen.

II.1.2.2.-2 $\qquad T = \sum_{i=1}^{3} \sqrt{\left(y_{opt} - y_{S_i}\right)^2 \cdot \left(x_{opt} - x_{S_i}\right)^2} \cdot t_{P_{opt}S_i} \; .$

In unserem Beispiel ist $y_{opt} = 109{,}1$ und $x_{opt} = 101{,}6$, verbunden mit Transportkosten von 11.950,7 Geldeinheiten.[58]

Wir wollen nun die Transportkosten zwischen P und S1 erhöhen, um zu sehen, wie der optimale Produktionsstandort auf diese Einflussgröße reagiert. Abbildung II.1.2.2-3 zeigt das Ergebnis; mit steigendem t_{PS1} rückt P_{opt} immer stärker in die Nähe von S1. Bei einem $t_{PS1} \geq 74$ wird S1 zum optimalen Produktionsstandort.

Hohe Transportkosten für einen Rohstoff wirken also **produktionsanziehend** für jenen Raumpunkt, in dem dieser Rohstoff gefördert wird.

Wir führen nach der Berücksichtigung der Transportkosten räumlich unterschiedliche Arbeitskosten in das Modell ein.

„Wann wird Verlegung der Produktion an den Arbeitsplatz stattfinden, wann wird sie unterbleiben?

Jede Verlegung des Standorts vom Minimalpunkt fort an einen günstigen Arbeitsplatz bedeutet transportmäßig eine *»Deviation«*, eine Verlängerung der Transportwege und also eine Erhöhung der Transportkosten gegenüber den optimalen Verhältnissen. Sie kann also nur erfolgen, wenn die Kostenerhöhung pro Tonne Produkt, die sie bedeutet, ausgeglichen oder mehr als ausgeglichen wird durch Kostenersparnisse. Die Kostenersparnisse, um die es sich beim Hingehen an Arbeitsplätze handelt, sind Arbeitskostenersparnisse. Und die Verlegung des Standorts vom transportmäßigen Minimalpunkt weg an einen günstigeren Arbeitsplatz hin kann also nur erfolgen, wenn *die Arbeitskostenersparnisse, die dieser Ort bietet, größer sind als die Transportkostenzusätze, die er veranlasst."* [59]

---

[58] Vgl. Beweis II.1.2.2-1 im Anhang.
Es ist $T = 98{,}8 \cdot 30 + 91{,}3 \cdot 40 + 106{,}7 \cdot 50 = 2964{,}7 + 3651{,}7 + 5334{,}4 = 11.950{,}7$.
Für die Standorte S1, S2 und S3 ergeben sich folgende Transportkosten:
$T_{S1} = 40 \cdot d_{S1S2} + 50 \cdot d_{S1S3} = 40 \cdot 134{,}5 + 50 \cdot 183{,}8 = 14.573{,}8$
$T_{S2} = 30 \cdot d_{S1S2} + 50 \cdot d_{S2S3} = 30 \cdot 134{,}5 + 50 \cdot 187{,}9 = 13.430{,}2 \; .$
$T_{S3} = 30 \cdot d_{S1S3} + 40 \cdot d_{S2S3} = 30 \cdot 183{,}8 + 40 \cdot 187{,}9 = 13.038{,}8$

[59] Weber, A., a.a.O., S. 101.

*Abbildung II.1.2.2-3:   Auswirkung steigender Transportkosten auf den optimalen Produkti-
onsstandort*

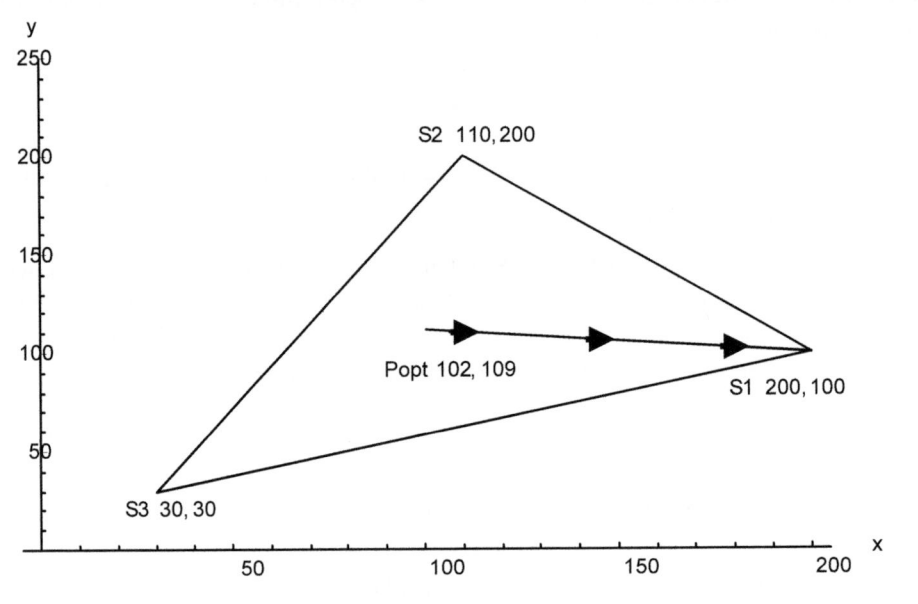

Beispiel II.1.2.2-2

PL sei der Ort der geringsten Arbeitskosten, wobei pro produzierte Einheit des End-
produktes in L (80,80) um 150 GE geringere Arbeitskosten anfallen als in P_{opt} (102,109).
Lohnt sich eine Verlagerung der Produktion? Zur Beantwortung dieser Frage bilden
wir eine Isotransportkostenlinie um P_{opt}, die alle jene Raumpunkte miteinander verbindet, die um 150 GE höhere Transportkosten aufweisen als P_{opt}.

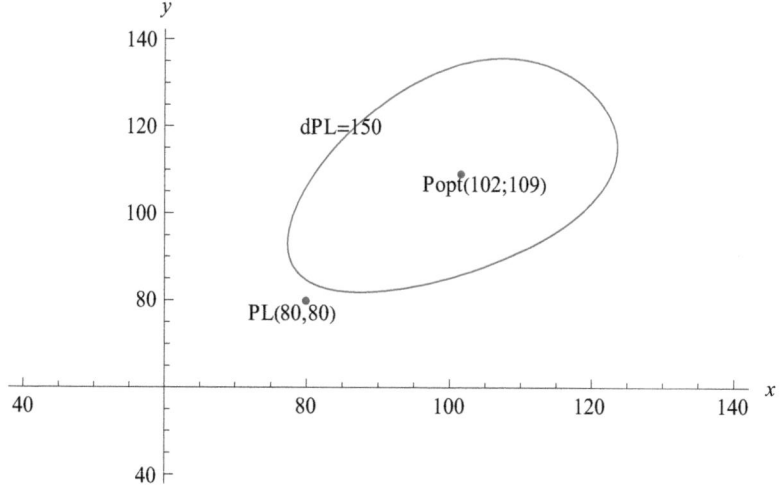

Liegt PL innerhalb dieser Isotransportkostenlinie, so sollte eine Verlagerung von P_{opt} nach PL vorgenommen werden; ansonsten ist – wie hier – auf sie zu verzichten.

Als dritter die Standortwahl beeinflussender Faktor sind schließlich die Agglomerationsvorteile und -nachteile [60] im Modell zu berücksichtigen. „Die Theorie der Agglomeration hat … zu tun mit lokalen Zusammenstellungen, welche daraus entstehen, dass in der zusammengeballten Produktionsmasse die Produkteinheit um einen bestimmten Index billiger hergestellt werden kann als anders."[61] Wir betrachten die Herstellung von drei Gütern, deren Herstellung ohne Berücksichtigung der Agglomerationseffekte in P_1, P_2 und P_3 optimal wäre. Um jeden dieser Punkte schlagen wir eine Isotransportkostenlinie [62], die jene Raumpunkte miteinander verbindet, in denen die Transportkosten genau um die Agglomerationsvorteile größer sind als im bisher optimalen Punkt.

---

[60] Zu den Agglomerationseffekten vgl. Kapitel I.1 Die räumliche Dimension in den Wirtschaftswissenschaften in diesem Buch.
[61] Weber, A., a.a.O., S. 131.
[62] Von Weber Isodapane genannt.

Abbildung II.1.2.2-4: Berücksichtigung von Agglomerationsvorteilen

---

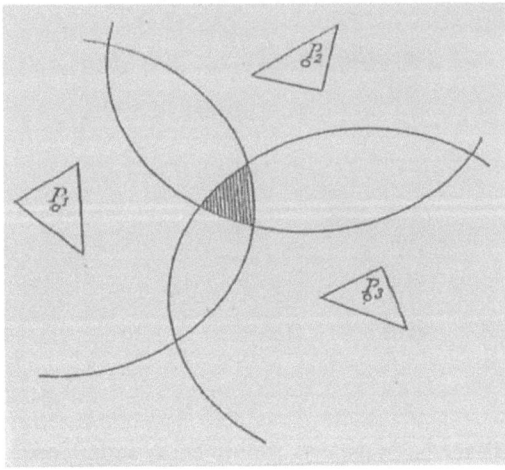

Quelle: Weber, A. (1909), S. 134

Gibt es – wie in Abbildung II.1.2.2- 4 – eine gemeinsame Fläche innerhalb der Isotransportkostenlinie, so lohnt sich eine räumliche Zusammenlegung der Standorte; innerhalb der schraffierten Fläche ist der optimale Standort zu bestimmen.

Beispiel II.1.2.2-3

Wir betrachten im Folgenden zwei Standorte, nämlich den bereits bekannten P_{opt}^1 (102,109) und einen P_{opt}^2 (170,118) [63], in dem ein anderes Gut hergestellt wird.

Im ersten Fall würden bei einer Zusammenlegung der Produktionsstätten Agglomerationsvorteile von 1000 (0) bei der Herstellung des Gutes 1 (2) auftreten. Wir zeichnen deshalb um P_{opt}^1 eine Isodapane mit dem Wert 1000.

---

[63] Die Koordinaten beruhen auf einem Standortdreieck mit den Eckpunkten S_{21} (180,100), S_{22} (210,200) und S_{23} (80,80), verbunden mit Transportkosten von $t_{PS21}=40$, $t_{PS22}=60$ und $t_{PS23}=50$. Die Transportkosten TK_{P2} betragen 11182.

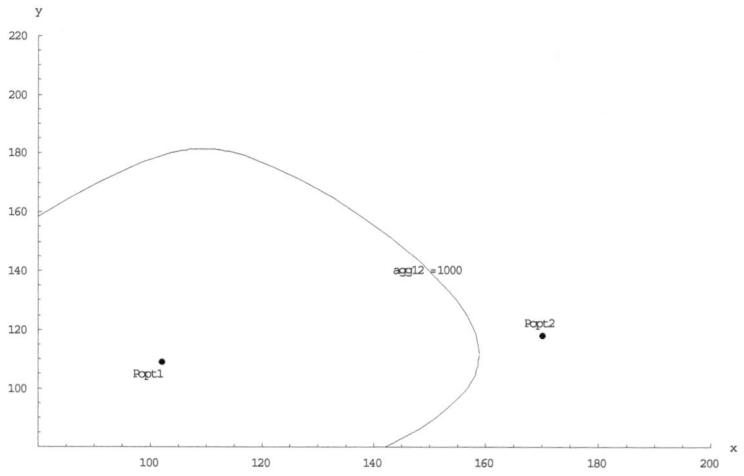

Legende:

agg12 = Agglomerationsvorteile bei der Produktion des Gutes 1 durch die räumliche Zusammenlegung mit der Produktion des Gutes 2

Es wird deutlich, dass P_{opt}^2 nicht innerhalb der Isotransportkostenlinie $T = 11951 + 1000$ liegt. Auf einer Zusammenlegung der Produktion der Güter 1 und 2 wird deshalb verzichtet; für den Unternehmer in P_{opt}^1 lohnt es sich nicht, seine Produktion nach P_{opt}^2 zu verlagern.

Wir variieren unser Beispiel und unterstellen nun, dass bei der Herstellung beider Güter Agglomerationsvorteile von jeweils 150 pro produzierter Einheit auftreten würden, wenn man die Standorte in einem Ort zusammenlegt (agg12 = agg21 = 150).

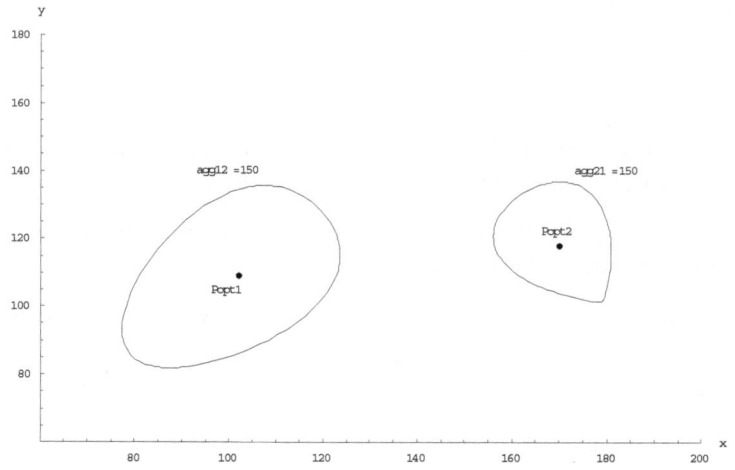

Auch in diesem Fall findet keine räumliche Konzentration statt, da sich die Iso-transportkostenlinien $11951+150$ bzw. $11144+150$ nicht überschneiden.

Anders stellt sich die Situation dar, wenn $\text{agg}12 = 600$ und $\text{agg}21 = 500$ gesetzt wird. Es ergibt sich ein Überschneidungsbereich; wird die gemeinsame Produktion in diese Fläche hineinverlagert, so sinken die Herstellungskosten für beide Unternehmen.

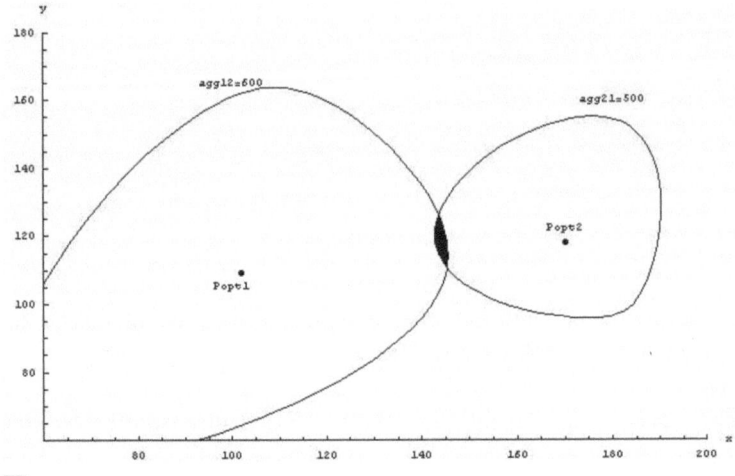

■ Überschneidungsbereich

Der Punkt $(144,120)$ liegt in diesem Überschneidungsbereich. Würde in diesen Punkt verlagert werden, so sinkt die Differenz von Transportkosten minus Agglomerations-vorteile beim Unternehmer 1 (2) von bisher $11951-0 = 11951$ auf $12523-600 = 11923$ (von bisher $11182-0 = 11182$ auf $11644-500 = 11144$). Die Kosten bei der Herstellung des Gutes 1 (2) sinken um 28 (38) GE.

Webers Modell stellt trotz aller Schwächen im Detail die Geburtsstunde der Theorie der industriellen Standortwahl dar. Zu den Schwächen des Modells zählen vor allem

■ die beherrschende Stellung der Transportkosten, die innerhalb der Gesamtkosten der Industrie nur eine untergeordnete Rolle spielen.

■ die Linearität der Transportkosten, die in der Realität eine degressive Funktion der Entfernung darstellen.

■ die Lokalisation der Nachfrage in einem Absatzort.

■ die unbegrenzte Verfügbarkeit aller Produktionsfaktoren, insbesondere der Arbeit, in allen Raumpunkten.

- die Vernachlässigung von Urbanisierungsvorteilen im Absatzort.

- die Annahme einer linearen Kostenfunktion.

- die Limitationalität der Produktionsfaktoren, die die Standortwahl eher als technisches Problem denn als räumlichen Fall eines allgemeinen Allokationsproblems erscheinen lässt.

> Weber untersucht den Einfluss von Transportkosten, Arbeitskosten und Agglomerationsvorteilen auf die industrielle Standortwahl.
>
> Der transportkostenminimale Punkt ergibt sich unter Berücksichtigung der Transportkosten beim Bezug von Rohstoffen sowie der Kosten beim Transport des fertigen Produkts zum Absatzort. Dabei rückt der optimale Standort umso näher an den Ort einer Rohstofferzeugung heran, je mehr von diesem Rohstoff bei der Herstellung einer Gewichtseinheit des Gutes benötigt wird und je aufwendiger es ist, ihn zu transportieren.
>
> Zwischen potenziellen Standorten divergierende Arbeitskosten und die Entstehung von Agglomerationsvorteilen bei der räumlichen Zusammenlegung der Herstellung unterschiedlicher Güter können dazu führen, dass sich der optimale vom transportkostenminimalen Standort unterscheidet.

II

II.1.2.3   Das Modell Hotellings[64]

Hotelling [65] analysiert die **Konkurrenzbeziehungen zwischen Anbietern** von Konsumgütern; insbesondere beschäftigt er sich mit der Frage der Interdependenz der Standorte. Zur Darstellung seiner Überlegungen stellen wir den Raum als Gerade zwischen zwei Raumpunkten dar, die eine Raumeinheit auseinander liegen. Die Grenzen dieses potenziellen Absatzgebietes seien deshalb mit 0 und 1 bezeichnet.

0   Potenzielles Absatzgebiet   1

In diesem potenziellen Absatzgebiet sucht der Anbieter seinen optimalen Standort, so ein Eisverkäufer auf einem Strandabschnitt, der von 0 bis 1 reicht. Dazu gehen wir mit Hotelling von folgenden Annahmen aus:

A1:   Die Nachfragefunktion ist in allen Raumpunkten gleich.

A2:   Der Preis des Gutes ist gegeben und konstant. So kann unser Eisverkäufer den Verkaufspreis nicht selber festlegen, sondern ist an Preisvorgaben des Herstellerwerkes gebunden.

A3:   In allen Raumpunkten sind die Kosten des Anbieters gleich hoch.

A4:   Für den Konsumenten entstehen Einkaufs- und Transportkosten. Da die Einkaufskosten wegen gegebener Preise bei allen Anbietern gleich sind, wird er beim nächstgelegenen Anbieter einkaufen, um seine Transportkosten zu minimieren.

A5:   Der Anbieter wählt seinen Standort so, dass sein Gewinn maximiert wird.

Welches ist nun der **optimale Standort für einen Anbieter** auf der Raumgeraden $\overline{01}$? In einem beliebigen Standort S beträgt der Gewinn unseres Eisverkäufers

II.1.2.3-1 $G_S = (p-k) \cdot X_S - Kf$

Legende:

p   = (vorgegebener und vom Standort unabhängiger) Preis

k   = (technologisch vorgegebene und vom Standort unabhängige variable) Stückkosten

p–k = Deckungsbeitrag pro abgesetzter Mengeneinheit

X_S = im Standort S abgesetzte Menge

X_i = $a-b(p+t \cdot d_{i,s})$ = im Punkt i nachgefragte Menge

Kf   = Fixkosten

---

64   Hotelling, H. (1929); das Modell von Hotelling wird hier abgewandelt.

65   Vgl. Ottaviano, G.I.P.; Thisse, J.F. (2004). Siehe dazu auch Krieger-Boden, C. (1995), S. 19-20. Eine gute Darstellung zum Hotelling-Modell des räumlichen Wettbewerbs findet sich auch in McCann, P. (2001), S. 30-35.

Lediglich die Wahl des Standortes stellt einen Aktionsparameter für das Unternehmen dar; alle anderen Größen sind gegeben und konstant. Gibt es nur einen Anbieter, so ist seine Standortwahl eindeutig; er wird, sofern $G_s > 0$ ist, seinen Standort in $S=0,5$ wählen.[66]

Beispiel II.1.2.3-1

Es sei $a = 10, b = 0,5, t = 0,2$ und $p = 6$. Dann ergibt sich die folgende Beziehung zwischen Absatz und S (bei einem Maximum bei S=0,5):

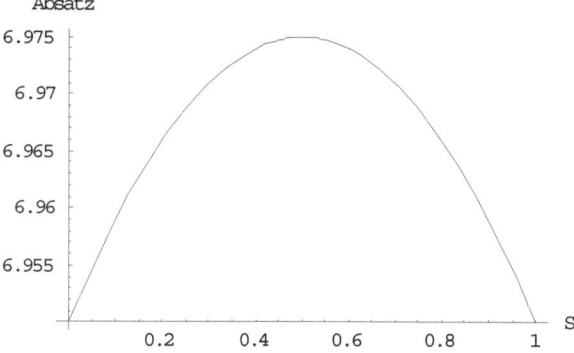

Wir lassen **einen zweiten Anbieter** im Modell zu, den wir – ergänzend zu A – B nennen wollen. Im Hinblick auf A und B wollen wir zwei Verhaltensweisen unterscheiden.

■ A und B stehen in Wettbewerb zueinander. Dabei unterstellen sie, dass der Wettbewerber auf eine eigene Standortvariation nicht reagiert (**wettbewerbliches Verhalten**).

■ A und B stimmen ihr Verhalten miteinander ab und versuchen in Absprache, ihren gemeinsamen Gewinn zu maximieren (**kooperatives Verhalten**).

Bei wettbewerblichem Verhalten ist $S_A = S_B = 0,5$, bei kooperativem Verhalten $S_A = 0,25$ und $S_B = 0,75$ oder $S_A = 0,75$ und $S_B = 0,25$. Hierbei führt kooperatives Verhalten sowohl zu einer Gewinnsteigerung der beiden Unternehmen als auch zu einer Minimierung der Transportkosten der Konsumenten.[67]

---

[66] Siehe Beweis II.1.2.3-1 im Anhang.
[67] Siehe hierzu den Beweis II.1.2.3-2 im Anhang.

Beispiel II.1.2.3-2

Wir setzen erneut $a = 10, b = 0,5, t = 0,2$ und $p = 6$. Dann zeigen die nachstehenden Grafiken, dass bei $S_A = 0,25$ und $S_B = 0,75$ sowohl der gemeinsame Absatz maximiert als auch die gesamtwirtschaftlichen Transportkosten minimiert werden.

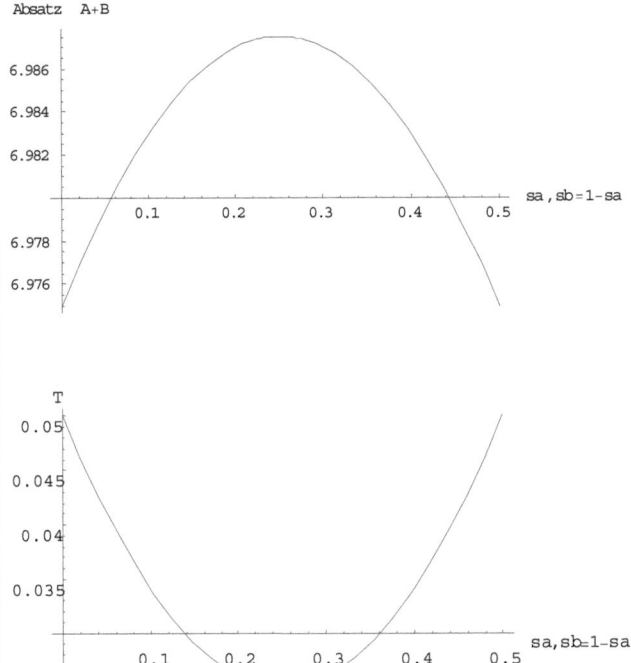

Wir wollen nun die **Anzahl der Anbieter auf mehr als zwei** erhöhen und setzen sie zunächst gleich drei. Dann sind die Standorte S_A, S_B und S_C bei wettbewerblichem Verhalten der Anbieter nicht mehr eindeutig bestimmt, während sie bei kooperativem Verhalten und $S_A < S_B < S_C$ $S_A = \frac{1}{6}, S_B = \frac{1}{2}$ und $S_C = \frac{5}{6}$ betragen.

Das Ergebnis bei wettbewerblichem Verhalten ist unmittelbar einsichtig. Ist $S_A = S_B = 0,5$ und tritt mit C ein neuer Anbieter auf den Markt, so wird er bei $S_B < S_C$ nahe an B heranrücken. B wird quasi mit A von links und mit C von rechts in seinem Absatzgebiet beschränkt. Ist etwa $S_C = 0,52$, so beträgt das Absatzgebiet von C zunächst 0,49, während sich A und B in die restlichen 0,51 teilen müssen. A rücke nun von $S_A = 0,5$ nach $S_A = 0,48$ und erhöht damit sein Absatzgebiet ebenfalls auf 0,49, da alle Personen links von 0,48 jetzt ausschließlich bei A kaufen werden. Für B ist die Situation nun absolut unbefriedigend, da für ihn nur ein Absatzgebiet von 0,02 im Intervall (0,49; 0,51) verbleibt. Er verlegt seinen Standort z.B. nach 0,46; dann sind die Absatzgebiete von A, B und C $0,03 \left(\text{von } 0,47 \text{ bis } 0,50\right)$, $0,47 \left(\text{von } 0 \text{ bis } 0,47\right)$ und $0,50 \left(\text{von } 0,50 \text{ bis } 1\right)$. A ist nun in einer schlechten Situation und sucht seinen Standort zum Beispiel in 0,54, was seine Situation verbessert, aber nun wiederum C zu einer Standortänderung bewegt. Dieser Prozess konvergiert nicht gegen ein Gleichgewicht, sondern hält unendlich lange an.[68]

Bei der kooperativen Lösung ist der gemeinsame Absatz zu maximieren. Dies ist der Fall bei $S_A = 1/6$, $S_B = 1/2$ und $S_C = 5/6$. Diese Lösung führt wiederum zur Minimierung der gesamtwirtschaftlichen Transportkosten.

Damit ergeben sich folgende Standorte bei unterschiedlicher Anzahl der Anbieter:

Übersicht II.1.2.3-1: Standortwahl bei unterschiedlicher Anzahl von Anbietern [69]

Anzahl der Anbieter	Kooperatives Verhalten	Wettbewerbliches Verhalten
1	$S_A = 0,5$	
2	$S_A = 0,25$; $S_B = 0,75$	$S_A = S_B = 0,5$
3	$S_A = 1/6$; $S_B = 1/2$; $S_C = 5/6$	unbestimmt
4	$S_A = 1/8$; $S_B = 3/8$; $S_C = 5/8$; $S_D = 7/8$	unbestimmt
⋮	⋮	⋮
n	$S_A = \dfrac{1}{2 \cdot n} \cdots S_N = 1 - \dfrac{1}{2 \cdot n}$	unbestimmt

Wir wollen uns nun der Frage zuwenden, wie viele Anbieter eines Gutes im Intervall (0;1) Raum für eine kostendeckende Tätigkeit finden. Unser obiges Modell wird wie folgt erweitert:

---

[68] Die Begründung ist relativ einfach. Im Gleichgewicht müssten die Absatzgebiete aller drei Anbieter gleich groß sein. Dies ist in $S_A = 1/6$, $S_B = 1/2$ und $S_C = 5/6$ mit jeweils ein Drittel der Fall. A und C verharren aber nicht in dieser Situation, sondern rücken näher an B heran. Dadurch gewinnen sie „in der Mitte", ohne am jeweiligen Rand zu verlieren.
Die mathematische Lösung für das kooperative und das wettbewerbliche Verhalten findet sich in Beweis II.1.2.3-3 im Anhang.

[69] Das Standortmodell auf einem [0,1]-Intervall ist mittlerweile ein gängiges Instrument in der Bestimmung von Angebotsprofilen. Besonders bekannt geworden ist die Wahl des Standortes von politischen Parteien in einem Meinungsspektrum von 0 (= extrem links) bis 1 (extrem rechts); dieser Gedankengang geht zurück auf Downs, A. (1968). In jüngerer Zeit findet das Modell auch Anwendung im Rahmen der Informationsökonomie, so z.B. bei der Festlegung von Radio- und Fernsehsendern zwischen 0 (= reine Unterhaltung) und 1 (= Kultur und Wissen).

- Die Menge der Anbieter ist nicht vorgegeben, sondern ergibt sich im Wettbewerbsprozess.

- Es entstehen bei dem Angebot des Gutes nicht nur variable Kosten k, sondern auch fixe Kosten Kf, die in jedem Raumpunkt gleich sind.

- Aufgrund der Annahme eines vollkommenen Marktes ist der Gewinn genau Null. Wäre er größer als Null, würden neue Anbieter am Markt auftreten, wäre er kleiner als Null, würden Unternehmen aus dem Markt ausscheiden.

Wir wollen nun den minimalen Einzugsbereich r_{min} für einen Anbieter A bestimmen, der seinen Standort in S_A hat.

Abbildung II.1.2.3-1: Minimaler Einzugsbereich r_{min} eines Anbieters A

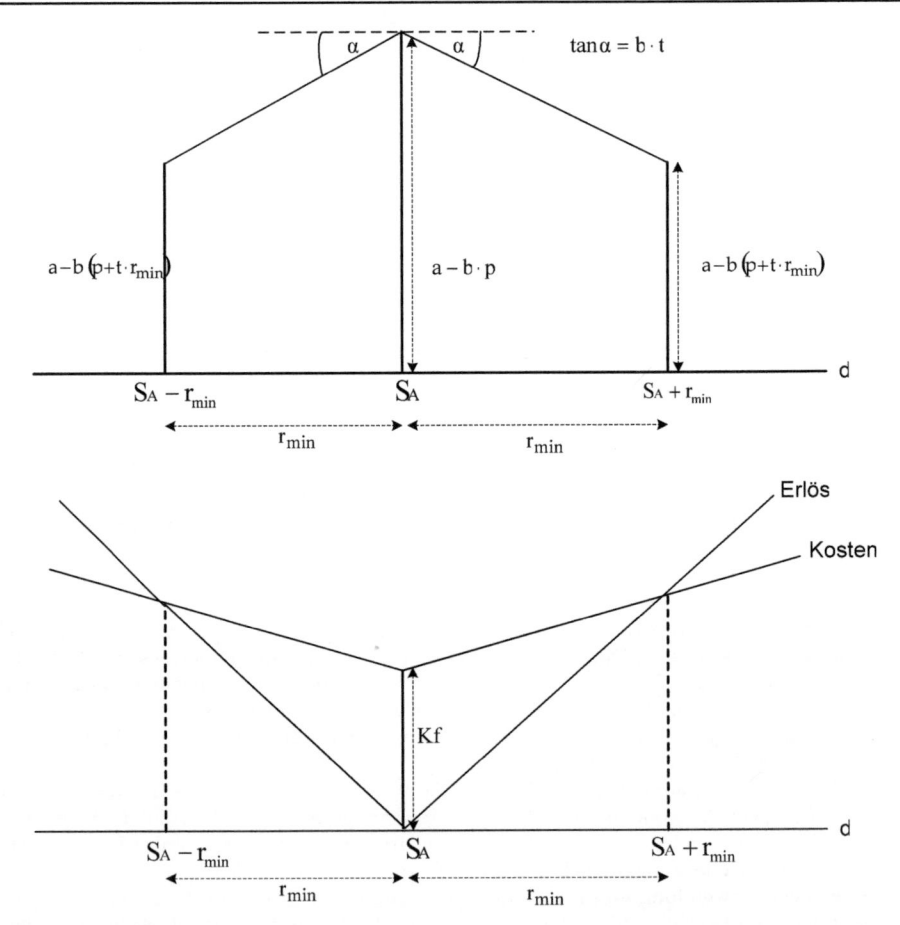

Im Folgenden wollen wir r_{min} analytisch bestimmen. Es gelten folgende Beziehungen:

II.1.2.3-2 Absatz $= 2 \int\limits_{0}^{r_{min}} \left(a - b(p + t \cdot d)\right) dd = r_{min}\left(2(a - b \cdot p) - b \cdot t \cdot r_{min}\right)$

Kosten $= K_f + k \cdot \text{Absatz}$

Erlös $= p \cdot \text{Absatz}$

Gewinn $= (p - k) \cdot \text{Absatz} - K_f$

Wir setzen den Gewinn gleich 0 und lösen nach r_{min} auf:

II.1.2.3-3 $\quad r_{min} = \dfrac{(p - k) \cdot (a - b \cdot p) - \sqrt{(k - p) \cdot \left[(k - p) \cdot (a - b \cdot p)^2 + b \cdot K_f \cdot t\right]}}{b \cdot (p - k) \cdot t}$

$\quad = \dfrac{(a - b \cdot p) - \sqrt{(a - b \cdot p)^2 - \dfrac{b \cdot K_f \cdot t}{p - k}}}{b \cdot t}$

Beispiel II.1.2.3-3

Setzen wir erneut $a = 10$, $b = 0,5$, $t = 0,2$, $p = 6$, $k = 2$ und $K_f = 5,596$, so ist $r_{min} = 0,1$. Der Abstand zwischen zwei Anbietern ist $2 \cdot r_{min} = 0,2$; auf dem Intervall [0,1] gibt es damit Platz für bis zu $\dfrac{(1 - 0)}{2 \cdot r_{min}} = \dfrac{1}{0,2} = 5$ Anbietern. Im kooperativen Modell sind ihre Standorte mit 0,1, 0,3, 0,5, 0,7 und 0,9 eindeutig bestimmt, während sich im Wettbewerbsmodell erneut keine eindeutige Lösung für die Standorte ergibt.

Wie reagiert nun r_{min} auf die Variation der Einflussgrößen?[70]

Es gilt

a) $\dfrac{dr_{min}}{dK_f} > 0$. Mit steigenden Fixkosten wird der minimale Einzugsbereich größer.

b) $\dfrac{dr_{min}}{dk} > 0$. Je höher die variablen Stückkosten, umso größer der minimale Einzugsbereich.

c) $\dfrac{dr_{min}}{da} < 0$. Mit steigendem Prohibitivpreis wird der minimale Einzugsbereich kleiner.

d) $\dfrac{dr_{min}}{db} > 0$. Je sensibler die Verbraucher auf Preis- und Transportkostenerhöhungen reagieren, umso weiter der zur Kostendeckung erforderliche Einzugsbereich.

---

[70] Vgl. Beweis II.1.2.3-4 im Anhang.

e) $\dfrac{dr_{min}}{dt} > 0$. Steigende Transportkosten lassen den minimalen Einzugsbereich anwachsen.

f) $\dfrac{dr_{min}}{dp}$ kann sowohl größer als auch kleiner als Null sein, weil zwei konterkarie-
rende Kräfte bei variierendem p auf den Gewinn eines Unternehmens einwirken.
Zum einen steigt der Deckungsbeitrag p–k pro abgesetzte Einheit, zum anderen
ist der Absatz mit steigendem p rückläufig.

Beispiel II.1.2.3-4

Wir greifen auf die Ausprägung der Variablen im Beispiel II.1.2.3-3 zurück und variieren jeweils eine dieser Größen.

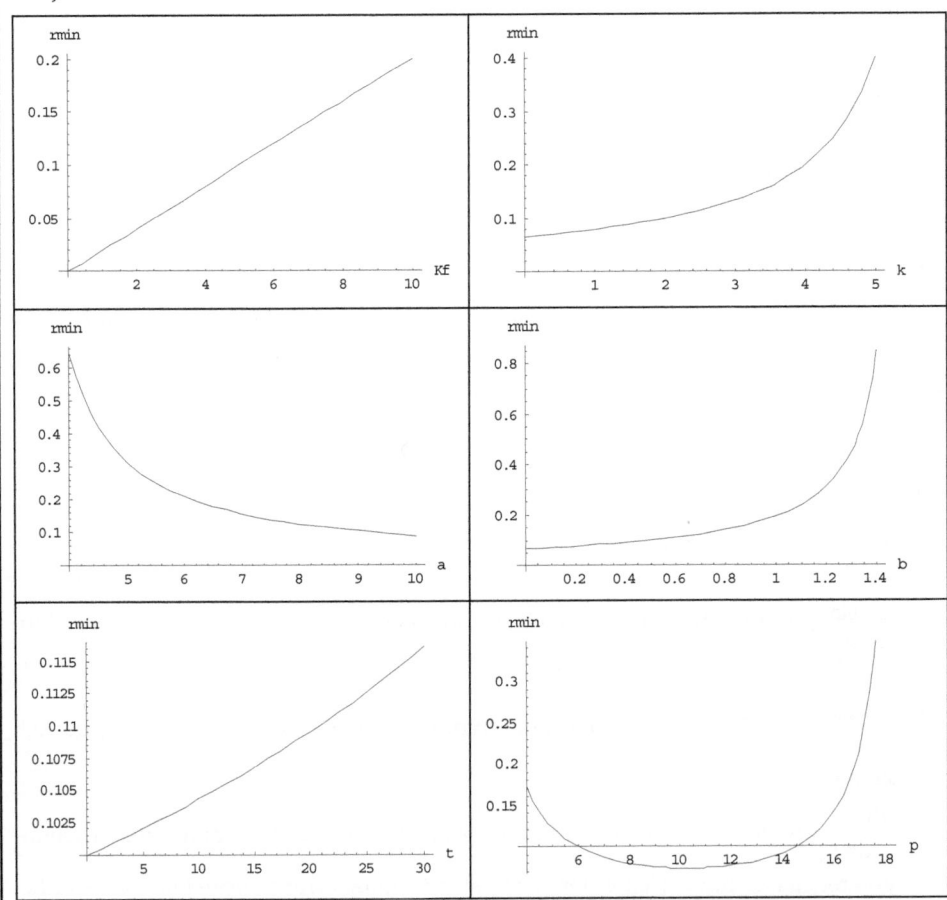

Im Modell von Hotelling geht es um die optimale Standortwahl auf einem Raumintervall [0,1].

Ein Angebotsmonopolist wählt seinen Standort in 0,5.

Treten mehrere Anbieter auf, so ist zwischen einem kooperativen und einem wettbewerblichen Verhalten zu unterscheiden. Beim kooperativen Verhalten wählen die Anbieter in Absprache ihren Standort so, dass der gemeinsame Absatz maximiert wird, während beim wettbewerblichen Verhalten jeder Anbieter seinen eigenen optimalen Standort sucht, wobei er die Standorte der Konkurrenten als gegeben betrachtet.

Bei zwei Anbietern A und B sind die Standorte S_A und S_B bei wettbewerblichem Verhalten jeweils 0,5, während bei kooperativem Verhalten $S_A=0,25$ und $S_B=0,75$ oder $S_A=0,75$ und $S_B=0,25$ gilt. Das kooperative Verhalten führt dabei zu einer Minimierung der gesamtwirtschaftlichen Transportkosten.

Ist die Anzahl der Anbieter größer als 2, so ergibt sich im Wettbewerbsmodell keine Gleichgewichtslösung mehr; die Standortwahl ist unbestimmt. Dagegen ist sie im kooperativen Modell eindeutig; jeder Anbieter erhält einen gleich großen Einzugsbereich.

Die Anzahl der Anbieter sinkt (steigt) dabei mit größer werdenden fixen, variablen und Transportkosten sowie mit einer zunehmenden Preisreagibilität der Nachfrage (mit zunehmendem Prohibitivpreis), während der Einfluss des Preises auf die Anzahl der Anbieter unbestimmt ist.

II.2 Makroökonomische Standorttheorien: Raumwirtschaftsmodelle

II.2.1 Raumstruktur der Landwirtschaft: Das Modell von Thünens[71]

Die Summe individueller Standortentscheidungen führt zu bestimmten Raumstrukturen, deren wichtigste Erklärungsansätze im Folgenden kurz vorgestellt werden sollen. Dabei bezieht sich das Modell von Thünen (Lösch, Christaller) auf die räumliche Verteilung von Land- und Forstwirtschaft (produzierendes und Dienstleistungsgewerbe).[72]

Johann Heinrich von Thünen gilt als einer der Begründer der klassischen Raumwirtschaftsmodelle. Ihm gelang es als einem der ersten Wissenschaftler, raumprägende Faktoren transparent zu machen. Anhand von theoretischen und empirischen Untersuchungen in der Landwirtschaft lieferte er eine Erklärung dafür, an welchem Ort einer homogenen Fläche bestimmte landwirtschaftliche Produkte unter einem ökonomischen Kalkül hergestellt werden. Er erkannte, dass es sinnvoll ist, die Produkte in kreisförmigen Ringen um ein Marktzentrum herum zu fertigen. Die kreisförmigen Anbaugebiete um ein Marktzentrum wurden als **„Thünensche Ringe"** bekannt. Dabei geht er in seiner Deduktion von folgenden Annahmen aus:

A1: Es liegt ein isolierter Staat mit einer Stadt A im Zentrum als alleinigem Absatzmarkt vor; wir bezeichnen ihren Standort mit S_A.

A2: Die Stadt ist von einer homogenen Fläche umgeben (gleiche Transportkosten, gleiche Bodenqualität, gleiche Produktionsfunktionen).

A3: Beim Transport von Gütern fallen, in Abhängigkeit von der zurückgelegten Strecke, Transportkosten an, die linear sind.

A4: Die Produktionsfunktionen für die einzelnen Güter weisen neoklassische Eigenschaften auf; ist X_i der Output eines Gutes i und V_j ein Produktionsfaktor j, so

sind $\dfrac{dX_i}{dV_i} > 0$ und $\dfrac{d^2X_i}{dV_i^2} < 0$. Die Produktionsfaktoren stehen in unbegrenztem

Umfang zur Verfügung.

A5: Die Landwirte streben die Maximierung ihres Gewinns an.

A6: Der Verkaufspreis der Güter sowie die Kosten der Produktionsfaktoren sind für die Landwirte gegeben; gleiches gilt für die Transportkosten.

Wir betrachten zunächst eine Situation, in der die Landwirte unabhängig voneinander nur ein Gut herstellen, das wir mit X bezeichnen wollen. Zu seiner Herstellung wer-

---

71 Vgl. Thünen, J.H. von (1826).
72 Vgl. Böventer, E. von (1962), S. 80–99.

den neben Boden B Produktionsfaktoren V_j $(j=1,2,...,k)$ benötigt, die zum Preis von p_{v_j} unbegrenzt zur Verfügung stehen. Es gilt dann

II.2.1-1 $\qquad X = X(V_1, V_2, ..., V_k, B)$.

Dividieren wir diese Beziehung durch B, so kommen wir zur Ausbringungsmenge je Flächeneinheit x

II.2.1-2 $\qquad \begin{aligned} &\frac{X}{B} = x\left(\frac{V_1}{B}, \frac{V_2}{B}, ..., \frac{V_k}{B}, 1\right) \\ &\text{bzw.} \\ &x = x(v_1, v_2, ..., v_k) \end{aligned}$,

wobei kleine Buchstaben Output- und Inputgrößen je Flächeneinheit symbolisieren.

Für die pro Bodeneinheit produzierte Menge werden in der Stadt $p_x \cdot x$ Geldeinheiten erlöst; von ihnen sind die Transportkosten $t \cdot d \cdot x$ zu subtrahieren, um auf den Netto-erlös in der Stadt zu gelangen.

II.2.1-3 $\qquad$ Nettoerlös $= p_x \cdot x - t_x \cdot d \cdot x = (p_x - t_x \cdot d) \cdot x$

$\qquad$ mit $\quad p_x =$ Preis des Gutes x in der Stadt

$\qquad\qquad\quad t_x =$ Transportkosten für das Gut x pro Entfernungseinheit

$\qquad\qquad\quad d =$ Entfernung zwischen Produktionsstätte und Absatzort

Damit ist der Gewinn pro Bodeneinheit (= Bodenrente BR)

II.2.1-4 $\qquad BR = (p_x - t_x \cdot d) \cdot x(v_1, v_2, ..., v_k) - \sum_{j=1}^{k} p_{v_j} \cdot v_j$.

Wir setzen ohne Verlust der Allgemeingültigkeit k=1 und unterstellen eine neoklas-sische Produktionsfunktion

II.2.1-5 $\qquad x = \beta \cdot v_1^{\alpha}$.

Dann ergeben sich die folgenden gewinnmaximalen Lösungen [73] für v_1, x und BR:

II.2.1-6 $\qquad v_1^{opt} = \left(\frac{(p_x - t_x \cdot d) \cdot \alpha \cdot \beta}{p_{v_1}}\right)^{\frac{1}{1-\alpha}}$.

Damit wird

II.2.1-7 $\qquad x^{opt} = \beta \cdot (v_1^{opt})^{\alpha} = \beta\left(\frac{(p_x - t_x \cdot d) \cdot \alpha \cdot \beta}{p_{v_1}}\right)^{\frac{\alpha}{1-\alpha}}$

---

[73] Zur Ableitung vgl. Beweis II.2.1-1 im Anhang.

und

II.2.1-8
$$BR^{opt} = (p_x - t_x \cdot d) \cdot x^{opt} - p_{v_1} \cdot v_1^{opt} = \frac{(\frac{1}{\alpha} - 1) \cdot ((p_x - t_x d) \cdot \alpha \cdot \beta)^{\frac{1}{1-\alpha}}}{p_{v_1}^{\frac{\alpha}{1-\alpha}}}$$

Entsprechend steigen v_1^{opt}, x^{opt} und BR^{opt} mit größer werdenden p_x, α und β und sinken mit größer werdenden t_x und p_{v_1}.

Beispiel II.2.1- 1

Es sei $p_x = 2$, $t_x = 0{,}1$, $x = 2 \cdot v_1^{0,9}$ und $p_{v_1} = 1{,}5$. Wie groß sind x, v_1 und BR bei unterschiedlichem d? Wir haben bereits abgeleitet, dass für die Gewinnmaximierungsregel

II.2.1-9
$$v_1^{opt} = \left(\frac{(2 - 0{,}1 \cdot d) \cdot 0{,}9 \cdot 2}{1{,}5}\right)^{\frac{1}{1-0,9}} \approx 6{,}1917 \cdot (2 - 0{,}1 \cdot d)^{10}$$

gilt und erhalten eine funktionale Beziehung, wie sie aus der folgenden Abbildung hervorgeht.

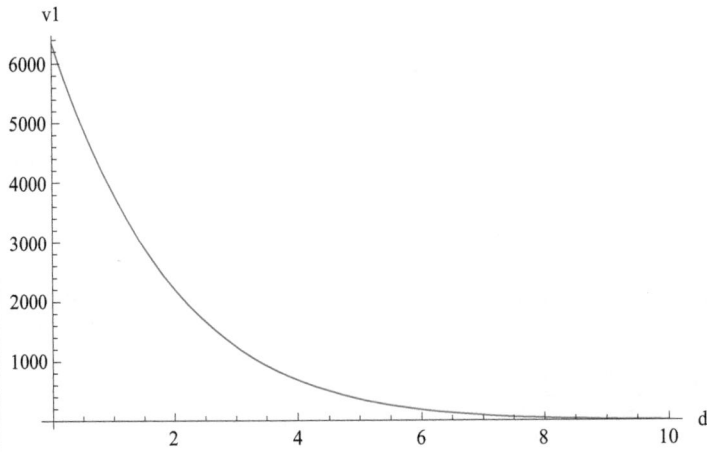

Da der Grenzerlös mit zunehmendem d kleiner wird, ergibt sich ein negativer Zusammenhang zwischen d und v_1. Je weiter der Produktionsstandort vom Absatzort entfernt liegt, umso weniger Produktionsfaktoren werden pro Bodeneinheit eingesetzt. Dabei verläuft die Funktion umso steiler, je höher die Transportkosten t sind.

Setzen wir das gewonnene v_1^{opt} in die Produktionsfunktion $2 \cdot v_1^{0,9}$ ein, so erhalten wir die Produktionsintensität (produzierte Menge pro Bodeneinheit):

II.2.1-10 $\qquad x^{opt} = 2\left(6,1917\cdot(2-0,1\cdot d)^{10}\right)^{0,9} = 10,3196\,(2-0,1\cdot d)^{9}$.

Damit haben wir alle Informationen, um die Bodenrente in Abhängigkeit von der Distanz darzustellen.

II.2.1-11 $\qquad BR = 1,032\cdot(2-0,1\cdot d)^{10}$

Läge der landwirtschaftliche Betrieb im Absatzort S_A, so würden keine Transportkosten anfallen; die Bodenrente ist relativ hoch und beträgt 1057. Ab einem d>20 lohnt es sich nicht mehr, das Gut anzubauen, da dann ein Verlust (= negative Bodenrente) entstehen würde.[74]

---

[74] Der Gewinn der Landwirte entspricht der Fläche unter der Funktion BR=BR (d). Sie beträgt in unserem Beispiel 1922 GE.

Nun gibt es nicht nur ein Produkt, das der Landwirt anbauen kann, sondern mehrere. Wir führen beispielhaft ein zweites Gut in unsere Betrachtung ein. Dann gibt es bei einem Vergleich von BR_1 und BR_2 mehrere Alternativen:

■ Es ist $BR_1 > BR_2 > 0$. Der Landwirt baut auf dieser Fläche das Gut 1 an.

■ Es ist $BR_2 > BR_1 > 0$. Der Landwirt baut auf dieser Fläche das Gut 2 an.

■ Es ist $BR_1 < 0$ und $BR_2 < 0$. Die Fläche bleibt unbearbeitet.

Beispiel II.2.1- 2

Es sei weiterhin $p_{x_1} = 2$, $x_1 = 2 \cdot v_1^{0,9}$ und $t_{x_1} = 0,1$; für das Gut x_2 führen wir $p_{x_2} = 3$, $t_{x_2} = 0,3$ und $x_2 = 2,5 \cdot v_1^{0,85}$ ein. Daraus resultieren folgende Bodenrenten-funktionen mit $BR_2 = 2,6991 \cdot (3 - 0,3d)^{6,6667}$:

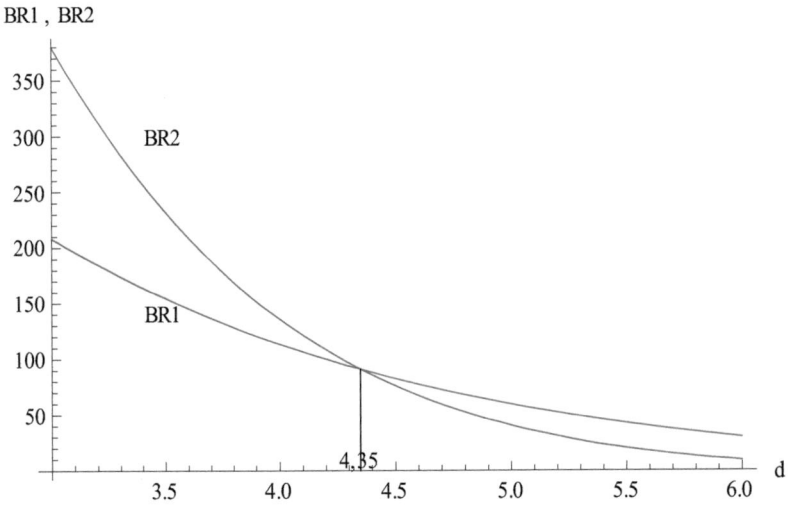

Damit ergeben sich drei verschiedene Flächennutzungen:

■ Im Bereich $0 \le d \le 4,35$ wird das Gut x_2 angebaut, da $0 < BR_1 < BR_2$. Das Gut mit den hohen Transportkosten rückt in die Nähe des Absatzortes.

■ Zwischen $4,35 \le d \le 20$ findet die Produktion von x_1 statt, da hier sowohl $BR_1 > 0$ als auch $BR_1 > BR_2$ gilt.

■ Jenseits von $d > 20$ lohnt sich weder der Anbau von x_1 noch der Anbau von x_2, da sowohl $BR_1 < 0$ als auch $BR_2 < 0$ ist.

Der bei der Produktion von x_2 (x_1) anfallende Gewinn ist 5271 (129), der Gesamtgewinn der Bauern damit 5400 GE.

Analog stellt sich die Betrachtung dar, wenn wir zu mehr als zwei Gütern übergehen. Der Landwirt entscheidet sich für die Bewirtschaftung einer Fläche mit dem Gut x_k, wenn BR_{x_k} > Bodenrente für alle übrigen Güter und BR_{x_k} > 0 ist.

Schauen wir von oben auf die Fläche, so ist das Zentrum S_A von konzentrischen Kreisen umgeben, die zu einer ringförmigen Flächennutzung führen („Thünensche Ringe").

Die Steilheit des Verlaufes der funktionalen Verknüpfung zwischen Bodenrente und Entfernung vom Verbrauchszentrum ist Ausdruck der anfallenden Transportkosten. Je höher die Transportkosten für die pro Bodeneinheit erzeugten Güter sind, umso stärker drängt die Produktion dieses Gutes in die Nähe der Stadt. Nach von Thünen wird sich in einem ersten Ring um A die Produktion von Kartoffeln, Rüben, Gartengewächsen und Milch ansiedeln. Insgesamt unterschied er 7 solcher konzentrischer Kreise. Der zweite Kreis nimmt die Forstwirtschaft auf und ist damit nicht nur durch das Bewirtschaftungssystem, sondern durch das in ihm erzeugte Produkt charakterisiert. Die unmittelbare Nähe zur Stadt empfiehlt sich hier wegen des großen Gewichts und der hohen Transportkosten des Holzes. Im dritten Kreis ebenso wie im vierten und fünften wird Getreide angebaut.

Für die Anordnung dieser Kreise ist die Bewirtschaftungsweise ausschlaggebend: während im dritten Kreis die sog. Fruchtwechselwirtschaft betrieben wird, herrscht im vierten Kreis die 'Koppelwirtschaft' (Fruchtwechselwirtschaft mit Weidegang) vor. Der fünfte Kreis ist gekennzeichnet durch die 'Dreifelderwirtschaft' (mit periodischer Brache). Im sechsten Kreis werden die Viehwirtschaft und etwaige technische Nebengewerbe (Brennereien) betrieben. Letztlich geht an der Grenze des letzten Kreises die Ebene in die 'kulturfähige Wildnis' über, in der verstreut Jäger leben, die nur bei Verkauf der Tierfelle mit der Stadt in Verbindung treten.[75]

---

[75] Eine ausführliche Darstellung der Wirtschaftsweise in den einzelnen Kreisen findet sich bei Thünen, J.H.v. (1875), S. 172 ff.

Abbildung II.2.1- 1: Bodennutzung in Abhängigkeit von der Entfernung zum Absatzzentrum

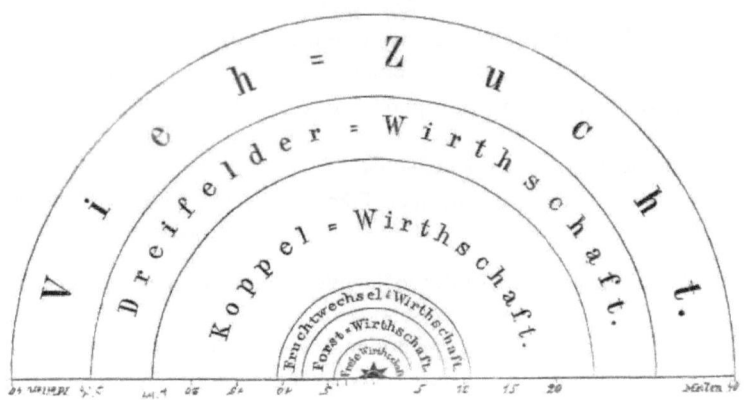

Quelle: Thünen, J.H. von (1875), S. 390

Beispiel II.2.1- 3

Analog zu unserem Beispiel II.2.1- 2 mit zwei Gütern errechnet sich das Ergebnis, wenn wir mehr als zwei Produkte betrachten. Wir gehen jetzt zu fünf (fiktiven) Gütern über, wobei wir vereinfachend von linearen Bodenrentenfunktionen ausgehen. Zwischen 0 und d_{12} (d_{12} und d_{23}; d_{23} und d_{35}; d_{35} und d_5) wird das Gut x_1 (x_2; x_3; x_5) angebaut; auf die Produktion von x_4 wird verzichtet, da dieses Gut in keinem Raumpunkt die höchste Bodenrente erzielt. Jenseits von d_5 wird nicht produziert.

Natürlich ist die von Thünen deduktiv abgeleitete räumliche Struktur in der landwirtschaftlichen Produktion nur vor dem Hintergrund der Verhältnisse, die zur Zeit von Thünens herrschten, verständlich, doch bleibt das hohe Verdienst von Thünens festzuhalten, dass er als einer der ersten Wissenschaftler an einem Modell auch heute noch gültige raumprägende Faktoren, hier vor allem die Bodenrente, transparent gemacht hat.

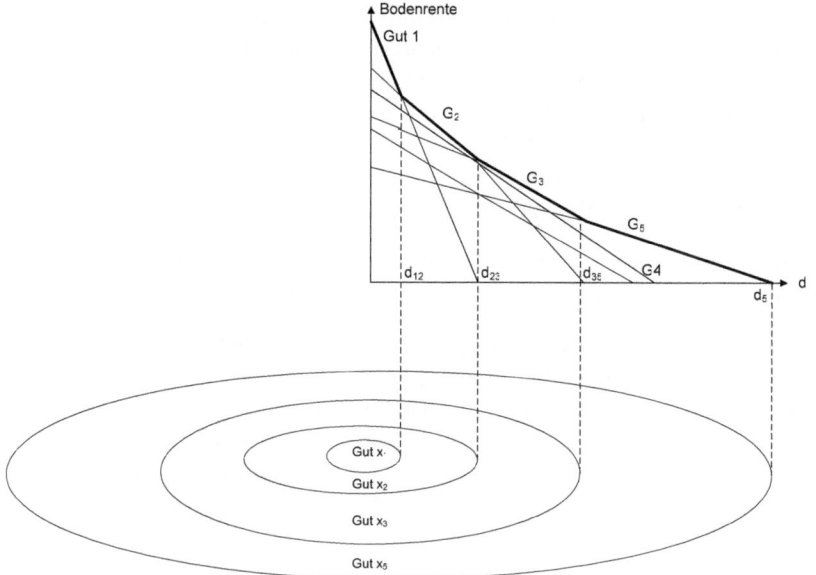

Durch eine Analogie hat Alonso [76] das Modell von Thünens zum Grundmodell der Stadtökonomie weiterentwickelt. Verschiedene in Konkurrenz miteinander stehende Landnutzungen haben unterschiedliche Bodenrentenfunktionen. Nutzungen mit hohen Agglomerationsvorteilen und hohen Transportkosten drängen in das Zentrum der Stadt, während Nutzungen mit geringen Agglomerationsvorteilen und geringen Transportkosten an die Peripherie gedrängt werden. Im Zentrenring werden sich danach hochwertige Dienstleistungen ansiedeln. Es folgen konzentrische Ringe mit industrieller Nutzung (einschließlich geringwertigem Wohnen) sowie Park- und Grünflächen (einschließlich hochwertigem Wohnen). Sinkt die vom Zentrum zum Rand der Stadt hin fallende Bodenrente unter die Rente landwirtschaftlicher Nutzung, endet die Siedlungsfläche der Stadt.

---

[76] Alonso, W. (1964).

Thünen untersucht die räumliche Verteilung der landwirtschaftlichen Produktion. Er unterstellt dabei eine Stadt als Absatzort, die von landwirtschaftlicher Fläche umgeben ist. Für die Landwirte sind die Preise der Produkte, die sie unbeschränkt absetzen können, und der Produktionsfaktoren, die sie unbeschränkt beziehen können, gegeben; die Produktionsfunktionen sind neoklassisch mit abnehmenden Grenzerträgen. Je näher eine Fläche am Absatzort liegt, umso

■ mehr Produktionsfaktoren werden pro Flächeneinheit eingesetzt

■ größer ist der Output und der Gewinn je Flächeneinheit.

In die Nähe der Stadt drängen Produkte mit hohen Absatzpreisen und hohen Transportkosten, während niedrige Marktpreise und niedrige Transportkosten zu einer Produktion dieses Gutes weiter entfernt vom Absatzort führen. Ergebnis des Modells sind Kreise um die Stadt, die die räumliche Verteilung der landwirtschaftlichen Produktion eindeutig bestimmen und nach ihrem Entdecker als „Thünensche Ringe" bezeichnet werden.

II.2.2 Raumstruktur des produzierenden Gewerbes: Das Modell von Lösch[77]

Lösch geht in seinem Modell von folgenden Annahmen aus:

A1: Die Fläche ist homogen, d.h. in jedem Raumpunkt herrschen die gleichen Nachfrage- und Produktionsbedingungen. Die Transportkosten sind in alle Richtungen gleich und stellen eine lineare Funktion der Entfernung dar.

A2: Der Wettbewerb zwischen den Anbietern sorgt durch Marktein- und -austritte dafür, dass keine Gewinne und Verluste anfallen.

A3: Die Konsumenten streben nach Nutzenmaximierung, kaufen also wegen des Wunsches nach geringen Transportkosten bei jenem Produzenten, der ihnen geografisch am nächsten liegt.

A4: Die Anbieter suchen den optimalen Standort, da sie ansonsten vom Markt verdrängt werden.

Zur Darstellung des Modells von Lösch erinnern wir uns an die Bestimmung des minimalen Absatzgebietes.[78] Wir gehen zunächst vom Gut mit dem zugehörigen kleinsten r_{min} aus, das wir mit X_1 bezeichnen wollen. Ist ein Anbieter im Ort S_A lokalisiert, so ergibt sich der von ihm benötigte Absatz dadurch, dass man um S_A einen Kreis mit dem Radius r_{min} schlägt. Wir fragen uns nun, wie weit die Wettbewerber vom Anbieter in S_A entfernt liegen, damit keine unversorgten Flächen und keine Gewinne entstehen, sowie danach, welche Form die Einzugsbereiche haben. Bei vollkommener Konkurrenz ist unmittelbar einsichtig, dass die Wettbewerber gleich weit voneinander entfernt liegen. Wegen der oben getroffenen Annahmen A1 sind Angebotspreise und Transportkosten in allen Angebotspunkten gleich, so dass sich die Grenzen der Einzugsbereiche als Mittelsenkrechten darstellen [79]; verbinden wir sie miteinander, so bildet die Grenze des Einzugsbereichs ein Sechseck.

---

[77] Lösch, A. (1944).

[78] Vgl. Abbildung II.1.2.3-1 Minimaler Einzugsbereich r_{min} eines Anbieters A und das dort folgende Beispiel II.1.2.3-3.

[79] Vgl. Kapitel II.1.2.1 Das Modell Launhardts (1. Fall).

Abbildung II.2.2- 1:   Die Abgrenzung des Marktgebiets bei gleichen Angebotspreisen und Transportkosten

---

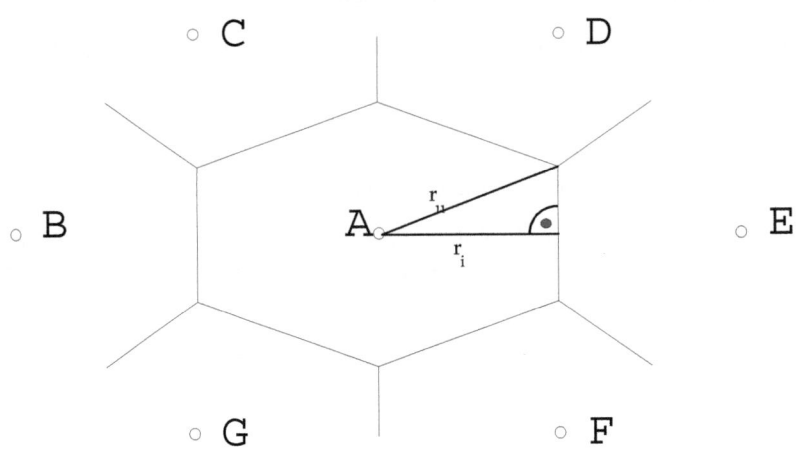

Es ist r_i (r_u) etwas kleiner (größer) als r_{min} [80].

Wird – wie bisher – das Gut in jedem Ort angeboten, so sprechen wir von einem **k=1-System**. Ist die zur kostendeckenden Produktion benötigte Absatzfläche z-mal größer als im k=1-System, so entsteht ein k=z-System. Die Entfernungen im **k=z-System** ergeben sich aus der folgenden Abbildung.

---

[80]   Siehe Beweis II.2.2-1 im Anhang.

Abbildung II.2.2- 2:   Charakteristische Maße in einem k=z-System

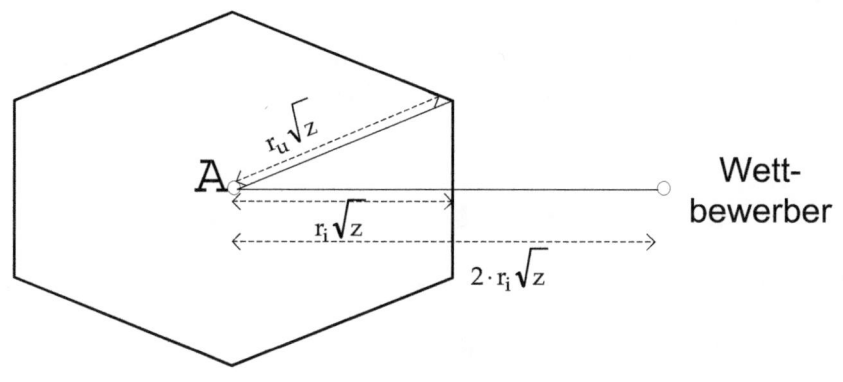

A

$r_u \sqrt{z}$

$r_i \sqrt{z}$

$2 \cdot r_i \sqrt{z}$

Wett-
bewerber

Beispiel II.2.2- 1 [81]

Wir betrachten die Absatzgebiete unterschiedlicher k-Systeme und beginnen mit dem k=1-System. Das entsprechende Gut wird in jedem Ort angeboten; die Grenzen der Einzugsbereiche sind Sechsecke

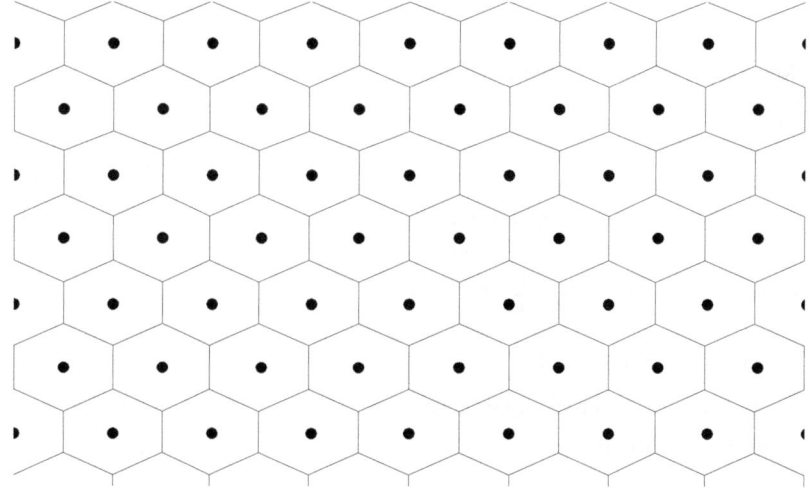

---

[81]   Ähnlich bei Lösch, A., a.a.O., S. 74.

Ein k=2-System existiert nicht, da es keine Siedlungsschwerpunkte im vorgegebenen Orte-System gibt, die $2 \cdot r_i \cdot \sqrt{2}$ voneinander entfernt liegen.

Im k=3-System beträgt die Entfernung zwischen den Angebotsorten $2 \cdot r_i \cdot \sqrt{3}$; solche Orte existieren [82] und führen zu den folgenden Einzugsbereichen:

k=3

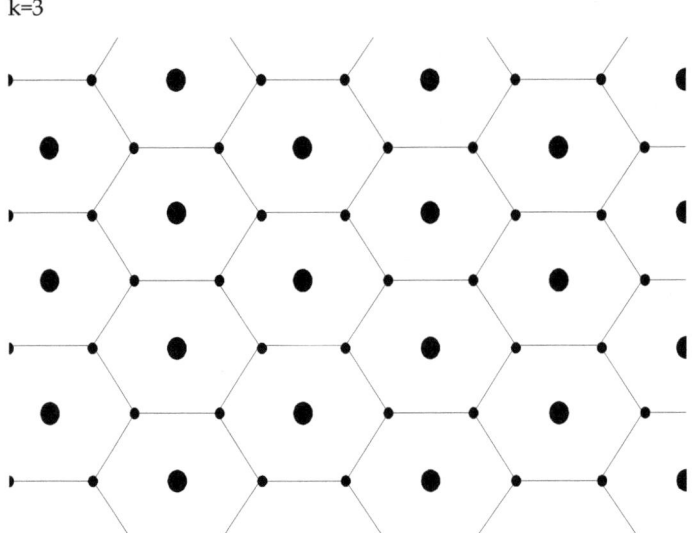

Legende:

●   Angebotsorte im k=3-System

•   übrige Orte

Jeder Angebotsort versorgt sich selber; außerdem gehören zu seinem Einzugsbereich sechs übrige Orte, die jeweils gleich weit von drei Angebotsorten entfernt liegen, also zu einem Drittel auf jeden dieser Angebotsorte ausgerichtet sind. Damit ist die Menge der zu versorgenden Orte $1 + 6 \cdot \dfrac{1}{3} = 1 + 2 = 3$.

Entsprechend bestimmt sich das k=4-System; hier sind die Angebotsorte $2 \cdot r_i \cdot \sqrt{4} = 4 \cdot r_i$ Raumeinheiten voneinander entfernt, wie unmittelbar aus der folgenden Abbildung hervorgeht:

---

[82]   Siehe Beweis II.2.2-2 im Anhang.

k=4

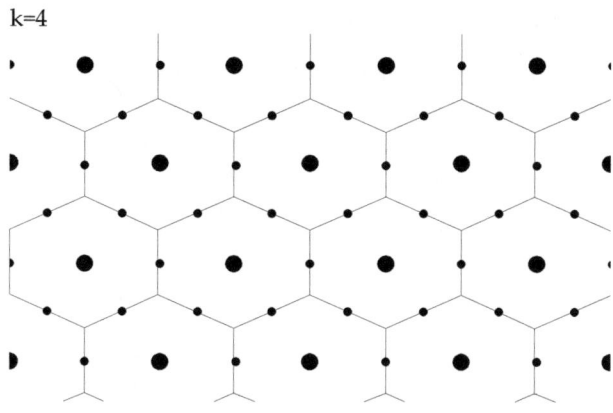

Legende:

●   Angebotsorte im k=4-System
•   übrige Orte

Der Einzugsbereich umfasst $1 + 6 \cdot \dfrac{1}{2} = 1 + 3 = 4$ [83] Orte.

Ein k=5- und ein k=6-System existieren nicht, da es keine Orte gibt, die $2 \cdot r_i \cdot \sqrt{5}$ bzw. $2 \cdot r_i \cdot \sqrt{6}$ auseinander liegen. Dagegen lässt sich ein k=7-System bestimmen.[84]

k=7

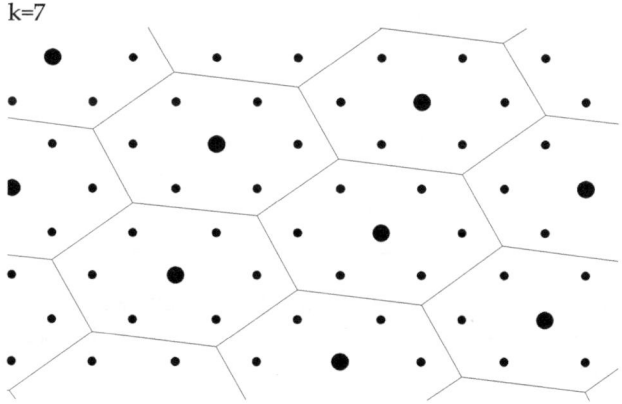

Legende:

●   Angebotsorte im k=7-System
•   übrige Orte

---

[83]   1/2 , da die übrigen Orte gleich weit von jeweils zwei Angebotsorten entfernt liegen.
[84]   Siehe Beweis II.2.2-2 im Anhang.

Die bisher unabhängigen k=z-Systeme werden nun so miteinander koordiniert, dass

■ es einen Ort im Mittelpunkt gibt, in dem alle Güter produziert werden.

■ möglichst viele Agglomerationsvorteile entstehen. Die Angebotsorte in einem k=z-System werden also so auf die Angebotsorte der $k = z - \ell$ -Systeme gelegt, dass sich die Produktion in möglichst wenigen Standorten konzentriert. „Bei dieser Anordnung fallen am meisten Standorte zusammen, am meisten Einkäufe können am Ort erfolgen."[85]

Beispiel II.2.2- 2

Im k=7-System ist die Entfernung der nächstgelegen Produktionsstandorte von A $2 \cdot r_i \cdot \sqrt{7}$. Diese Entfernung führt aber nicht zur eindeutigen Lösung, wie die folgende Abbildung erkennen lässt:

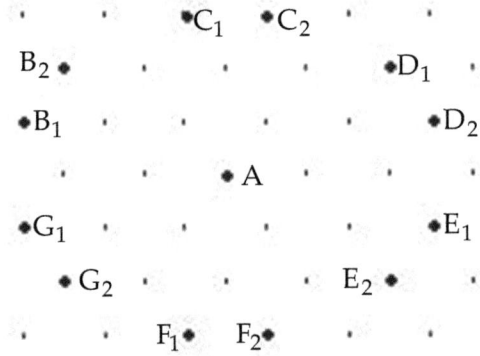

Es sind zwei Lösungen möglich, die wir durch die Indizes 1 und 2 gekennzeichnet haben. Von diesen beiden Lösungen wird jene gewählt, bei der die Produktion mit möglichst vielen anderen Gütern räumlich zusammenfällt.

Ergebnis dieser Vorgehensweise ist eine Raumstruktur der Landschaft, wie sie der Abbildung II.2.2- 3 entnommen werden kann und in der Orte, die nur im k=1-System produzieren, nicht dargestellt sind.

---

[85] Lösch, A., a.a.O., S. 81.

Abbildung II.2.2- 3: Theoretisches Bild der Landschaft

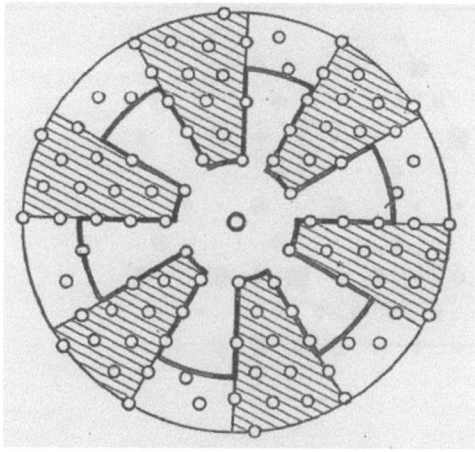

Quelle: Lösch, A., a.a.O., S. 81

Noch deutlicher werden die räumlichen Landschaftsstrukturen, auch als **Siedlungsstruktur** bezeichnet, wenn man berechnet, wie viele Produkte in einem Ort hergestellt werden und diese Anzahl entsprechend darstellt. Dies ist in der folgenden Abbildung aufgrund eigener Berechnungen bis zu einem k=100 System geschehen. Deutlich wird ein 30°-Segment mit vielen bedeutenden Produktionsorten, benachbart von einem entsprechenden Ausschnitt mit deutlich weniger wichtigen Produktionsstätten. Fünf weitere gleiche 60°-Ausschnitte komplettieren das Landschaftsbild.

Das Zentrum im Mittelpunkt ist also von sechs gleichförmigen Sektoren umgeben, die wiederum aus jeweils einem dicht besiedelten und einem weniger dicht besiedelten Teil bestehen. Das Modell von Lösch erklärt also nicht nur die räumliche Hierarchie von Industriestandorten und die zwischen ihnen bestehende Arbeitsteilung, sondern auch die regionale Unterteilung in Verdichtungsgebiete und ländliche Räume.[86]

---

[86] Damit ergibt sich aber auch eine Inkonsequenz im Modell. Auf der einen Seite wird eine Homogenität der Landschaft, verbunden u.a. mit einer gleichmäßigen räumlichen Verteilung der Kaufkraft, angenommen, auf der anderen Seite aber auch unterschiedliche Einwohnerdichten abgeleitet.

Abbildung II.2.2- 4:   *Räumliche Verteilung der Produktionsstandorte unterschiedlicher Größenordnung*

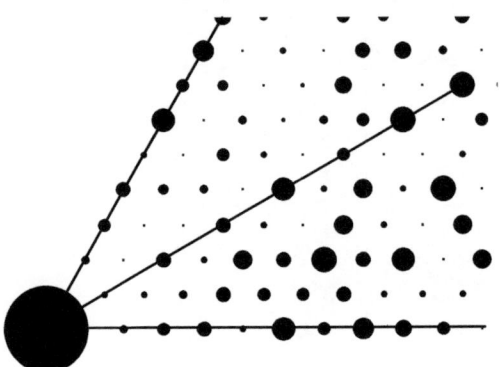

Legende:

●   Je größer der Punkt, umso wichtiger der Produktionsstandort

Die Fläche ist damit von unterschiedlich großen Produktionsstandorten besetzt, die in gegenseitigem Leistungsaustausch miteinander stehen; dies entspricht der Realität. Wie kommt es nun aber zu einem Aufstieg und einem Niedergang von Produktionsstandorten, wie wir ihn auch in der Wirklichkeit beobachten können? Wir können hier auf bereits gewonnene Erkenntnisse [87] zurückgreifen und diese Frage wie folgt beantworten:

■   Sinkt die Nachfrage nach einem Gut, so wird der benötigte Einzugsbereich größer; ein k=z-System mutiert zu einem k=z+ ℓ -System mit $\ell > 0$.

■   Steigt die Preisreagibilität der Nachfrage – etwa durch das Auftreten neuer, substitutiver Güter –, so tritt der gleiche Effekt ein wie beim Sinken der Nachfrage.

■   Mit steigenden festen und variablen Kosten mutiert das k-System ebenfalls auf eine höhere Ebene. Gleiches gilt für steigende Transportkosten.

■   Das Netz wird ebenfalls bei zurückgehendem Prohibitivpreis weitmaschiger.

---

[87]   Vgl. Kapitel II.1.2.3 Das Modell Hotellings.

Ausgehend u.a. von der Annahme der Homogenität der Landschaft leitet Lösch die räumliche Verteilung der Angebotsstätten unterschiedlicher Güter ab, die zur rentablen Produktion divergierende räumliche Einzugsbereiche benötigen. Intensiv nachgefragte Güter mit niedrigen variablen und fixen Kosten werden in jedem Ort produziert, während mit abnehmender Nachfrageintensität und zunehmenden Kosten immer größere Einzugsbereiche benötigt werden. Die Landschaft wird daher von einem Netz von Einzugsbereichen überdeckt, die unterschiedlich weitmaschig sind und die Form von Sechsecken haben.

Die Landschaft ist im Ergebnis des Modells von Lösch

■ übersät von Industrieorten unterschiedlicher Bedeutung, die in wechselseitiger Arbeitsteilung zueinander stehen.

■ eingeteilt in eher verstädterte und eher ländliche Gebiete.

II.2.3 Raumstruktur der Dienstleistungen: Das Modell Christallers[88]

Die Überlegungen Christallers beziehen sich auf die räumliche Verteilung der Dienstleistungen, die aufgrund spezifischer Nachfrage- und Kostenbedingungen unterschiedliche minimale Reichweiten aufweisen. Güter, die häufig nachgefragt werden, geringe Transportkosten aufweisen und zu niedrigen Kosten angeboten werden können, finden sich in jedem Ort. Hierbei handelt es sich um Handelsgeschäfte für Güter des täglichen Bedarfs wie die Gaststätte, die Bankfiliale, den Kindergarten, den Allgemeinmediziner usw. Wir kommen zu einer räumlichen Verteilung von Dienstleistungsorten [89], die wir bereits im Modell Löschs als k=1-System kennengelernt haben; die Angebotsorte wurden von Christaller als hilfszentrale Orte bezeichnet.

Für höherwertige Dienstleistungen unterstellt Christaller ein k=3-System. Güter der nächst höheren Kategorie, deren Vertrieb sich nicht in jedem Ort lohnt, werden nur in jedem dritten Standort für den Verbraucher vorgehalten. Zu denken ist etwa an das Kaufhaus, den Facharzt, das Allgemeinkrankenhaus, die weiterführende Schule, das Kino und das Spezialitätenrestaurant. Diese Angebotsorte heißen Marktorte.

Die Hierarchie der Güter geht über die zweite Kategorie hinaus. Für den Spezialfachhandel, das Luxushotel, die Hauptniederlassung einer Bank und einer Versicherung, einen Fernbahnhof, eine Hochschule usw. möge das Absatzgebiet eines Marktortes zu klein sein; jeder neunte hilfszentrale Ort bzw. jeder dritte Marktort wird zu einem Ort der dritten Kategorie (= Amtshauptort). Der Hierarchie der Dienstleistungen entspricht also eine ebensolche Hierarchie der Zentralen Orte mit k = 1,3,9,27,81..., wobei Christaller insgesamt neun solcher Ebenen unterscheidet. Die oberste Ebene wird dabei durch nur einen Ort, von Christaller als Reichshauptort bezeichnet, gebildet.

Beispiel II.2.3- 1

Nachdem wir bei der Betrachtung des Modells von Lösch bereits das k=1- und das k=3-System kennengelernt haben, wollen wir uns nun dem k=9- und dem k=27-System zuwenden.

---

88 Christaller, W. (1933).
   Dienstleistungen sind hier dadurch charakterisiert, dass der Ort des Angebots und des Verbrauchs identisch sind, wobei sich in der Regel der Nachfrager zum Ort des Angebots begibt. Dienstleistungen sind außerdem nicht lagerbar, so dass Angebot und Nachfrage uno actu erfolgen. Christaller geht in seinem Modell von den gleichen Annahmen wie Lösch aus, unterstellt also eine homogene Fläche (= gleiche Standortqualität in jedem Raumpunkt), ein gleichförmiges Transportsystem sowie gewinnmaximierende Unternehmer und nutzenmaximierende Konsumenten.

89 Die Standorte von Dienstleistungen werden auch als **Zentrale Orte** bezeichnet, da sie zentral im zu versorgenden Absatzbereich liegen. Die Bedeutung dieses Konzepts und die Fortentwicklung entsprechend der aktuellen Problemstellungen sind in Blotevogel (2002a) zu finden.

k=9

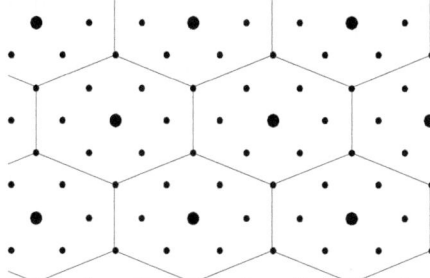

Legende:

●   Amtshauptort

•   übrige Orte

Jeder höherrangige Standort versorgt sich selbst, sechs umliegende Orte zur Gänze und sechs weitere Orte zu einem Drittel, so dass insgesamt $1+6+\frac{1}{3}\cdot 6 = 9$ Orte vom Amtshauptort versorgt werden.

k=27

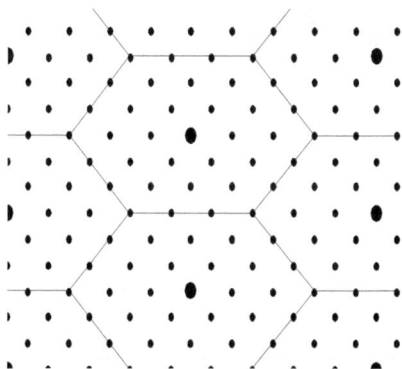

Legende:

●   Kreishauptort

•   übrige Orte

Die 27 zu versorgenden Orte des Kreishauptortes ergeben sich aufgrund folgender Überlegung: Der Kreishauptort versorgt komplett die eigene Bevölkerung sowie die von achtzehn umliegenden Orten; zwölf Orte werden zur Hälfte und sechs Orte zu einem Drittel mit Gütern dieser Kategorie vom Kreishauptort versorgt. Es ist $1+18+\frac{1}{2}\cdot 12+\frac{1}{3}\cdot 6 = 27$.

Diese unterschiedlichen k-Systeme werden wie bei Lösch so aufeinander gelegt, dass die Agglomerationsvorteile maximiert werden; dies bedeutet, dass von drei hilfs-zentralen Orten einer ein Marktort, von drei Marktorten einer ein Amtshauptort usw. wird. Bis zur fünften Kategorie sind die zentralen Orte und ihre Einzugsbereiche in Abb. II.2.3-1 wiedergegeben.

Abbildung II.2.3- 1:   *Räumliche Verteilung von Orten unterschiedlicher Zentralität und ihre Einzugsbereiche*

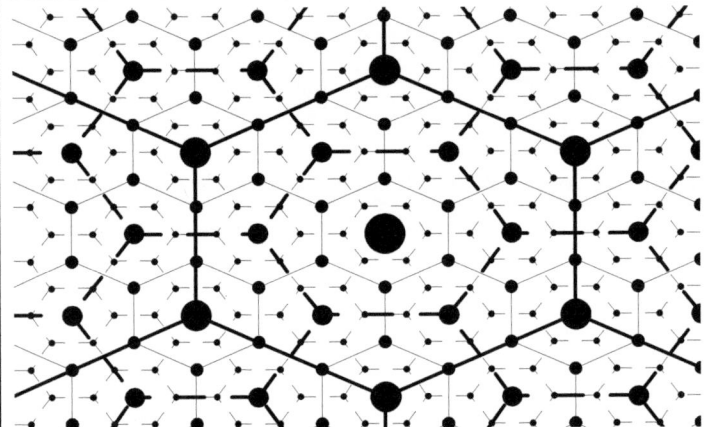

Legende:
- • hilfszentraler Ort
- • Marktort
- • Amtshauptort
- • Kreishauptort
- • Bezirkshauptort

Quelle: Eigene Darstellung in Anlehnung an Christaller, W., a.a.O., S. 84, und ders. (1960), S. 6

Wie das System Löschs kann auch das System Christallers dynamisiert werden, indem man geänderte Nachfrage-, Transport- und Angebotsbedingungen in das Modell mit einbezieht.

Christallers Modell, ein Jahrzehnt vor dem Modell Löschs publiziert und damit auch dessen Grundlage, ist sicherlich eine der wichtigsten und originellsten Veröffentli-chungen über die Verteilung ökonomischer Aktivitäten im Raum und spielt mit Recht auch heute noch eine große Rolle sowohl im Rahmen der Raumwirtschaftstheorie als auch im Rahmen der praktizierten Raumordnungspolitik, die aufgrund des Zentrale-

Orte-Prinzips eine Funktionszuweisung auf Städte vornimmt.[90] Trotz dieser generell äußerst positiven Einschätzung bleiben einige Kritikpunkte im Detail:

■ Die Fläche ist nicht homogen. So konzentriert sich die Kaufkraft in Ballungsgebieten und ist pro Flächeneinheit im ländlichen Raum wesentlich geringer. Es lässt sich allerdings nachweisen, dass die wabenförmige Struktur der Absatzgebiete erhalten bleibt, wenn man diesem Aspekt Rechnung trägt; die minimalen Einzugsbereiche sind dann aber in Verdichtungsräumen wesentlich kleiner als im bevölkerungsarmen ländlichen Raum.

Abbildung II.2.3- 2: *Variation der Einzugsgebiete der zentralen Orte bei der Annahme räumlich divergierender Kaufkraft*

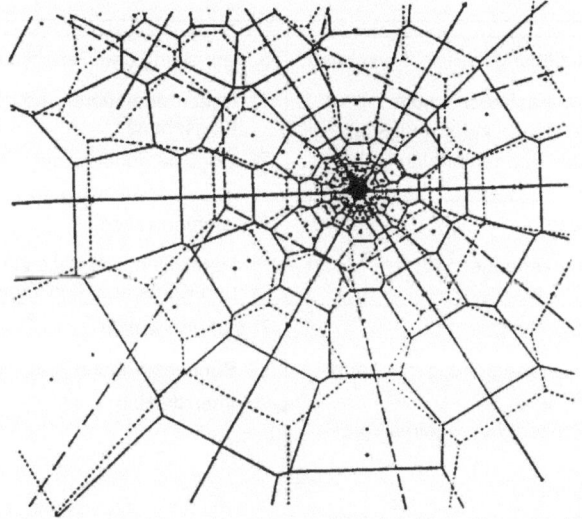

Quelle: Isard, W. (1962), S. 272

■ Im Modell Christallers gibt es keinen zusammenfassenden Einkauf; für jede Dienstleistung wird der Zentrale Ort separat aufgesucht. Diese Annahme entspricht sicherlich nicht der Realität. Sucht man etwa einmal pro Woche einen Marktort auf, so wird man dort auch Güter einkaufen, die ebenfalls in hilfszentralen Orten ange-

---

[90] etwa die Festlegung der Orte, die Sitz weiterführender Schulen sein sollen.

boten werden.[91] Im Vergleich zum Modell Christallers gewinnen Orte höherer Zentralität zulasten von Orten geringerer Zentralität.

- Die Unterscheidung von neun Hierarchiestufen bei den Zentralen Orten erscheint überdimensioniert. In Übereinstimmung mit einer Entschließung der Ministerkonferenz für Raumordnung (MKRO)[92] vom 08.02.1968 wird heute in der Regel eine vierfache Stufung in **Klein-, Unter-, Mittel- und Oberzentren** vorgenommen. Klein- und Unterzentren erfüllen die Aufgabe der Grundversorgung, während Mittelzentren darüber hinaus für die Deckung des gehobenen Bedarfs und Oberzentren für die Deckung des spezialisierten höheren Bedarfs zuständig sind. Für Oberzentren werden folgende Einrichtungen gefordert:

Übersicht II.2.3- 1: Katalog oberzentraler Einrichtungen

1. Bildungs- und Erziehungswesen, Forschung	5. Verwaltung und Gerichtsbarkeit
■ Hochschule bzw. Fachhochschule ■ Wissenschaftliche bzw. Fach-Bibliothek mit Anschluss an den überregionalen Leihverkehr	■ Behörden höherer und mittlerer Verwaltungsebene ■ Gerichte höherer und mittlerer Instanz
2. Gesundheitswesen	6. Kommunikation
■ Schwerpunktkrankenhaus	■ Hotel mit mindestens 200 Fremdenbetten und Konferenz- und Tagungseinrichtungen
3. Kultur und Sport	7. Verkehrswesen
■ Museum bzw. Kunstsammlung, mit hauptberuflicher Leitung ■ Theater bzw. Konzertbau, regelmäßig bespielt ■ Zoologischer Garten ■ Mehrzweckhalle mit mindestens 1000 Sitzplätzen ■ Sportstadion mit mindestens 15000 Plätzen, davon mindestens 3000 überdacht ■ Großsporthalle mit mindestens 3000 Plätzen ■ Großschwimmhalle mit Eignung für überregionale Veranstaltungen, mindestens sechs 50-m-Bahnen	■ Bundesautobahn-Anschluss ■ Intercity-Halt

---

[91] Diese Tendenz zum zusammenfassenden Einkauf wird durch leichtere Transportmöglichkeiten (= Nutzung des Pkw) und durch bessere Lagermöglichkeiten (Kühlschrank, Tiefkühltruhe, größere Wohnungen) begünstigt.

[92] Regelmäßiges Treffen von Vertretern jener Ministerien, die auf Bundes- und Länderebene für die Raumordnungspolitik zuständig sind. Sie dient der bundesweiten Koordination der raumbedeutsamen Aktivitäten von Bund und Ländern.

4. Handel und Kreditwesen	8. Arbeitsmarkt
▪ Großkaufhaus und Großwarenhaus ▪ Einkaufs- und Dienstleistungseinrichtungen in möglichst vollständiger spezialisierter Differenzierung ▪ Größere Einrichtungen des Bank- und Kreditwesens bzw. Versicherungswesens	▪ Breitgefächertes Angebot hochwertiger Arbeitsplätze ▪ Vielfältiges und hochqualifiziertes Arbeitskräftepotential im Oberbereich

Quelle: Entschließung der Ministerkonferenz für Raumordnung vom 16.06.1983

Allerdings wird in jüngster Vergangenheit eine neue Kategorie herausgehobener Oberzentren, die **Metropolregionen**[93], definiert, die mit ihren zentralörtlichen Funktionen nicht nur nationale, sondern internationale Bedeutung haben. Im Standortwettbewerb um höchstrangige Dienstleistungen wie Verwaltungssitze internationaler Unternehmen und Institutionen (z.B. UN, NATO, EU), exzellente Forschungseinrichtungen, höchstwertige kulturelle Einrichtungen u.ä. stehen sie in Konkurrenz zu großen ausländischen Städten wie London und Paris. Für solche Entscheidungs- und Kontrollfunktionen eignen sich in Deutschland vor allem elf ausgewiesene Metropolregionen [94].

Stellen wir abschließend die Hauptunterschiede zwischen den Modellen Löschs und Christallers gegenüber:

▪ Das Modell Löschs bezieht sich auf den sekundären, das Modell Christallers auf den tertiären Sektor.

▪ Christaller nutzt ein k=3-System; Löschs Modell arbeitet mit unterschiedlichen k-Werten und ist damit wesentlich flexibler.

▪ Im Modell Christallers bietet jeder Ort höherer Kategorie auch jene Dienstleistungen an, die sich auch in einem Ort niedrigerer Kategorie finden. Es gibt damit keinen wechselseitigen Leistungsaustausch zwischen Orten. Anders dagegen im Modell von Lösch, in dem es nicht nur zu Güterströmen von bedeutenden in weniger bedeutende Produktionsorte kommt, sondern auch Güter in die umgekehrte Richtung fließen.

▪ Löschs Modell führt zu einer ungleichmäßigen Verteilung der Produktionsorte, indem wir Sektoren mit dichter und weniger dichter Siedlungsstruktur unterscheiden können. Bei Christaller haben wir dagegen ein streng gleichförmiges und hierarchisches System vor uns.

---

[93] Ein Überblick über die Metropolregionen ist im Raumordnungsbericht 2005 zu finden. Mit den Funktionen beschäftigt sich Blotevogel (2002b). Die Bedeutung, die den Metropolregionen im Bereich der Raumordnung beigemessen werden, sind zum Beispiel in BMVBS (2006) zu finden.

[94] Einige Städte stehen symbolhaft für Regionen und damit mehrere Städte, so Düsseldorf für Rhein-Ruhr, Frankfurt für Rhein-Main, Mannheim für Rhein-Neckar und Dresden für Dresden/Leipzig/Chemnitz.

Abbildung II.2.3- 3: Oberzentren in Deutschland

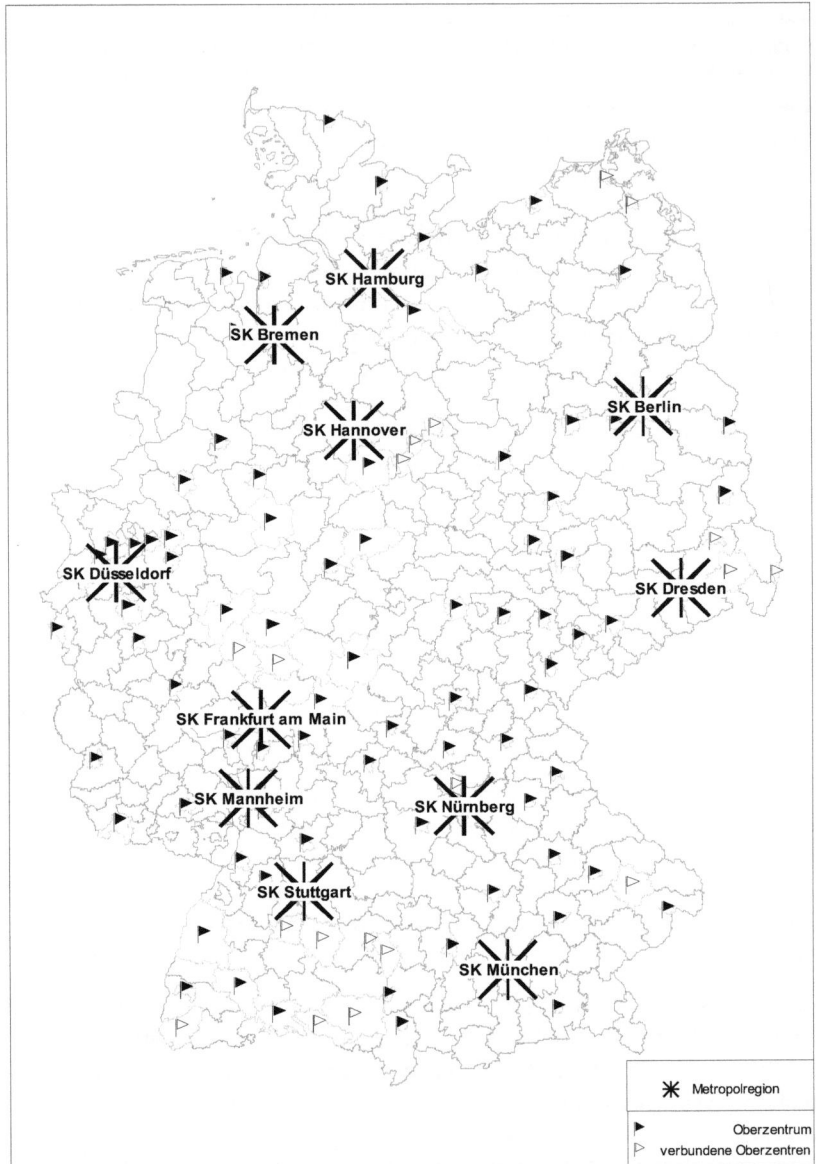

Legende: SK=Stadtkreis

Quelle: Eigene Darstellung nach Bundesamt für Bauwesen und Raumordnung (Hrsg.) (2005), S. 79 in Kombination mit S. 186

Dienstleistungen im Modell von Christaller haben wie die Industriegüter im Modell von Lösch unterschiedliche minimale Reichweiten, wobei jene mit der geringsten Reichweite in jedem Ort (= hilfszentraler Ort) angeboten werden. Güter der zweiten Kategorie werden in jedem dritten hilfszentralen Ort, Güter der dritten Kategorie in jedem neunten hilfszentralen Ort usw. angeboten; wir erhalten $k = 1,3,9,27,81\ldots$-Systeme, die anschließend so aufeinander gelegt werden, dass die Agglomerationsvorteile maximiert werden.

Ergebnis ist eine strenge Hierarchie zentraler Orte, in der jeder Ort der höheren Kategorie auch alle jene Dienstleistungen anbietet, die sich in Orten niedrigerer Kategorie finden. Die Landschaft stellt sich damit als streng gleichförmiges und hierarchisches Städtesystem dar.

II.3 Räumliche Wachstumstheorie

II.3.1 Begriff der Region

Regionen wachsen oder schrumpfen, gewinnen oder verlieren im interregionalen Wettbewerbsprozess um mobile Nachfrage, standortsuchendes Kapital und hochqualifizierte Arbeitskräfte. Wie kommt es zum Aufstieg und zum Niedergang von Wirtschaftsräumen? Wir wollen versuchen, diese Frage im Folgenden zu beantworten. Dazu wollen wir zunächst den Begriff der Region klären, anschließend auf die Einflussfaktoren regionaler Wachstumsprozesse eingehen und abschließend ausgewählte regionale Wachstumstheorien darstellen.

„Allgemein versteht man unter einer Region einen aufgrund bestimmter Merkmale abgrenzbaren, zusammenhängenden Teilraum mittlerer Größenordnung in einem Gesamtraum. In der Umgangssprache wird der Begriff ‚Region' oder das Attribut ‚regional' meist dann verwendet, wenn Gegebenheiten oder Vorgänge bezeichnet werden sollen, die mehr als den örtlichen Zusammenhang betreffen, aber unterhalb der staatlichen Ebene angesiedelt sind."[95]

Bei der **Abgrenzung von Regionen** werden also Standorte oder administrative Einheiten (Gemeinden, Kreise) zu Gebieten zusammengefasst, die wir auch als **Wirtschaftsräume** bezeichnen wollen. Sie sind so zu definieren, dass sie

- zusammenhängende Gebiete darstellen.

- sich nicht überschneiden.

- den Gesamtraum vollständig abdecken.

Bei den Wirtschaftsräumen können wir zwischen

- homogenen und funktionalen[96]

- analytischen und programmatischen

Regionen unterscheiden.

Bei der Bildung von homogenen Regionen werden räumliche Grundeinheiten (Standorte, administrative Einheiten) nach dem Ähnlichkeitsprinzip zusammengefasst. Eine

---

[95] Sinz, M. (2005b), S. 919.
[96] So auch Lauschmann, E. (1976), S. 17.
  Grundlage für Regionsabgrenzungen sind
  „(1) raumprägende Einflüsse, die eine relative Gleichartigkeit oder zumindest Ähnlichkeit von Teilen eines Gesamtraumes im Hinblick auf bestimmte Merkmale bewirken und damit zur Abgrenzung gegenüber anderen Teilen dieses Raums verwandt werden können,
  (2) die raumbildende Kraft von Zentren wirtschaftlicher Aktivität, durch die Markträume, Gravitationsfelder, ‚polarisierte' Räume entstehen ...."

Region besteht dann aus Raumeinheiten, die sich im Hinblick auf ein oder mehrere Merkmale als relativ gleichartig erweisen. Ein Beispiel stellt eine Einteilung des Gesamtraums aufgrund der Einwohnerdichte dar; sie führt bei einer Zweierklassifizierung zu ländlichen und verdichteten Regionen.

Funktionale Regionen basieren auf dem Verflechtungsprinzip; Zentren werden mit ihrem Umland aufgrund von Austauschbeziehungen zu Wirtschaftsräumen zusammengefasst. In den Modellen von Lösch und Christaller haben wir bereits solche Funktionalregionen als Zusammenfassung der Angebotsorte mit ihren Einzugsbereichen kennen gelernt.

Tabelle II.3.1- 1:   Verflechtungsprinzipien bei der Bildung von Funktionalregionen

Verflechtungsprinzip	Verflechtungskriterium	Verflechtungsregion
Austausch von Erwerbstätigen	Berufspendler vom Ort des Wohnsitzes zum Ort der Arbeitsstätte	**Regionaler Arbeitsmarkt**, Personenverkehrsregion
Austausch von Gütern	Transportierte Güter vom Ort des Angebots zum Ort der Nachfrage	Industrieregion, **Güterverkehrsregion**
Austausch von Dienstleistungen	Fahrten vom Wohnort zum Ort des Dienstleistungsangebotes	**Zentralörtlicher Verflechtungsbereich**, Personenverkehrsregion

Analytisch heißen Regionen, wenn sie sich auf gegebene Raumstrukturen und Verflechtungen im Raum beziehen; da der Ausgangspunkt der Abgrenzung der Status quo ist, kann man sie auch als **positive Wirtschaftsräume** bezeichnen. Geht man bei der Abgrenzung nicht vom gegenwärtigen, sondern von einem angestrebten zukünftigen Zustand aus, so spricht man von einer **normativen oder programmatischen Region**.

Die Ergebnisse im Rahmen der empirischen Regionalforschung sind stark von den zugrunde gelegten regionalen Beobachtungseinheiten abhängig. Je nach gewählter Regionalisierung können Wirtschaftsräume als „krank" oder „gesund", als „schwach" oder als „stark" eingestuft werden, wie ein fiktives und ein reales Beispiel zeigen sollen.

Beispiel II.3.1- 1

Betrachtet seien ein Stadtkreis A und ein das Zentrum A umschließender Landkreis B, für die herausgefunden werden soll, ob für die Bevölkerung ein ausreichendes Dienstleistungsangebot zur Verfügung steht. Wir messen dieses Angebot mit Hilfe der im tertiären Bereich Beschäftigten und wählen als Bezugspunkt die gesamtwirtschaftliche Relation „Beschäftigte im tertiären Sektor : 1000 Einwohner", die 100 betrage. In A und B mögen folgende Ausprägungen vorliegen:

Kreis	Einwohner (in 1000)	Davon kaufen ein		Beschäftigte im tertiären Sektor (in 1000)	Beschäftigte im tertiären Sektor : 1000 Einwohner
		im eigenen Kreis	im anderen Kreis		
A	200	190	10	32	160
B	300	200	100	20	67
A+B	500	390	110	52	104

Würden wir die interessierende Kennziffer auf der Ebene beider Kreise getrennt ausrechnen (in A=160; in B=67) und mit dem Normwert 100 vergleichen, würden wir in A Überschuss, in B aber (evtl. politisch zu beseitigenden) Mangel konstatieren. Diese Aussage wäre aber falsch, da ein großer Teil der in B lebenden Bevölkerung seine Einkäufe in A tätigt, also gar nicht als Nachfrager für das in B vorhandene Dienstleistungsangebot zur Verfügung steht. Sinnvoll ist eine Analyse und Bewertung nur dann, wenn man wegen bestehender enger Einkaufsverflechtungen A und B (und evtl. weitere Kreise) zu einem Wirtschaftsraum zusammenfasst. Die Dienstleistungsintensität ist dann 104 und liegt geringfügig über dem gesamtwirtschaftlichen Durchschnitt.

Beispiel II.3.1- 2

Wir wollen im Rahmen der regionalen Strukturpolitik jene Regionen fördern, die eine relativ niedrige Bruttowertschöpfung je Einwohner haben; 30 % der Bevölkerung sollen in diesen Förderregionen leben.

Wir nutzen dabei zunächst die Stadt- und Landkreise in Deutschland als regionale Diagnoseeinheiten und erhalten dann folgende Förderregionen:

Fördergebiete in Deutschland bei der Verwendung von Stadt- und Landkreisen als regionale Diagnoseeinheiten (fiktives Beispiel mit Bruttowertschöpfung : Einwohner als Förderindikator; Anteil der Bevölkerung in Förderregionen an der Gesamtbevölkerung 30 %)

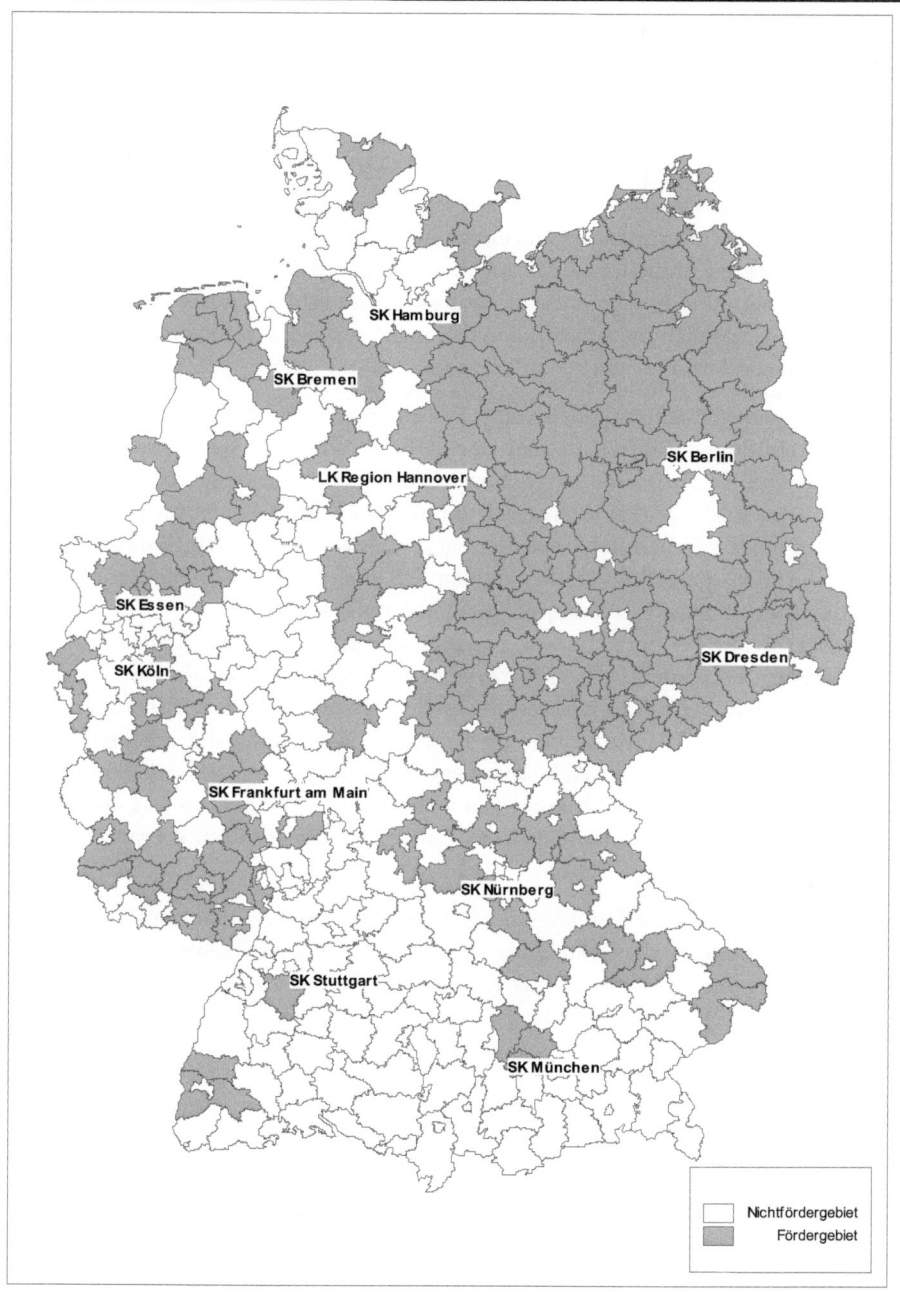

Nichtfördergebiet
Fördergebiet

Die reichste Region war danach im Jahr 2004 die Stadt München mit 67 565 €, gefolgt von Wolfsburg (64 390 €) und Frankfurt a.M. (63 974 €). Als am ärmsten wird der Mittlere Erzgebirgskreis (9 951 €) ausgewiesen, der von Zwickauer Land (10 165 €) und der Südwestpfalz (10 292 €) nur wenig übertroffen wird.

Eine solche Reihung bringt aber die wirklichen Entwicklungsunterschiede nur unzureichend zum Ausdruck, wie eine einfache Überlegung unmittelbar deutlich macht. Stadt- und Landkreise stehen in Arbeitsteilung miteinander. Zentren bieten Arbeitsplätze auch für jene Bevölkerung an, die im Umland wohnt. Würde man für den zentralen Stadtkreis die Relation BWS : Einwohner als Wohlstandsindikator nehmen, so würde sie als zu reich ausgewiesen. An der Erstellung und Verteilung des BWS sind nämlich auch die Berufseinpendler aus dem Umland beteiligt, so dass sie eigentlich in den Nenner unseres Indikators einbezogen werden müssten. Umgekehrt wird die wirtschaftliche Situation im Umland der Zentren viel zu schlecht ausgewiesen. Ein Teil der Bevölkerung, nämlich die Auspendler, lebt nicht von der Bruttowertschöpfung des Heimatkreises, sondern von jener des Zentrums.

Dieser verzerrende Effekt zeigt sich sofort bei einer genaueren Betrachtung der vorstehenden Abbildung. Zentren in den neuen Bundesländern wie Dresden, Erfurt, Gera, Halle, Jena, Leipzig und Magdeburg sind aber keineswegs wohlhabend und wären damit zu Recht Nichtfördergebiet; ihr vermeintlicher Reichtum gründet sich vor allem auf einer falschen Regionalisierung, die zu verzerrten Diagnoseergebnissen führt. Von der BWS dieser Kernstädte lebt nämlich auch ein großer Anteil jener Bevölkerung, die ihren Wohnort in den umliegenden Landkreisen hat. Was ist nun zu tun, um diese Verzerrung bei der Diagnose zu verhindern? Zentrum und Umland müssen aufgrund von Berufspendlerbeziehungen zu einem Wirtschaftsraum zusammengefasst werden, der bekanntlich als regionaler Arbeitsmarkt bezeichnet wird. Legt man sie als regionale Diagnoseeinheiten zugrunde, so können die entsprechenden Ergebnisse der nachstehenden Abbildung entnommen werden. Als am ärmsten erweisen sich nun Löbau-Zittau, Aue-Schwarzenberg und Annaberg mit 11 484, 11 809 und 12 022 €, während München (38 744 €), Düsseldorf (35 368 €) und Frankfurt a.M. (34 606 €) die gereihte Skala anführen.

Wie groß die diagnostische Verzerrung bei einer falschen Regionalisierung ist, zeigt sich bei einem Vergleich der Festlegung der Fördergebiete auf Kreis- und Regionalebene, wie sie der folgenden Abbildung entnommen werden kann.

Fördergebiete in Deutschland bei der Verwendung von regionalen Arbeitsmärkten als regionale Diagnoseeinheiten (fiktives Beispiel mit Bruttowertschöpfung : Einwohner als Förderindikator; Anteil der Bevölkerung in Förderregionen an der Gesamtbevölkerung 30 %)

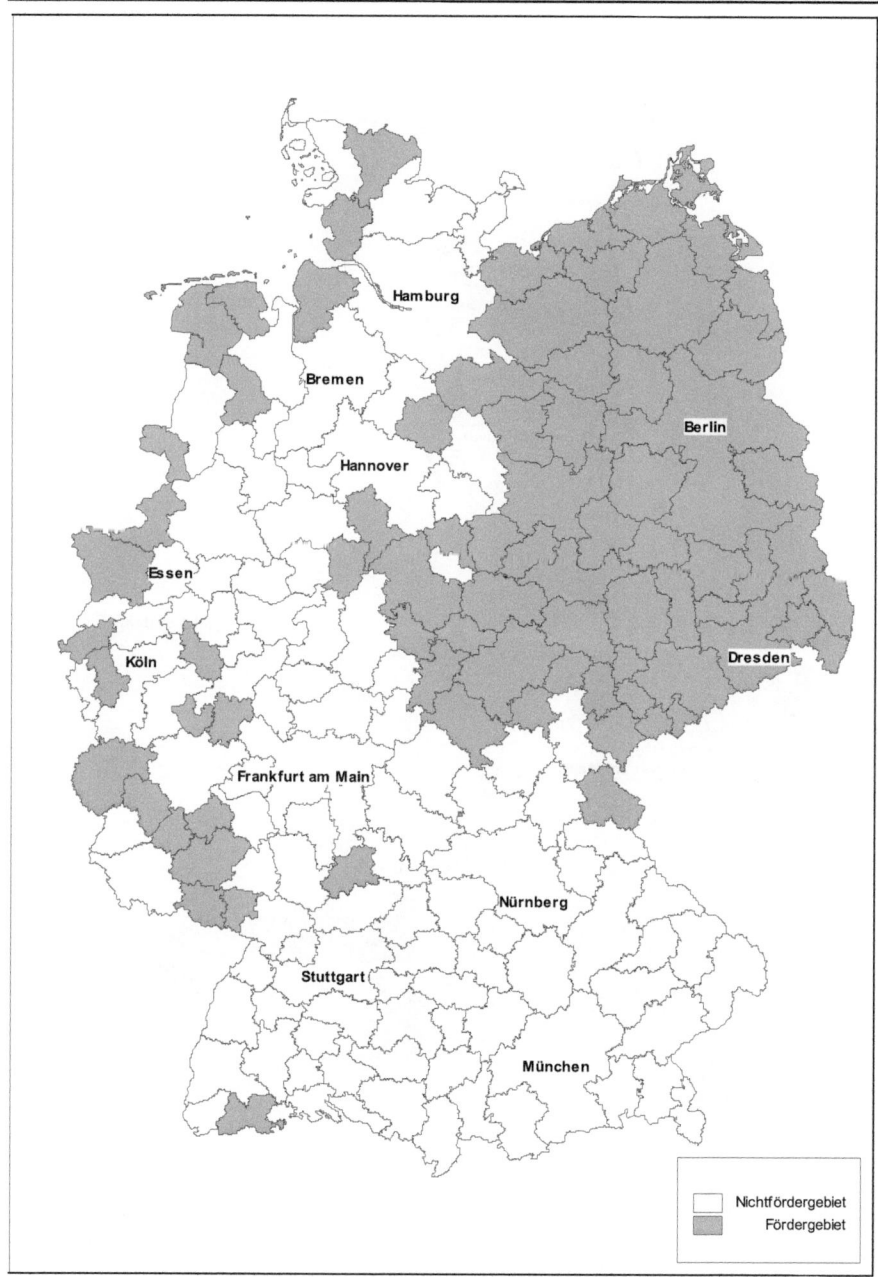

Theorie der Regionalökonomie

Vergleich der Fördergebiete bei „falscher" und „richtiger" Regionalisierung (fiktives Beispiel)

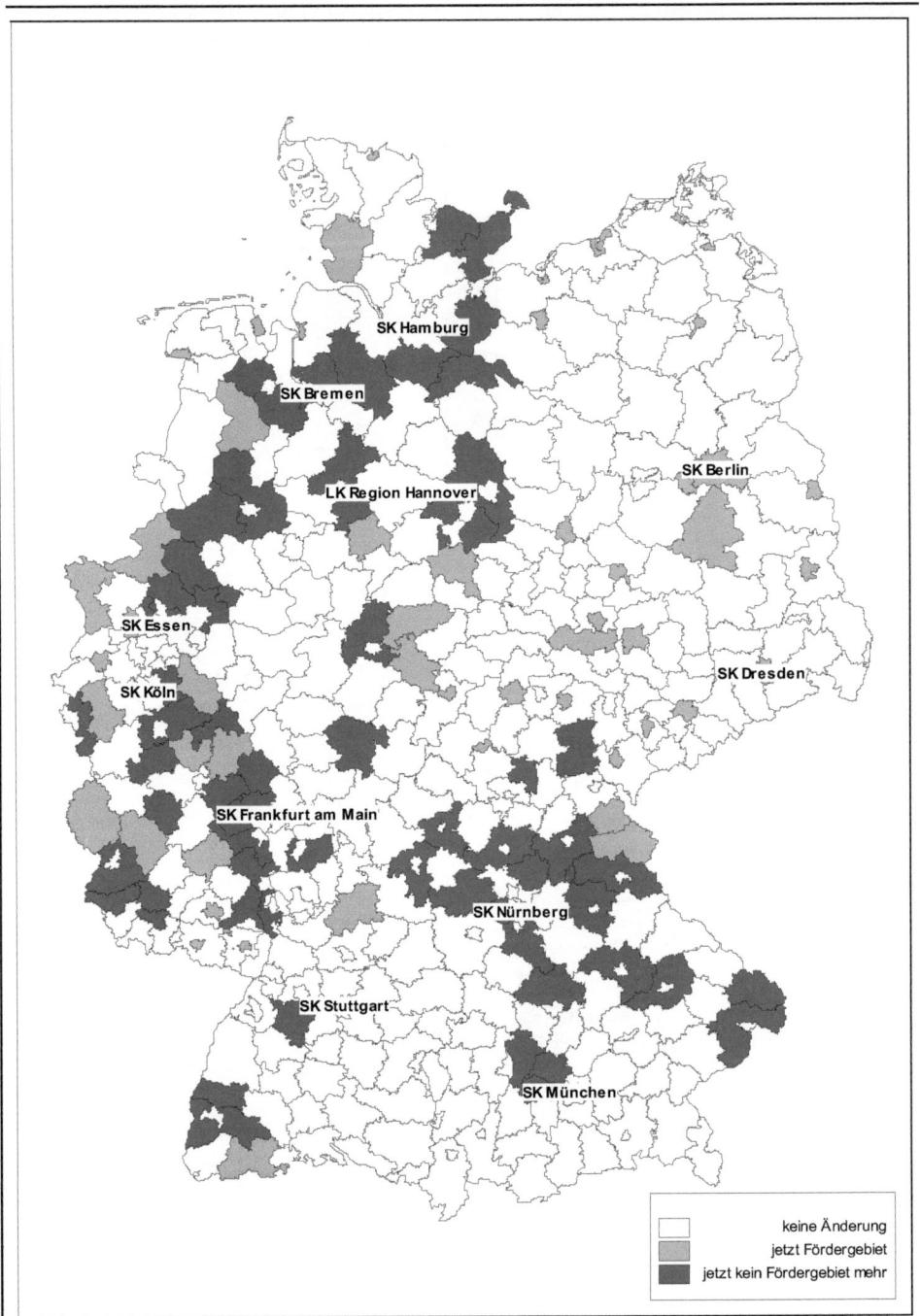

keine Änderung

jetzt Fördergebiet

jetzt kein Fördergebiet mehr

Baut die Bestimmung der regionalen Untersuchungseinheiten richtigerweise auf der Berücksichtigung funktionaler Beziehung im Raum auf, werden also regionale Arbeitsmärkte der Diagnose zugrunde gelegt, so sind jetzt 52 Stadt- und Landkreise Fördergebiet, die es bei einer falschen Regionalisierung nicht wären. Hierbei handelt es sich vor allem um Zentren in einem ländlichen Umland. 67 Kreise, die ansonsten Fördergebiet geworden wären, sind es jetzt nicht mehr. Dies gilt – wie erwartet – primär für das Umland dominierender Zentren; Beispiele sind die Landkreise Gifhorn und Helmstedt (Umland von Wolfsburg), Ahrweiler, Rhein-Berg und Rhein-Sieg (Umland von Bonn und Köln) sowie Dachau und Fürstenfeldbruck (Umland von München). Eine Förderung dieser Landkreise wäre nicht zu vertreten, da ihre Bevölkerung durch Arbeitsplätze im Zentrum hinreichend versorgt ist.

Eine zuverlässige Diagnose und Bewertung der wirtschaftlichen Situation ist – wie die obigen grundsätzlichen Überlegungen und Beispiele gezeigt haben – nur auf der Ebene von Funktionalregionen möglich. Will man den wirtschaftlichen Entwicklungsstand (die Versorgung der Bevölkerung mit Dienstleistungen) messen, sollte man auf **regionale Arbeitsmärkte (zentralörtliche Verflechtungsbereiche)** zurückgreifen.

Regionale Arbeitsmärkte basieren bekanntlich auf Berufspendlerverflechtungen im Raum, wie sie für das Jahr 2004 aus Abbildung II.3.1-1 hervorgehen. Wählt man als kleinste räumliche Grundeinheiten die Stadt- und Landkreise in Deutschland und führt die restriktive Nebenbedingung ein, dass zwischen Zentrum und Umland die zumutbare Pendelentfernung von 60 Minuten für eine Wegstrecke nicht überschritten werden soll, lässt sich Deutschland in 180 regionale Arbeitsmärkte einteilen,[97] wie sie aus Abbildung II.3.1- 12 ersichtlich sind.[98]

Zentralörtliche Verflechtungsbereiche sind bekanntlich **Funktionalregionen**, die aus der Zusammenfassung von Zentrum (= zentralem Ort) und Umland (= Versorgungsbereich) bestehen. Leider wird das räumliche Einkaufsverhalten (= Dienstleistungspendler) in der amtlichen Statistik nicht erfasst. Von daher behilft man sich zur Abgrenzung zentralörtlicher Verflechtungsbereiche in der Regel durch die Anwendung des REILLEYschen Gesetzes[99]. Nach ihm ist die Anbindung des Umlandes an ein Zentrum umso intensiver,

■ je attraktiver das Zentrum ist.

■ je geringer die Entfernung zwischen dem Wohnort und dem Dienstleistungszentrum ist.

---

[97] Zur Methodik im Einzelnen vgl. Eckey, H.-F./Horn, K./Klemmer, P. (1990).
[98] Ein neuer Abgrenzungsvorschlag findet sich bei Eckey, H.-F./Kosfeld, R./Türck, M. (2005).
[99] Vgl. Kemming, H. (1980).

Abbildung II.3.1- 1:   *Berufspendlerverflechtungen 2004 zwischen den Kreisen Deutschlands*

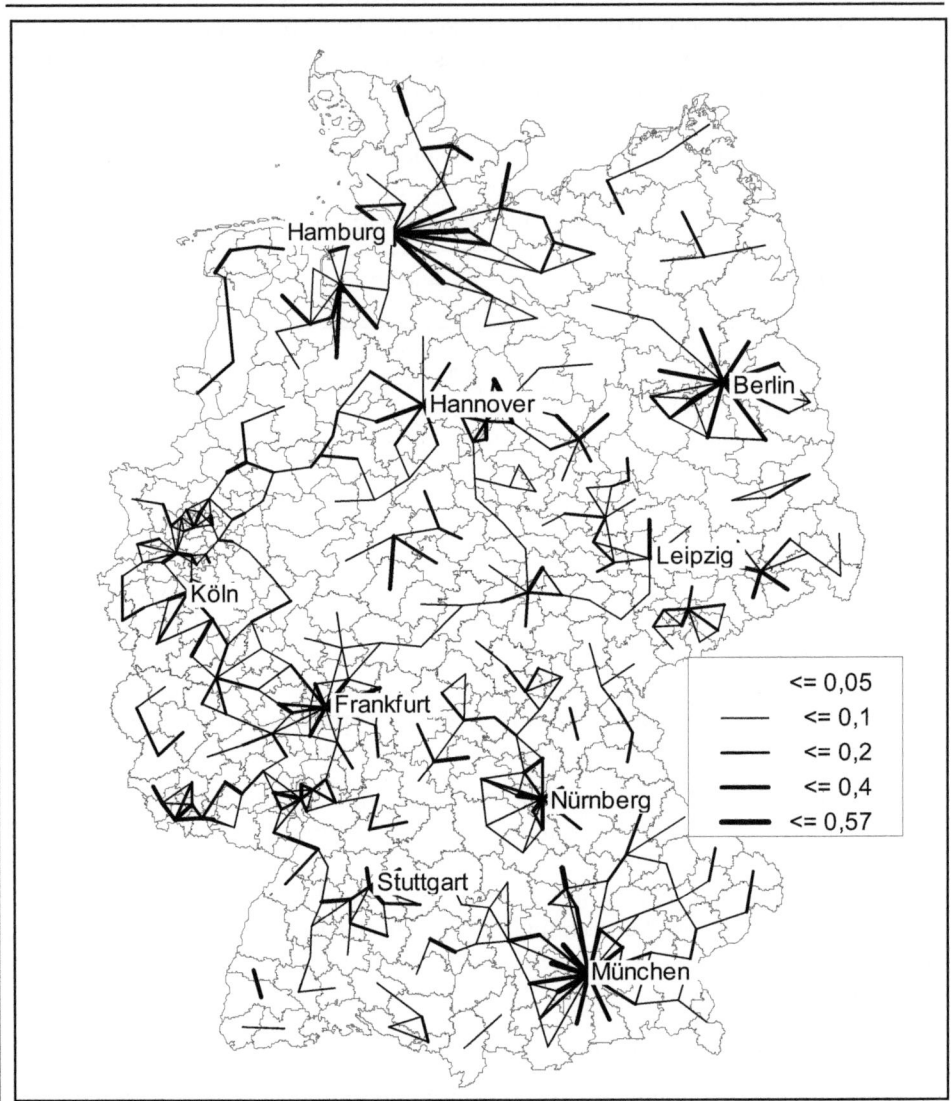

Legende:

Anbindungskoeffizient des Kreises i an den Kreis j

$$= \frac{\text{Auspendler von i nach j}}{\text{Erwerbstätige in i}} (\text{in } \%)$$

Ausgewiesen sind nur Pendlerströme mit einem Anbindungskoeffizient >5%.

Quelle: Eigene Darstellung nach Angaben der Bundesagentur für Arbeit

Abbildung II.3.1- 2:   Regionale Arbeitsmärkte in Deutschland

▬▬ Grenzen der regionalen Arbeitsmärkte
── Grenzen der zugehörigen Stadt- und Landkreise

Allgemein gilt die Formel:

II.3.1-1 $\qquad T_{ij} = a_0 \cdot \dfrac{E_i \cdot E_j}{d_{ij}^{\alpha}}$

Legende:

a_0	=	Konstante
T_{ij}	=	ökonomische Transaktion (etwa Einkaufsfahrten) zwischen i und j
$E_{i(j)}$	=	Attraktivität und Größe der Gemeinde i (j)
d_{ij}	=	Entfernung zwischen i und j
α	=	Exponent, der sich je nach Dienstleistungsart unterscheiden kann; er ist für höherwertige Dienstleistungen kleiner als für Güter des täglichen Bedarfs. In Anlehnung an das Gravitationsgesetz von Newton wird α häufig vereinfachend gleich 2 gesetzt.

Beispiel II.3.1- 3

Wir betrachten ein Beispiel, in dem der Einzugsbereich des Oberzentrums A mit dem Standort SA gegenüber den Einzugsgebieten der konkurrierenden Oberzentren $S_j \ (j = 1,2,...,6)$ abgegrenzt werden soll. Die Koordinaten der Standorte gehen aus der folgenden Übersicht hervor:

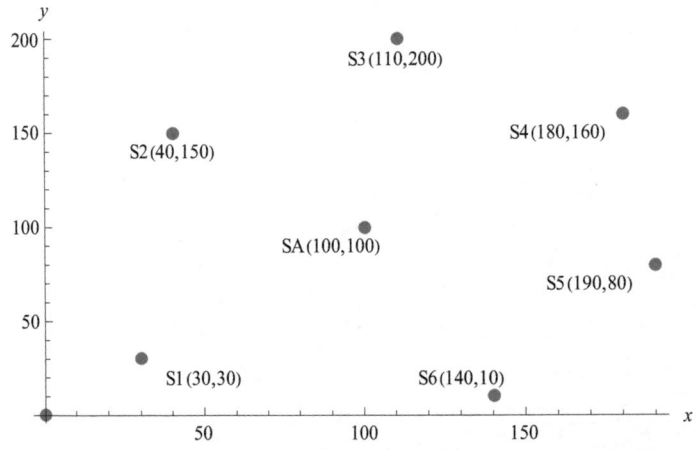

Die Attraktivität der Oberzentren wollen wir mit Hilfe der Beschäftigten im Dienstleistungsgewerbe messen, wobei folgende Ausprägungen (in 1000) gelten mögen:

Oberzentrum	SA	S1	S2	S3	S4	S5	S6
Beschäftigte	38	64	33	27	52	38	42

Ferner setzen wir $\alpha = 2$. Wie sieht der Einzugsbereich von A aus? Betrachten wir zunächst die Zuordnung eines Verbrauchers K, der seinen Standort in {60,60}, also im Kräftedreieck der Oberzentren SA, S1 und S2 hat. Für ihn können die Transaktionen zu den drei Standorten mit Hilfe von II.3.1-1 wie folgt geschätzt werden:

$$T_{K,A} = a_0 \cdot \frac{B_A}{d_{K,A}^2} = a_0 \cdot \frac{38}{(60-100)^2 + (60-100)^2} = 0{,}0119 \cdot a_0$$

$$T_{K,S1} = a_0 \cdot \frac{B_{S1}}{d_{K,S1}^2} = a_0 \cdot \frac{64}{(60-30)^2 + (60-30)^2} = 0{,}0356 \cdot a_0$$

$$T_{K,S2} = a_0 \cdot \frac{B_{S2}}{d_{K,S2}^2} = a_0 \cdot \frac{33}{(60-40)^2 + (60-150)^2} = 0{,}0039 \cdot a_0$$

Hieraus lassen sich Einkaufswahrscheinlichkeiten für K bestimmen. Tätigt er einen Einkauf, so wird er ihn mit einer Wahrscheinlichkeit von 23,14% $\left[0{,}0119 \cdot a_0 / (0{,}0119 \cdot a_0 + 0{,}0356 \cdot a_0 + 0{,}039 \cdot a_0) \right]$ in SA erledigen; in Richtung S1 (S2) betragen die entsprechenden Wahrscheinlichkeiten 69,29 (7,57) %. Da $0{,}6929 > 0{,}2314 > 0{,}0757$, wird K dem Einzugsbereich von S1 zugeordnet.

Bestimmen wir nun die Grenze des Einzugsbereiches zwischen SA und S1. Die Punkte auf der Trennlinie $T_{A,S1}$ ist dadurch charakterisiert, dass die Anziehungskraft in Richtung auf beide Oberzentren gleich groß ist. Es gilt

$$a_0 \cdot \frac{B_A}{d_{A,T_{A,S1}}^2} = a_0 \cdot \frac{B_{S1}}{d_{S1,T_{A,S1}}^2}$$

bzw.

$$\frac{d_{A,T_{A,S1}}}{d_{S_1,T_{A,S1}}} = \frac{\sqrt{Ba}}{\sqrt{B_{S1}}}$$

Das Verhältnis der Distanzen ist also konstant und entspricht der Wurzel aus der Beschäftigungsrelation. Eine solche Konstanz der Relation führt bekanntlich [100] zu einem Kreis als Grenze des Einzugsgebietes. Ist – wie hier – SA der kleinere zentrale Ort, so liegt der Mittelpunkt des Kreises (vom größeren Ort S1 aus gesehen) $\dfrac{B_{SA} \cdot d_{SA,S1}}{B_A - B_{S1}}$ [101] hinter A; der Radius des Kreises ist $\dfrac{\sqrt{B_{SA}} \cdot \sqrt{B_{S_1}} \cdot d_{SA,S1}}{B_{SA} - B_{S1}}$ [102].

---

[100] Vgl. Kapitel II.1.2.1 Das Modell Launhardts und den dort erläuterten 2. Fall.

[101] $\left| \dfrac{B_A \cdot d_{A,S1}}{B_A - B_{S1}} \right| = \left| \dfrac{38 \cdot 99}{38 - 64} \right| = 145$

[102] $\left| \dfrac{\sqrt{38} \cdot \sqrt{64} \cdot 99}{38 - 64} \right| = 188$

Abbildung II.3.1- 3:   *Abgrenzung des Einzugsgebietes des zentralen Ortes A gegenüber dem konkurrierenden Oberzentrum S1*

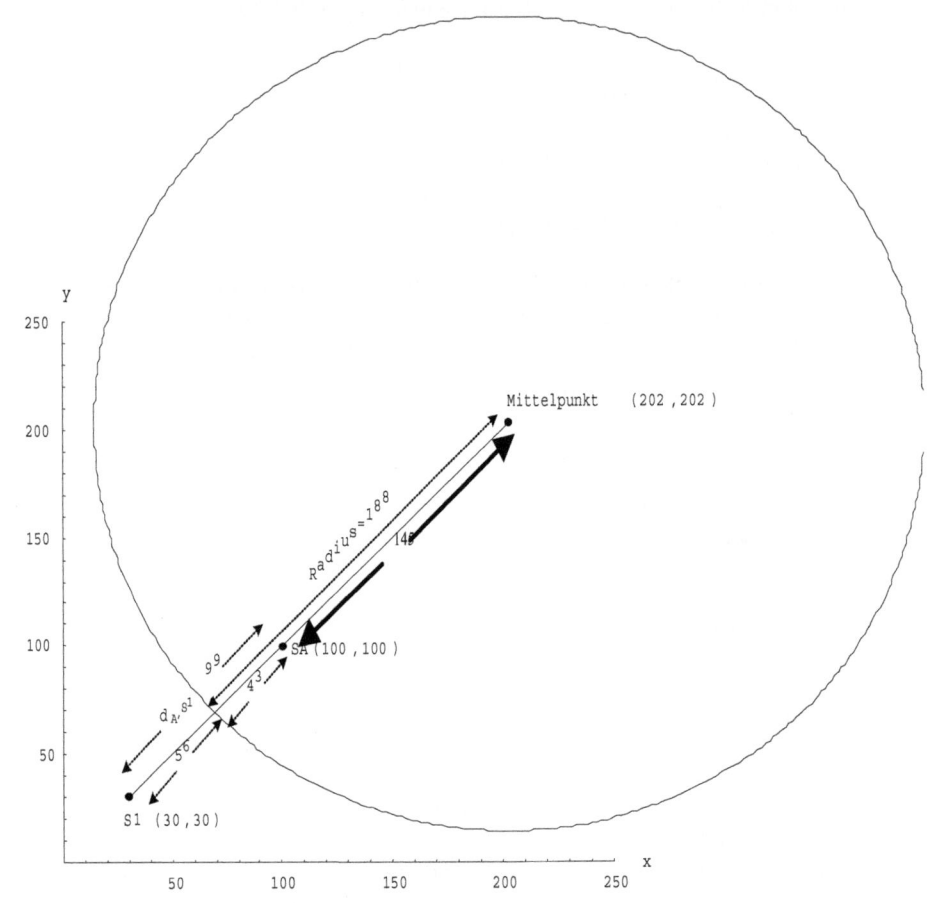

Gegenüber allen konkurrierenden Oberzentren ergibt sich ein Einzugsbereich, wie er der Abbildung II.3.1- 4 entnommen werden kann.

Abbildung II.3.1- 4:   Abgrenzung des oberzentralen Verflechtungsbereichs von SA

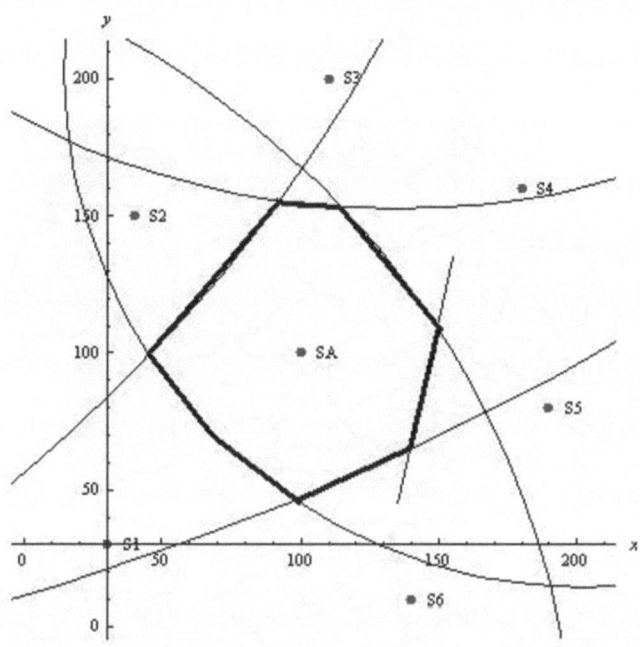

Legende:

——————— Grenze des Einzugsbereichs von SA gegenüber konkurrierenden Oberzentren

Die Grenzen gegenüber den größeren S1, S4 und S6 (kleineren S2 und S3) sind nach außen (innen) gewölbt, während gegenüber dem gleich großen S5 die Trennlinie eine Gerade darstellt.

Aus Abbildung II.3.1- 5 geht eine Abgrenzung der oberzentralen Verflechtungsbereiche in Deutschland hervor, die als regionale Beobachtungseinheiten der Analyse im Rahmen der Bundesraumordnung zugrunde liegen und deshalb auch als **Bundesraumordnungsregionen** bezeichnet werden.

Abbildung II.3.1- 5:   Bundesraumordnungsregionen

Grenzen der Bundesraumordnungsregionen
Grenzen der zugehörigen Stadt- und Landkreise

Quelle: Laufende Raumbeobachtung des Bundesamtes für Bauwesen und Raumordnung, www.bbr.bund.de

Unter Regionalisierung verstehen wir die Unterteilung einer Volkswirtschaft in überörtliche Gebiete, die zusammenhängen, sich nicht überschneiden und den Gesamtraum vollständig abdecken.

Eine problemadäquate Regionalisierung ist für zuverlässige Analysen und Diagnosen unerlässlich. Werden bei der Regionalisierung Raumeinheiten zusammengefasst, die sich im Hinblick auf eine oder mehrere Kriterien möglichst ähnlich sind, spricht man von homogenen Regionen; fasst man dagegen jene Raumeinheiten zusammen, die sich untereinander in einem intensiven Austausch von Personen, Gütern und Nachrichten befinden, so heißen die Regionen funktional.

Interessiert man sich für die ökonomische Situation und Entwicklung von Regionen, so führen Funktionalregionen zu unverzerrten empirischen Ergebnissen. Besonders bekannte Funktionalregionen sind Regionale Arbeitsmärkte (Zusammenfassung von Arbeitsmarktzentrum und Umland aufgrund von Berufspendlerverflechtungen) und Zentralörtliche Verflechtungsbereich (Zentrale Orte und ihr Umland aufgrund von Einkaufsfahrten).

II.3.2 Determinanten der Regionalentwicklung

Die **räumliche Wachstumstheorie** befasst sich mit den Determinanten räumlicher Wachstumsprozesse und versucht insbesondere, Gründe dafür aufzuzeigen, dass sich Regionen unterschiedlich entwickeln. Sie stellt die **dynamische Variante der Raumwirtschaftsmodelle** dar, von denen wir einige in Kapitel II.2 kennen gelernt haben. Ging es dort um die Erklärung der Verteilung ökonomischer Produktion in der Fläche zu einem gegebenen Zeitpunkt (= statische Analyse), so wollen wir uns nun der Frage zuwenden, warum sich diese Strukturen im Zeitablauf verändern, warum also einige Regionen rasch wachsen, indem sie mobile Nachfrage, hochqualifizierte Arbeitskräfte und anlagesuchendes Kapital anziehen, während andere Regionen ihre wirtschaftliche Basis verlieren und während eines betrachteten Zeitintervalls schrumpfen (= dynamische Analyse).

Es besteht weitgehende Einigkeit, dass die Wettbewerbsfähigkeit von Regionen von jenen Determinanten abhängt, wie sie aus der Übersicht II.3.2- 1 hervorgehen.

Eine gute Lage und Erreichbarkeit erleichtert die überregionale Arbeitsteilung und erhöht das Marktpotenzial. Eine gesunde Umwelt ist zum einen entscheidender Faktor bei der Standortwahl von qualifizierten Arbeitskräften und Unternehmen[103] und zum anderen Bedingung für eine zukunftsfähige nachhaltige Regionalentwicklung[104]. Die Bedeutung des Vorhandenseins von Rohstoffen haben wir insbesondere bei der industriellen Standortwahl im Modell Webers [105] bereits kennengelernt.

Die Sektoralstruktur der regionsansässigen Wirtschaft ist eine der Grundlagen für das wirtschaftliche Niveau und seine Entwicklung. Es ist evident, dass die überdurchschnittliche Präsenz von Sektoren, die gesamtwirtschaftlich schrumpfen wie Landwirtschaft, Bergbau und Textilindustrie, das Wachstum von Regionen eher beschränken, während die überdurchschnittliche Präsenz von wachstumsstarken Wirtschaftszweigen wie Teile des Maschinenbaus und der Elektrotechnik sowie des Dienstleistungsbereichs ceteris paribus eher wachstumsfördernd wirken.

Im Hinblick auf die Betriebsgrößenstruktur gilt weder ein Übergewicht von kleinen noch von großen Unternehmen als förderlich. Günstig für das Wachstum ist eine gesunde Mischung unterschiedlicher Betriebsgrößenklassen, die alle ihre spezifischen Vor- und Nachteile haben und sich häufig ideal ergänzen.

---

[103] Vgl. Kapitel II.1.1 Die Standortwahl beeinflussende Faktoren.
[104] Siehe hierzu Kapitel III.2.1.4 Das Nachhaltigkeitsziel.
[105] Siehe hierzu Kapitel II.1.2.2 Das Modell Webers.

Übersicht II.3.2- 1: Faktoren der Wettbewerbsfähigkeit von Regionen

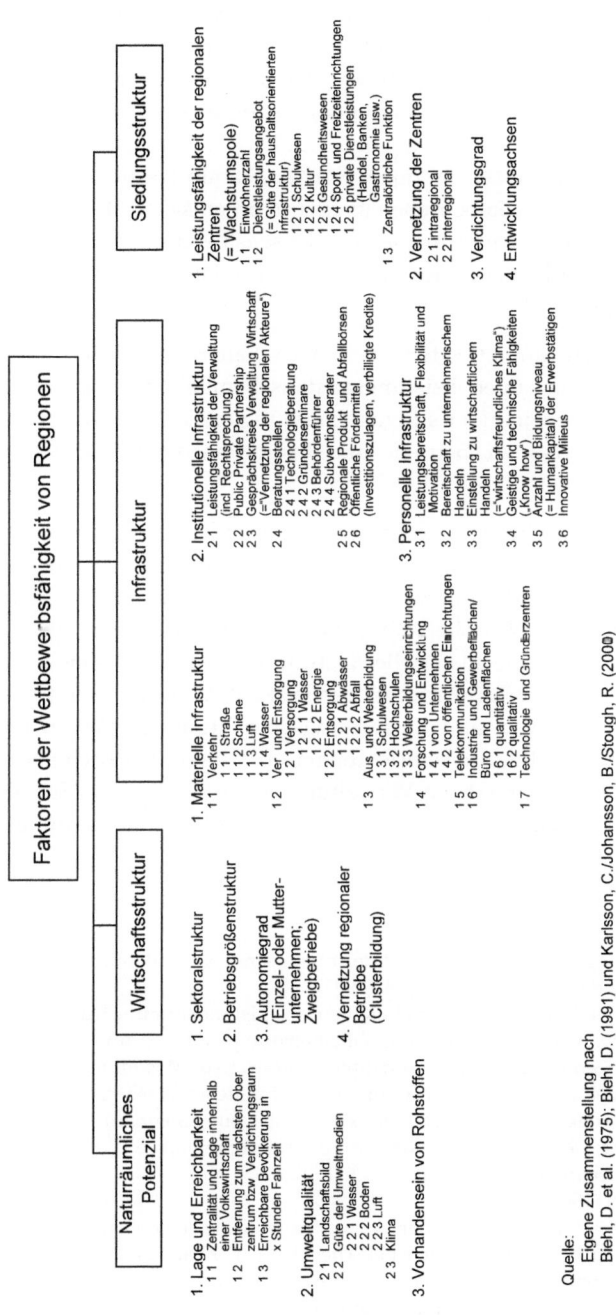

Faktoren der Wettbewerbsfähigkeit von Regionen

Naturräumliches Potenzial

1. Lage und Erreichbarkeit
 1.1 Zentralität und Lage innerhalb einer Volkswirtschaft
 1.2 Entfernung zum nächsten Oberzentrum bzw. Verdichtungsraum
 1.3 Erreichbare Bevölkerung in x Stunden Fahrzeit
2. Umweltqualität
 2.1 Landschaftsbild
 2.2 Güte der Umweltmedien
  2.2.1 Wasser
  2.2.2 Boden
  2.2.3 Luft
3. Vorhandensein von Rohstoffen

Wirtschaftsstruktur

1. Sektoralstruktur
2. Betriebsgrößenstruktur
3. Autonomiegrad (Einzel- oder Mutterunternehmen; Zweigbetriebe)
4. Vernetzung regionaler Betriebe (Clusterbildung)

Infrastruktur

1. Materielle Infrastruktur
 1.1 Verkehr
  1.1.1 Straße
  1.1.2 Schiene
  1.1.3 Luft
  1.1.4 Wasser
 1.2 Ver- und Entsorgung
  1.2.1 Versorgung
   1.2.1.1 Wasser
   1.2.1.2 Energie
  1.2.2 Entsorgung
   1.2.2.1 Abwasser
   1.2.2.2 Abfall
 1.3 Aus und Weiterbildung
  1.3.1 Schulwesen
  1.3.2 Hochschulen
  1.3.3 Weiterbildungseinrichtungen
 1.4 Forschung und Entwicklung
  1.4.1 von Unternehmen
  1.4.2 von öffentlichen Einrichtungen
 1.5 Telekommunikation
 1.6 Industrie- und Gewerbeflächen/ Büro- und Ladenflächen/ Handel
  1.6.1 quantitativ
  1.6.2 qualitativ
 1.7 Technologie- und Gründerzentren

2. Institutionelle Infrastruktur
 2.1 Leistungsfähigkeit der Verwaltung (incl. Rechtsprechung)
 2.2 Public Private Partnership
 2.3 Gesprächskreise Verwaltung Wirtschaft (="Vernetzung der regionalen Akteure")
 2.4 Beratungsstellen
  2.4.1 Technologieberatung
  2.4.2 Gründerseminare
  2.4.3 Behördenführer
  2.4.4 Subventionsberater
 2.5 Regionale Produkt- und Abfallbörsen
 2.6 Öffentliche Fördermittel (Investitionszulagen, verbilligte Kredite)

3. Personelle Infrastruktur
 3.1 Leistungsbereitschaft, Flexibilität und Motivation
 3.2 Bereitschaft zu unternehmerischem Handeln
 3.3 Einstellung zu wirtschaftlichem Handeln (="wirtschaftsfreundliches Klima")
 3.4 Geistige und technische Fähigkeiten ("Know how")
 3.5 Anzahl und Bildungsniveau (=Humankapital) der Erwerbstätigen
 3.6 Innovative Milieus

Siedlungsstruktur

1. Leistungsfähigkeit der regionalen Zentren (=Wachstumspole)
 1.1 Einwohnerzahl
 1.2 Dienstleistungsangebot (=Güte der haushaltsorientierten Infrastruktur)
  1.2.1 Schulwesen
  1.2.2 Kultur
  1.2.3 Gesundheitswesen
  1.2.4 Sport und Freizeiteinrichtungen
  1.2.5 private Dienstleistungen (Handel, Banken, Gastronomie usw.)
 1.3 Zentralörtliche Funktion
2. Vernetzung der Zentren
 2.1 intraregional
 2.2 interregional
3. Verdichtungsgrad
4. Entwicklungsachsen

Quelle:
Eigene Zusammenstellung nach
Biehl, D. et al. (1975); Biehl, D. (1991) und Karlsson, C./Johansson, B./Stough, R. (2000)

II

Als Autonomiegrad bezeichnet man das Ausmaß an Selbstständigkeit, Unabhängigkeit und Entscheidungsfreiheit, das ein Betrieb besitzt. Dieser Autonomiegrad hängt von der rechtlichen Stellung des Betriebs [Einzelunternehmen, Konzern (Mutterunternehmen oder Filialbetrieb)] und der Organisationsform eines mehrbetrieblichen Unternehmens (zentral versus dezentral) ab. Bei in der Region verankerten Einzelunternehmen findet eine Identifikation mit dem Standort statt. Eigentümer und Unternehmensleiter sind in ihrer Heimatregion verankert, fühlen sich für deren Entwicklung verantwortlich und weisen ein hohes Maß an Standortverbundenheit auf. Anders dagegen die Situation bei Filialbetrieben in zentral organisierten Konzernen. Sie haben eine hohe Standortmobilität und reagieren sehr sensibel auf Signale konkurrierender Standorte, so dass ihre Lebensdauer in der Region relativ gering ist und häufig nur wenige Jahre beträgt.[106+ 107]

Günstig für sein Wachstum ist es für einen Wirtschaftsraum, wenn die regionsansässigen Betriebe in einem engen Leistungsaustausch miteinander stehen und sich in ihrer Entwicklung gegeneinander stützen. Diese regionale Konzentration eng miteinander verbundener Personen, Betriebe und Institutionen wird als Cluster bezeichnet.[108]

Unter Infrastruktur versteht man die Grundausstattung einer Volkswirtschaft mit Einrichtungen, die zwar zum volkswirtschaftlichen Kapitalstock gerechnet werden können, aber nicht direkt im Produktionsprozess von Unternehmen eingesetzt werden, sondern für die private Wirtschaftstätigkeit den Charakter von Vorleistungen haben.[109] Sie lässt sich in eine materielle, institutionelle und personelle Infrastruktur unterteilen. Zur materiellen Infrastruktur gehören z.B. Verkehrsnetze (Straßen-, Schienen- und Wasserwege), Ver- und Entsorgungseinrichtungen (Wasser, Energie, Telekommunikation) sowie Bildungseinrichtungen (Schulen, Hochschulen). Die institutionelle Infrastruktur umfasst die Verwaltung sowie die Rechts-, Sozial- und Wirtschaftsordnung, die personelle Infrastruktur die Fähigkeit und Leistungsbereitschaft der Bevölkerung.[110]

---

[106] Im Zusammenhang von Autonomiegrad der regionsansässigen Betriebe und wirtschaftlicher Entwicklung von Regionen vgl. Spehl, H. (1987).

[107] Diese eher negative Einschätzung von Filialbetrieben ist nicht unumstritten. Eine Gegenposition lässt sich etwa wie folgt begründen: Filialbetriebe profitieren unmittelbar von technologischen Neuerungen ihrer Mutterunternehmen. Dieses neue Wissen verbreitet sich anschließend relativ schnell im umliegenden Raum. (Zur räumlichen Ausbreitung von Innovationen vgl. insbesondere das Kapitel II.3.3.3 Polarisierte Wachstumstheorien).

[108] In Kapitel III.2.3.2.2.4 Cluster- und Netzwerkorientierte regionale Wirtschaftspolitik werden wir uns ausführlich mit diesem Ansatz beschäftigen.

[109] Vgl. R. Jochimsen (1966).

[110] Eine intensive Beschäftigung mit der Auswirkung der personellen Infrastruktur auf das wirtschaftliche Wachstum findet sich bei Miegel, M. (1991). Für ausgesuchte Regionen in Deutschland untersucht er spezifische Neigungen, Verhaltensweisen und Mentalitäten. Er weist nach, dass sie erheblichen Einfluss auf Niveau und Entwicklung der regionalen Wirtschaft nehmen.

Eine gute Infrastruktur erhöht die Effizienz der im Produktionsprozess eingesetzten Faktoren Arbeit und Kapital und wirkt damit für die privaten Unternehmen kostensenkend [111]; sie ist ein entscheidender Standortfaktor beim Wettbewerb zwischen Regionen um Investitionen und Arbeitsplätze.

Schließlich nimmt die regionale Siedlungsstruktur, also die Größe, die räumliche Verteilung und die Vernetzung der Orte, Einfluss auf die wirtschaftliche Entwicklung. Leistungsfähige Zentren ermöglichen die Bildung von Agglomerationsvorteilen [112] sowie die Schaffung und Adaption neuen Wissens.[113]

Die speziellen Wachstumstheorien unterscheiden sich danach,

- welche Determinanten sie berücksichtigen.
- welchen Stellenwert sie den einzelnen Determinanten einräumen.
- von welchem Zusammenspiel der Determinanten sie ausgehen.
- wie die Wirtschaftssubjekte auf diese Determinanten reagieren.

Wir wollen uns nun einigen ausgewählten Wachstumstheorien zuwenden.

---

[111] Siehe hierzu auch das Kapitel III.2.3.2.2.2 Infrastrukturorientierte regionale Wirtschaftspolitik.

[112] Siehe Kapitel I.1 Die räumliche Dimension in den Wirtschaftswissenschaften.

[113] Vgl. hierzu das Kapitel II.3.3.3 Polarisierte Wachstumstheorien.

II.3.3 Ausgewählte räumliche Wachstumstheorien[114]

II.3.3.1 Die neoklassische Wachstumstheorie

Die neoklassische Wachstumstheorie basiert auf Überlegungen Solows[115], dessen Modell in vielfacher Hinsicht weiterentwickelt wurde.[116] Sie geht von folgenden Voraussetzungen aus:

A1: Es gilt das Saysche Theorem, d.h. jedes Angebot schafft sich seine Nachfrage. Mit anderen Worten: Das Wachstum wird nicht durch eine unzureichende Nachfrage begrenzt.

A2: Die Produktionsfaktoren Arbeit A und Kapital K sind vollbeschäftigt; es gibt keine Arbeitslosigkeit.

A3: Arbeit und Kapital sind substitutional zueinander; ihr Einsatzverhältnis wird durch das Verhältnis von Arbeits- zu Kapitalkosten bestimmt.

A4: Die Produktionselastizitäten von Arbeit und Kapital sind konstant und kleiner als 1; es gilt $\dfrac{dY_i}{dA_i} > 0$, $\dfrac{dY_i}{dK_i} > 0$, $\dfrac{d^2Y_i}{dA_i^2} < 0$ und $\dfrac{d^2Y_i}{dK_i^2} < 0$. Die Produktionsfunktion als Ganzes ist linear-homogen und in allen Regionen gleich.

A5: Die Arbeitskräfte streben nach Lohn-, die Kapitalgeber nach Gewinnmaximierung. Die interregionale Mobilität der Produktionsfaktoren ist unbegrenzt und frei.

Wir betrachten nun den Wachstumsprozess in der Region i. Es gelte die Produktionsfunktion

II.3.3.1-1 $Y_i = e^{f_i} \cdot A_i^{\alpha} \cdot K_i^{1-\alpha}$,

$$
\begin{aligned}
i &= \text{Region i} \\
Y &= \text{Bruttoinlandsprodukt} \\
e &= \text{Eulersche Zahl} \\
f &= \text{Rate des technischen Fortschritts} \\
A &= \text{Arbeit} \\
K &= \text{Kapital} \\
\alpha &= \text{Produktionselastizität der Arbeit} \\
1-\alpha &= \text{Produktionselastizität des Kapitals}
\end{aligned}
$$

die die o.a. Annahmen erfüllt.

---

[114] Grundlegend für die Entwicklung der regionalen Wachstumstheorie waren die Arbeiten von Richardson, H.W. (1973). Siehe auch Valdes, B. (1999).
[115] Vgl. Solow, R. (1956), S. 65–94.

Leiten wir II.3.3.1-1 nach der Zeit ab, so erhalten wir

II.3.3.1-2 $g_{Y_i} = f_i + \alpha \cdot g_{A_i} + (1 - \alpha) \cdot g_{K_i}$.

Die Wachstumsrate des Bruttoinlandsprodukts g_{Y_i} entspricht also der Summe von technologischer Fortschrittsrate, der Wachstumsrate der Arbeitskräfte g_{A_i}, multipliziert mit ihrer Produktionselastizität, sowie der Wachstumsrate des Kapitals g_{K_i}, ebenfalls gewichtet mit ihrer Produktionselastizität.

Im neoklassischen Grundmodell kann der Faktor Arbeit verändert werden durch:

■ natürliches Bevölkerungswachstum,

■ einen positiven Wanderungssaldo.

Die Wachstumsrate des Faktors Arbeit g_A ist die Addition der natürlichen Bevölkerungsentwicklung n_i $\left[\dfrac{\text{Geburten in i} - \text{Sterbefälle in i}}{\text{Bevölkerung in i}} \right]$ und den Wanderungssalden mit den anderen Regionen

$$\sum_{j=1}^{n} m_{ji} \left[\frac{\text{Zuwanderung von j nach i} - \text{Abwanderung von i nach j}}{\text{Bevölkerung in i}} \right]$$

$$g_{A_i} = n_i + \sum_{j=1}^{n} m_{ji} \ .$$

Die relativen Wanderungssalden m_{ji} sind Funktionen der Lohndifferenz $\ell_i - \ell_j$ in den beiden Regionen i und j:

$m_{ji} = g(\ell_i - \ell_j)$ mit $d\,g(\ell_i - \ell_j) / d(\ell_i - \ell_j) > 0$.

Ursache für das Wanderungsverhalten sind nach der neoklassischen Argumentation die Lohnunterschiede zwischen verschiedenen Regionen. Der Faktor Arbeit wandert solange in die Region mit den höheren Löhnen, bis diese sich einander angeglichen haben.

Die Wachstumsrate des Kapitals speist sich ebenfalls aus zwei Quellen, nämlich:

■ eigenen Ersparnissen der regionsansässigen Bevölkerung,

■ Kapitalimporten aus anderen Regionen.

---

[116] Ein guter Überblick findet sich bei Frenkel, M.; Hemmer, H.-R. (1999). Siehe auch Weil, D.N. (2005).

Es ist

$$\Delta K_i = S_i + \sum_{j=1}^{n} K_{ji} \quad \Big| : Y_i$$

$$\frac{\Delta K_i}{Y_i} = \frac{S_i}{Y_i} + \frac{\sum_{j=1}^{n} K_{ji}}{Y_i} = s_i + \sum_{j=1}^{n} k_{ji}$$

mit

$$\frac{S_i}{Y_i} = s_i = \text{ Sparquote der Region}$$

$$\frac{\sum_{j=1}^{n} K_{ji}}{Y_i} = \sum_{j=1}^{n} k_{ji} = \sum_{j=1}^{n} \left(\frac{\text{Kapitalexporte von j nach i} - \text{Kapitalexporte von i nach j}}{\text{Bruttoinlandsprodukt in i}} \right) .$$

Da

$$\text{II.3.3.1-3} \qquad g_{K_i} = \frac{\Delta K_i}{K_i} = \frac{\Delta K_i}{Y_i} \Big/ \frac{K_i}{Y_i} = \frac{s_i + \sum_{j=1}^{n} k_{ij}}{v_i} \, ,$$

ist die Wachstumsrate des Kapitals gleich der Investitionsquote $s_i + \sum_{j=1}^{n} k_{ij}$, dividiert durch den Kapitalkoeffizienten v_i. Die Wanderungen des Kapitals lassen sich durch Renditeunterschiede zwischen verschiedenen Regionen begründen. Investitionen erfolgen dort, wo die Renditeerwartungen r am höchsten sind:

$$k_{ji} = h(r_i - r_j) \quad \text{mit d } h(r_i - r_j)/d(r_i - r_j) > 0 \, .$$

Der Technische Fortschritt f_i im Solow-Modell wird exogen vorgegeben. Seine Ursache wird nicht erklärt.

Damit ist schließlich regionales Wachstum durch folgende Beziehung gegeben:

$$\text{II.3.3.1-4} \qquad g_{Y_i} = f_i + \alpha \cdot \left(n_i + \sum_{j=1}^{n} m_{ji} \right) + (1-\alpha) \cdot \left(\frac{s_i + \sum_{j=1}^{n} k_{ij}}{v_i} \right) .$$

Abbildung II.3.3.1- 1 fasst diese Einflussgrößen regionalen Wachstums noch einmal zusammen:

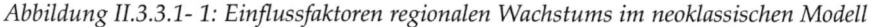

Abbildung II.3.3.1- 1: Einflussfaktoren regionalen Wachstums im neoklassischen Modell

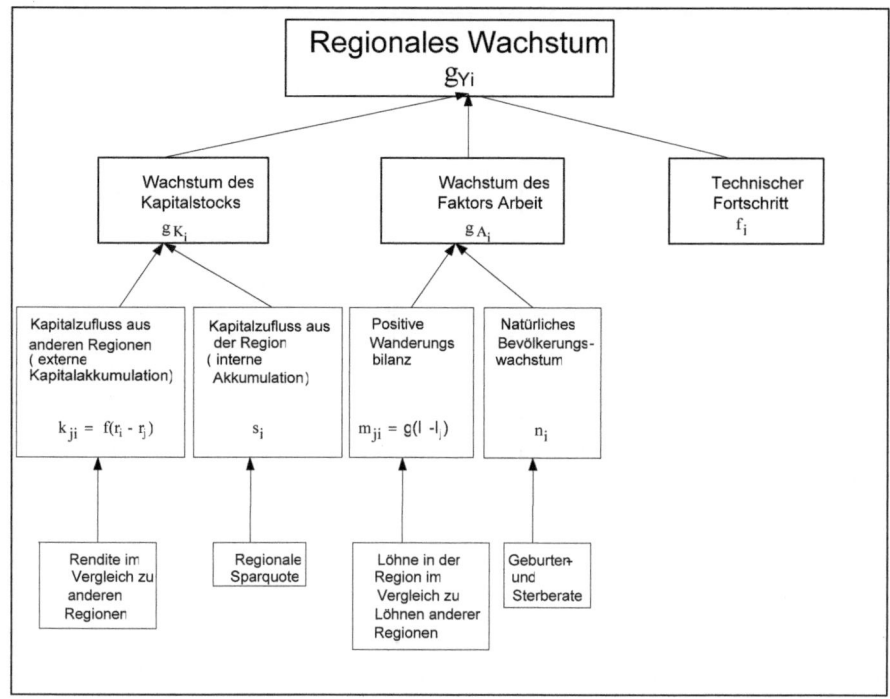

Im Gleichgewicht sind Löhne und Zinsen in allen Regionen gleich, so dass die interregionalen Wanderungsbewegungen von Arbeit und Kapital zum Erliegen kommen. Der Markt führt zu einem solchen Ausgleich. Es ist

II.3.3.1-5
$$r_i = \frac{dY_i}{dK_i} = (1-\alpha) \cdot e^{f_i} \cdot \left(\frac{K_i}{A_i}\right)^{-\alpha}$$

und

II.3.3.1-6
$$\ell_i = \frac{dY_i}{dA_i} = \alpha \cdot e^{f_i} \cdot \left(\frac{K_i}{A_i}\right)^{1-\alpha}.$$

Somit ist der Zinssatz eine negative und der Lohnsatz eine positive Funktion der Kapitalintensität $\frac{K_i}{A_i}$.

Abbildung II.3.3.1- 2: Faktorentgelte und Faktorwanderungen als Funktion der Kapitalintensität

---

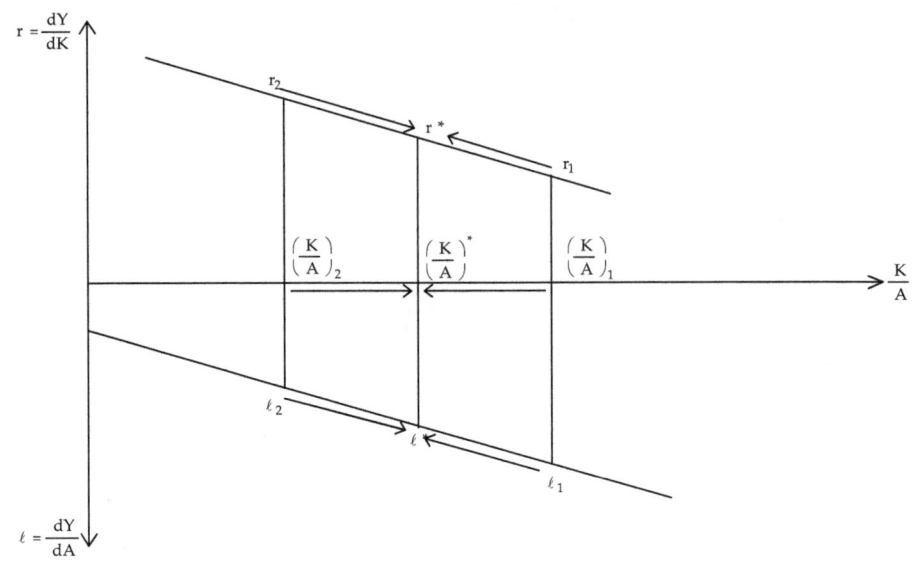

Quelle: In Anlehnung an Richardson, H.W. (1969), S. 351

Eine Volkswirtschaft bestehe aus den beiden Regionen R_1 und R_2, die zunächst mit unterschiedlichen Kapitalintensitäten produzieren, wobei $\left(\dfrac{K}{A}\right)_1 > \left(\dfrac{K}{A}\right)_2$; die Folge ist $r_2 > r_1$ und $\ell_1 > \ell_2$. Dieser Zustand ist nicht gleichgewichtig, sondern impliziert Faktorwanderungen. Es strömt so lange Kapital von R_1 nach R_2 (Arbeit von R_2 nach R_1), bis sich die Kapitalintensitäten in $\left(\dfrac{K}{A}\right)^*$ ausgeglichen haben und in beiden Regionen die Faktorentgelte gleich sind.

Das neoklassische Modell ist in sich logisch, geht aber von einigen unrealistischen Annahmen aus:

◼ Die Annahme von Vollbeschäftigung, vollkommener Konkurrenz und freier Faktormobilität entspricht nicht der Wirklichkeit.

◼ Nach der neoklassischen Theorie sind Lohn- und Renditeunterschiede die einzigen Gründe für Faktorwanderungen. Diese Annahme trifft in der Realität nicht zu.

Gründe für Faktorwanderungen sind oftmals auch weiche Standortfaktoren wie eine saubere Umwelt, Kultur- und Bildungsangebot. Starke Bedeutung für das Beharren an einem Arbeitsplatz, trotz eines niedrigeren Lohns, kann z.B. das soziale Umfeld sein.

- Die Annahme vollkommener Information ist unzutreffend, da bei vollständiger Information keine Pionierrenten möglich wären. Diese sind aber eine Haupttriebfeder im Bereich des technischen Fortschritts.

- Die neoklassische Wachstumstheorie unterstellt, dass das wirtschaftliche System stabil ist. Durch den Preismechanismus kommt es stets zu einem Gleichgewichtszustand. Staatliche Einflussnahme ist in diesem Modell nicht notwendig, sondern sogar schädlich.

- Die in allen Regionen gleichen Produktionsfunktionen sind unabhängig von dem naturräumlichen Potenzial, der Sektoral-, der Infra- und der Siedlungsstruktur.

- Es treten keine externen Effekte aufgrund von Agglomerationsvorteilen auf.

Die neoklassische Wachstumstheorie unterstellt eine homogene Fläche, also eine gleiche Produktionsfunktion in allen Raumpunkten; außerdem ist die Nachfrage nach den hergestellten Gütern bei einem gegebenen Preis nicht beschränkt. Die Produktionsfunktion ist durch lineare Homogenität, abnehmende Grenzproduktivitäten der einzelnen Produktionsfaktoren sowie ihre Substitutionalität gekennzeichnet.

Dann ist das Wachstum einer Region eine Funktion des Wachstums der Menge der Produktionsfaktoren, gewichtet mit ihren Produktionselastizitäten, sowie des technischen Fortschritts.

Das Modell führt im Ergebnis zu einem gleichgewichtigen Wachstum in wirtschaftlich gleichstarken Regionen.

II.3.3.2 Die postkeynesianische Wachstumstheorie

Im gerade betrachteten neoklassischen Modell stellt die Auslastung der Produktionsfaktoren kein Problem dar; die Wachstumsrate des Angebotspotenzials bestimmt die regionale Wachstumsrate des BIP. Dagegen ist die **postkeynesianische Wachstumstheorie nachfrageorientiert**[117]; nicht das Angebotspotenzial limitiert den regionalen Wachstumsprozess, sondern eine unzureichende Nachfrage nach den in der Region hergestellten Gütern und Dienstleistungen. Verantwortlich für diese unzureichende Nachfrage ist eine mit steigendem Einkommen zurückgehende Konsumquote, eine wenig zinselastische und zurückhaltende Investitionsgüternachfrage sowie die Geldfalle (liquidity-trap), die zum Horten von Geld und damit zu einem Kaufkraftentzug im Wirtschaftskreislauf führt. Definiert man das BIP über seine Nachfragebestandteile, so gilt bekanntlich

II.3.3.2-1 $\qquad Y_i = C_i + I_i + G_i + X_i - M_i$

> mit
> C = Konsumgüternachfrage
> I = Investitionsgüternachfrage
> G = Staatsnachfrage
> X = Exporte
> M = Importe .

Für die Veränderung Δ gilt damit

II.3.3.2-2 $\qquad \Delta Y_i = \Delta C_i + \Delta I_i + \Delta G_i + \Delta X_i - \Delta M_i$.

Wir erweitern diese Gleichung mit $\dfrac{1}{Y_i} \cdot \dfrac{N}{N}$ (N = Nachfragekomponente) und erhalten so

II.3.3.2-3 $\qquad g_{Y_i} = \dfrac{C_i}{Y_i} \cdot g_{C_i} + \dfrac{I_i}{Y_i} \cdot g_{I_i} + \dfrac{G_i}{Y_i} \cdot g_{G_i} + \dfrac{X_i}{Y_i} \cdot g_{X_i} - \dfrac{M_i}{Y_i} \cdot g_{M_i}$.

Die wirtschaftliche Wachstumsrate einer Region ist die Summe der Wachstumsraten der einzelnen Nachfragekomponenten, gewichtet mit ihrem Anteil am gesamten BIP.

Besondere Bedeutung kommt dabei aufgrund ihres Gewichts den regionalen Exporten zu. Zerlegt man nämlich einen Gesamt- in Teilräume, so nehmen die Ex- und Importe immer weiter zu, da bisher intra- nun zu interregionalen Güter- und Dienstleistungsströmen werden.[118] Da auf gesamtwirtschaftlicher Ebene die Exportquote (Exporte : BIP) in Deutschland 2004 bereits bei gut 31 % lag, dürften regionale Exportquoten

---

[117] Vgl. Armstrong, H./Taylor J. (2000, S. 8-15), Schätzl, L. (2003, S. 143-148). Vgl. dazu auch McCann, P. (2001, S. 149-154).

[118] Jede Verflechtung zwischen Wirtschaftsräumen in Deutschland stellt auf regionaler Ebene Export des einen und Import des anderen Wirtschaftsraumes dar, während es sich auf nationaler Ebene um die Befriedigung von Binnennachfrage handelt.

von weit über 50 % eher die Regel als die Ausnahme sein. Konzentriert man sich deshalb bei den Nachfragekomponenten auf die Ausfuhr von Gütern und Dienstleistungen, so spricht man von der **Exportbasistheorie**[119], weil die Entwicklung der Exporte als Basis für die wirtschaftliche Entwicklung von Regionen angesehen wird.[120]

Ist

$$C_i = C_i^{aut} + c_i \cdot Y_i$$
$$I_i = \bar{I}_i$$
$$G_i = \bar{G}_i$$
$$M_i = m_i \cdot Y_i$$

so gilt bei einer Erhöhung der regionalen Exporte

$$\Delta Y_i = c_i \cdot \Delta Y_i - m_i \cdot \Delta Y_i + \Delta X_i$$

bzw.

II.3.3.2-4 $$\Delta Y_i = \frac{1}{1 - c_i + m_i} \cdot \Delta X_i \ .$$

$\dfrac{1}{1 - c_i + m_i}$ ist der bekannte Exportmultiplikator, der anzeigt, dass das regionale BIP um ein Vielfaches anwächst, wenn es gelingt, die regionalen Exporte zu steigern [120]; dieser Anstieg ist umso höher, je größer die regionale Konsumneigung c_i und je kleiner die regionale Importneigung m_i ist. Bei Erweiterung um $\dfrac{1}{Y_i} \cdot \dfrac{X_i}{X_i}$ wird II.3.3.2-4 zu

II.3.3.2-5 $$g_{Y_i} = \frac{1}{1 - c_i + m_i} \cdot \frac{X_i}{Y_i} \cdot g_{X_i} \ .$$

Beispiel II.3.3.2- 1

Es sei $c_i = 0{,}8$, $m_i = 0{,}4$, $Y_i = 100$, $X_i = 50$ und $\Delta X_i = 10$; dann errechnen sich die interessierenden Wachstumsraten wie folgt:

$$g_{Y_i} = \frac{1}{0{,}2 + 0{,}4} \cdot \frac{50}{100} \cdot \frac{10}{50} = \frac{1}{0{,}6} \cdot 0{,}5 \cdot 0{,}2 = 0{,}167 \ .$$

Eine Steigerung der Exporte um 20 % lässt das regionale BIP um 16,7 % anwachsen.

---

[119] Vgl. hierzu Rittenbruch, K. (1968) und Eckey, H.-F. (1995, S. 281–282).
[120] Die Exportgüter werden deshalb auch **Basisgüter**, die übrigen Güter als **Nichtbasisgüter** bezeichnet.

Gegen die Exportbasistheorie lassen sich vor allem folgende Einwendungen vorbringen:

■ Die Exportnachfrage wird als exogen vorgegeben betrachtet und nicht erklärt.

■ Die intraregionale Nachfrage bleibt weitgehend unbeachtet.

■ Der Exportmultiplikator ist partialanalytischer Natur und lässt Rückwirkungen auf das Niveau anderer Regionen außer Acht.[121] Intersektorale und vor allem interregionale Rückkoppelungen müssten im Modell Berücksichtigung finden.

■ Empirische Schätzungen des Modells sind schwierig bis unmöglich, da Daten der amtlichen Statistik für regionale Exporte nicht vorliegen.

■ Die Angebotsseite wird im Modell vollkommen vernachlässigt; so werden insbesondere unbegrenzt freie Kapazitäten und eine unendlich große Anpassungsgeschwindigkeit an die neue Nachfragesituation vorausgesetzt.

■ Das Exportbasiskonzept ist stark abhängig von der vorgegebenen Regionsabgrenzung. Bildet man relativ große Regionen, fasst man also einzelne kleinere Teilräume zu größeren Konglomeraten zusammen, so werden viele inter- zu intraregionalen Strömen. Der Exportmultiplikator würde dadurch in seiner Größe abnehmen. Bildet man einen Extremfall und fasst man die gesamte Erde zu einer Beobachtungseinheit zusammen, so muss schließlich der Exportmultiplikator eine Größe von 0 annehmen, da bei einer solchen Betrachtung keinerlei Exporte auftreten können. Es käme zu keinerlei Wachstum.

■ Diese Entwicklungsstrategie legt eine Vernachlässigung von Investitionen in den Dienstleistungsbereich nahe, da sie in diesem Bereich angeblich geringere Wachstumsraten für die Region implizieren. Hier müssen allerdings grundsätzliche Zweifel angebracht werden. Der Ausbau von Institutionen des tertiären Bereichs erhöht die Attraktivität einer Region und kann dadurch Unternehmer anderer Regionen

---

[121] Kommt es zu einer Steigerung der Exporte, so schlagen sie sich in anderen Regionen als steigende Importe nieder, die das dortige BIP drücken. Über ein dort sinkendes BIP treten wiederum negative Auswirkungen auf die Exporte der von uns betrachteten Region ein. Im Zwei-Regionen-Fall nimmt der Exportmultiplikator die Form $\Delta Y_1 = \dfrac{1}{1 - c_1 + 2m_1}$ an, wenn wir $c_1 = c_2$ und $m_1 = m_2$ setzen; er ist kleiner als bisher. Setzen wir $c_1 = c_2 = 0{,}8$ und $m_1 = m_2 = 0{,}4$, so ist der Multiplikator ohne Rückwirkungen 1,67, bei Betrachtung mit Rückwirkungen aber nur 1. Im Fall ohne Rückkopplung steigt das BIP also um 1,67 Einheiten, wenn die Exporte um eine Einheit anwachsen; das BIP der Region 2 bleibt unverändert. Berücksichtigen wir Rückkopplungen, so steigt das BIP in der Region 1 um eine Einheit, geht aber in der Region 2 um genau diese Einheit zurück. Die eine Region induziert also positive Wachstumseffekte zulasten der anderen Region. Da zu erwarten ist, dass eher stark prosperierende Regionen neue Produkte schaffen und so räumlich mobile Nachfrage auf sich ziehen, legt die Exportbasistheorie eher die Hypothese der regionalen Divergenz nahe.

veranlassen, Kapital in die Entwicklungsregion zu lenken. Außerdem erhöht sie die regionale Konsumneigung.

Andererseits bietet die Exportbasistheorie eine gut nachvollziehbare Erklärung regionaler Wachstumsprozesse, die eine direkte Umsetzung im Rahmen regionaler Entwicklungsstrategien zulässt.[122]

> Im postkeynesianischen Wachstumsmodell limitiert eine für die Vollauslastung der Produktionsfaktoren unzureichende Nachfrage die wirtschaftliche Entwicklung von Regionen. Insbesondere durch eine Steigerung der regionalen Exporte lässt sich diese Wachstumsbarriere überwinden.

---

[122] Vgl. Kapitel III.3.2. Die Ebene von Bund und Ländern.

II.3.3.3 Polarisierte Wachstumstheorien[123]

Wird in traditionellen Wachstumsmodellen der in einer Region realisierte Output über bestehende Engpässe (Produktionsfaktoren im neoklassischen und Nachfrage im postkeynesianischen System) erklärt und steht bei beiden Konzepten der Wunsch nach einem gleichgewichtigen Wachstum im Vordergrund, so können **Polarisations-modelle** trotz aller Differenzen, die zwischen den unter diesem Oberbegriff subsumierten Erklärungsversuchen regionalen Wachstums bestehen, als Gegensätze zur herkömmlichen Wachstumstheorie definiert werden. Sie zeichnen sich durch folgende Charakteristika aus;

■ Wachstum vollzieht sich zwischen den Teilmengen einer Volkswirtschaft nicht gleichmäßig und gleichgewichtig, sondern in der Form von **Impuls und Resonanz**. In einem Aggregat (Sektor oder Region) kommt es zu einer Steigerung des Outputs, induziert z.B. durch branchenspezifische technische Neuerungen oder Umschichtungen der Endnachfrage. Dieser geänderten Datenkonstellation entspricht eine neue gesamtwirtschaftliche Gleichgewichtsstruktur; bevor diese aber realisiert werden kann, treten neue Datenvariationen ein, so dass durch Wachstum dauernd versucht wird, Ungleichgewichte auszugleichen, ohne dies jedoch aufgrund der sich dauernd ändernden Gleichgewichtsstruktur je erreichen zu können. Ungleichgewichte werden hier als Motoren des wirtschaftlichen Wachstums angesehen, sind also wachstumsfördernd, ja sogar -bestimmend, während sie in den traditionellen Modellen als vermeidbare und zu vermeidende Größen angesehen werden.

■ Die wachstumsinduzierende Impulse abgebende volkswirtschaftliche Teilmenge wird als **motorischer Bereich** bezeichnet. Seine Primäreffekte werden in einer Volkswirtschaft umso größere Auswirkungen auf das Wachstum haben, je

a) bedeutender der Sektor oder die Region innerhalb der Volkswirtschaft ist (**Grad seiner Dominanz**),

b) intensiver er mit anderen volkswirtschaftlichen Teilmengen verbunden ist (**Grad der Interrelation**). Aufgrund der intersektoralen bzw. –regionalen Austauschbeziehungen kommt es in anderen Bereichen zu Anstoß- und Bremswirkungen.

b1) **Anstoßeffekte** resultieren aus zwei Komponenten. Zum einen kommt es zu einer Steigerung der Zwischennachfrage des expandierenden Bereichs, der über die bestehenden Input-Output-Beziehungen auch andere Aggregate produktionsfördernd beeinflusst. Zum anderen kommt es über multiplikative Effekte zu einer Steigerung der Endnachfrage, von der alle Teilmengen mit einer positiven Nachfrageelastizität partizipieren.

---

[123] Eine ausgezeichnete Darstellung polarisierter Wachstumsmodelle findet sich bei Schilling-Kaletsch, I. (1976).

b2) **Bremseffekte** resultieren ebenfalls aus mehreren Faktoren. So ist es erstens denkbar, dass der expandierende Bereich an Produktionsengpässe stößt und Inputfaktoren aus anderen volkswirtschaftlichen Teilmengen abwirbt (Sogeffekt). Zweitens tritt neben die Erweiterung der Endnachfrage eine Umstrukturierung. Setzt man das reale BIP aufgrund bestehender Vollbeschäftigung kurzfristig als konstant voraus und erfolgt eine (reale) Mehrnachfrage im motorischen Bereich, so kommt es zu einer (teilweisen) Verweigerung auf den Absatzmärkten der anderen Produkte.

b3) Ob Anstoß- oder Bremseffekte überwiegen, hängt von der gegebenen Situation ab und ist a priori nicht zu bestimmen.

Motorische Bereiche können Sektoren oder Regionen sein; entsprechend spricht man vom **sektoralen** und vom **regionalen Wachstumskonzept**. Die bekanntesten Vertreter des regionalen Wachstumspolkonzeptes sind Gunnar Myrdal[124] und Alfred O. Hirschman[125]. Vor allem Myrdals Konzept der „zirkulären Verursachung kumulativer Prozesse" hat in der Wissenschaft eine erhebliche Resonanz gefunden. Es basiert auf den bereits oben erläuterten **„backwash" und „spread" Effekten**, die über interregionale Wanderungs-, Kapital- und Handelsbeziehungen Verbreitung finden. Dabei ist Myrdal eindeutiger Vertreter der Divergenzhypothese; die zirkulären Prozesse kumulativer Verursachung führen zu einer räumlichen Differenzierung (florierender) **Wachstumszentren** und (rückständiger) **peripherer Regionen**. Eine theoretische Absicherung erfährt die Überlegung Myrdals durch die Existenz von Agglomerationsvorteilen, etwa zunehmenden Skalenerträgen. Wächst die Anzahl der Produktionsfaktoren in einer Region, so steigt aufgrund der „increasing returns to scale" ihre Produktivität an, was wiederum höhere Löhne und höhere Kapitalrenditen mit sich bringt. Diese induzieren weitere Zuwanderungen von Arbeit und Kapital, weitere Steigerungen der Produktivitäten, weiterer Zuwanderungen usw., bis sich die Produktion räumlich vollkommen konzentriert hat. Wir wollen nun die räumlichen Auswirkungen zunehmender Skalenerträge näher betrachten. Es gelte

II.3.3.3- 1 $\qquad Y_i = A_i^{\alpha} \cdot K_i^{\beta} \text{ mit } \alpha + \beta > 1$

Wir greifen dabei auf die in Abbildung II.3.3.1-2 gewonnene Erkenntnis zurück, dass nur gleiche Kapitalintensitäten Ausdruck von Gleichgewicht sind; es gelte $\dfrac{K_i}{A_i} = \chi$ für alle i, so dass wir für die obige Produktionsfunktion nun

II.3.3.3- 2 $\qquad Y_i = A_i^{\alpha+\beta} \cdot \chi^{\beta}$

---

[124] Vgl. Myrdal, G. (1974).
[125] Vgl. Hirschman, A.O. (1967).

setzen können. Dividieren wir durch A_i, um zur Arbeitsproduktivität y_i zu gelangen, erhalten wir schließlich

II.3.3.3- 3 $$y_i = A_i^{\alpha+\beta-1} \cdot k^\beta \quad \text{126}$$

Ist, wie unterstellt, $\alpha + \beta > 1$, so steigt die Arbeitsproduktivität y_i mit steigendem Arbeitseinsatz und damit auch steigendem Output Y_i. Für zwei Regionen R_1 und R_2 stellen wir diesen Sachverhalt grafisch in Abbildung II.3.3.3.-1.dar.

Für beide Regionen ist die Arbeitsproduktivität y_i eine steigende Funktion der Produktion, die wir als Summe für beide Regionen gleich 100 % setzen. In diesem Fall ergeben sich drei gleichgewichtige Situationen:

Der erste gleichgewichtige Punkt ist P_1. Die Produktion teilt sich gleichmäßig auf beide Regionen auf; die Faktorproduktivitäten sind in beiden Regionen gleich hoch, so dass kein Anlass zu interregionalen Wanderungen besteht. Das System ist im Gleichgewicht.

Was passiert aber nun, wenn sich das System vom Gleichgewicht entfernt, die Region 1 etwa aufgrund einer Innovation die Faktorproduktivitäten kurzfristig erhöhen kann, während die Region 2 Zeit braucht, um sich auf diese neue Situation einzustellen? In diesem Fall kehrt das System nicht zum Gleichgewicht zurück; der Punkt P_1 ist instabil. Das höhere y_1 führt zu einem höheren Lohnsatz und dieser zu Zuwanderungen des Faktors Arbeit. Da sich hierdurch die Kapitalintensität mindert, steigt die Rendite des eingesetzten Kapitals, bis sich durch eine Kapitalaufstockung in der Region 1 die Kapitalintensität angepasst hat. Durch steigende Ausstattung mit Produktionsfaktoren kann der Output erneut gesteigert werden, was zu einem weiteren Anstieg der Faktorproduktivitäten führt. Dieser Prozess ist erst dann abgeschlossen, wenn alle Produktionsfaktoren in der Region 1 konzentriert sind, die Region 2 also „leer gelaufen" ist.[127] Damit stellen P_2 und P_3 in Kombination Gleichgewichtspunkte dar, die darüber hinaus stabil sind. Würde die Region 2 Produktion aufzunehmen versuchen, die weniger als 50 % des gesamtwirtschaftlichen Outputs beträgt, so ist die dortige Entlohnung geringer als in der Region 1, so dass (ohne flankierende Maßnahmen wie etwa Lohnsubventionen) keine Produktionsfaktoren zu einer Zuwanderung bewogen werden können. Entsprechend stellt auch P_4 in Kombination mit P_5 eine stabile gleichgewichtige Situation dar, wenn R_2 die Produktion ausweitende Region ist.

---

[126] Entsprechend gilt für die Kapitalproduktivität. $K_i^{\alpha+\beta-1} \cdot k^{-\alpha}$.

[127] Damit hat Myrdal einen Gedanken vorgegeben, den die Neue Ökonomische Geographie, die wir in II.3.3.6 näher kennen lernen werden, wieder aufnimmt und in stärker formalisierte Modelle umsetzt. Zu den Auswirkungen von Skalenerträgen auf den interregionalen und internationalen Handel vgl. auch Krugman, P.R./Obstfeld, M. (2003), S. 171 ff.

Abbildung II.3.3.3- 1: Der Prozess kumulativer Verursachung

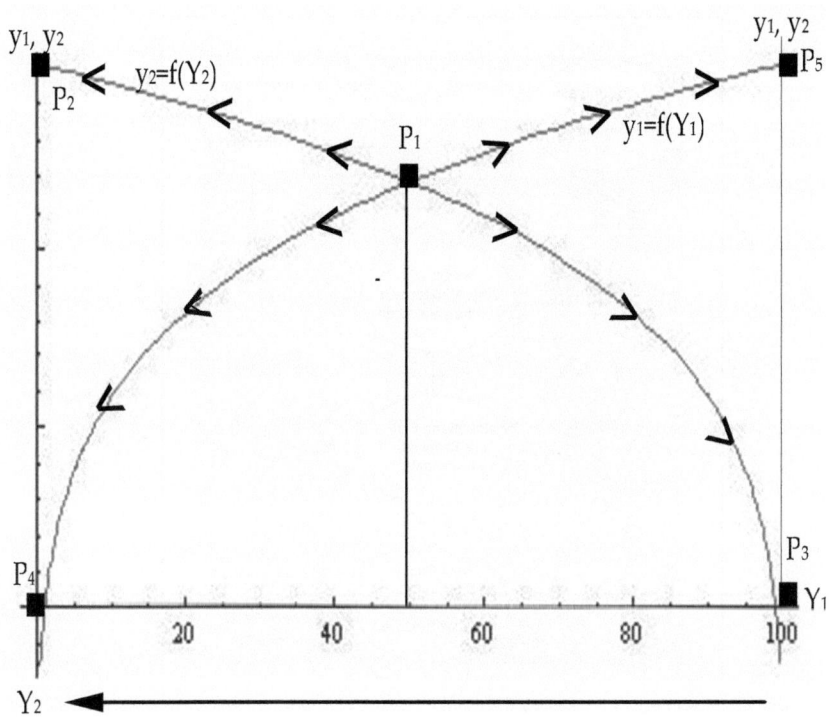

Im Modell Hirschmans treten im Gegensatz zum Modell Myrdals massive Gegen-
kräfte auf, die eine vollständige Konzentration verlangsamen oder sogar ganz verhindern. Hierbei handelt es sich um die Berücksichtigung nicht nur von Vorteilen, sondern auch von Nachteilen der Agglomeration sowie der Formation politischer Gegen-
kräfte, die Maßnahmen zum Abbau interregionaler Einkommensunterschiede fordern
und durchsetzen.

Die grundlegenden Ausführungen zum **sektoralen Wachstumspolkonzept** stammen
von Perroux[128], der sich hierbei an Gedankengänge von Schumpeter anlehnt. Änderungen wirtschaftlichen Rahmenbedingungen – bei Schumpeter Innovationen in der
Form neuer Produkte, Produktionsverfahren oder Unternehmensorganisationen –
treffen nicht alle Unternehmen und Sektoren in gleicher Weise.

---

[128] Perroux, F. (1964).

Abbildung II.3.3.3- 2: Ausbreitung eines Wachstumsimpulses in einer Region
(dargestellt am Beispiel einer Innovation)

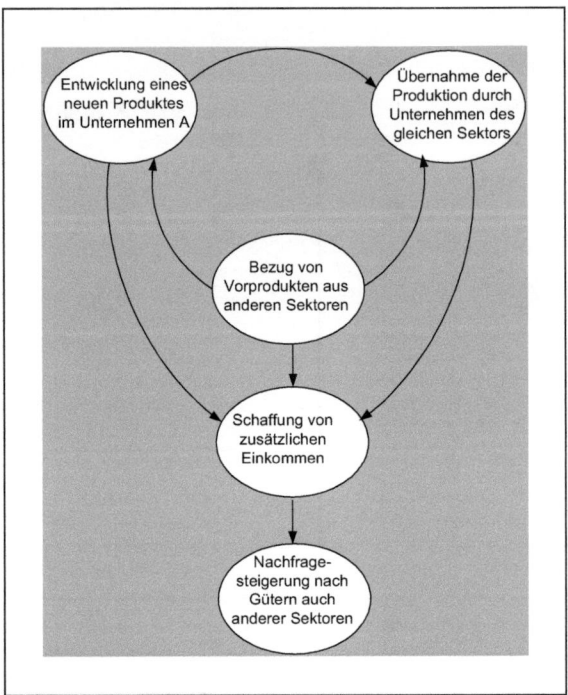

In einem Unternehmen sei ein neues Produkt entwickelt und am Markt erfolgreich platziert worden. Konkurrierende Unternehmen des gleichen Sektors adaptieren diese Innovation und werden zu Wettbewerbern. Innovator und Adaptoren benötigen für die Herstellung des neuen Produkts Vorprodukte, die sie aus anderen Sektoren beziehen. Durch die Herstellung des neuen Produkts und den Bezug von Vorleistungen entsteht Kaufkraft, die sich in einer verstärkten Nachfrage nach Gütern und Dienstleistungen niederschlägt. Der Innovator wirkt wie eine Lokomotive im wirtschaftlichen Wachstumsprozess, die andere Bereiche als Waggons mit sich zieht. Der regionale Bezug dieses Wachstumsprozesses resultiert daraus, dass

■ die Ausbreitung der Information über die Innovation in der Fläche Zeit benötigt; die Informationskosten sind dabei umso höher, je weiter das adaptierende vom innovierenden Unternehmen entfernt liegt, so dass sich die adaptierenden Unternehmen in der Region ballen, in der auch der Innovator seinen Standort hat. Hierdurch entstehen Akkumulationsvorteile[129] (externe Nutzen durch die räumliche Ballung

---

[129] Ein Beispiel ist etwa das Silicon Valley für die Computerindustrie.

von Unternehmen, die dem gleichen Sektor angehören), die die räumliche Konzentration weiter begünstigen.

◾ wegen der Ausnutzung von Fühlungsvorteilen Vorprodukte bevorzugt in der Innovations- und Adaptionsregion nachgefragt werden. Der Wachstumsimpuls schwappt auf Vorlieferanten, aber auch auf Abnehmer – wenn das neue Gut als Vorprodukt genutzt wird – über.

◾ in der Region durch die gestiegene Produktion Einkommen und damit Nachfrage geschaffen wird, von der diese Region selbst am meisten profitiert. Zumindestens die Nachfragesteigerung nach nicht transportier- und lagerbarer Dienstleistung ist regional gebunden.

Eine Renaissance erfuhr die Theorie der sektoralen Wachstumspole durch das Konzept der **Clusterung,** das auf Porter[130] zurückgeht. **Cluster**[131] sind dabei als räumliche Konzentrationen von eng miteinander verbundenen ökonomischen Einheiten definiert; aufgrund von positiven externen Effekten zwischen ihnen kommt es zu einer wechselseitigen Stützung im Wachstumsprozess. Dabei lassen sich vertikale und horizontale Cluster voneinander unterscheiden. Im Mittelpunkt der **vertikalen Cluster,** die auch als Wertschöpfungscluster bezeichnet werden, steht der vertikale Produktionsprozess mit seinen vor- und nachgelagerten Funktionen, dessen zentrale Größe Güterströme sind. **Horizontale Cluster,** die auch als Technologie- oder Wissenscluster bezeichnet werden, stellen eine gute Basis für innovative Pionierunternehmer dar, die ihr Wissen (auch) aus Wissens-Spillovers anderer Unternehmen beziehen.[132]

Solche Cluster und ihre geografischen Konzentrationen lassen sich empirisch bestimmen; so weist Porter eine Vielzahl räumlich konzentrierter Cluster in den USA nach.

---

[130] Porter, M.E. (1988), S. 77–90.
Siehe auch Kapitel III.2.3.2.2.4 Cluster- und Netzwerkorientierte regionale Wirtschaftspolitik.
[131] Weiterführend zum Beispiel Enright, M. (2003) und Bröker/ Dohse/ Soltwedel (2003).
[132] Vgl. Jovanocis, M. N. (2003, S. 94-99).

Abbildung II.3.3.3- 3:   Ausgewählte regionale Cluster in den USA

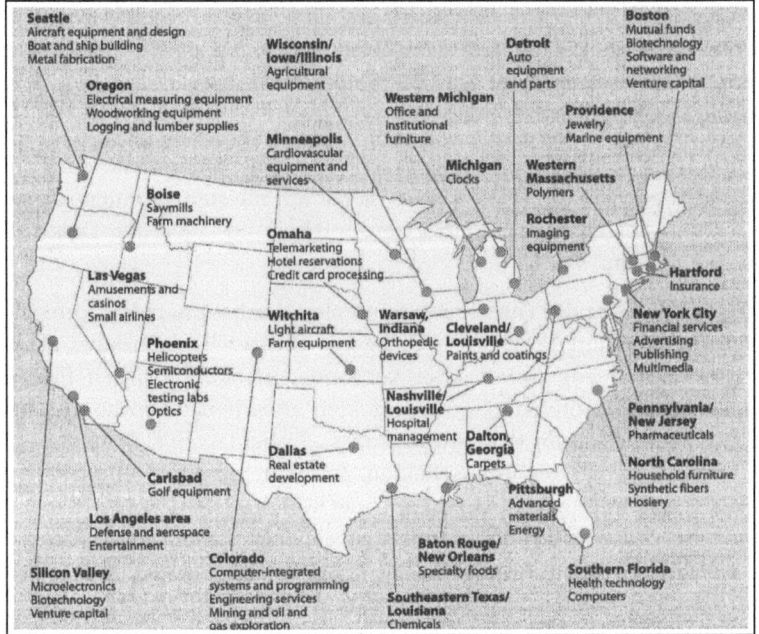

Quelle: Porter, M.E. (1988), S. 82

Es liegt nahe, das regionale und das sektorale Wachstumspolkonzept miteinander zu verknüpfen, wie dies etwa Boudeville[133] und Lasuen[134] versucht haben. Sie betrachten Wachstum als Produkt einer gegenseitigen Beeinflussung von Siedlungsagglomerationen, die Funktionen als Sender oder Empfänger von ökonomischen Impulsionen haben, wobei bei großen (kleinen) Städten die erste (zweite) der beiden Funktionen überwiegt. Die hohe Bedeutung von Ausbreitungs- und Entzugseffekten zwischen Siedlungsschwerpunkten für die Erklärung regionalen Wachstums bei Boudeville führt dazu, dass sein methodischer Ansatz als lokalisierte Polarisationstheorie bezeichnet wird. Betrachten wir hierzu beispielhaft drei Orte unterschiedlicher Zentralität, wobei A (B; C) die höchste (mittlere; niedrigste) Zentralität aufweist. Aufgrund von Ballungsvorteilen – hier insbesondere der Konzentration von Forschung und Entwicklung – entsteht die Innovation in A. Sie breitet sich dort in zweifacher Weise aus: Zum einen wellenförmig um das Zentrum A, zum anderen als Sprung zum Zentrum B, von

---

[133] Boudeville, J.-R. (1966).
[134] Lasuen, J.-R. (1969), S. 137–161.

dem sie sich in gleicher Weise fortsetzt; dieser Ausbreitungsprozess benötigt Zeit, weshalb die Innovatoren Vorteile gegenüber den „early adapters" und diese wiederum gegenüber den „late adapters" haben.

Abbildung II.3.3.3- 4: Räumliche Ausbreitung von Innovationen

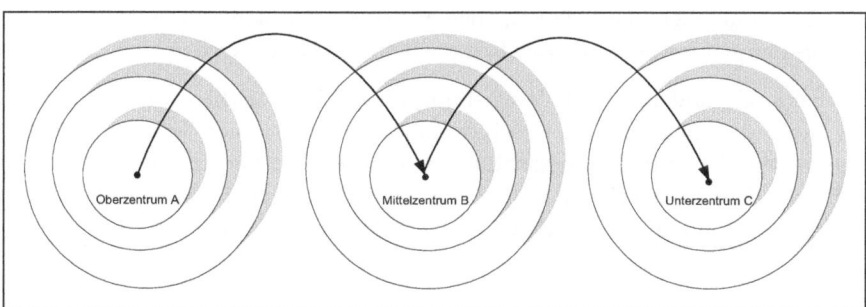

Die politischen Konsequenzen aus der sektoralen und regionalen Wachstumspoltheorie liegen auf der Hand:

- ▪ Eine Region benötigt (mindestens) ein Zentrum mit ausgeprägten Agglomerationsvorteilen.

- ▪ Die Förderung von Forschung und Entwicklung führt zu Innovationen, die Unterstützung des Technologietransfers zur schnellen Adaption.

- ▪ Die Schaffung regionaler Unternehmensnetzwerke stärkt den Kauf von Vorprodukten nicht außerhalb, sondern innerhalb der Innovationsregion.

- ▪ Insbesondere sind dabei die obigen Instrumente bei jenen ökonomischen Aktivitäten einzusetzen, die ausgeprägte motorische Funktion besitzen.

Diese Empfehlungen für die Politik führen aber auch unmittelbar zur Kritik am Wachstumspolkonzept.[135] So hat man u.a. in Süditalien versucht, dieses Konzept umzusetzen und dort den Bau von Stahlwerken massiv gefördert. Hiervon versprach man sich die Ansiedlung von weiteren Sektoren, die den Stahlwerken zuliefern oder die Stahl für ihre eigene Produktion benötigen. Dieser Effekt ist nicht eingetreten; die Stahlwerke blieben „Kathedralen in der Wüste", da der Bezug von Vorprodukten und der Absatz der eigenen Produkte nicht an räumliche Nähe gebunden war; die nicht an die Region gebundenen Lieferverflechtungen nehmen im Zeitalter der Globalisierung weiter zu.

---

[135] Buttler, F. (1973).

Polarisierte Wachstumsmodelle betrachten die wirtschaftliche Entwicklung nicht als gleichgewichtigen Prozess, sondern als Abfolge von Impuls und Resonanz. Von einem motorischen Bereich, bei dem es sich um eine Region oder einen Sektor handeln kann, gehen – etwa aufgrund von Lieferbeziehungen – Überschwappeffekte auf andere volkswirtschaftliche Bereiche aus, vergleichbar mit einer Lokomotive, die Waggons mit sich zieht. Dieser Effekt kann sich über Rückkopplungen so weit verstärken, dass die Regionen auseinanderdriften, reiche Regionen also immer reicher und arme Regionen immer ärmer werden.

Sektorale und Regionale Wachstumspolmodelle erreichen zwar formal nicht die Eleganz und Geschlossenheit neoklassischer Modelle, verweisen aber auf das regionalökonomisch äußerst bedeutsame Phänomen, dass sich Regionen in ihrer Wirtschaftskraft nicht automatisch annähern, sondern sich durchaus auseinanderentwickeln können.

II.3.3.4   Politisch-Ökonomische Wachstumstheorien[136]

Die Politisch-Ökonomische Wachstumstheorie entstand aus einer direkten Analogie zum Produktlebenszyklus.[137]

Abbildung II.3.3.4- 1: Lebenszyklus einer Region

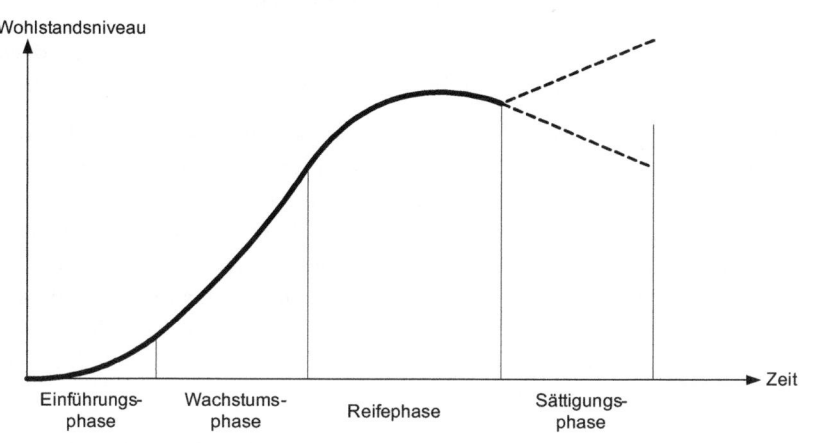

In der Einführungsphase entscheidet sich, ob es einer Region gelingt, eine kritische Schwelle an Standortattraktivität zu erreichen, die zu einem sich selbst tragenden Wachstumsprozess führt. Entscheidend hierfür sind die Faktoren der Wettbewerbsfähigkeit von Regionen, wie wir sie in Übersicht II.3.2–1 kennen gelernt haben. Gelingt es (nicht), diese kritische Masse an Standortqualität zu erreichen, sind die Grundlagen für den Übergang in die folgenden Phasen gelegt (verbleibt die Region auf ihrem niedrigen Entwicklungsniveau oder fällt noch weiter zurück). Vor dieser Dichotomie stehen etwa die ostdeutschen Regionen; gelingt es ihnen aufgrund von Standortvorteilen, zu bereits etablierten westdeutschen Regionen aufzuschließen, oder fallen sie weiter zurück? Wegen fehlender Agglomerationsvorteile können zum Ausgleich niedrige Produktionskosten (Löhne, Kapitalkosten aufgrund von Investitionszulagen, Gewerbefläche) in dieser Phase sehr hilfsreich sein.

Ist die Einführungsphase erfolgreich abgeschlossen, so ist die Grundlage für die Wachstumsphase gelegt. Die Region entfaltet jetzt im Vergleich zu etablierten Wettbewerbern aus einer Vielzahl von Gründen eine hohe Standortqualität:

---

[136] Grundlegend sind hier die Ausführungen von Olson, M. (1991).
[137] Siehe auch Kindleberger, Ch.P. (1965).

■ Die kritische Masse ist erreicht. Der Wettbewerbsnachteil fehlender Fühlungsvorteile ist entfallen.

■ Der Arbeitsmarkt ist wegen der hohen Unterbeschäftigung sehr ergiebig; die Arbeitskräfte sind hoch motiviert und haben nur wenig Beschäftigungsalternativen.

■ Das politisch-ökonomische System ist sehr flexibel. Investoren sind hochwillkommen und stoßen bei ihrer Ansiedlung auf keinen Widerstand in der Region. Genehmigungs- und Planungsverfahren laufen flexibel in kurzer Zeit ab.

■ Die gesellschaftlichen Gruppen konzentrieren sich nicht auf Besitzstandswahrung (weil es noch keinen Besitzstand gibt), sondern auf die Schaffung von Neuem.

Beispielhaft ist hier die wirtschaftliche Entwicklung von Volkswirtschaften nach dem zweiten Weltkrieg. Die Verlierer Deutschland und Japan hatten in den 50-er und 60-er Jahren des 20. Jahrhunderts wesentlich höhere Wachstumsraten als die Sieger Frankreich, Großbritannien oder die USA. Die politisch-ökonomische Wachstumstheorie erklärt dies mit der Flexibilität des Systems. In Deutschland und Japan wurden durch den zweiten Weltkrieg konservierende Strukturen zerschlagen; beide Volkswirtschaften waren offen für Neues. Anders dagegen in den Siegerstaaten, in denen Besitzstandswahrung die notwendige Flexibilität der Einstellung auf geänderte weltwirtschaftliche Rahmenbedingungen untergraben hat.

Dieser Vergleich zeigt unmittelbar, dass die Wachstumsphase in eine – mit vielen Problemen verbundene – Reifephase einmündet. Einige dieser Probleme seien benannt:

■ Der Arbeitsmarkt ist ausgeschöpft; neue Arbeitskräfte sind nur sehr schwer und dann zu hohen Löhnen zu bekommen.

■ Die Infrastruktur ist zunehmend überlastet. Neue Infrastruktur ist aber in einer etablierten und wohlhabenden Gesellschaft kaum noch durchzusetzen, da sie die Wohn- und Umweltsituation belastet. Ein Beispiel hierfür sind die Schwierigkeiten beim Ausbau des Rhein-Main-Flughafens in Frankfurt.

■ Das Gleiche gilt für die Ausweisung von Industrie- und Gewerbeflächen, so dass es zu Flächenengpässen kommt.

■ Als am wichtigsten erscheint das Argument der Besitzstandswahrung, die sich notwendigen Neuerungen verschließt. Es kommt hier zu einer großen Koalition von Unternehmen, Arbeitnehmern und ihrer Organisation, den Gewerkschaften, sowie der politischen Führungsschicht.

   a)   Unternehmen stoßen mit ihren etablierten Produkten an Nachfragebeschränkungen; in alten Industriegebieten hergestellte Güter wie Kohle und Stahl werden durch Erdöl (Erdgas) und Kunststoffe verdrängt. In dieser Situation gibt es für die Region nur zwei sinnvolle Alternativen, um aus eigener Kraft mit dieser Situation fertig zu werden: Entweder müssen die regionsansässigen

Unternehmen ihre Produktpalette umstellen oder es müssen neue Unternehmen aus zukunftsträchtigen Sektoren angesiedelt werden. Die erste Strategie scheitert an der Trägheit und dem fehlenden Know-how der etablierten Unternehmen; auch die zweite Strategie ist für sie nicht akzeptabel, weil es hierdurch zu verstärktem Wettbewerb auf dem Arbeitsmarkt und steigenden Löhnen kommt.

b) Ähnlich verläuft die Argumentation im Hinblick auf Arbeitnehmer und Gewerkschaften. Strukturwandel bedeutet die Notwendigkeit von Weiterbildung, Umschulung und räumlicher Flexibilität für den Arbeitnehmer sowie von Bedeutungsverlust für die bisher einflussreichen Gewerkschaften, in denen Bergleute und Stahlarbeiter organisiert sind.

c) Auch die politische Führungsschicht bevorzugt Besitzstandswahrung. Die Fortführung eingefahrener Planungs- und Entscheidungsprozesse ist wesentlich angenehmer und leichter als die Umstellung auf neue Situationen. Außerdem bringt Strukturwandel die Gefahr anderer politischer Mehrheiten und damit eines Machtverlustes der herrschenden Politiker mit sich.

d) Unternehmer, Gewerkschaften und regionale Politik verbünden sich und appellieren an übergeordnete Verwaltungsebenen wie Land, Bund und EU, Strukturerhaltungssubventionen zu gewähren. Begründet wird dies nicht mit der eigentlich vorhandenen Motivation des Egoismus, sondern mit sozialen („Der Bergmann darf nicht ins Bergfreie fallen."), industriepolitischen („Der heimische Bergbau ist unerlässlich, wenn Deutschland weiter Bergbaumaschinen exportieren will."), arbeitsmarktpolitischen („Am Bergbau hängen einschließlich Vorlieferanten × Arbeitsplätze."), sicherheitspolitischen („Wir dürfen uns nicht von den Ölscheichs abhängig machen.") und regionalpolitischen („Ohne Bergbau gehen im Ruhrgebiet die Lichter aus."). Das Suchen nach Quellen für Erhaltungssubvention (= rent-seeking) ist stärker als das Suchen nach Innovation (= profit seeking).

e) Übergeordnete Instanzen sind wegen des Wunsches nach Stimmenmaximierung bei politischen Wahlen – zumindestens vorübergehend bis zum Erreichen einer bestimmten Schmerzschwelle bereit, diesen Wünschen der regionalen Akteure zu entsprechen; mehrere 100 Mrd. € Subventionen für den Bergbau in der Nachkriegszeit in Deutschland sind hierfür ein aufschlussreiches Beispiel. Die Gewährung dieser Subventionen nutzt der Region aber nur kurzfristig, schadet ihr aber langfristig, da neue zukunftsträchtige ökonomische Aktivitäten so verhindert werden. Wer siedelt schon in einer Region, in der man nicht willkommen ist und in der man gegen subventionierte hohe Löhne am Arbeitsmarkt konkurrieren muss?

Die der Reife folgende **Sättigungsphase** entscheidet über das weitere Schicksal der Region. Wird der Leidensdruck in der stagnierenden Region als so groß empfunden, dass sie doch noch zu den nötigen Strukturanpassungsmaßnahmen findet, oder

„stirbt" sie spätestens dann, wenn Land, Bund oder EU die Subventionen zurück-fahren, weil sie nicht mehr zu finanzieren sind, wie Dinosaurier unfähig, sich an ge-änderte Umweltbedingungen anzupassen? Für beide Varianten gibt es eine Vielzahl von Beispielen, die auf internationaler Ebene besonders spektakulär sind, aber auf die regionale Ebene übertragen werden können. So hat Großbritannien in den 80-er und 90-er Jahren des 20. Jahrhunderts den Wandel von einer rückständigen („kranker Mann jenseits des Kanals") zu einer der wieder führenden Volkswirtschaften in Euro-pa geschafft. Als Gegenbeispiel sei Indien angeführt, das Mitte des 18. Jahrhunderts wohlhabender als Europa war, diesen Vorsprung aber innerhalb weniger Jahrzehnte einbüßte und zur englischen Kolonie wurde.

Als regionales Beispiel dienen das Ruhrgebiet und das Münsterland. Sektorale Vor-belastungen – Kohle und Stahl im Ruhrgebiet, die Textilindustrie im Münsterland – haben seit Ende der 50-er Jahre des vorigen Jahrhunderts zu erheblichen Struktur-problemen in beiden Wirtschaftsräumen geführt. Das Ruhrgebiet wurde erheblich gefördert; das Münsterland war dagegen wesentlich stärker auf Eigenhilfe ange-wiesen. Während die Hilfe für das Ruhrgebiet zu Strukturerhaltung und einem immer noch nicht endgültig abgeschlossenen Strukturwandel geführt hat, ist das Münster-land nach einer „Reinigungskrise" zu einer wirtschaftlich erfolgreichen Region ge-worden.

> Nach der politisch-ökonomischen Wachstumstheorie sind weniger Pro-duktionskapazität und Nachfragebedingungen für das wirtschaftliche Wachstum von Regionen verantwortlich. Entscheidend ist vielmehr das Ausmaß an Flexibilität, mit dem es (nicht) gelingt, sich auf neue geän-derte Rahmenbedingungen einzustellen. Diese Flexibilität leidet vor al-lem durch den ausgeprägten Wunsch nach Besitzstandswahrung so-wohl der Unternehmer als auch der Arbeitnehmer sowie der Politiker „vor Ort", der dazu führt, dass das Streben nach Strukturkonservierung stärker als das Suchen nach Innovation wird. Es besteht die Gefahr, dass erfolgreiche Regionen wie Dinosaurier unfähig werden, sich anzupassen und zu überleben.

II.3.3.5 Neue Wachstumstheorie

In der neoklassischen Wachstumstheorie, die wir in Kapitel II.3.3.1 kennen gelernt haben, sorgen für alle Regionen gleiche Produktionsfunktionen und abnehmende Grenzerträge der Produktionsfaktoren für eine gleichgewichtige Wachstumsrate, die in allen Wirtschaftsräumen identisch ist. Wird diese gleichgewichtige Wachstumsrate verlassen – wächst also eine Region zu schnell oder zu langsam –, sorgen Marktmechanismen, insbesondere Wanderungsbewegungen von Arbeit und Kapital, dafür, dass marktendogen und ohne staatliche Eingriffe eine Rückkehr zum Gleichgewicht erfolgt; das System ist stabil und konvergent.

Die Neue Wachstumstheorie versucht, in der Realität beobachtbare Disparitäten und Divergenzen, wie wir sie bereits in der Wachstumspoltheorie in Kapitel II.3.3.3 behandelt haben, in die formale Modellstruktur der Neoklassik zu integrieren. Hierbei geht es vor allem um die Beantwortung zweier Fragen:

▪ Gibt es marktendogene Mechanismen, die eine stetige Abnahme der Grenzproduktivitäten verhindern?

▪ Wie lässt sich technischer Fortschritt aus dem Modell heraus erklären, welche Zusammenhänge, Präferenzen und Marktstrukturen begründen also den technischen Fortschritt?

Entsprechend gibt es in der Neuen Wachstumstheorie **zwei Modellklassen**: Die erste begründet, warum es auch ohne technischen Fortschritt nicht zu **sinkenden Grenzproduktivitäten** kommen muss, während die zweite den **technischen Fortschritt modellendogen erklärt**.[138] Zur ersten Klasse gehört (gehören)

▪ das **AK-Modell**, welches den Faktor Arbeit unberücksichtigt lässt und eine lineare Beziehung zwischen dem Faktor Kapital und dem Volkseinkommen unterstellt;[139] hierbei ist Kapital umfassend als Sach- und Humankapital definiert.

▪ das **Uzawa-Lucas-Modell**[140], das auch als erweitertes AK-Modell bezeichnet wird. Hier wird Arbeit wieder explizit in das Wachstumsmodell aufgenommen; sie wird aber nicht mehr wie in der neoklassischen Wachstumstheorie als homogen betrachtet, sondern unterscheidet sich aufgrund von Ausbildungsunterschieden in ihrer Produktivität, wobei die Ausbildungsaktivitäten modellendogen mit Hilfe von Optimierungskalkülen erklärt werden. Eine solche Investition in die Ausbildung wirkt wie eine Vermehrung der zur Verfügung stehenden Arbeitskraft und kann abnehmende Grenzproduktivitäten des Kapitals, wie sie im neoklassischen Modell bei einer Ausweitung des Kapitalstocks festzustellen sind, verhindern.

---

[138] In enger Anlehnung an Frenkel, M./Hemmer, H.-R. (1999), S. 176 ff.
[139] Siehe Rebelo, S. (1991), S. 500–521.
[140] Lucas, R.E. (1988), S. 3–42.

■ die **Externalitätenansätze**[141], die davon ausgehen, dass Sach- und Humankapital-investitionen positive externe Effekte hervorrufen, die einen Rückgang der Grenz-produktivitäten der Produktionsfaktoren ebenfalls verhindern können. So kommt ein höherer Kapitalbestand eines Unternehmens auch anderen Produzenten zugu-te, so etwa über produktivitätssteigernde Wissensvermehrungen, die sich als Ne-benprodukte von Innovationsaktivitäten ergeben und über Learning-by-doing er-klärt werden können. Dieses neue Wissen stellt (teilweise) ein öffentliches Gut dar, von dem auch andere Unternehmen profitieren.

Die zweite Modellklasse erklärt den Technischen Fortschritt endogen. In diesen Ansät-zen, die auf Überlegungen von Romer [142] sowie Aghion und Howitt [143] aufbauen, wird ein Forschungs- und Entwicklungssektor in das Modell integriert. Während im klassischen Modell von homogenen Gütern ausgegangen wird, wird in den innova-tionsorientierten Modellen von Romer und Aghion/Howitt zwischen End- und Zwi-schenprodukten unterschieden. Die Erfindung und Entwicklung neuer End- und Zwi-schengüter sorgt in diesen Modellen für die Erhöhung der Produktivität bei der Er-stellung eines Endprodukts. Dabei lassen sich zwei Arten der Innovationsdiffusion unterscheiden: Zum einen horizontale Innovationen, bei denen neue Produkte ent-wickelt werden, die für spezifische Aufgaben im Produktionsprozess eingesetzt wer-den können, zum anderen vertikale Integration, bei der bestehende Zwischenprodukte verbessert werden.

Zur Verdeutlichung der Auswirkung der Neuen Wachstumstheorie auf die räumliche Verteilung der Produktionsfaktoren erweitern wir unser o.a. neoklassisches Modell um eine Erklärung des bisher exogen vorgegebenen technischen Standards f_i. Er wird jetzt über auftretende Akkumulationseffekte erklärt, so dass f_i nun zu einer Funktion der in der Region beschäftigten Arbeitskräfte A_i wird. Die bisherige Produktionsfunk-tion II.3.3.1-1 $Y_i = e^{f_i} \cdot A_i^\alpha \cdot K_i^{1-\alpha}$ wird zu

II.3.3.5-1 $\qquad Y_i = e^{\beta \cdot A_i} \cdot A_i^\alpha \cdot K_i^{1-\alpha}$ mit $\beta \geq 0$.

β bringt die Akkumulationsvorteile zum Ausdruck und ist um so größer, je stärker die Produktion von der räumlichen Verdichtung der Arbeitskräfte profitiert. Wir leiten diese Funktion nach A_i ab und erhalten nun für die Grenzproduktivität der Arbeit

II.3.3.5-2 $\qquad \dfrac{dY_i}{dA_i} = e^{\beta \cdot A_i} (\alpha + \beta \cdot A_i) \cdot \left(\dfrac{K_i}{A_i} \right)^{1-\alpha}$.

Im neoklassischen Modell ergab sich bei gegebenem Kapitalstock K_i ein eindeutiger Zusammenhang zwischen der Grenzproduktivität der Arbeit und der Menge der im

---

[141] Siehe die Darstellung verschiedener Modelle bei Frenkel, M./Hemmer, H.-R. (1999), S. 220 ff. Vgl. auch Kapitel II.3.3.6 Neue Ökonomische Geographie.
[142] Romer, P.M. (1990), S. 71–102.
[143] Aghion, P./Howitt, P. (1992), S. 323–351.

Produktionsprozess eingesetzten Arbeitskräfte; es galt $\dfrac{d^2 Y_i}{dA_i^2} < 0$. Dieser eindeutige Zusammenhang ist nun aufgehoben. Mit steigendem Arbeitseinsatz wächst in II.3.3.5-2 $e^{\beta \cdot A_i}(\alpha + \beta \cdot A_i)$ an, während $\left(\dfrac{K_i}{A_i}\right)$ wie bisher kleiner wird. Damit ist im Hinblick auf den Zusammenhang $\dfrac{dY_i}{dA_i} = f(A_i)$ alles möglich. Es gilt in kurzfristiger Betrachtungsweise, hier definiert als gegebener Kapitalstock in den einzelnen Regionen,

■ $\dfrac{d^2 Y_i}{dA_i^2} > 0$, wenn der Akkumulationseffekt $e^{\beta \cdot A_i}(\alpha + \beta \cdot A_i)$ bei steigendem Arbeitseinsatz den Effekt sinkender Kapitalintensitäten $\left(\dfrac{K_i}{A_i}\right)^{1-\alpha}$ übertrifft.

■ $\dfrac{d^2 Y_i}{dA_i^2} = 0$, wenn sich beide Effekte ausgleichen.

■ wie bisher $\dfrac{d^2 Y_i}{dA_i^2} < 0$, wenn der Akkumulationseffekt nicht in der Lage ist, den Effekt sinkender Kapitalintensitäten auszugleichen.

In dem Modell ist eine gleiche Aufteilung der Produktionsfaktoren auf zwei (oder mehr) Regionen gleichgewichtig. Wird dieses Gleichgewicht durch einen externen Schock verlassen, so

■ kehrt das Modell zur Gleichverteilung zurück, wenn der Effekt sinkender Kapitalintensitäten den Akkumulationseffekt dominiert.

■ konzentriert sich der Produktionsfaktor Arbeit in der durch den Schock begünstigten Region, wenn der Akkumulationseffekt den Effekt sinkender Kapitalintensitäten dominiert.

■ erfolgt eine ungleiche Verteilung des Produktionsfaktors Arbeit, wenn sich Akkumulations- und Kapitalintensitätseffekt zwischen diesen beiden Extrempositionen ausgleichen.

Diese Unbestimmtheit verschwindet, wenn wir auch eine räumliche Verlagerung des Produktionsfaktors Kapital im Modell zulassen, also von einer kurz- zu einer langfristigen Betrachtung übergehen. Nun erfolgt eine stetige Verlagerung der Produktionsfaktoren in jene Region, die von dem Schock profitiert hat, bis eine vollständige räumliche Konzentration der Produktion stattgefunden hat. Dieser Effekt ist unmittelbar einsichtig, wenn man die regionale Wachstumsrate g_{Y_i} bestimmt.

II.3.3.5-3 $$g_{Y_i} = (\alpha + \beta \cdot A_i) \cdot g_{A_i} + (1 - \alpha) \cdot g_{K_i}$$

Ist $A_1 = A_2$, so befindet sich das System zunächst im Gleichgewicht. Wird aber $A_1 > A_2$, so konzentriert sich die Produktion im neuen Gleichgewicht ausschließlich in der Region 1, da

- $(\alpha + \beta \cdot A_1) > (\alpha + \beta \cdot A_2)$ ist.

- $g_{A_1} > g_{A_2}$ ist, weil die höhere Grenzproduktivität der Arbeit die Entlohnung verbessert und zu Zuwanderung in R_1 (Abwanderung in R_2) führt.

- $g_{K_1} > g_{K_2}$, weil im Hinblick auf die Grenzproduktivität des Kapitals in gleicher Weise argumentiert werden kann wie im Hinblick auf die Grenzproduktivität der Arbeit. Es gilt nämlich für die Grenzproduktivität des Kapitals

II.3.3.5-4 $$\frac{dY_i}{dK_i} = e^{\beta \cdot A_i} (1 - \alpha) \left(\frac{A_i}{K_i} \right)^{\alpha}.$$

Erhöht sich A_i, so steigt auch die Grenzproduktivität des Kapitals, so dass Kapital in die gleiche Region abwandert wie die Arbeit.

Diese Stabilität des Systems bei einer vollständigen Konzentration der Produktion in einer der beiden Regionen[144] lässt sich im Modell verbinden und damit der Realität anpassen, indem man mit zunehmender Ballung auch bremsende Faktoren wie Umweltbelastung, überlastete Infrastruktur und steigende Flächen- und Mietpreise berücksichtigt. Wir tun dies, indem wir abnehmende Skalenerträge unterstellen; die Produktionsfunktion wird zu

II.3.3.5-5 $$Y_i = e^{\beta \cdot A_i} \cdot A_i^{\alpha} \cdot K_i^{\gamma} \text{ mit } \alpha + \gamma < 1.$$

Damit ergeben sich für die Grenzproduktivitäten von Arbeit und Kapital sowie die Wachstumsrate der Region i

II.3.3.5-6 $$\frac{dY_i}{dA_i} = e^{\beta \cdot A_i} (\alpha + \beta \cdot A_i) \cdot \frac{K_i^{\gamma}}{A_i^{1-\alpha}}$$

II.3.3.5-7 $$\frac{dY_i}{dK_i} = e^{\beta \cdot A_i} \cdot \gamma \cdot \frac{A_i^{\alpha}}{K_i^{1-\gamma}}$$

---

[144] Damit hat sich ein analoges Ergebnis zur Wachstumspoltheorie eingestellt (vgl. insbesondere Abb. II.3.3.3-1).

II.3.3.5-8 $\qquad g_{Y_i} = (\alpha + \beta \cdot A_i) \cdot g_{A_i} + \gamma \cdot g_{K_i}$

Auch hier befindet sich das System bei $A_1 = A_2$ und $K_1 = K_2$ in einem Gleichgewicht. Wird dieses aufgrund eines externen Schocks verlassen, so ergibt sich nicht mehr zwangsläufig eine vollständige regionale Konzentration der Produktion. Vielmehr sind drei Situationen zu unterscheiden:

■ Die negativen Ballungseffekte $(\alpha + \gamma < 1)$ dominieren die Akkumulationseffekte β. Die gleiche Verteilung der Produktion ist ein stabiles Gleichgewicht, zu dem das System nach der Verarbeitung des externen Schocks zurückkehrt.

■ Dominieren die Akkumulationseffekte die negativen Ballungseffekte, so konzentriert sich die Produktion ausschließlich in der durch den externen Schock begünstigten Region.

■ Stehen Ballungs- und Akkumulationseffekt in einem begrenzt substitutionalen Verhältnis zueinander, so wird die eine Region größer als die andere, ohne dass es zu einer vollkommenen Konzentration der Produktion kommt.

Beispiel II.3.3.5- 1

Wir gehen in einer Volkswirtschaft von zwei Regionen R_1 und R_2 aus, auf die sich ein gegebener Arbeits- und Kapitalstock aufteilt, so dass $A_1 + A_2 = 100$ und $K_1 + K_2 = 100$ ist. Ferner setzen wir $\alpha = 0,6$ und $\gamma = 0,3$.

Ist zunächst $\beta = 0$, abstrahieren wir also von Akkumulationseffekten z.B. in der Form von Wissensübertragungen, erhält man die gleichgewichtige Lösung $A_1 = A_2 = 50$ und $K_1 = K_2 = 50$. Eine andere Verteilung der Produktionsfaktoren hätte einen Rückgang des gesamtwirtschaftlichen Outputs $Y_1 + Y_2$ zur Folge. Es ergibt sich der um $A_1 = 50$ spiegelbildliche Zusammenhang zwischen $Y = Y_1 + Y_2$ auf der einen und A_1 auf der anderen Seite:

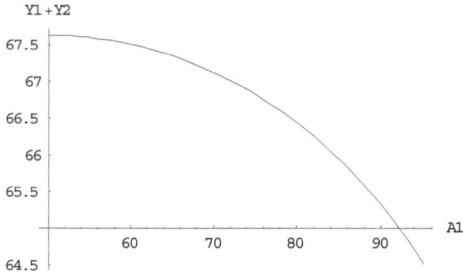

Für die Produktionsfaktoren besteht keine Veranlassung zu interregionalen Wanderungen, da ihre Entlohnung in beiden Regionen gleich ist. Es gilt $\dfrac{dY_1}{dA_1} = \dfrac{dY_2}{dA_2} = 0{,}406$ und $\dfrac{dY_1}{dK_1} = \dfrac{dY_2}{dK_2} = 0{,}203$.

Wir setzen nun $\beta = 0{,}0012$ und können der folgenden Abbildung entnehmen, dass jetzt der gesamtwirtschaftliche Output bei $A_1 = 85$ und $A_2 = 15$ (oder umgekehrt) maximiert wird.

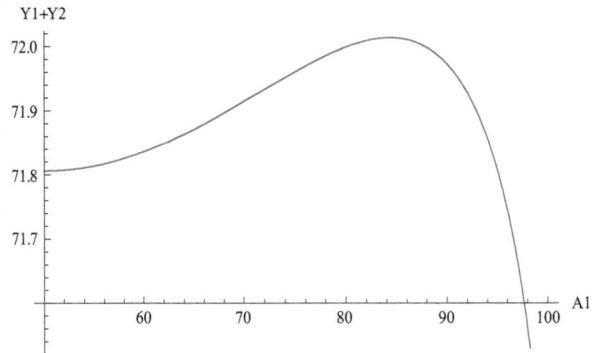

Es ist $Y_1 + Y_2 = 72$. Im Gleichgewicht ist $K_1 = 83\,(K_2 = 17)$ und $\dfrac{dY_1}{dA_1} = \dfrac{dY_2}{dA_2} = 0{,}495$

bzw. $\dfrac{dY_1}{dK_1} = \dfrac{dY_2}{dK_2} = 0{,}216$.

Schließlich setzen wir $\beta = 0{,}003$

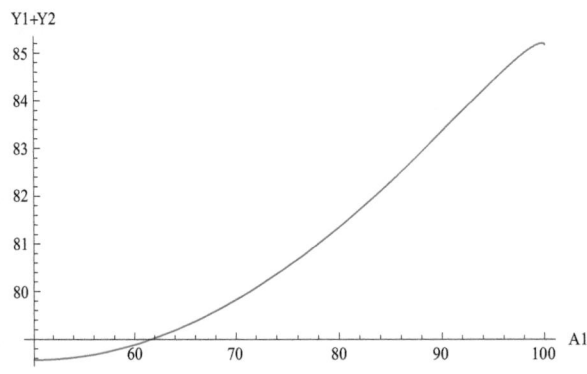

Produktion und Arbeitskräfte konzentrieren sich zu mehr als 99% in einer der beiden Regionen. $Y_1 + Y_2$ ist nun 86, $\dfrac{dY_1}{dA_1} = \dfrac{dY_2}{dA_2} = 0{,}765$ und $\dfrac{dY_1}{dK_1} = \dfrac{dY_2}{dK_2} = 0{,}255$.

Betrachten wir noch einmal die Konzentration des Produktionsfaktors Arbeit in der Region 1 in Abhängigkeit von β.

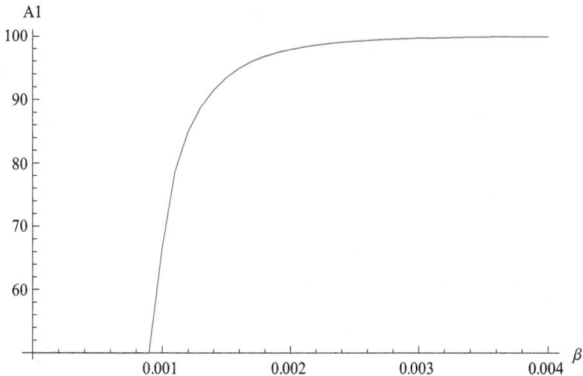

Im Intervall $0 < \beta < 0{,}0009$ dominieren die abnehmenden Skaleneffekte den Wissenstransfers, so dass eine Gleichverteilung der Produktionsfaktoren eine gleichgewichtige, stabile Lösung darstellt. Ist $\beta > 0{,}0026$, so ergibt sich eine Überlegenheit der Wissensübertragungen über die decreasing returns to scales. Arbeit und Kapital konzentrieren sich zu über 99 % in einer der beiden Regionen.

Bei $0{,}0009 < \beta < 0{,}0026$ findet ein Substitutionseffekt zwischen beiden Einflussgrößen statt, so dass sich die Produktionsfaktoren irgendwo zwischen völliger Dekonzentration und völliger Konzentration auf die beiden Regionen verteilen.

Die neoklassische Wachstumstheorie zeigt wegen abnehmender Grenzproduktivitäten von Arbeit und Kapital eine Tendenz zur Konvergenz und Gleichverteilung auf, die aber (teilweise) im Gegensatz zu erheblichen beobachtbaren interregionalen Entwicklungs- und Wachstumsunterschieden steht. Die neue Wachstumstheorie führt unter Nutzung der formalen Struktur neoklassischer Modelle Variable in das Wachstumsmodell ein, die ein Absinken der Grenzproduktivitäten verhindern und so auch Ballungstendenzen auf der einen und Entleerungstendenzen auf der anderen Seite erklären können. Bei diesen Variablen handelt es sich vor allem um positive externe Effekte, etwa Wissensübertragungen oder zunehmende Spezialisierungen.

II.3.3.6 Neue Ökonomische Geographie

Die „Neue Ökonomische Geographie"[145] stellt eine Wiederentdeckung des Raumes in den Wirtschaftswissenschaften dar. Sie geht in erster Linie auf Krugman [146] zurück und beschäftigt sich mit der Frage, **wie sich Agglomerationen bilden und unter welchen Bedingungen sie (in-) stabil sind**. Sie kann als Synthese zwischen polarisierten Wachstumsmodellen auf der einen und formalisierten neoklassischen sowie endogenen Modellen auf der anderen Seite interpretiert werden.[147]

Die formale Struktur des Modells ist neoklassisch. So

A1:   streben die Konsumenten nach Nutzenmaximierung.

A2:   streben die Arbeitnehmer nach Maximierung ihres Realeinkommens.

A3:   streben die Unternehmen nach Gewinnmaximierung.

A4:   führt intensiver Wettbewerb dazu, dass die Unternehmensgewinne Null sind.

Kernstück der NÖG ist dabei das auf Dixit/Stiglitz [148] zurückgehende Modell der monopolistischen Konkurrenz. Danach haben Konsumenten eine Präferenz für eine möglichst breite Produktpalette.

Im Grundmodell der NÖG existieren zwei Regionen und zwei Sektoren; in einem dieser beiden Wirtschaftszweige werden landwirtschaftliche Produkte mit konstanten Skalenerträgen, im anderen Wirtschaftszweig Industriegüter mit steigenden Skalenerträgen produziert. Der Nutzen U der Konsumenten folgt einer Cobb-Douglas-Funktion:

II.3.3.6-1 $\qquad U = C_M^{\mu} \cdot C_A^{1-\mu}$

mit

C_M : Konsum der Industriegüter

C_A : Konsum der Agrargüter

μ: : Nutzenelastizität der Industriegüter

$1-\mu$: Nutzenelastizität der Agrargüter.

Im Hinblick auf die Agrargüter unterstellen wir, dass nur ein Agrargut gefertigt wird, während ncm Industriegüter produziert werden. Die einzelnen Industriegüter lassen sich mit Hilfe einer CES-Funktion zum Konsumniveau der Industriegüter verdichten:

---

[145] Nachfolgend als NÖG abgekürzt.

[146] Vor allem Krugman, P.R. (1991a).

[147] Die folgenden Ausführungen sind Eckey, H.-F./Kosfeld, R. (2004) entnommen. Sie basieren auf Fujita, M./Krugman, P./Venables, A. (2001) und Fujita, M./Thisse, J.-F. (2002).

[148] Vgl. Dixit; A.K./Stiglitz, J.E. (1977), S. 297–308.

II.3.3.6-2 $\qquad C_M = \left(\sum_{i=1}^{ncm} cm_i^{\rho} \right)^{1/\rho}$ [149]

mit

cm_i : Konsum des Industriegutes i

ncm   : Anzahl der Industriegüter

1. $\rho = \dfrac{\sigma - 1}{\sigma}$

2. σ : Substitutionselastizität zwischen den einzelnen Gütern mit $\sigma > 1$.

Hieraus folgt, dass die Konsumenten eine Vorliebe für Produktvielfalt haben. Bei gegebenen Ausgaben für Industriegüter steigt ihr Nutzen mit wachsender Anzahl verschiedener Industriegüter an; dies deshalb, weil der Grenznutzen jedes Industriegutes mit steigender konsumierter Menge fällt. Dabei ist der Nutzen eines weiteren Konsumgutes dann besonders hoch, wenn es schlecht durch andere Konsumgüter substituiert werden kann, wenn also σ klein ist.

Beispiel II.3.3.6- 1

Setzen wir die Ausgaben für Industriegüter gleich 1 und unterstellen wir, dass von jedem Industriegut die gleiche Menge nachgefragt wird, so wird II.3.3.6-2 zu[150]

$$C_M = \left[\sum_{i=1}^{ncm} \left(\frac{1}{ncm} \right)^{\rho} \right]^{1/\rho} = ncm^{\frac{1}{\sigma-1}} \ .$$

Es gilt dann

$$\frac{dC_M}{dncm} = \frac{1}{\sigma - 1} \cdot ncm^{\frac{2-\sigma}{\sigma-1}} \ .$$

Setzen wir σ beispielhaft gleich drei und gleich fünf [151], so ergeben sich folgende funktionale Zusammenhänge zwischen C_M und ncm bzw. $\dfrac{dC_M}{dncm}$ und ncm:

---

[149] Auch als Integral darstellbar in der Form $C_M = \left[\int_0^{ncm} cm(i)^{\rho} \, di \right]^{1/\rho}$; hier wird aus Vereinfachungsgründen ohne Veränderung der grundsätzlichen Ergebnisse der diskrete Fall betrachtet.

[150] Vgl. Beweis II.3.3.6-1 im Anhang.

[151] Quotient aus relativer Änderung der Konsumverhältnisse und der relativen Veränderung ihrer Preisverhältnisse.

Konsumniveau C_M in Abhängigkeit von der Produktvielfalt ncm

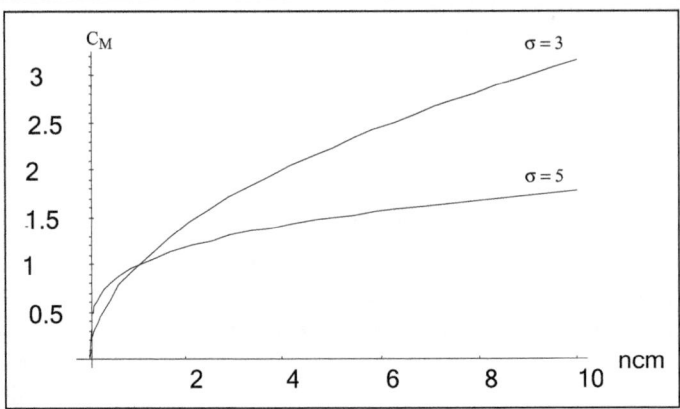

Veränderung des Konsumniveaus in Abhängigkeit von der Produktvielfalt

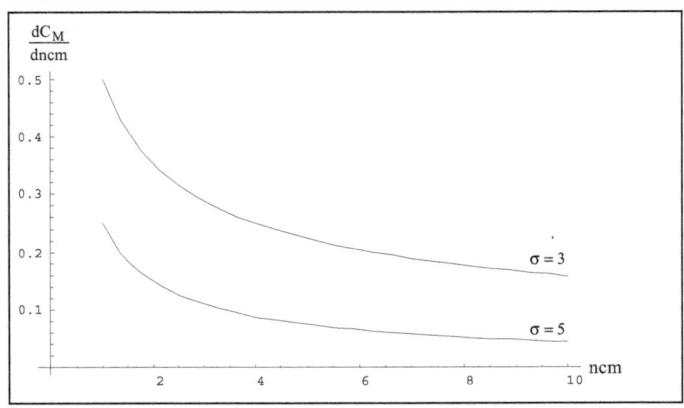

Es wird deutlich, dass

■ das Konsumniveau mit steigender Produktvielfalt kontinuierlich ansteigt.

■ der Anstieg mit sinkendem σ größer wird. Die ökonomische Begründung ist relativ einfach: Je größer σ, umso leichter kann ein Gut durch ein anderes substituiert werden, so dass die Erhöhung der Produktvielfalt bei hohem σ das Nutzenniveau nur relativ wenig ansteigen lässt.

Eine Einschränkung erfährt die Produktvielfalt durch die Existenz fixer Kosten, die bei der Produktion jedes Gutes anfallen. Beschränken wir unser Modell auf nur einen Produktionsfaktor, nämlich Arbeit, so können wir diesen Tatbestand durch die Beziehung

II.3.3.6-3 $A_j = F + \beta \cdot cm_j$

bzw. bei Überführung in eine Kostenfunktion

II.3.3.6-4 $\ell \cdot A_j = \ell \cdot (F + \beta \cdot cm_j)$

mit ℓ = Lohnkosten pro Arbeitseinheit

zum Ausdruck bringen. F sind die Arbeitseinheiten, die als Fixkosten bei der Produktion des Gutes j anfallen; die variablen Kosten pro produzierter Einheit sind β Arbeitseinheiten. Die Kostenseite spricht im Gegensatz zur Nachfrageseite dafür, möglichst wenige Arten von Konsumgütern herzustellen.

Strebt der anbietende Unternehmer nach Gewinnmaximierung, so setzt er den Grenzerlös, der bei einem Monopol bekanntlich $p \cdot \left(1 - \dfrac{1}{\sigma}\right) = p \cdot \left(\dfrac{\sigma - 1}{\sigma}\right)$ ist, gleich den Grenzkosten:

II.3.3.6-5 $p_j \cdot \left(1 - \dfrac{1}{\sigma}\right) = \ell \cdot \beta$.

Lösen wir nach p_j auf, so gilt für den gewinnmaximalen Preis

II.3.3.6-6 $p_j = \dfrac{\ell \cdot \beta \cdot \sigma}{\sigma - 1}$.

Gewinnmaximierung bei monopolistischer Konkurrenz bedeutet also eine Aufschlagskalkulation von $\dfrac{\sigma}{\sigma - 1}$ auf die variablen Produktionskosten $\ell \cdot \beta$. Monopolistischer Wettbewerb bedeutet aber auch, dass die Unternehmer ohne Gewinn, also gerade kostendeckend arbeiten. Der Preis ist gleich den Stückkosten:

II.3.3.6-7   bzw.

$$\dfrac{\ell \cdot \beta \cdot \sigma}{\sigma - 1} = \dfrac{\ell \cdot (F + \beta \cdot cm_j)}{cm_j}$$

$$cm_j = \dfrac{F \cdot (\sigma - 1)}{\beta}$$

Je höher die Fixkosten, je höher die Substitutionselastizität und je kleiner der variable Arbeitseinsatz je Outputeinheit, umso größer ist die gleichgewichtige Produktionsmenge.

Bei der Analyse der räumlichen Verteilung der Produktion konzentrieren wir uns zunächst auf die Herstellung von Industriegütern; das gefertigte Agrargut führen wir später in unser Modell ein. Wir unterstellen, dass die betrachtete Volkswirtschaft aus zwei Regionen 1 und 2 bestehe, in denen zwei Industriegüter j und k zu gleichen Bedingungen (gleiche Produktionsfunktionen und gleiche Lohnkosten) hergestellt werden können. Betrachten wir nun zwei verschiedene Situationen:

a)   Die Industrieproduktion verteilt sich gleichmäßig auf beide Regionen; in 1 möge j, in 2 k hergestellt werden. Dann kommt es zu einem Warenaustausch zwischen beiden Regionen, bei denen Transportkosten anfallen. Diese Transportkosten werden als Eisbergmodell formuliert; so bedeuten Transportkosten von z.B. $T_j = 1{,}1$, dass 1,1 Einheiten von j aus der Region 1 exportiert werden müssen, damit die Nachfrage nach einer Einheit von j in der Region 2 befriedigt werden kann. Damit kostet das Gut j in der herstellenden Region 1 $p_j^1 = p_j$, weil hier keine Transportkosten anfallen, und in der importierenden Region 2 $p_j^2 = T_j \cdot p_j = T_j \cdot p_j^1$. Umgekehrt verhält es sich mit dem Gut k, das in 1 $p_k^1 = T_k \cdot p_K^2$ und in 2 $p_k^2 = p_k$ kostet. Ohne Verlust der Allgemeingültigkeit unterstellen wir nun, dass sich die Angebotsbedingungen beider Güter nicht unterscheiden, also $p_j = p_k$ ist; außerdem sei $T_j = T_k = T$. Schließlich setzen wir gleiche Nachfragestrukturen in beiden Regionen voraus; sowohl in 1 als auch in 2 werden jeweils gleiche Mengen beider Güter nachgefragt. Diese Vereinfachungen erleichtern es, regionale Preisindizes für beide Wirtschaftsräume abzuleiten:

II.3.3.6-8 $$\begin{aligned} P_1 &= 0{,}5 \cdot p_j^1 + 0{,}5 \cdot T_k \cdot p_k^2 = p \cdot \left(0{,}5 + 0{,}5 \cdot T\right) \\ P_2 &= 0{,}5 \cdot T_j \cdot p_j^1 + 0{,}5 \cdot p_k^2 = p \cdot \left(0{,}5 \cdot T + 0{,}5\right) \end{aligned}$$

P = Preisniveau mit $P_1 = P_2$.

Damit ergeben sich folgende gleiche Reallohnsätze in beiden Regionen:

II.3.3.6-9 $$\begin{aligned} r\ell_1 &= \frac{\ell}{P_1} = \frac{\ell}{p \cdot \left(0{,}5 + 0{,}5 \cdot T\right)} \\ r\ell_2 &= \frac{\ell}{P_2} = \frac{\ell}{p \cdot \left(0{,}5 \cdot T + 0{,}5\right)} \end{aligned} \quad .$$

b)   Dass sich die Reallohnsituation verbessern würde, wenn sich die Industrieproduktion in nur einer der beiden Regionen konzentriert, ist unmittelbar einsichtig, weil dann keine Transportkosten mehr anfallen würden $\left(T = 1\right)$. Bei einer ausschließlichen Industrieproduktion in der Region 1 wäre das dortige Preisniveau nicht länger $p \cdot \left(0{,}5 + 0{,}5 \cdot T\right)$, sondern $p \cdot \left(0{,}5 + 0{,}5 \cdot 1\right) = p$ mit $p < p \cdot \left(0{,}5 + 0{,}5 \cdot T\right)$ Der Reallohn der Industriearbeiter würde ansteigen.

Ohne weitere Einflussgrößen im Modell würde sich die Produktion in einer Wachstumsregion konzentrieren, während sie sich aus der anderen, rückständig werdenden Region vollständig zurückzieht. Abbildung II.3.3.6- 1 macht diesen Zusammenhang noch einmal deutlich.

Abbildung II.3.3.6- 1: Zirkuläre Verursachung durch Kopplungseffekte

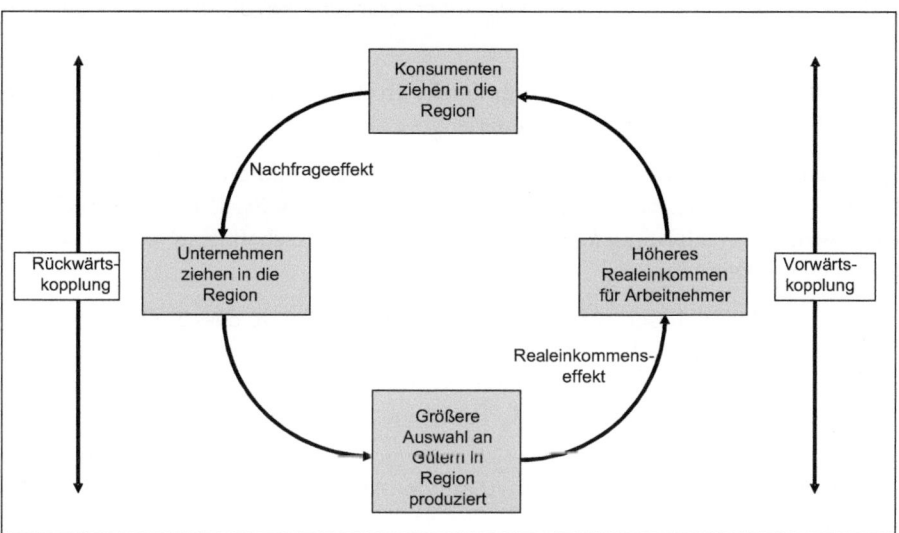

Quelle:　　Nach Fujita/Thisse, in leicht modifiziert und übersetzter Form übernommen von Roos, M. (2002), S. 85

Werden in 1 zunächst etwas mehr Industriegüter als in 2 produziert, ist der Reallohn in 1 höher als in 2, was zu einem Zuzug von Arbeitskräften führt. Wandern aber Konsumenten in eine Region zu, so ziehen sie wegen der gestiegenen Nachfrage Unternehmen mit sich. Dadurch kommt es in der Region zu verstärkten Agglomerationsvorteilen, da Unternehmen nun weitere Vorprodukte und Konsumenten weitere Konsumgüter billiger, weil jetzt ohne Transportkosten, beziehen können. Durch sinkende Preise steigt das Realeinkommensniveau, was zu weiteren Zuzügen führt. Dieser Prozess stoppt erst dann, wenn sich die Industrieproduktion in 1 konzentriert hat.

Nach den konzentrationsfördernden wollen wir uns nun den dekonzentrierenden Einflussgrößen zuwenden. Ein solcher Effekt geht u.a. von der Landwirtschaft aus. Die

Nachfrager kaufen ein Gut C_A (= Agrargut [152]), das in der Herstellung an die Fläche gebunden ist und sich damit naturgegeben bei der Produktion gleichmäßig auf die beiden Wirtschaftsräume verteilt. Eine vollkommene Konzentration der Industrieproduktion in 1 würde damit größere Transportströme induzieren, die bei gleichmäßiger Verteilung der Industrieproduktion auf 1 und 2 gar nicht oder nur in geringerem Umfang anfallen würden. Hierbei handelt es sich um den Transport von

■ Agrargütern aus der Region 2 in die Region 1, da die Landwirtschaft in 1 nicht in der Lage ist, die in 1 konzentrierte außeragrarische Bevölkerung vollständig mit Nahrungsmitteln zu versorgen.

■ Industriegütern, die zur Befriedigung der in 2 lebenden Agrarbevölkerung vollständig aus 1 importiert werden müssen.

Dieser dekonzentrierend wirkende Effekt der Agrarproduktion wird um weitere Einflussgrößen verstärkt: Nicht nur die Landwirtschaft, sondern auch die nichttransportierbaren Dienstleistungen und die Immobilienwirtschaft sind an die jeweilige Region gebunden.

Das formale Modell dieser Abwägung ist äußerst komplex, so dass auf seine Ableitung hier verzichtet werden soll.[153] Wir präsentieren vielmehr die Ergebnisse einer Beispielrechnung, die sich auf eine gleichstarke Nachfrage nach Agrar- wie nach Industriegütern stützt [154] und setzen $\sigma = 5$; λ_1 bezeichne den Anteil der Region 1 an der Menge der Industriearbeiter. Dann stellt sich das aus Abbildung II.3.3.6- 2 hervorgehende sog. Bifurkationsmodell ein, in dem wir auf der Abszisse die Transportkosten und auf der Ordinate λ_1 abtragen.

Es ergeben sich kritische Ausprägungen der Transportkosten, die wir mit T_B (= breakpoint) und T_S (= sustainable point) bezeichnen wollen. Zwischen

■ T=1 und T_B existieren stabile Gleichgewichte bei $\lambda_1 = 1$ (und damit $\lambda_2 = 0$) bzw. bei $\lambda_2 = 1$ (und damit $\lambda_1 = 0$), also bei einer vollständigen Konzentration der Industrieproduktion in einer der beiden Regionen. Eine gleichmäßige Verteilung, also $\lambda_1 = \lambda_2 = 0,5$ stellt ein instabiles Gleichgewicht dar.

■ T_B und T_S gibt es fünf gleichgewichtige Situationen. Hierbei stellen die vollständige Konzentration der Industrieproduktion in einer der beiden Regionen sowie ihre gleichmäßige Aufteilung auf beide Regionen stabile Gleichgewichte dar, während

---

[152] Vgl. die Nutzenfunktion in II.3.3.6-1.
[153] Vgl. die bereits angegebene Spezialliteratur.
[154] D.h. μ ist in der Nutzenfunktion II.3.3.6-1 gleich 0,5. Außerdem unterstellen wir wie das Standardmodell der NÖG als dekonzentrierenden Effekt ausschließlich das Auftreten von Transportkosten der Industriegüter zu den im Agrarbereich Beschäftigten; bei Agrargütern fallen dagegen keine Transportkosten an.

die zwei Gleichgewichte mit $0<\lambda_1<0{,}5$ und $0{,}5<\lambda_2<1$ bzw. mit $0{,}5<\lambda_1<1$ und $0<\lambda_2<0{,}5$ instabil sind.

Abbildung II.3.3.6- 2: Bifurkationsdiagramm bei $\mu=0{,}5$ und $\sigma=5$

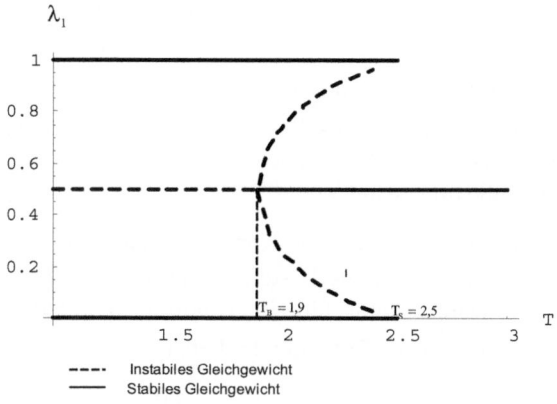

■ $T_S<T<\infty$ gibt es nur ein Gleichgewicht mit $\lambda_1 = \lambda_2 = 0{,}5$, das darüber hinaus stabil ist.

Abbildung II.3.3.6- 3 macht die Berechnung und Bedeutung von T_S deutlich.

Abbildung II.3.3.6- 3: Funktionaler Zusammenhang von Reallohndifferenz $r\ell_1 - r\ell_2$ und Transportkosten T bei $\mu=0{,}5$ und $\sigma=5$

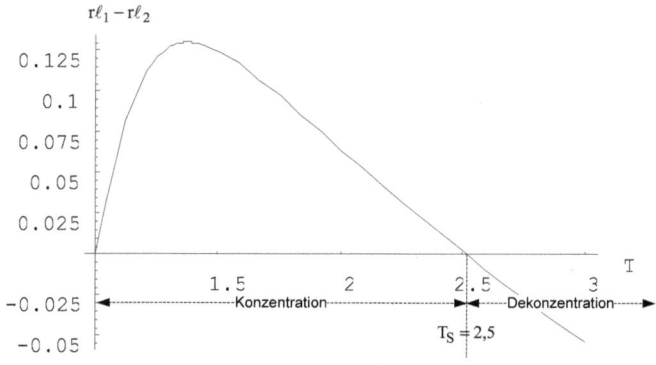

Bei T=1 möge sich die gesamte Industrieproduktion in 1 konzentrieren. Abbildung II.3.3.6- 2 macht deutlich, dass sich zwischen $1 \leq T \leq T_S = 2{,}5$ an dieser Verteilung nichts ändert, da der Reallohn in 1 höher als in 2 ist und die Industriearbeiter deshalb in 1 verbleiben. Diese Situation schlägt ab $T_S = 2{,}5$ um; die reale Lohnhöhe ändert sich zugunsten der Region 2. Das stabile Gleichgewicht bei einer vollständigen Konzentration der Industrieproduktion in einer der beiden Regionen transformiert in ein stabiles Gleichgewicht bei gleichmäßiger Aufteilung der Industrieproduktion auf beide Regionen.

Komplexer gestaltet sich die Bestimmung von T_B; dieser Punkt gibt an, wie lange eine gleiche Aufteilung der Industrieproduktion auf beide Regionen stabil ist, wenn die Transportkosten von einem hohen Niveau aus sinken.[155] Dabei lassen sich im Bifurkationsmodell drei Intervalle unterscheiden:

Zwischen $1 \leq T \leq 1{,}9$ stellen vollkommene Konzentrationen der Industrieproduktion auf die Region 1 oder Region 2 stabile Lösungen dar; eine Gleichverteilung der Produktion $(\lambda_1 = \lambda_2 = 0{,}5)$ wäre instabil. Eine Begründung für diese Aussage liefert die Abbildung II.3.3.6- 4 a), bei der wir T=1,5 gesetzt haben.

Wäre $\lambda_1 = 0$ und damit $\lambda_2 = 1$, würde sich also die Industrieproduktion in der Region 2 konzentrieren, so würde in 2 real mehr verdient als in 1 $(r\ell_1 - r\ell_2 < 0)$; es besteht kein Motiv für die Arbeiter, von 2 nach 1 zu wandern. Genauso verhält es sich bei $\lambda_1 = 1$, wo die Arbeiter in 1 besser verdienen als in 2 $(r\ell_1 > r\ell_2)$ und deshalb dort verbleiben. Auch $\lambda_1 = \lambda_2 = 0{,}5$ wäre ein Gleichgewicht, da hier $r\ell_1 = r\ell_2$ ist. Dieses Gleichgewicht ist aber nicht stabil; würde sich λ_1 geringfügig erhöhen, so würde $r\ell_1 > r\ell_2$ werden und damit weitere Wanderungsgewinne zugunsten von 1 hervorrufen. Dieser Prozess kommt erst zum Stillstand, wenn $\lambda_1 = 1$ ist. Die positive Neigung der Funktion bei $0 \leq \lambda_1 \leq 1$ deutet also auf Instabilität hin.

---

[155] T_B berechnet sich mit Hilfe der Formel II.3.3.6-10 $\quad T_B = \left[\dfrac{(\rho+\mu)\cdot(1+\mu)}{(\rho-\mu)\cdot(1-\mu)} \right]^{\frac{1}{\sigma-1}} = 1{,}9$.

$$\text{mit } \rho = \frac{\sigma-1}{\sigma} = \frac{5-1}{5} = 0{,}8$$

Abbildung II.3.3.6- 4: Funktionaler Zusammenhang der Reallohndifferenz $r\ell_1 - r\ell_2$ und der Verteilung der Industrieproduktion λ_1 bei $\mu=0,5$ und $\sigma=5$

a) T=1,5

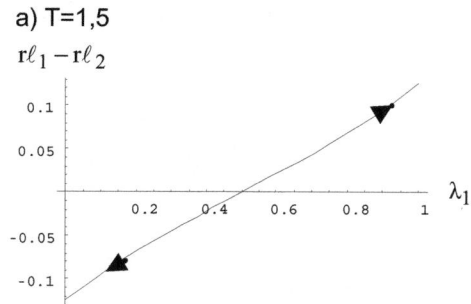

b) T=2

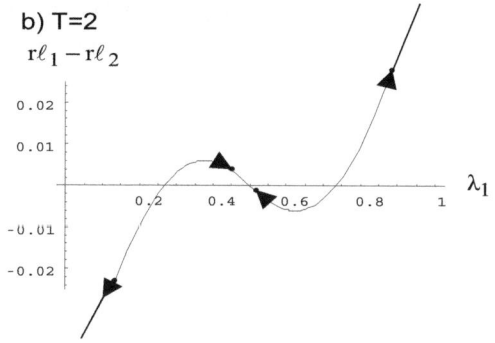

c) T=3

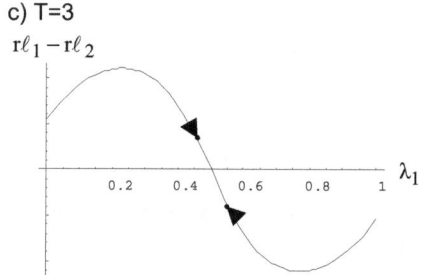

Das zweite interessante Intervall des Bifurkationsmodells liegt zwischen T_B und T_S, also bei $1,9 \le T \le 2,5$. Betrachten wir hierzu die Situation bei T=2, die aus Abbildung

II.3.3.6- 4 b hervorgeht. Hier haben wir fünf Gleichgewichte, von denen drei stabil $(\lambda_1 = 0; \lambda_1 = 1; \lambda_1 = 0{,}5)$ und zwei instabil $(\lambda_1 = 0{,}27; \lambda_1 = 0{,}73)$ sind. Die Punkte $\lambda_1 = 0$ und $\lambda_1 = 1$ haben wir bereits begründet, so dass wir uns direkt dem dritten stabilen Punkt $\lambda_1 = 0{,}5$ zuwenden können. Würde λ_1 diesen Wert überschreiten, wäre $r\ell_2 > r\ell_1$, was eine Rückkehr zum Gleichgewicht bedeutet, da nun Wanderungen zulasten von 1 und zugunsten von 2 induziert werden. Anders die Situation bei $\lambda_1 = 0{,}27$ und $\lambda_1 = 0{,}73$. Würde sich bei $\lambda_1 = 0{,}27$ λ_1 geringfügig erhöhen, so würde $r\ell_1 > r\ell_2$ werden und weitere Wanderungen nach 1 hervorrufen; diese Wanderungsbewegungen setzen sich fort, bis $\lambda_1 = 0{,}5$ erreicht ist.

Es bleibt schließlich das dritte Intervall $T > T_S = 2{,}5$, das wir für T=3 in Abbildung II.3.3.6-5c dargestellt haben. Hier ergibt sich nur ein Gleichgewicht bei $\lambda_1 = 0{,}5$, das darüber hinaus stabil ist; es gilt die gleiche Argumentation wie im zweiten Intervall.

Das Grundmodell der NÖG hat gezeigt, dass auch dann, wenn zwei Regionen absolut identische Standortvoraussetzungen haben, Agglomerations- und Deglomerationsprozesse auftreten können; die Ableitung geschieht in anspruchsvoller und in sich konsistenter Form. Es bleiben aber die Fragen, ob die im Modell getroffenen Annahmen das menschliche Verhalten adäquat und umfassend abbilden.

Die unterstellten Verhaltensannahmen der Nutzen-, Einkommens- und Gewinnmaximierung entsprechen neoklassischer Argumentation; insofern wenden sich entsprechende Einwände nicht gegen das Modell der NÖG, sondern gegen die Neoklassik im Allgemeinen. Schwerer wiegen folgende Einwendungen:

- Die Entscheidungen der Haushalte und Unternehmen werden nicht auf ein intertemporales Entscheidungskalkül zurückgeführt, wie es die moderne Konsum- und Investitionstheorie prägt.[156]

- Unternehmen bilden ihre Preise durch Kostenaufschläge, ohne die Reaktion ihrer Wettbewerber zu berücksichtigen.

- Unternehmen produzieren jeweils nur ein Gut; es gibt keine „economies of scope", also keine Synergieeffekte bei der Produktion mehrerer Güter.

- Trotz Auftretens fixer Kosten bleiben die Unternehmen vollkommen mobil; „sunk costs" sind mit dem Modell nicht kompatibel.

- Der Produktionsfaktor Kapital kommt im Modell nicht vor; die Produktion vollzieht sich ausschließlich über den Einsatz des Produktionsfaktors Arbeit.

- Bremseffekt der Agglomeration sind lediglich die Transportkosten, die zur Erklärung von Deglomerationsprozessen völlig unplausible Größenordnungen annehmen müssen. Andere bremsende Effekte wie mit der Ballungsgröße steigende Bo-

---

[156] Siehe etwa Frenkel, M./Hemmer, H.-R. (1999), S. 65 ff.

denpreise, Überlastungen der (Verkehrs-) Infrastruktur und negative Umwelteffekte kommen im Modell nicht vor.

- Aus dem Modell lassen sich nur schwer politische Empfehlungen ableiten.[157]

- Das Modell erklärt nur vollkommene Konzentration und vollkommene Gleichverteilung, aber keine Zwischenstufen, aus denen die reale Verteilung der Industrieproduktion besteht.

- Die Transportkosten werden in der Realität immer mehr zu marginalen Größen, so dass ihre zentrale Position im Modell *Krugmans* kaum gerechtfertigt erscheint.

- Unplausibel ist, dass die Industriearbeiter zwar interregional, aber nicht intersektoral mobil sind. Gleichfalls wenig einleuchtend ist die vollkommene Immobilität der in der Landwirtschaft tätigen Arbeitskräfte.

- Es treten im Modell zwar Transportkosten für Industriegüter auf; dagegen lassen sich im ursprünglichen Modell Agrargüter zwischen den Regionen kostenlos hin- und her bewegen.

- Es bleibt offen, wie regionale Gewinner zu Verlierern und Verlierer zu Gewinnern werden können. Das bekannte Phänomen aufstrebender und absterbender Regionen kann mit Hilfe des Modells nicht erklärt werden.

Von daher erscheint die Frage durchaus berechtigt, ob das Grundmodell der NÖG wirklich die Aufmerksamkeit und Zustimmung verdient, die es im Augenblick erfährt. Ein äußerst komplexes, aber trotzdem unvollständiges Instrumentarium führt zu Erkenntnissen, die bereits vorher in der Regionalökonomie bekannt waren. Es bleibt der Nachweis, dass sich die Ergebnisse der bisher weitgehend verbal präsentierten Polarisationstheorie auch in einem formalen Modell ableiten lassen.

Die Neue Ökonomische Geographie (NÖG) erklärt, wie sich Agglomerationen bilden und unter welchen Bedingungen sie (in-) stabil sind. Verantwortlich für die Ballungstendenzen sind auf der Nachfrageseite die Vorlieben der Konsumenten und der Produzenten für eine möglichst große Vielfalt von Konsumgütern bzw. Zwischenprodukten und auf der Angebotsseite eine Kostenfunktion, die zu sinkenden Durchschnittskosten bei zunehmender Produktmenge führt. Dekonzentrierend wirken im Standardmodell der NÖG die Transportkosten für Agrar- und Industriegüter. Ergebnisse des Modells sind sog. Bifurkationsdiagramme, die aufzeigen, wie sich die Industrieproduktion auf zwei Regionen in Abhängigkeit von der Höhe der Transportkosten aufteilt.

---

[157] Diese Lücke wird mittlerweile zunehmend geschlossen, so vor allem durch Arbeiten von Baldwin. Vgl. Baldwin, R./Forslid, R./ Martin/P./ Ottaviano, G./ Robert-Nicoud, F. (2003).

II.3.4 Empirische Analyse des regionalen Wachstumsprozesses in Deutschland: Divergenz oder Konvergenz?

II.3.4.1 Implikationen der Wachstumsmodelle im Hinblick auf Divergenz und Konvergenz

Die Begriffe **Divergenz** und **Konvergenz** sind der Mathematik entlehnt. Dort heißen Folgen konvergent, wenn die Folgenglieder s_n mit wachsendem n einem festen Wert s zustreben; andernfalls sind sie divergent. In der regionalen Wachstumstheorie sprechen wir von

■ absoluter Konvergenz, wenn sich alle Wirtschaftsräume einem identischen Gleichgewichtswert annähern.

■ bedingter Konvergenz, wenn sich alle Wirtschaftsräume ihrem Gleichgewichtswert annähern, wobei jede Region aufgrund unterschiedlicher Standortbedingungen einen spezifischen Grenzwert aufweist.

Entsprechend bedeutet absolute und bedingte Divergenz, dass keine Annäherung an die Gleichgewichtswerte erfolgt.

Wir gehen hier vom absoluten Fall (= identische Gleichgewichtswerte für alle Regionen) aus und bewerten die oben erläuterten Wachstumstheorien im Hinblick auf Divergenz und Konvergenz. Dabei beginnen wir mit dem neoklassischen Wachstumsmodell und unterstellen zunächst aus Gründen der Vereinfachung eine Produktionsfunktion ohne technischen Fortschritt:

II.3.4.1-1 $\qquad Y_i = A_i^{\alpha} \cdot K_i^{(1-\alpha)}$

Setzen wir außerdem die natürliche Bevölkerungsrate gleich Null, liegt ein stationäres Modell vor, in dem im Gleichgewicht der Verschleiß an Kapital den Investitionen entsprechen muss, d.h. die Bruttoinvestitionen entsprechen den Abschreibungen, so dass die Nettoinvestitionen Null sind und der Kapitalstock im Zeitablauf auf seinem optimalen Stand bleibt.[158]

II.3.4.1-2 $\qquad g_k = \dfrac{s \cdot y}{k} - \vartheta = 0$

$\qquad$ bzw. $\quad \dfrac{s \cdot y}{k} = \vartheta$

---

[158] Zur Bestimmung dieser Formel vgl. Ableitung in Beweis II.3.4.1-1 im Anhang. Siehe auch Frenkel, M./Hemmer, H.-R., a.a.O., S. 53 ff.

Legende:

k=K/A	= Kapitalintensität
s=S/Y	= Sparquote
y=Y/A	= Arbeitsproduktivität
ϑ=D/K	=Abschreibungsrate (mit D = Abschreibungen)

Abbildung II.3.4.1- 1:   *Konvergenz im stationären neoklassischen Modell*

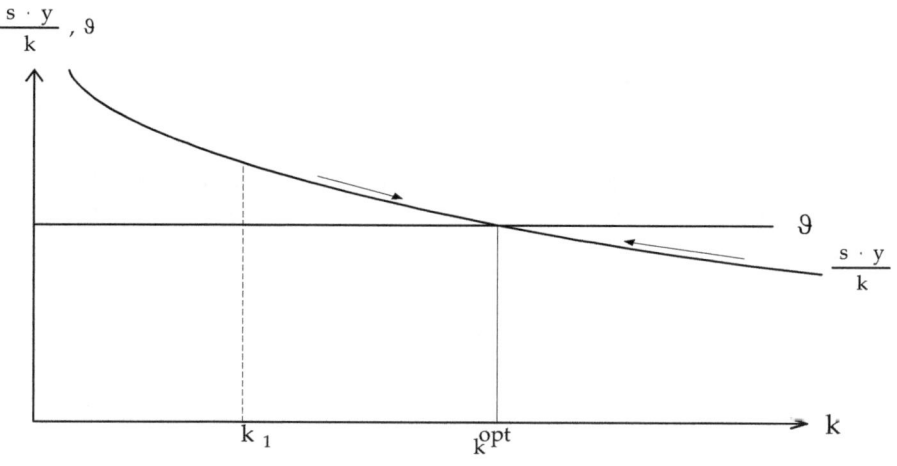

Sind Produktionsfunktion, Sparquote und Abschreibungsrate in allen Regionen gleich, wird überall mit der gleichen Kapitalintensität k^{opt} produziert, da sie stationäres Gleichgewicht repräsentiert. Ist die Kapitalintensität zu gering, etwa k_1, so wird mehr investiert als abgeschrieben $\left(\dfrac{s \cdot y}{k} > \vartheta \right)$, so dass das System zum Gleichgewicht zurückkehrt und sich deshalb als stabil erweist. Alle Regionen konvergieren gegen den identischen Gleichgewichtswert; das System ist damit konvergent.

Beispiel II.3.4.1- 1

In allen Regionen sei die Sparquote s=0,2 und die Abschreibungsrate ϑ=0,05; ferner setzen wir α=⅔. Dann ist

$$k^{\text{opt}} = \left(s/\vartheta\right)^{1/\alpha} = \left(\frac{0,2}{0,05}\right)^{1/(2/3)} = 8 \qquad 159$$

$$\text{und} \quad y^{\text{opt}} = \left(k^{\text{opt}}\right)^{1-\alpha} = 8^{1-2/3} = 2$$

Die Investitionen pro Arbeitskraft sind

$$s \cdot y^{\text{opt}} = 0,2 \cdot 2 = 0,4$$

und entsprechen damit den Abschreibungen

$$\vartheta \cdot k^{\text{opt}} = 0,05 \cdot 8 = 0,4 .$$

Insgesamt ergibt sich im Hinblick auf Divergenz und Konvergenz bei den betrachteten Wachstumsmodellen folgende Einschätzung (vgl. die nachfolgende Übersicht II.3.4.1-1).

Über die Richtigkeit der unterschiedlichen Hypothesen kann nur eine Überprüfung an der Realität (= Falsifikationstest) entscheiden, den wir im Folgenden für die regionalen Arbeitsmärkte in Deutschland für den Zeitraum von 1995–2004 durchführen wollen.[160+161]

---

159 Vgl. Beweis II.3.4.1-1 im Anhang.

160 Die Liste von empirischen Überprüfungen zu Divergenz und Konvergenz ist lang und kaum noch überschaubar. Ein Standardwerk ist Hemmer, H.-R./Lorenz, A. (2004), insbesondere Kapitel 5. Die Ergebnisse sind durchaus unterschiedlich und stützen teilweise die eine und teilweise die andere Hypothese.

161 Während Bode (1998, S. 163-188) divergente Entwicklungen für Deutschland feststellt, wird beispielsweise in den Studien von Funke/Niebuhr (2005, S. 143-153) und Kosfeld/Eckey/ Dreger (2005, S. 189-214) eine regionale Konvergenz in Deutschland nachgewiesen.

Übersicht II.3.4.1- 1   *Implikationen unterschiedlicher Wachstumstheorien für Divergenz und Konvergenz*

Wachstumstheorie	Divergenz	Konvergenz
Neoklassik		Abnehmende Grenzerträge bei regional identischen Produktionsfunktionen, die linear-homogen sind, führen zu einem Ausgleich von Löhnen und Kapitalrenditen.
Postkeynesianismus	Räumlich mobile Nachfrage konzentriert sich im interregionalen Wettbewerb auf prosperierende Regionen, da vor allem dort neue Produkte entwickelt werden.	
Polarisierte Modelle	Verdichtungs- und Entleerungsprozesse verstärken sich wegen der großen Bedeutung von Agglomerationsvorteilen selbst.	
Politisch-ökonomische Modelle		In erfolgreichen Regionen tritt Besitzstandswahrung an die Stelle von Flexibilität; neue ökonomische Rahmenbedingungen überfordern ihre Anpassungsfähigkeit und lassen sie zurückfallen.
Neue Wachstumstheorie	Positive externe Effekte im Wachstumsprozess heben die Tendenz zu abnehmenden Grenzerträgen auf. Sind die positiven externen Effekte größer (kleiner) als die ansonsten herrschende Tendenz zu abnehmenden Grenzerträgen, ergeben sich Konzentrationsprozesse (Dekonzentrationsprozesse).	
Neue Ökonomische Geographie	Grundsätzlich mit Divergenz und Konvergenz vereinbar; abnehmende Transportkosten legen aber die Hypothese eines Trends zur räumlichen Konzentration und damit zur Divergenz nahe.	

II.3.4.2 Führt regionales Wachstum zu Divergenz oder Konvergenz in Deutschland?

Wir wollen zunächst die Arbeitsproduktivität $\dfrac{Y_i}{A_i}$ nutzen, um die Frage von Divergenz oder Konvergenz zu beantworten. In Abbildung II.3.4.1- 1 haben wir eine Gegenüberstellung der Arbeitsproduktivität 1995 und ihrer durchschnittlichen jährliche Wachstumsrate 1995–2004 vorgenommen. In Deutschland

■ gibt es neun regionale Arbeitsmärkte, die 1995 eine überdurchschnittliche Arbeitsproduktivität hatten und die sich zwischen 1995 und 2004 weiterhin überdurchschnittlich entwickelt haben; diese neun (schwarz dargestellten) Regionen stehen für Divergenz.

■ lassen sich 36 Wirtschaftsräume feststellen, die das Gegenstück zur ersten Gruppe darstellen, weil sich hier unterdurchschnittlicher Entwicklungsstand mit unterdurchschnittlicher Entwicklung paart. Auch sie (in Abbildung II.3.4.2- 1 weiß dargestellt) tragen zur Divergenz in Deutschland bei.

■ holen 48 Regionen, die 1995 noch eine relativ niedrige Arbeitsproduktivität besessen haben, auf. Während sich die räumlichen Einheiten der ersten und zweiten Gruppe wie zufällig verstreut über die gesamte Volkswirtschaft darstellen, liegen die für Konvergenz stehenden aufholenden Regionen bevorzugt in Ostdeutschland.

■ fallen 87 1995 noch relativ gute regionale Arbeitsmärkte im Zeitablauf zurück und sprechen damit ebenfalls für Konvergenz; sie konzentrieren sich in den alten Bundesländern.

45 (135) regionale Beobachtungseinheiten stärken damit die Hypothese der Divergenz (Konvergenz). Da 135>45, vermuten wir eher regionale Konvergenz als Divergenz in Deutschland.

Dieser Eindruck verfestigt sich bei einer durchgeführten Regressionsanalyse, die vom Regressionsansatz

II.3.4.2- 1 $\qquad \dfrac{\ln\left(\dfrac{Y_i^{2004}}{A_i^{2004}}\right) - \ln\left(\dfrac{Y_i^{1995}}{A_i^{1995}}\right)}{2004 - 1995} = \beta_0 + \beta_1 \cdot \ln\left(\dfrac{Y_i^{1995}}{A_i^{1995}}\right) + u_i$

ausgeht.

Abbildung II.3.4.2- 1:   Arbeitsproduktivität 1995 in den regionalen Arbeitsmärkten Deutschlands und ihre Entwicklung 1995–2004

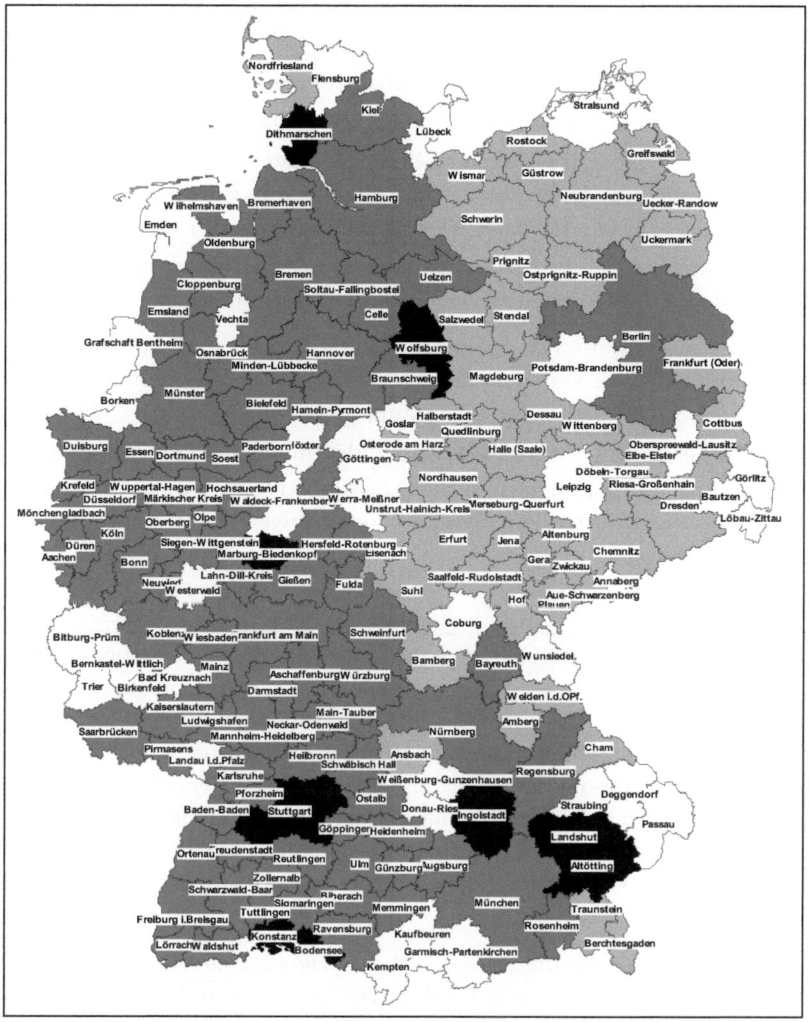

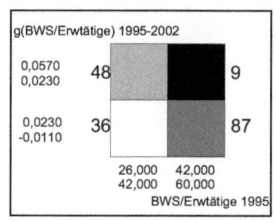

Legende:

II

Dieser Ansatz, der auf Barro[162] zurückgeht, hat als zu erklärende (erklärende) Variable die durchschnittliche Wachstumsrate der Arbeitsproduktivität im Beobachtungszeitraum (die logarithmierte Arbeitsproduktivität zum Basiszeitpunkt).

$\hat{\beta}^* = -\dfrac{1}{T} \cdot \ell n(1 + T \cdot \hat{\beta}_1)$ mit T = Länge des Beobachtungszeitraums ergibt jene jährliche

Wachstumsrate, mit der die regionalen Beobachtungseinheiten konvergieren. Für die regionalen Arbeitsmärkte in Deutschland ist $\hat{\beta}^* = -0{,}0322$, d.h. vom Durchschnitt abweichende Wirtschaftsräume konvergieren gegen den für alle Regionen identischen Gleichgewichtswert mit einer durchschnittlichen Anpassungsgeschwindigkeit von 3,22 % pro Jahr. Setzen wir $(1 - 0{,}0322)^n = 0{,}5$, so erhalten wir mit n=22 Jahren die sog. Halbwertzeit; es dauert 22 Jahre, bis sich die regionalen Unterschiede bei fortdauernder Anpassungsgeschwindigkeit zur Hälfte ausgeglichen haben.

Die Ergebnisse der empirischen Falsifikationstests hängen stark vom gewählten Beobachtungszeitraum sowie vom genutzten Kriterium ab. Berechnen wir etwa den Konvergenzprozess für die Bruttowertschöpfung je Einwohner (und nicht je Erwerbstätigen wie bisher), so ist $\hat{\beta}^* = -0{,}0118$, verbunden mit einer Halbwertzeit von nun 59 Jahren. Die schnelle Anpassung des Ostens bei der Arbeitsproduktivität geschieht offensichtlich vor allem durch den Übergang vieler Erwerbstätiger in die Arbeitslosigkeit.

Streben die Wirtschaftsräume gegen einen identischen Gleichgewichtswert, so sprechen wir von Konvergenz, driften sie dagegen auseinander, so von Divergenz. Die einzelnen Wachstumstheorien implizieren unterschiedliche Schlussfolgerungen im Hinblick auf Divergenz und Konvergenz. So legen das neoklassische und das politisch-ökonomische Wachstumsmodell eher Konvergenz nahe, während die Schlussfolgerung bei postkeynesianischen und beim polarisierten Modell eher Divergenz lautet. Die Neue Wachstumstheorie und die Neue Ökonomische Theorie sind ergebnisoffen.

Empirische Überprüfungen, so auch eine eigene Untersuchung für die Regionalen Arbeitsmärkte in Deutschland, belegen eher Konvergenz.

---

[162] Siehe aus seiner umfangreichen Publikationsliste beispielhaft Barro, R.J. (1991), S. 407–443.

III Regionale Wirtschaftspolitik

III.1 Begründung für regionale Wirtschaftspolitik in einem marktwirtschaftlichen System

III.1.1 Ökonomische Begründungen

Im Rahmen der Regionalen Wirtschaftspolitik wollen wir uns zunächst der Frage zuwenden, warum der Staat in einem marktwirtschaftlichen System – also einer dezentral organisierten Wirtschaftsordnung, die auf der freien Wirtschaftsplanung und -entscheidung von Unternehmen und privaten Haushalten basiert – Einfluss auf die räumliche Verteilung von ökonomischen Aktivitäten nimmt. Er wird dies nur dann tun, wenn die Marktergebnisse in nicht tolerabler Weise von gesellschaftlichen Leitbildern abweichen. Machen wir uns diesen Sachverhalt mit Hilfe der Abbildung III.1.1- 1 klar.

Abbildung III.1.1-1:   Vergleich von angestrebter und Status-quo-Entwicklung

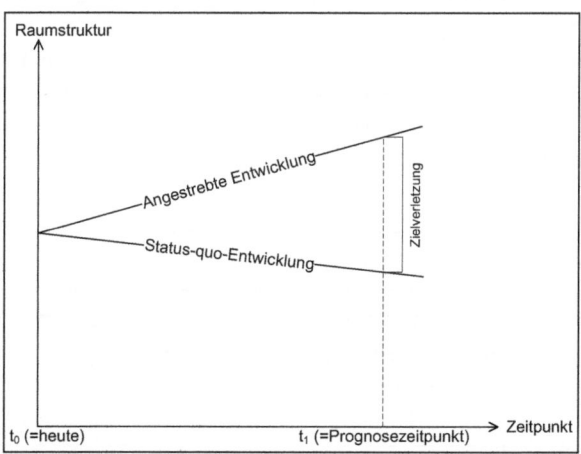

Die angestrebte Raumstruktur (= politisch gewollte Verteilung ökonomischer Aktivitäten im Raum) und die Raumstruktur, die sich ohne staatliches Handeln wahrscheinlich in Zukunft einstellen wird (= Status-quo-Entwicklung) driften im Zeitablauf auseinander. Wird der Unterschied in t_1, den wir als Zielverletzung bezeichnen, als gesellschaftlich nicht akzeptabel angesehen, so ist die regionale Strukturpolitik aufgerufen, zu handeln bzw. anders zu handeln als bisher.

Beispiel III.1.1- 1

Zum Zeitpunkt t_0 (= heute oder Berichtszeitpunkt) betrage die Bruttowertschöpfung je Einwohner in den neuen Bundesländern 60 % der entsprechenden Ausprägung in den alten Bundesländern. Es wird von der Politik angestrebt, diese Relation bis t_1 (= morgen oder Prognosezeitpunkt) auf 0,8 zu erhöhen; dies ist die gewünschte Raumstruktur, die bei Verbindung mit der heutigen Situation die angestrebte Raumentwicklung zum Ausdruck bringt. Diese gewünschte ist mit jener Entwicklung zu vergleichen, die sich voraussichtlich einstellen wird, wenn der Staat genau so weiter handelt wie bisher; man spricht auch von einer Status-quo-Entwicklung. Wir unterstellen hier, dass in diesem Fall der Indikator sogar auf 0,5 zurückgehen würde. Zwischen gewünschter und realisierter Raumstruktur entsteht damit eine Ziellücke ΔZ von 0,3. Wird sie als gesellschaftlich nicht akzeptabel angesehen, ist der Staat aufgerufen zu handeln; er muss Maßnahmen der regionalen Wirtschaftspolitik ergreifen, die den Wachstumsprozess in den neuen Bundesländern beschleunigen.

Die Diskrepanz zwischen der angestrebten und der voraussichtlichen Raumentwicklung führt direkt zu der Frage, warum der Staat eine andere Raumstruktur anstrebt, als sie sich im Rahmen des marktwirtschaftlichen Prozesses ergäbe. Würde er sie nämlich akzeptieren, so wäre regionale Wirtschaftspolitik obsolet. Abbildung III.1.1- 2 gibt einen Überblick über mögliche Begründungen einer politisch angestrebten alternativen Raumstruktur.

Abbildung III.1.1-2:   Begründungen der regionalen Wirtschaftspolitik

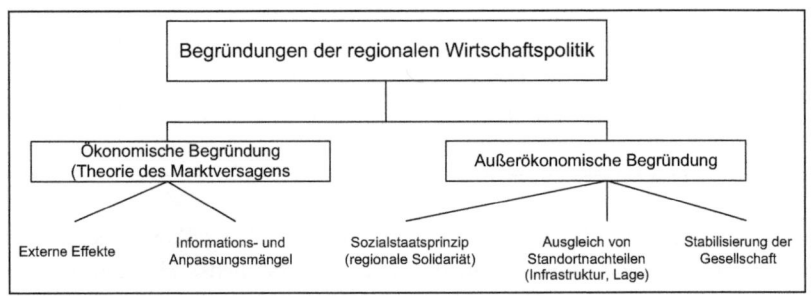

Es lässt sich grob zwischen einer **ökonomischen** und einer **außerökonomischen Begründung** unterscheiden. Bei der ökonomischen Begründung wird das raumstrukturelle Leitbild aus der Wohlfahrtsökonomik abgeleitet. Die räumlichen Ergebnisse eines vollkommenen Marktes werden grundsätzlich akzeptiert. Es wird aber der Nachweis geführt, dass das real existierende marktwirtschaftliche System Schwächen [163] hat, die eine räumlich optimale Verteilung ökonomischer Aktivitäten verhindern. Zu diesen Schwächen zählen insbesondere externe Effekte und Informations- bzw. Anpassungsmängel. Bei der außerökonomischen Begründung werden die Ergebnisse eines vollkommenen Marktes nicht akzeptiert; vielmehr werden neben wirtschaftlichen auch andere, insbesondere soziale Ziele angestrebt.

Wir wollen uns den Unterschied zwischen ökonomischer und außerökonomischer Begründung mit Hilfe eines Diagramms verdeutlichen.

Abbildung III.1.1-3:   *Ökonomische und außerökonomische Begründung der regionalen Wirtschaftspolitik*

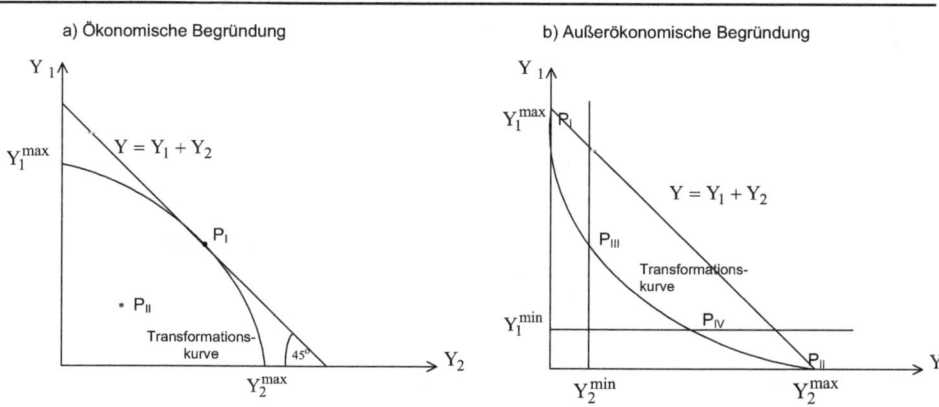

Wir tragen in einem Koordinatensystem den Output der Region 1 (2) auf der Ordinate (Abszisse) ab. Konzentrieren wir alle Produktionsfaktoren der Volkswirtschaft in der Region 1 (Region 2), so kann dort eine Gütermenge Y_1^{max} $\left(Y_2^{max}\right)$ erzielt werden. Aufgrund von abnehmenden Skalenerträgen ergebe sich zunächst eine – vom Koordinatenursprung aus gesehen – nach außen gewölbte gesamtwirtschaftliche Transformationskurve. Die gesamtwirtschaftliche Gütermenge beträgt $Y = Y_1 + Y_2$ und kann mit einem Steigungswinkel von 45° als Gerade in das Diagramm eingezeichnet werden.

---

[163] Zu den Gründen und den Auswirkungen des Marktversagens vgl. Fritsch, M./Wein, Th./Ewers, H.-J. (1993).

Der ökonomisch optimale Punkt, bei dem der gesamtwirtschaftliche Output maximiert wird, ist der Tangentialpunkt P_I zwischen beiden Kurven, der auf einem vollkommenen Markt auch realisiert wird.[164] Treten aber Friktionen im Markt auf, so wird nicht P_I, sondern ein suboptimaler Punkt – etwa P_{II} – realisiert, der mit einem geringeren gesamtwirtschaftlichen Output verbunden ist.

Bei der außerökonomischen Begründung gehen wir von einem vollkommenen Markt aus. Aufgrund jetzt unterstellter zunehmender Skalenerträge ist die Transformationskurve nach innen gewölbt, so dass ohne staatliche Eingriffe einer der beiden ökonomisch optimalen Punkte P_I oder P_{II} realisiert würde; die Produktion würde sich vollkommen in einer der beiden Regionen konzentrieren und damit den gesamtwirtschaftlichen Output maximieren. Aufgrund außerökonomischer Zielsetzungen wie soziale Sicherheit, militärpolitische Überlegungen u.ä. wird aber eine Mindestproduktion Y^{min} in beiden Regionen gefordert, die P_{III} oder P_{IV} zu einem der beiden gesellschaftlichen Optimalpunkte macht. Zur Realisierung wird eine gesamtwirtschaftliche Produktionseinbuße in Kauf genommen.

Wir kommen nun zu den einzelnen Begründungen in Abbildung III.1.1- 2 und beginnen mit den **externen Effekten**. Hierbei handelt es sich um die Auswirkungen wirtschaftlicher Aktivitäten, die nicht dem Verursacher zugerechnet werden. Zwischen dem Verursacher und dem Betroffenen besteht eine Beziehung, die nicht über den Preismechanismus erfasst und ausgeglichen wird. Steigt (sinkt) der Nutzen der Betroffenen mit dem Aktivitätsniveau des Verursachers, so spricht man von einem positiven (negativen) externen Effekt.[165]

Betrachten wir einige Beispiele zu räumlichen externen Effekten, die zu einem nur suboptimalen Marktergebnis führen. Bei positiven (negativen) externen Effekten wird ein Gut in zu geringem (zu großem) Umfang angeboten.

Beispiel III.1.1-2

A und B sind zwei periphere Regionen mit erheblichen Lagenachteilen, die durch den Bau eines Regionalflughafens deutlich abgebaut werden könnten. Der Bau des Flughafens würde 80 Mio. € kosten und beiden Regionen einen Vorteil von jeweils 50 Mio. € bringen. Kosten von 80 stehen damit Nutzen von 100 Mio. € gegenüber, so dass es volkswirtschaftlich sinnvoll wäre, den Flughafen zu bauen. Muss die bauende Region die Kosten aber vollständig selber tragen, so wird es nicht zu einem Bau kommen, da er sich für keine der beiden Regionen lohnt.

---

[164] Der vollkommene Markt führt damit zu Pareto-effizienten Ergebnissen. Siehe hierzu z.B. Fehl, U.; Oberender, P. (2004), S. 499 ff.
[165] Vgl. zu Externen Effekten: Luckenbach, H. (2000).

Strategie von B Strategie von A	Bau des Flug- hafens	Verzicht auf Bau des Flughafens
Bau des Flughafens	−30 −30	−30 50
Verzicht auf den Bau des Flughafens	50 -30	0 0

Legende:
Obere Zahl = Nettonutzen für die Region A
untere Zahl = Nettonutzen für die Region B

Bauen beide Regionen einen eigenen Flughafen, machen beide einen Verlust von 30 (50–80); baut B, aber nicht A, macht B einen Verlust von 30, A aber einen Gewinn von 50 (und umgekehrt). Die dominante Strategie ist damit für beide Regionen „Verzicht auf den Bau des Flughafens"; sein Bau unterbleibt, obwohl er volkswirtschaftlich sinnvoll wäre. Ein Ausweg aus diesem Dilemma ist etwa die Bildung eines Zweckverbandes der Regionen A und B (beide bezahlen und unterhalten den Flughafen zu gleichen Teilen) oder die Bezuschussung durch eine übergeordnete Instanz; würde das Land den Bau des Flughafens mit mindestens 30 Mio. € bezuschussen, wären sowohl A als auch B bereit, zu bauen.

Dieses kleine Beispiel zeigt folgende Konsequenzen auf:

▪ Schafft eine Region A Infrastruktur, für deren Nutzung kein kostendeckender Preis gefordert wird und von der auch die Bewohner der Region B profitieren, so kommt es zu einem **positiven externen Effekt** in B; zu denken ist in diesem Zusammenhang etwa neben der Verkehrsinfrastruktur an Bildungs-, Kultur- und Sporteinrichtungen. Es besteht die Gefahr, dass Güter, die mit einem positiven externen Effekt verbunden sind, in einem zu geringen Umfang erstellt und der Öffentlichkeit zur Verfügung gestellt werden.

Ist die Region A ein Ballungsgebiet und nutzt die dort lebende Bevölkerung den Wald in der ländlichen Nachbarregion B kostenlos zur Freizeitgestaltung, so liegt ein weiterer positiver Effekt, diesmal zugunsten von A, vor.

▪ Produzieren dagegen Unternehmen in A, während über eine „Politik der hohen Schornsteine" die hierbei entstehenden Abgase in der Region B als Immissionen in Erscheinung treten, so kommt es zu **negativen externen Effekten** in B. Ähnlich auch, wenn A einen Flughafen baut, die Einflugschneise aber über der Region B verläuft. A würde seine Aktivitäten zu stark ausbauen und hierbei das volkswirtschaftliche Optimum überschreiten.

Das Auftreten externer Effekte führt zu einer suboptimalen Verteilung menschlicher Aktivitäten im Raum und damit zu einer fehlerhaften Siedlungsstruktur, wie wir beispielhaft an dem regionalen Konzentrationsgrad der Produktion in einer Volkswirtschaft deutlich machen wollen. Die Bündelung menschlicher Aktivität auf engem Raum (= Ballung oder Agglomeration) bietet eine Reihe von Vorteilen [166] (geringe Transportkosten, problemloser Austausch von Informationen, kostendeckende Nutzung guter Infrastruktur). Diesen Agglomerationsvorteilen stehen allerdings auch -kosten gegenüber. Zu denken ist hierbei z.B. an die überproportional zur Lärmbelästigung und zum Ausstoß von Schadstoffen steigende Umweltbeeinträchtigung, den hohen Zeitverlust beim Pendeln von Wohn- zu Arbeitsort wegen Überfüllung der Straßen und die notwendige weite Raumüberwindung zwischen landwirtschaftlicher Produktionsstätte und den nur wenigen verbleibenden Absatzzentren. Es ist damit zu rechnen, dass die Agglomerationsvorteile infolge von Kommunikations- und Fühlungsvorteilen mit den Möglichkeiten einer aufgrund steigender Betriebsgröße rentableren Produktion mit zunehmender Ballungsgröße immer weniger stark zunehmen, die Grenznutzenkurve also einen negativen Verlauf hat. Dagegen steigen die Kosten der Agglomeration, vor allem bedingt durch die Umweltverschmutzung, mit zunehmender Ballungsgröße überproportional an. Deren optimale Dimension ist dann erreicht, wenn die Differenz zwischen gesamtwirtschaftlichem Nutzen der Ballung und ihren gesamtwirtschaftlichen Kosten ein Maximum annimmt, wenn also die gesamtwirtschaftlichen Grenznutzen den gesamtwirtschaftlichen Grenzkosten entsprechen. In der folgenden Abbildung ist dies im Punkt B_0 der Fall.

Ein großer Anteil der gesamtwirtschaftlichen Kosten wird aber nicht von den Entscheidungsträgern der Standortwahl, den Unternehmen getragen (soziale Kosten bzw. negative externe Effekte). So tangiert den Unternehmer die Umweltverschmutzung praktisch nicht, wenn er nicht kostenmäßig zur Beseitigung ihrer Folgeschäden herangezogen wird (Verursacherprinzip). Solange es in der Realität (noch) so ist, dass eine Abwälzung der Umweltverschmutzungsschäden auf die Allgemeinheit durch den Unternehmer dadurch möglich ist, dass die negativen Auswirkungen der Produktion entweder gar nicht beseitigt oder die Kosten ihrer Elimination vom Staat übernommen werden, befindet sich die einzelwirtschaftliche unter der gesamtwirtschaftlichen Grenzkostenkurve. Allerdings sind auch die einzelwirtschaftlichen Grenzkosten mit einer steigenden Tendenz versehen, da mit zunehmender Ballungsgröße in der Regel die Grundstückspreise für Gewerbefläche sowie die Löhne der Arbeitskräfte positiv korrelieren.

---

[166] Zu den Agglomerationsvorteilen vgl. Kapitel I.1 Die räumliche Dimension in den Wirtschaftswissenschaften.

Abbildung III.1.1-4:   Optimale und realisierte Ballungsgröße

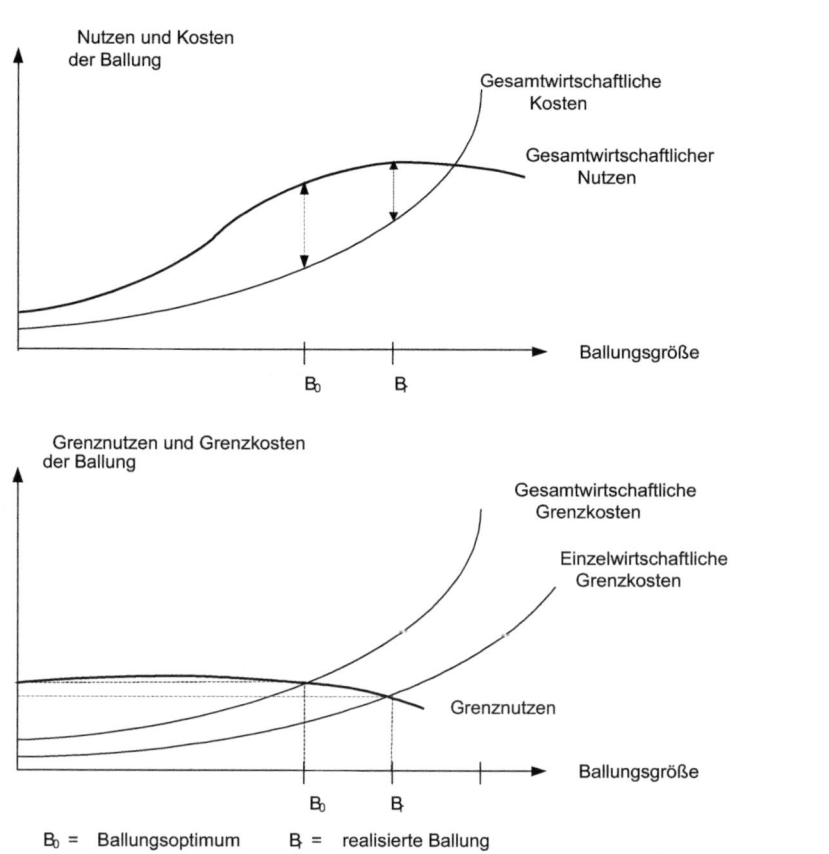

Auch im marktwirtschaftlichen System gibt es also Gegentendenzen gegen eine übermäßige Konzentration, die es allerdings nicht verhindern können, dass die Verstädterungstendenz das volkswirtschaftliche Optimum überschreitet. In unserem Beispiel liegt die realisierte Ballungsgröße B_r deutlich oberhalb von B_0. Umgekehrt würde eine Region, die externen Nutzen produziert, ihr Ballungsoptimum unterschreiten. [167] Die optimale Aufteilung der Produktionsfaktoren auf die Region wäre nicht mehr realisiert.

Aber auch bei einer vollkommenen Internalisierung der externen Effekte kann es wegen auftretender **Informations- und Anpassungsmängel** zu einer suboptimalen räumlichen Verteilung der Produktionsfaktoren über den Markt kommen.

---

[167] In enger Anlehnung an Eckey, H.-F. (1978), S. 71 ff.

Abbildung III.1.1-5:   *Informations- und Anpassungsmängel als Begründung der regionalen Wirtschaftspolitik*

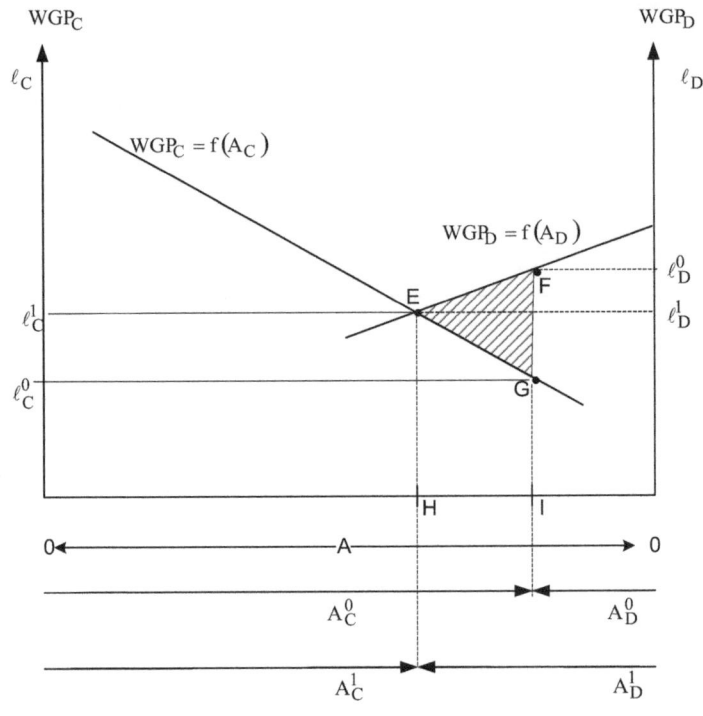

Betrachten wir beispielhaft den Produktionsfaktor Arbeit [168] in seiner Aufteilung auf die beiden Regionen C und D. Es gilt

$$A = A_C + A_D$$

mit

A	= Arbeitsmenge in der gesamten Volkswirtschaft
A_C	= Arbeitsmenge in der Region C
A_D	= Arbeitsmenge in der Region D.

Zum Zeitpunkt t_0 herrsche in C der Lohnsatz ℓ_C^0 und in D der Lohnsatz ℓ_D^0, zu dem die gewinnmaximierenden Unternehmen den Ausgleich mit dem Wertgrenzprodukt der Arbeit WGP suchen und entsprechend A_C^0 bzw. A_D^0 Arbeitskräfte einstellen. Optimal wäre aber eine Aufteilung von A_C^1 und A_D^1, da es dann zu einem Ausgleich

---

[168] Eine analoge Argumentation gilt auch für den Produktionsfaktor Kapital.

der Wertgrenzproduktivitäten kommt und so der gesamtwirtschaftliche Output maximiert wird. Da der Output das Integral des Wertgrenzproduktes darstellt, steigt durch diese Umverteilung des Produktionsfaktors Arbeit der Output in D um EFIH an, während er in C um EGIH zurückgeht. Der gesamtwirtschaftliche Output ist damit in 1 um EFG größer als in 0.

Ein vollkommener Markt würde diese optimale Aufteilung von A in A_C^1 und A_D^1 realisieren. Die Arbeitskräfte streben nach Einkommensmaximierung. Da in 0 $\ell_D > \ell_C$, können in C lebende Arbeitskräfte ihr Einkommen steigern, wenn sie von C nach D wandern. Dieser Wanderungsprozess kommt zum Erliegen, wenn $\ell_C^1 = \ell_D^1$ ist, was bei gewinnmaximierenden Unternehmen zu der Beschäftigung von A_C^1 und A_D^1 Arbeitskräften führt. Dieser im vollkommenen Markt unterstellten vollkommenen Mobilität von Produktionsfaktoren stehen aber Informations- und Anpassungsmängel gegenüber.

- Häufig sind Arbeitskräfte gar nicht darüber informiert, wo ihnen besser dotierte Arbeitsplätze zur Verfügung stehen.

- Die im Modell unterstellte Homogenität des Produktionsfaktors Arbeit ist in der Realität häufig nicht gegeben. Der Bergmann des Ruhrgebiets kann den angebotenen Arbeitsplatz eines Computerfachmanns im Raum München wegen anderer Qualifikation nicht besetzen.

- Menschen sind eingebettet in soziale Netzwerke. Verwandten- und Bekanntenkreis, Mitwirkung in Vereinen, der Wunsch nach Vermeidung des Schulwechsels für Kinder usw. führen dazu, dass Arbeitskräfte nur eingeschränkt regional mobil sind.

- Bei einem Umzug treten nicht nur hohe soziale, sondern auch pekuniäre Kosten (Umzugskosten, Maklergebühren, neue Möbel in anderer Wohnung), die bei einem weiteren Umzug verloren sind („sunk costs"), auf.

III.1.2 Außerökonomische Begründungen

Wäre der Markt ideal, was er aber in der Realität nicht ist, lässt sich dennoch die Notwendigkeit der regionalen Wirtschaftspolitik begründen. Das marktwirtschaftliche System ist nur für die Verfolgung jener Ziele geeignet, die ökonomisch begründet sind. Werden dagegen in einer Gesellschaft außerökonomische Ziele angestrebt, so bedürfen auch die Ergebnisse eines vollkommenen Marktes einer Korrektur. So lässt sich regionale Wirtschaftspolitik auch unter **verteilungspolitischen Aspekten** rechtfertigen (Sozialstaatsprinzip). Wie die Sozialpolitik der Verbesserung der Lebenssituation bedürftiger Individuen dient, ist es danach Ziel der regionalen Wirtschaftspolitik, interregionale Entwicklungsunterschiede nicht zu groß werden zu lassen und dafür Sorge zu tragen, dass auch strukturschwache Regionen angemessen an der allgemeinen Wohlstandsentwicklung teilnehmen.[169]

Das Gerechtigkeitsargument als Begründung für die Notwendigkeit einer Raumwirtschaftspolitik schlägt sich auch häufig in der Forderung nach dem **Ausgleich von Standortnachteilen** nieder. So sind im interregionalen Wettbewerb um Arbeitsplätze und Investitionen jene Wirtschaftsräume benachteiligt, die

- eine periphere Lage in einer Volkswirtschaft haben. Sie müssen hohe Transportkosten in Kauf nehmen und profitieren nur wenig von positiven Überschwappeffekten strukturstarker, zentral gelegener Regionen.

- eine schlechte Infrastruktur besitzen. Hat die Zentralregierung Wirtschaftsräume beim Ausbau der Infrastruktur vernachlässigt (großräumige Verkehrswege, Flughäfen, Universitäten usw.), so haben sie erhebliche Standortnachteile, die nicht von ihnen selbst zu verantworten sind.

- historisch belastet sind. Die heutige Stärke im interregionalen Wettbewerb hängt auch von der wirtschaftlichen Entwicklung einer Region in der Vergangenheit ab; sie ist pfadabhängig. So legt wirtschaftlicher Erfolg in der Vergangenheit die Grundlage für unternehmerisches Know-how, die Bildung von Unternehmensnetzwerken, eine gute Ausbildung der Bevölkerung und eine gute regionale Infrastruktur (Schulen, Gewerbegebiete usw.).

Würden diese divergierenden Startpositionen im Wettbewerb der Regionen nicht ganz oder doch zumindestens teilweise ausgeglichen, so würde er als unfair empfunden,

---

[169] Gesetzliche Grundlage hierfür ist u.a. Artikel 72(2) des Grundgesetzes: „Der Bund hat in diesem Bereich (der konkurrierenden Gesetzgebung, d.V.) das Gesetzgebungsrecht, wenn und soweit die Herstellung gleichwertiger Lebensverhältnisse im Bundesgebiet … eine bundesgesetzliche Regelung erforderlich macht." (Vgl. Grundgesetz für die Bundesrepublik Deutschland, BGBl. 1949, 1, zuletzt geändert durch Art. 1 G vom 26.07.2002, I 2863). Danach bleibt aber offen, ab welchen regionalen Entwicklungsunterschieden das Ziel der Herstellung gleichwertiger Lebensverhältnisse verletzt ist bzw. ob mit diesem Ziel Ergebnis- oder Chancengleichheit gemeint ist. Zur aktuellen Deutung des Begriffs der gleichwertigen Lebensbedingungen vgl. Akademie für Raumforschung und Landesplanung (2006).
Siehe hierzu auch das Kapitel III.2.1.3 Das Ausgleichsziel.

vergleichbar einem Hundertmeterlauf, bei dem einzelne Läufer einen Vorsprung erhielten.

Die Stabilisierung der Gesellschaft durch eine **Vermeidung sozialer Unruhen** stellt eine weitere Begründung für die regionale Strukturpolitik dar. Vom Strukturwandel negativ betroffene Wirtschaftsräume erhalten Hilfen, die auf der einen Seite den Strukturanpassungsprozess verlangsamen und auf der anderen Seite Grundlagen für die Schaffung neuer, zukunftsträchtiger ökonomischer Aktivitäten legen. Der Strukturwandel, der ansonsten evtl. die Bevölkerung überfordert und zu sozialen Unruhen geführt hätte, wird sozial verträglicher gestaltet.

Auch noch unter anderen Aspekten dient regionale Wirtschaftspolitik der Stabilisierung eines Staates. Periphere, grenznahe Regionen sind häufig durch zentrifugale Kräfte geprägt und drängen aus einem Staatsverband hinaus. Korsika in Frankreich, das Baskenland in Spanien und Nordirland in Großbritannien sind Beispiele für solche Regionen. Die dortige Hebung des Lebensstandards durch Maßnahmen der Regionalpolitik schwächen die zentrifugalen Kräfte und stärken den bestehenden Staatsverband, indem sie die Zufriedenheit der Bevölkerung erhöhen.

Für ein Eingreifen des Staates in die räumliche Verteilung ökonomischer Aktivitäten lassen sich ökonomische und außerökonomische Begründungen anführen. Bei der ökonomischen Begründung wird das Ergebnis eines vollkommenen Marktes als gesellschaftliches Optimum angesehen, aber deutlich gemacht, dass der Markt eben nicht vollkommen ist, sondern durchaus verzerrende Rigiditäten aufweist, von denen hier die externen Effekte und die Informations- und Anpassungsmängel, insbesondere die eingeschränkte Mobilität der Produktionsfaktoren, besonders wichtig sind.

Bei der außerökonomischen Begründung wird ein regionalpolitisches Handeln selbst dann gefordert, wenn der Markt ideal wäre, weil es neben wirtschaftlichen auch andere gesellschaftliche Ziele gibt. Zu diesen gehört der Wunsch nach dem Ausgleich von Standortnachteilen zur Herstellung eines fairen interregionalen Wettbewerbs, die räumliche Variante der Sozialpolitik, die sich in einem Wunsch nach gleichwertigen Lebensbedingungen in allen Regionen einer Volkswirtschaft äußert, und die Stärkung der Anbindung peripherer Regionen an einen Staat.

III.2 Regionale Wirtschaftspolitik in der Theorie

III.2.1 Ziele der regionalen Wirtschaftspolitik

III.2.1.1 Das Wachstumsziel

Die erste wichtige Entscheidung im Rahmen der regionalen Wirtschaftspolitik bezieht sich auf die Frage, welches Ziel bzw. welche Ziele im Rahmen der Raumwirtschaftspolitik angestrebt werden soll(en). Solche Ziele bestehen in Wachstum, Stabilität, Ausgleich und Nachhaltigkeit.

Die regionale Wirtschafts- als **Wachstumspolitik** hat die Aufgabe, die Produktionsfaktoren so im Raum zu verteilen, dass der Output der gesamten Volkswirtschaft maximiert wird. Dies ist dann der Fall, wenn es zu einem interregionalen Ausgleich der Grenzproduktivitäten gekommen ist; dann ist es nicht mehr möglich, durch eine räumliche Umverteilung der Produktionsfaktoren den gesamtwirtschaftlichen Output zu steigern.[168]

Wir greifen auf Abbildung III.1.1.-3 zurück und bestimmen jene optimale Produktionsaufteilung Y_1^{opt} und Y_2^{opt} auf die beiden Regionen R_1 und R_2, die den gesamtwirtschaftlichen Output maximiert.

Abbildung III.2.1.1-1: Optimale Aufteilung der Produktion auf zwei Regionen bei Verfolgung des gesamtwirtschaftlichen Wachstumsziels

---

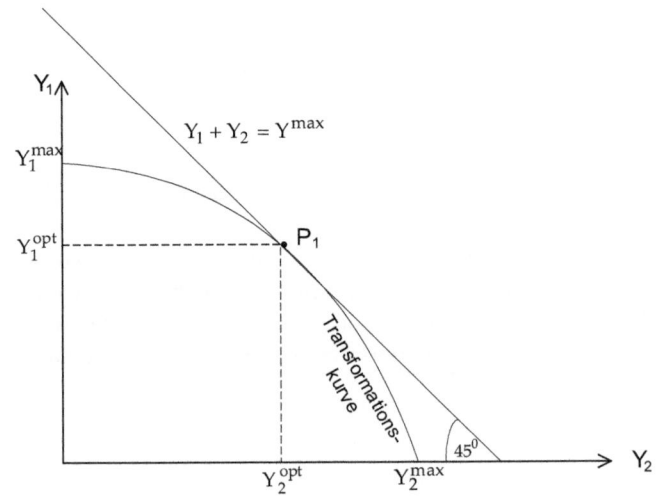

---

[168] Siehe Beweis III.2.1.1-1 im Anhang.

Bei abnehmenden Skalenerträgen und gleichen Produktionsfunktionen ergibt sich eine eindeutige Lösung $Y_1^{opt} = Y_2^{opt}$. Andere Produktionsfunktionen führen zu anderen optimalen Verteilungen der Produktionsfaktoren im Raum.

Übersicht III.2.1.1-1:   *Aufteilung der Produktionsfaktoren auf zwei Wirtschaftsräume bei Verfolgung des Wachstumsziels*

Region 1 \ Region 2		Abnehmende	Konstante	Zunehmende
		Skalenerträge		
Abnehmende	Skalenerträge	Gleiche Produktion in beiden Regionen / Produziert wird in beiden Regionen, aber mehr in der produktiveren	Ausschließlich Produktion in der Region 2	Ausschließlich Produktion in der Region 2
Konstante		Ausschließlich Produktion in der Region 1	Beliebige Aufteilung der Produktion auf beide Regionen	Ausschließlich Produktion in der Region 2
Zunehmende		Ausschließlich Produktion in der Region 1	Ausschließlich Produktion in der Region 1	Ausschließlich Produktion in der Region 1 oder der Region 2 / Ausschließlich Produktion in der produktiveren Region

Legende für zweigeteilte Kästchen:

Gleiche Exponenten in der Produktionsfunktion
Unterschiedliche Exponenten in der Produktionsfunktion

Beispiel III.2.1.1- 1

Es sei $Y_1 = A_1^{0,6} \cdot K_1^{0,3}$ und $Y_2 = A_2^{0,5} \cdot K_2^{0,25}$ mit $A_1 + A_2 = 100$ und $K_1 + K_2 = 100$. Wir erwarten aufgrund der vorstehenden Übersicht eine Produktion in beiden Wirtschaftsräumen, aber eine Mehrproduktion in R_1.

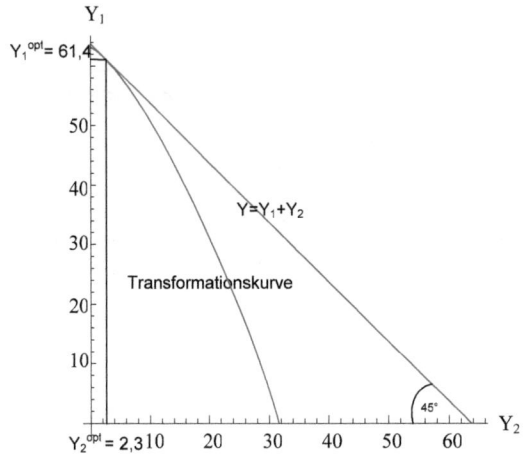

Eine ausschließliche Konzentration der Produktion in R_1 (R_2) würde zu einem gesamtwirtschaftlichen Output von 63,1 (31,6) führen, die sich bei einer Aufteilung der Produktion auf beide Regionen aber steigern ließe. Es ist

$$\frac{dY_1}{dA_1} = 0,6 \cdot \frac{K_1^{0,3}}{A_1^{0,4}}$$

$$\frac{dY_1}{dK_1} = 0,3 \cdot \frac{A_1^{0,6}}{K_1^{0,7}}$$

$$\frac{dY_2}{dA_2} = 0,5 \cdot \frac{K_2^{0,25}}{A_2^{0,5}}$$

$$\frac{dY_2}{dK_2} = 0,25 \cdot \frac{A_2^{0,5}}{K_2^{0,75}}.$$

Da $A_2 = 100 - A_1$ und $K_2 = 100 - K_1$, erhalten wir mit

$$\frac{dY_1}{dA_1} = \frac{dY_2}{dA_2}$$

$$\frac{dY_1}{dK_1} = \frac{dY_2}{dK_2}$$

ein System von zwei Gleichungen mit zwei unbekannten A_1 und K_1, die zu den Lösungen

$$A_1 = 97{,}0\,, \quad A_2 = 3{,}0\,, \quad A_1 + A_2 = 100$$
$$K_1 = 97{,}0\,, \quad K_2 = 3{,}0\,, \quad K_1 + K_2 = 100$$
$$Y_1 = 61{,}4\,, \quad Y_2 = 2{,}3\,, \quad Y_1 + Y_2 = 63{,}7$$

führen. Es ist dann

$$\frac{dY_1}{dA_1} = \frac{dY_2}{dA_2} = 0{,}380$$

$$\text{und} \quad \frac{dY_1}{dK_1} = \frac{dY_2}{dK_2} = 0{,}190\,.$$

Verantwortlich für diese Diskrepanz zwischen einer realisierten und einer gesamtwirtschaftlich optimalen Aufteilung auf die Regionen können externe Effekte, Informationsmängel und eingeschränkte Mobilitäten sein.[169]

Für das Jahr 2004 haben wir eine Produktionsfunktion für die regionalen Arbeitsmärkte in Deutschland geschätzt.[170] Danach

■ ist die Produktion in westdeutschen Regionen (bei gleich hohem Einsatz an Produktionsfaktoren) im Durchschnitt 1,39mal so hoch wie in ostdeutschen Regionen

■ betragen – neben weiteren erklärenden Variablen wie Patente, wechselseitige Abhängigkeiten und räumliche Spillover-Effekte – die Produktionselastizitäten für das Sachkapital (Humankapital, Arbeit) 0,222 (0,100; 0,543).

Leiten wir die Produktionsfunktion nach den Produktionsfaktoren ab, so erhalten wir die für eine wachstumsorientierte Regionalpolitik benötigten Grenzproduktivitäten, die wir für den Produktionsfaktor Arbeit in Abbildung III.2.1.1-2 dargestellt haben. Sie ist in den prosperierenden Zentren Hamburg, Düsseldorf, Rhein-Main-Gebiet, Stuttgart und München am höchsten. Mit Ausnahme von Berlin liegt die Grenzproduktivität in Ostdeutschland unter 40.000 €. Damit legt das Konzept einer wachstumsorientierten Regionalpolitik die Unterstützung von Wanderungen zugunsten westdeutscher Agglomerationen nahe.

---

[169] Vgl. Kapitel III.1 Begründung für regionale Wirtschaftspolitik in einem marktwirtschaftlichen System.
[170] Eckey, H.-F./ Kosfeld, R./Türck,M. (2005).

Abbildung III.2.1.1-2: Grenzproduktivität der Arbeit (dY$_i$/dA$_i$ in 1000 €) in deutschen Arbeitsmarktregionen 2004

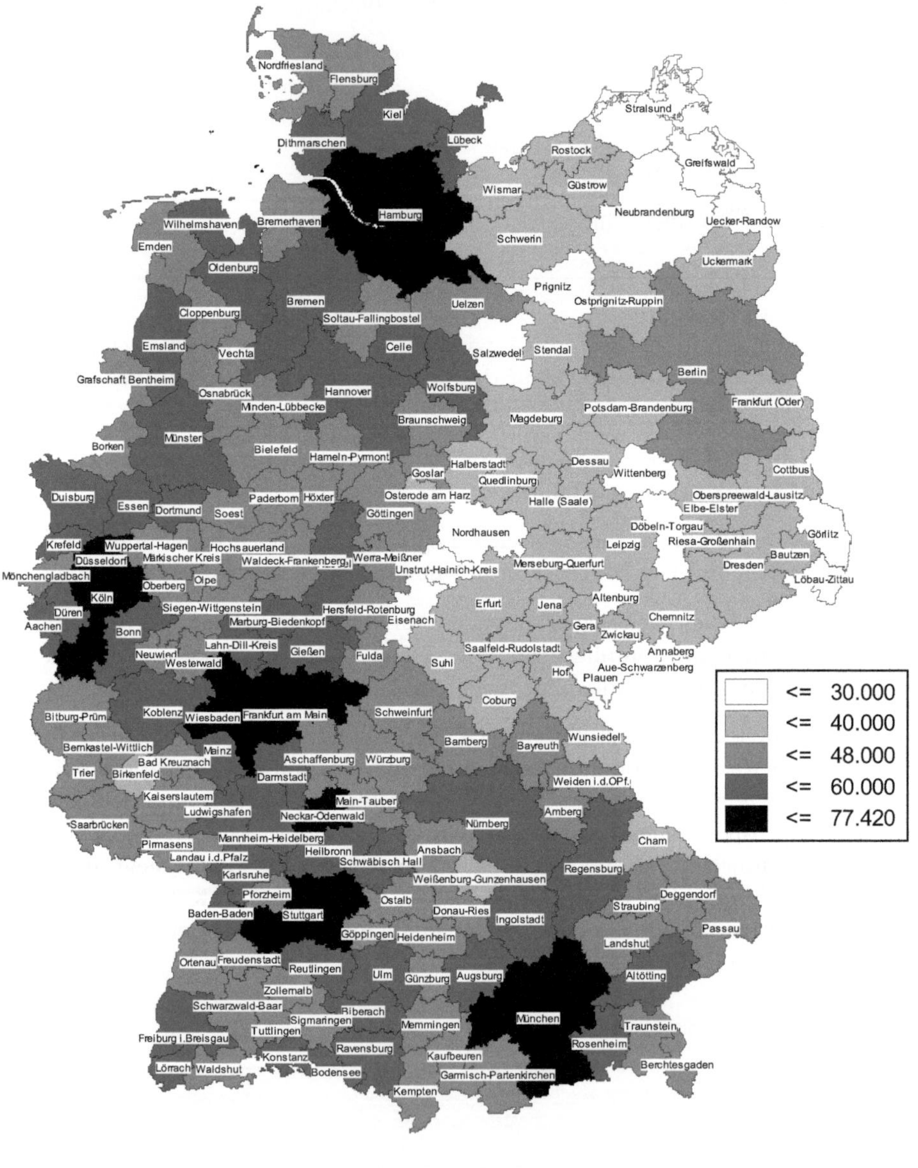

Gegen eine solche wachstumsorientierte regionale Wirtschaftspolitik werden eine Reihe von Einwänden erhoben, von denen zwei besonders wichtige hier Erwähnung finden sollen:

▪ Eine interregionale Lenkung von Produktionsfaktoren anhand ihrer Grenzproduktivitäten überfordert Politik und Wissenschaft und ist außerdem unlogisch. Valide regionsspezifische Produktionsfunktionen sind praktisch nicht zu schätzen (= „Anmaßung von Wissen" nach von Hayek [171]); sie benötigen Informationen über Arbeit, Kapital, Infrastruktur, technologischen Stand usw., die nicht oder nur rudimentär vorhanden sind. Außerdem wäre eine solche Schätzung unlogisch. Eine Produktionsfunktion baut auf Wertgrößen auf, die neben einer Mengen- auch eine Preiskomponente enthalten. Geben die Preise die volkswirtschaftliche Knappheit von Gütern richtig wieder, funktioniert der Markt also, benötigen wir keine korrigierenden Eingriffe durch Maßnahmen der regionalen Wirtschaftspolitik. Funktioniert der Markt aber z.B. aufgrund externer Effekte nicht, ist also eigentlich die Notwendigkeit eines Staatseingriffs gegeben, so dürfen die Marktpreise nicht zur Schätzung der Grenzproduktivitäten genutzt werden. Entweder ist die wachstumsorientierte regionale Wirtschaftspolitik überflüssig oder ihr fehlen die notwendigen Informationen. Damit bewegt sie sich zwischen Obsoleszenz und Überforderung.

▪ Eine wachstumsorientierte Raumwirtschaftspolitik geht von dem Erscheinungsbild einer Region aus, wie es sich in der Realität darstellt. Die Orientierung an Grenzproduktivitäten bezieht sich auf effektive Produktionsergebnisse. Sie lenken ihr Augenmerk also auf das, was ist, und nicht auf das, was in einer Region sein könnte. Diese Verhaltensweise kann zu Empfehlungen in Bezug auf die räumliche Verteilung von Produktionsfaktoren führen, die keineswegs zur Maximierung des gesamtwirtschaftlichen Wachstums beiträgt. Ist z.B. eine Region durch eine veraltete Sektoralstruktur gekennzeichnet, wird ihre Grenzproduktivität darauf hindeuten, dass Investitionen in diesem Wirtschaftsraum nur einen geringen Beitrag zum gesamtwirtschaftlichen Wachstum leisten und deshalb unterbleiben sollten. Eine Aussage in dieser Richtung vernachlässigt aber vollkommen, dass bei Ansiedlung von Betrieben anderer Wirtschaftssektoren mit größeren Zukunftsaussichten evtl. eine Produktivität realisiert werden kann, die die anderer Regionen weit übersteigt. Nach Ansicht von Giersch [172] ist es deshalb nicht zulässig, sich mit Hilfe der Produktivität auf eine gegebene sektorale Zusammensetzung zu beziehen; vielmehr ist es angebracht, den Wachstumsbeitrag bei alternativen Ausgangssituationen der Regionen zu berechnen. Nicht mehr die Produktivität bei einer gegebenen Ausgangssituation, sondern das **Wachstumspotenzial** bei alternativen Ausgangssituationen ist der wachstumsoptimale Entscheidungsparameter. Er erfordert aber ebenfalls Wissen, das die Politik nicht hat.

---

[171] Hayek, F.A. von (1960).
[172] Vgl. Giersch, H. (1964).

III.2.1.2   Das Stabilitätsziel

Neben eine Vergrößerung des gesamtwirtschaftlichen Outputs tritt als zweite Aufgabe der regionalen Wirtschaftspolitik das **Stabilitätsziel**. Zur Definition von (In-) Stabilität greifen wir auf den Begriff des Gleichgewichts zurück. Gleichgewicht auf einem Markt bedeutet, dass alle dort handelnden Wirtschaftssubjekte ihre Erwartungen erfüllt sehen; es besteht für sie keine Notwendigkeit, ihre Planung und ihr Handeln abzuändern. Wird dieses Gleichgewicht (etwa durch das Auftreten externer Schocks) verlassen, so gibt es zwei Möglichkeiten: Der Markt kehrt aus eigener Kraft heraus zum Gleichgewicht zurück; er ist stabil. Oder: Dem Markt gelingt es nicht, aus eigener Kraft heraus zum Gleichgewicht zurückzukehren; er ist instabil und bedarf flankierender staatlicher Maßnahmen.

Abbildung III.2.1.2-1: Einflussfaktoren von Arbeitsplatznachfrage und -angebot

---

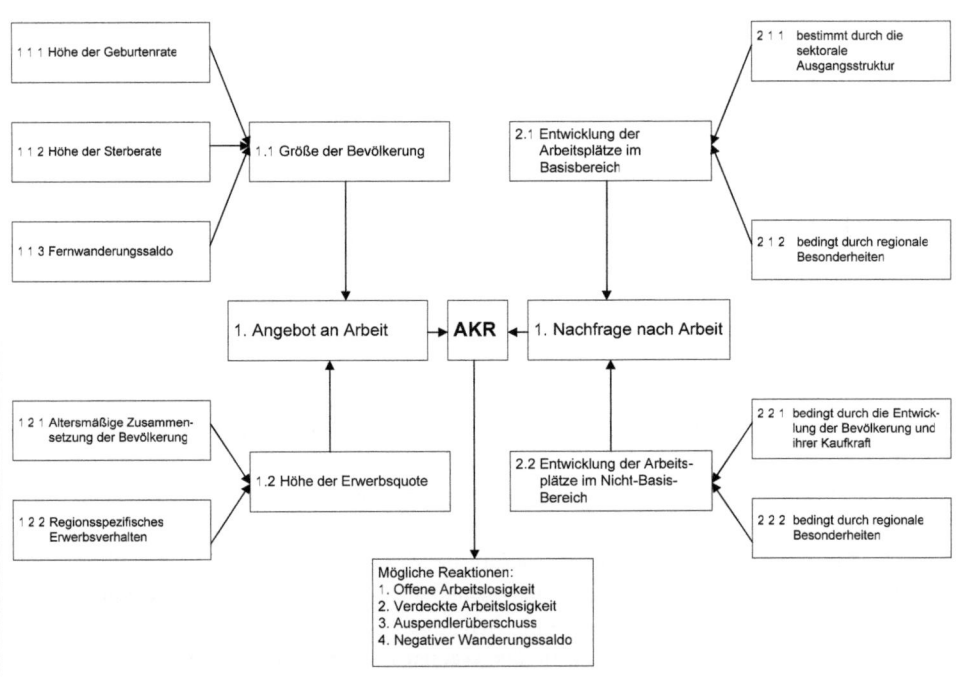

Quelle: In Anlehnung an Eckey, H.-F. (1978), S. 75 [173]

---

[173] Zur Definition von Basis- und Nicht-Basis-Bereich vgl. Kapitel II.3.3.2 Die postkeynesianische Wachstumstheorie.

Regionale Instabilitäten äußern sich u.a. in im Zeitablauf unterschiedlichen Auslastungen der Produktionsfaktoren, die wir beispielhaft für den Produktionsfaktor Arbeit mit Hilfe des sog. Arbeitskraftreservekoeffizienten AKR messen wollen, den wir als $\frac{\text{Angebot an Arbeit - Nachfrage nach Arbeit}}{\text{Angebot an Arbeit}}$ definieren. Ist der AKR >0 (<0), so herrscht in einer Region Arbeitsplatzmangel (Arbeitsplatzüberschuss) und damit Instabilität.

Der AKR weist kurz-, mittel- und langfristige Bewegungen auf, wie sie aus Abbildung III.2.1.2-2 hervorgehen.

Abbildung III.2.1.2-2: Zeitliche Entwicklung des Arbeitskraftreservekoeffizienten

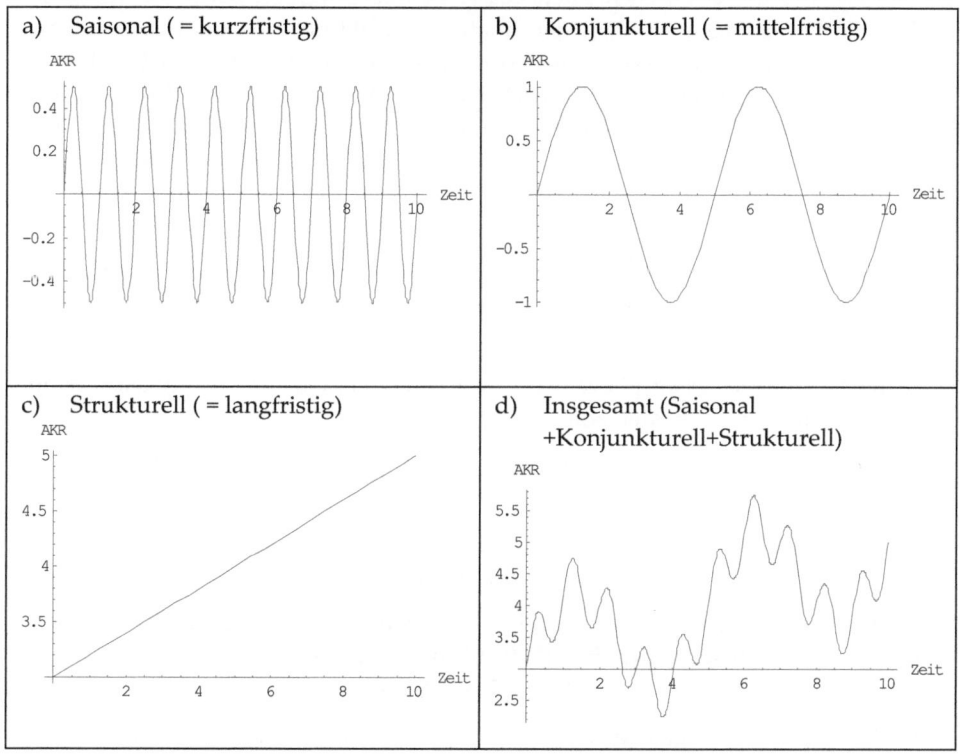

Saisonale Schwankungen des AKR ergeben sich aus Witterungseinflüssen und jahreszeitlichen Schwankungen der Nachfrage (Tourismus, Weihnachtsartikel usw.).

Besonders stark von konjunkturellen Schwankungen sind jene Wirtschaftsräume getroffen, die

- durch ein Übergewicht relativ konjunktursensibler Wirtschaftszweige geprägt sind.

- überdurchschnittlich vielen Zweigbetrieben als Standort dienen. „Sie werden von Produktionseinschränkungen besonders früh und intensiv getroffen, da hier die Wiedereinstellung neuer Arbeitskräfte im Aufschwung relativ leicht möglich ist, während in den in Ballungsräumen gelegenen Mutterunternehmen die Beschäftigten auch in Tiefkonjunkturen gehalten werden." [174]

- viele Kleinunternehmen aufweisen, da diese Konjunkturbewegungen nicht wie Großunternehmen innerbetrieblich auffangen können.

Im Mittelpunkt des politischen Interesses stehen aber weniger saisonale oder konjunkturelle Bewegungen, sondern der langfristig strukturelle Aspekt des Stabilitätsziels. Danach ist jenen Regionen zu helfen, die einen hohen Zuwachs an Arbeitskräften oder (und) einen überdurchschnittlichen Rückgang an Arbeitsplätzen aufweisen. Zwar haben noch einige ländliche Regionen in Deutschland einen Geburtenüberschuss, doch werden langfristige Instabilitäten vor allem durch ein so schnelles Wegbrechen von Arbeitsplätzen hervorgerufen, dass die Region selber mit dieser Situation überfordert ist. Verantwortlich hierfür sind vor allem folgende Gründe:

- die regionale Konzentration von schrumpfenden oder gar sterbenden Wirtschaftszweigen (Landwirtschaft, Kohle, Textil und Bekleidung u.ä.),

- der hohe Anteil von Zweigunternehmen, die nur eine relativ kurze Lebensdauer haben und deren Arbeitsplätze, weil nicht von hoher Qualität, relativ leicht in andere Länder verlegt werden können,

- der Umbruch des Systems (Ostdeutschland), der alte Produkte, Produktionsverfahren und Absatzkanäle wertlos werden lässt,

- eine verfehlte kommunale und regionale Wirtschaftspolitik, die den Wirtschaftsraum in seiner relativen Standortattraktivität zurückfallen lässt.

Von den Reaktionsformen auf einen hohen AKR betrachten wir die Arbeitslosenquote [Arbeitslose : Erwerbspersonen (in %)], die für die regionalen Arbeitsmärkte im Jahresdurchschnitt 2004 aus Abbildung III.2.1.2-3 hervorgeht.

Deutlich wird ein Raumgefälle von Nordost nach Südwesten. Bei Verfolgung des Stabilitätsziels ist die regionale Strukturpolitik aufgerufen, vor allem den Wirtschaftsräumen in den neuen Bundesländern zu helfen. Es gilt, dort die Konjunktur- und Strukturkrisenresistenz der ansässigen Betriebe zu erhöhen, also ihre Anpassung an neue Rahmenbedingungen unterstützend zu begleiten, und neue Betriebe anzusiedeln.

---

[174] Eckey, H.-F. (1978), Kapitel B.II.2.

Abbildung III.2.1.2-3: Arbeitslosenquote (in %) 2004 in den regionalen Arbeitsmärkten Deutschlands

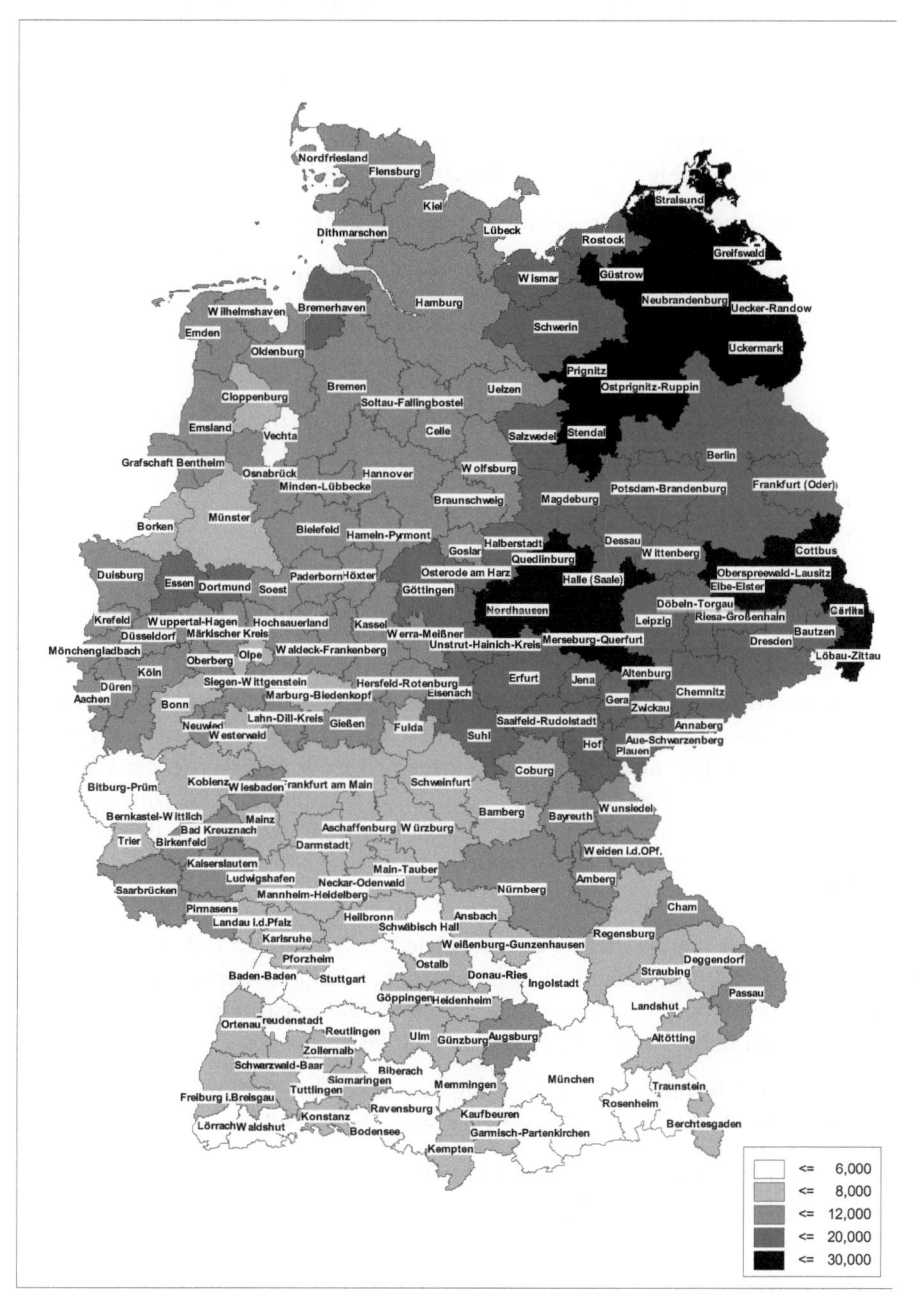

III.2.1.3 Das Ausgleichsziel

Ausgleich kann allgemein als Verringerung der Streuung einer Variablen interpretiert werden. Für n regionale Arbeitsmärkte und die Variable V gilt das Ziel:

III.2.1.3-1 $\sum_{j=1}^{n}\left(V_j - \overline{V}\right)^2 \rightarrow \text{Minimum}$

„In ethischer Begründung lassen sich Verbindungslinien ziehen zu zentralen Begriffen wie Nächstenliebe, Brüderlichkeit, Solidarität, aber auch sozialem Frieden.

Auf suprastaatlicher Ebene verfolgt die EU das Ziel der territorialen Kohäsion.

Im deutschen Verfassungsrecht gibt es vier Anknüpfungspunkte:

a) ‚Gleichwertige Lebensverhältnisse' lassen sich als die regionale Ausprägung des Sozialstaatsprinzips interpretieren.

b) Aus dem Bundesstaatsprinzip wird das Konzept der ‚bündischen Solidarität' und der ‚Bundestreue' abgeleitet.

c) In der Kompetenznorm des Art. 72 GG wird der Begriff ‚Gleichwertige Lebensverhältnisse' konkret verwendet.

d) In der Steuerverteilungsnorm des Art. 106 GG wird auf die ‚Einheitlichkeit der Lebensverhältnisse' Bezug genommen.

Die ‚gleichwertigen Lebensverhältnisse' sind im Raumordnungsgesetz (seit 1997) und in verschiedenen Landesplanungsgesetzen gesetzlich normiert. Unabhängig von der Existenz von ethischen und rechtlichen Normen ist jeder Politiker in der Demokratie gut beraten, die Norm zu berücksichtigen. Eine ökonomische Begründung gibt es nicht; es sei denn, die (sozialen) Kosten von Wanderungen, die mit ungleichen Lebensverhältnissen einhergehen können, überstiegen nachweislich die (sozialen) Nutzen." [175]

Verantwortlich für die Verletzung des Ausgleichsziels sind unterschiedliche regionale Produktionsbedingungen, die in strukturschwachen Regionen etwa auf eine schlechte Infrastruktur, eine periphere Lage, eine veraltete Sektoralstruktur oder fehlende Agglomerationsvorteile zurückgeführt werden können.[176]

Wir wollen im Folgenden die Realisierung des Ausgleichsziels mit Hilfe des Wanderungssaldos der 25- bis 50jährigen messen; dies deshalb, weil

■ die 25- bis 50jährigen arbeitsplatzorientiert wandern, also auf wirtschaftliches Gefälle reagieren. Dieses Gefälle kann in regional unterschiedlichen Arbeitslosenquo-

---

[175] Borchard, K.; Mäding, H.; Zimmermann, H. (2005), S. 1.
[176] Vgl. Übersicht II.3.2-1 in Kapitel II.3.2 Faktoren der Wettbewerbsfähigkeit von Regionen.

ten, Einkommenswertigkeiten der Arbeitsplätze, ihrer divergierenden Struktur- und Konjunkturkrisenresistenz und den eigenen Vorstellungen entsprechenden Arbeitsbedingungen liegen.

- Zu- und Abwanderungen die Lebenssituation in einer Region umfassend zum Ausdruck bringen. Sie können als „Abstimmung mit Füßen" interpretiert werden; Abwanderungen signalisieren, dass andere Räume als attraktiver eingeschätzt werden als die bisherige Heimatregion.

Bei Verfolgung des Ausgleichsziels liegt es, wie Abbildung III.2.1.3-1 zum Ausdruck bringt, nahe, die Regionalförderung auf Ostdeutschland zu konzentrieren, da vor allem die dortigen Wirtschaftsräume unter Abwanderung leiden.

Abbildung III.2.1.3-1: Wanderungssaldo (Zuzüge – Fortzüge/1000 Einwohner) der 25- bis 50jährigen in den regionalen Arbeitsmärkten Deutschlands 2004

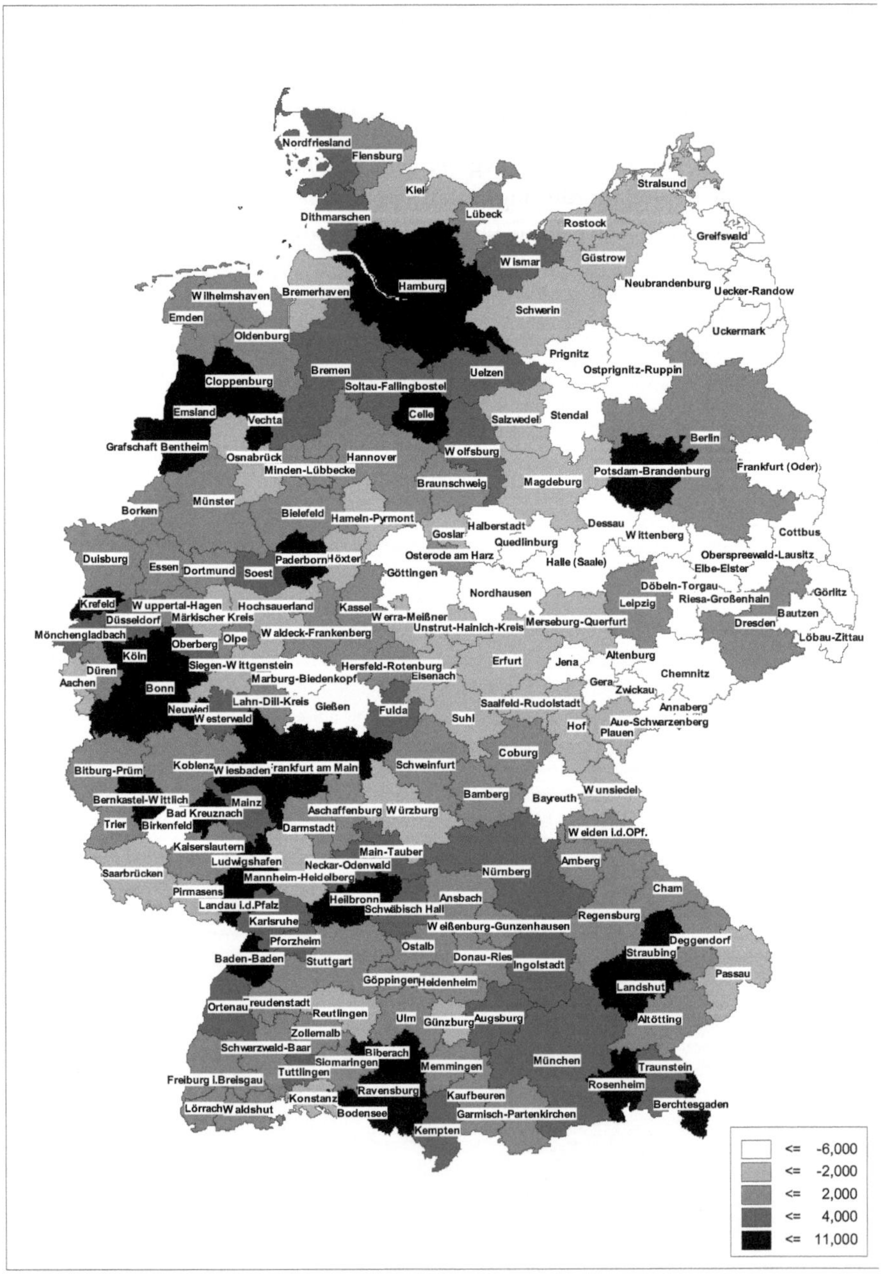

	<= -6,000
	<= -2,000
	<= 2,000
	<= 4,000
	<= 11,000

III.2.1.4 Das Nachhaltigkeitsziel

Neben Wachstum, Stabilität und Ausgleich wird im Rahmen der regionalen Wirtschaftspolitik auch das Nachhaltigkeitsziel angestrebt. Nachhaltigkeit ist als Art des Wirtschaftens definiert, bei welcher die Befriedigung der Bedürfnisse der heute lebenden Generation nicht zulasten zukünftiger Generationen geht. Sie konkretisiert sich in drei Managementregeln:

- Nachwachsende Rohstoffe wie Holz sollen maximal in einer Menge verbraucht werden, wie sie nachwachsen.

- Nicht nachwachsende Rohstoffe sollen maximal in einer Menge verbraucht werden, wie alternative Versorgungssysteme aufgebaut werden (etwa Ersatz von Kohle und Erdöl durch Solarenergie).

- Emissionen wie Abgase, Abwässer und Abfälle sind nur in einem Umfang gestattet, wie sie von der Natur ohne Verschlechterung aufgenommen (absorbiert) werden können.

Verantwortlich für Verstöße gegen die Nachhaltigkeit ist vor allem das Auftreten externer Effekte.

Die Forderung nach einer nachhaltigen Raumentwicklung ist im Zielsystem der regionalen Strukturpolitik relativ neu. Eine intensive Diskussion setzte in Deutschland Mitte der 90er Jahre des vorigen Jahrhunderts mit der Vorbereitung auf die Weltsiedlungskonferenz Habitat II der Vereinten Nationen 1996 in Istanbul ein. Im Konzept der Nachhaltigkeit tritt zur ökonomischen Wettbewerbsfähigkeit von Regionen, die wir bereits über das Stabilitätsziel erfasst haben, und der sozialen und räumlichen Gerechtigkeit (= Ausgleichsziel) der Schutz natürlicher Lebensgrundlagen. Das Bundesamt für Bauwesen und Raumordnung (BBR) hat einen Indikatorenkatalog zur nachhaltigen Regionalentwicklung aufgestellt [177] und an den Bundesraumordnungsregionen [178] gemessen. Über Indikatoren wie Flächeninanspruchnahme, geschützte Gebiete sowie Energie-, Abfall- und Gewässersituation kommt sie zu dem aus Abbildung III.2.1.4-1 ersichtlichen Resultat.

Erwartungsgemäß finden sich die größten ökologischen Defizite in alten Industrieregionen wie Bremen, Nürnberg, dem Ruhrgebiet und dem Saarland, denen im Rahmen einer an Nachhaltigkeit orientierten regionalen Strukturpolitik bevorzugt dabei geholfen werden müsste, die natürlichen Lebensgrundlagen zu bewahren.

---

[177] Vgl. Bundesamt für Bauwesen und Raumordnung (Hrsg.) (2005), S. 93.
[178] Vgl. Abbildung II.3.1-5 Bundesraumordnungsregionen in Kapitel II.3.1 Begriff der Region.

Abbildung III.2.1.4-1: Defizite in der nachhaltigen Regionalentwicklung 2001

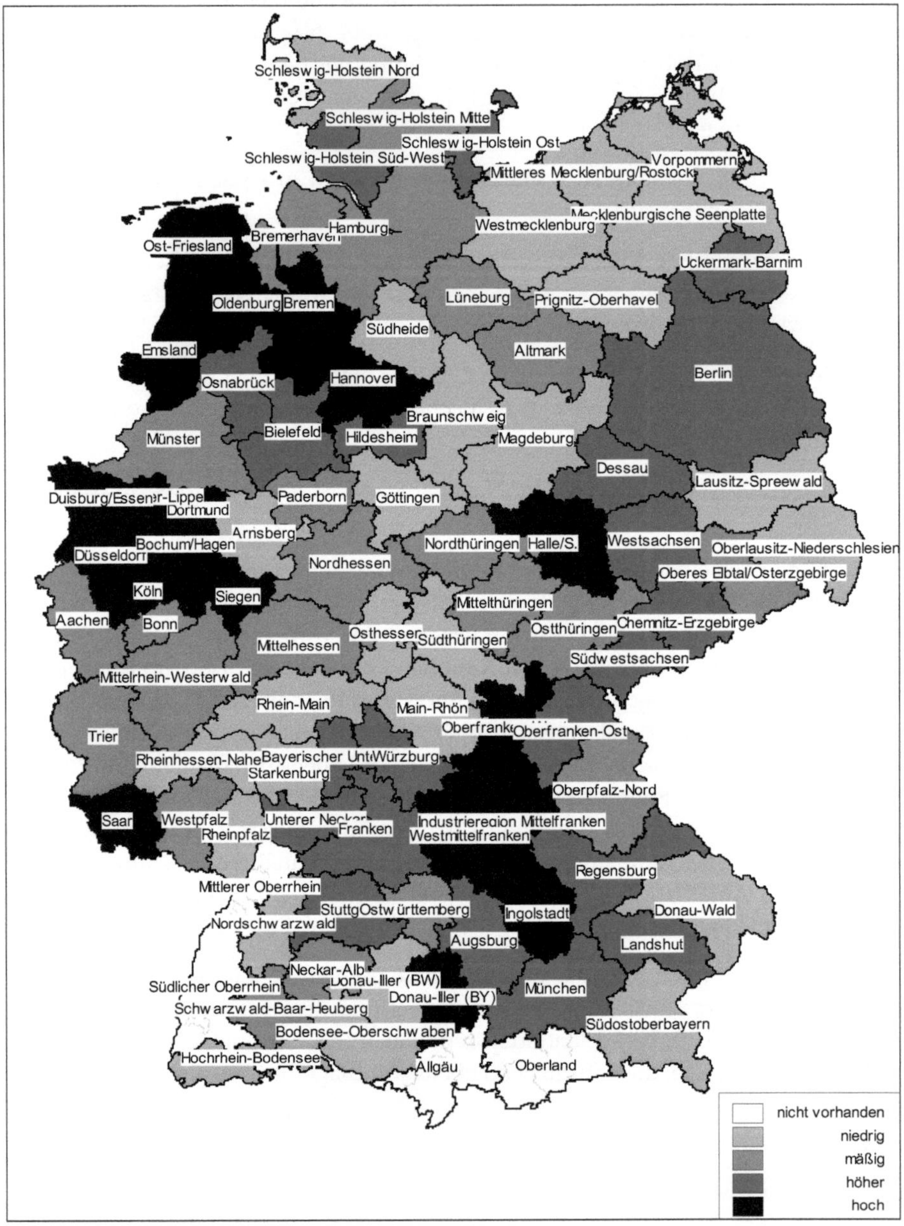

Quelle: Eigene Darstellung nach Bundesamt für Bauwesen und Raumordnung (Hrsg.) (2005), S. 101

III.2.1.5 Zielverhältnisse

Die vier angeführten Ziele sind nicht unabhängig voneinander, sondern stehen in einem gewissen Abhängigkeitsverhältnis zueinander. Dabei lassen sich allgemein Zielharmonie, Zielneutralität und Zielkonflikt voneinander unterscheiden.

Wir schauen zunächst auf die Zielbeziehung zwischen dem Wachstums- und dem Stabilitätsziel. Betrachten wir hierzu zwei Regionen R_1 und R_2, wobei R_1 die höheren Grenzproduktivitäten aufweist, die heftigsten konjunkturellen und strukturellen Verwerfungen aber in R_2 auftreten. Lassen wir eine Abwanderung der Arbeitskräfte von R_2 nach R_1 zu (= passive Sanierung) [179], so herrscht Zielharmonie; die in R_2 bisher unbeschäftigten Arbeitskräfte werden in R_1 zu hohen Grenzproduktivitäten beschäftigt. Anders dagegen die Situation, wenn gefordert wird, dass das Kapital dienende Funktion hat, also zu den Arbeitskräften wandern soll und nicht umgekehrt (= aktive Sanierung) [179]. In diesem Fall kommt es nicht mehr zu einem Ausgleich der Grenzproduktivitäten und damit zu einem Zielkonflikt zwischen Wachstum und Stabilität; zur aktiven Sanierung strukturschwacher Regionen mit Stabilitätsproblemen ist es dann notwendig, auf einen Teil des gesamtwirtschaftlichen Outputs zu verzichten.[180]

Ähnlich stellt sich die Situation zwischen Wachstum und Ausgleich dar. Betrachten wir hierzu zwei gleich große Regionen R_1 und R_2, deren Transformationskurve aus Abbildung III.2.1.5-1 hervorgeht.

Neben die Transformationskurve T zeichnen wir die Funktion $Y = Y_1 + Y_2$ als Tangente an T ein, die uns den wachstumsmaximalen Output bei einer Produktion von $Y_1^w\left(Y_2^w\right)$ in R_1 (R_2) anzeigt. Sind beide Regionen gleich groß und sollen sie es durch Verhinderung von Abwanderung (= aktive Sanierung) auch in Zukunft bleiben, so stellt $Y_1 = Y_2$ die Realisierung des Ausgleichsziels dar; die damit verbundenen Outputs Y_1^A und Y_2^A wären optimal. Liegen abnehmende Skalenerträge vor und sind die Produktionsfunktionen in beiden Regionen gleich, so sind Y_i^w und Y_i^A $(i=1,2)$ identisch; es herrscht zwischen Wachstums- und Ausgleichsziel Harmonie. Anders dagegen bei increasing returns to scale und (oder) unterschiedlichen Produktionsfunktionen bei decreasing returns to scale wie in Abbildung III.2.1.5-1. Bei Verfolgung des Ausgleichsziels und einer gewünschten aktiven Sanierung ist $Y_1^A + Y_2^A < Y_1^w + Y_2^w$; es muss auf einen Teil des volkswirtschaftlichen Outputs verzichtet werden. Dieser Verzicht ist umso größer, je stärker sich die Produktionsfunktionen voneinander unterscheiden.

---

[179] Zum Begriffspaar aktive und passive Sanierung vgl. Kapitel III.2.2.3 Aktive versus passive Sanierung.

[180] Wie in direkter Übertragung in Abbildung III.2.1.5-1 bei der Zielbeziehung von Wachstum und Ausgleich näher erläutert wird.

Abbildung III.2.1.5-1:   *Zielbeziehung zwischen Wachstum und Ausgleich*

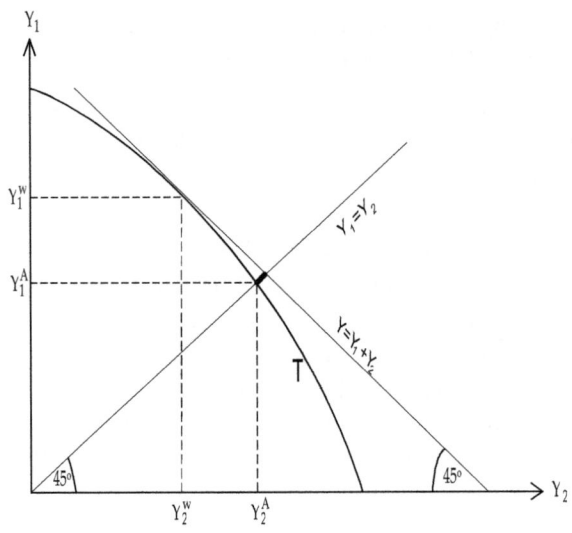

Legende:
— gesamtwirtschaftlicher Outputverlust bei Verfolgung des Ausgleichsziels

---

Beispiel III.2.1.5- 1 (in Fortsetzung von Beispiel III.2.1.1- 1)

Verlangen wir $Y_1 = Y_2$, so ist der Output in beiden Regionen 23,4. Der gesamtwirtschaftliche Output liegt dann bei $2 \cdot 23,4 = 46,8$ und damit um 16,9 Einheiten unter dem maximal möglichen Wert von 63,7. Ohne flankierende regionalpolitische Maßnahmen[181] ist dies kein gleichgewichtiger Zustand, da die Grenzproduktivitäten von Arbeit und Kapital in R_2 deutlich geringer sind als in R_1. Ohne z.B. Lohn- und(oder) Kapitalinvestitionen käme es bei Mobilität der Produktionsfaktoren zu einer passiven Sanierung zulasten von R_2 und zugunsten von R_1, bis der in Beispiel II.2.1.1.-1 abgeleitete Zustand erreicht wäre.

Die Opportunitätskosten einer ausgleichsorientierten Regionalpolitik sind dabei umso größer, desto stärker sich die regionalen Produktionsfunktionen voneinander unterscheiden. Um diesen Zusammenhang deutlich zu machen, setzen wir $Y_1 = A_1^{0,6} \cdot K_1^{0,3}$

---

[181] Vgl. Kapitel III.2.3.2 Das Instrumentarium der regionalen Wirtschaftspolitik.

und $Y_2 = A_2^{0,6 \cdot \lambda} \cdot K_2^{0,3 \cdot \lambda}$; $\lambda = 1$ würde bedeuten, dass beide Produktionsfunktionen identisch sind und damit keine Outputminderung bei einer Gleichverteilung der Produktion auftritt..

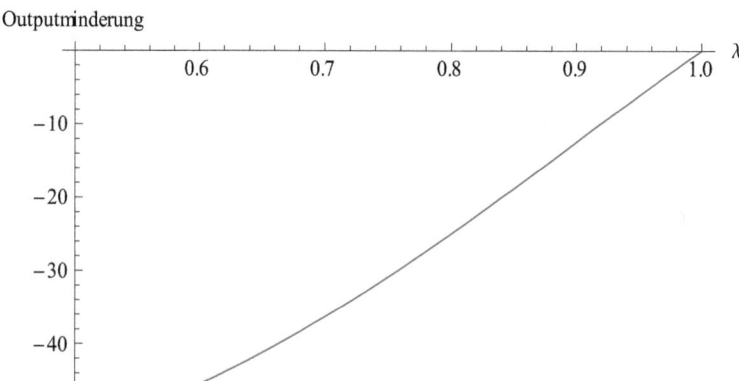

Es wird deutlich, dass das Ausmaß an Outputminderung mit der Heterogenität der Produktionsfunktionen ansteigt.

In der Vergangenheit war regionale Strukturpolitik vor allem Ausgleichspolitik zugunsten strukturschwacher Regionen. Vor dem Hintergrund geänderter wirtschaftlicher Rahmenbedingungen wird aktuell eine stärkere Betonung des gesamtwirtschaftlichen Wachstumsziels gefordert [182] und wie folgt begründet:

■ Die Knappheit öffentlicher Kassen verlangt eine stärkere Konzentration auf rentierliche Ausgaben.

■ Die Globalisierung führt zu einem zunehmend intensiver werdenden internationalen Wettbewerb, in dem Deutschland nur dann bestehen kann, wenn es sich auf innovative, wissensbasierte Güter konzentriert, bei denen florierende Verdichtungsräume komparative Standortvorteile besitzen.

■ Von einer Förderung der Wachstumszentren profitieren wegen des Auftretens von Überschwappeffekten auch strukturschwache Regionen. Solche Spillovers bestehen etwa in der Lieferung von Vorprodukten, Wissenstransfers und der Ansiedlung von Betrieben, deren Produktion in den Metropolregionen nicht länger rentabel ist. Daher ist es nicht unplausibel, dass strukturschwache Regionen von einer Förderung der Wachstumszentren nicht weniger profitieren, als wenn sie direkt gefördert würden.

---

[182] Vgl. BBR (Hrsg.) (2006) und Heimpold, G. (2006), S. 60-65.

Eine Zwischenposition zwischen der Verfolgung von Wachstums- und Ausgleichsziel könnte so aussehen, dass grundsätzlich Wachstumspolitik betrieben wird, aber für Wirtschaftsräume mit besonders schwerwiegenden Entwicklungsdefiziten ein Mindeststandard gewährleistet wird.

Abbildung III.2.1.5-2: Lösung des Zielkonflikts zwischen Wachstum und Ausgleich bei Garantie eines Mindeststandards

---

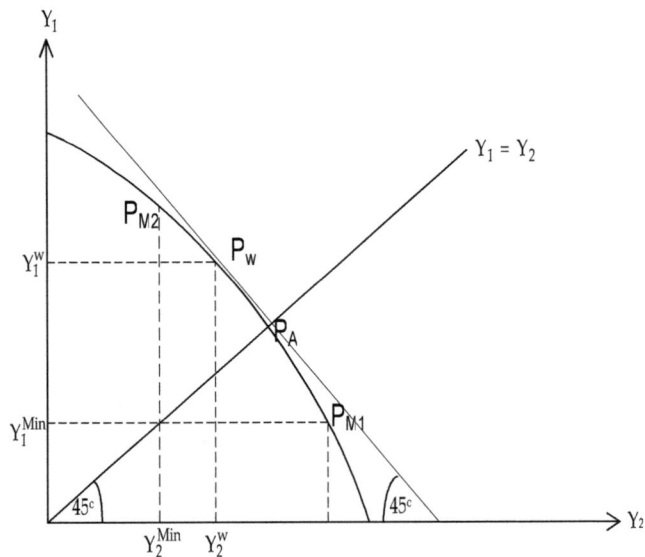

Um das Ausgleichsziel $Y_1 = Y_2$ wird ein Toleranzbereich gelegt, der für R_1 (R_2) eine Mindestgröße an Output festlegt, verbunden mit einem garantierten Output von Y_1^{Min} $\left(Y_2^{Min}\right)$. Ist R_2 die strukturschwächere Region, so ergeben sich grundsätzlich zwei Möglichkeiten. Ist $Y_2^{Min} \prec Y_2^{W}$, also der garantierte Output kleiner als jener Output, der bei Verfolgung des gesamtwirtschaftlichen Wachstumsziels realisiert wird, so greift das Ausgleichsziel nicht; es wird P_W realisiert. Ist dagegen $Y_2^{Min} \succ Y_2^{W}$, so greift das Ausgleichsziel; die Politik versucht, den Punkt P_{M2} zu erreichen. In der obigen Abbildung sind Y_1^{W} und Y_2^{W} auch im Sinne des Ausgleichsziels zulässige Outputs.

Zwischen dem **Stabilitäts-** und dem **Ausgleichsziel** besteht sowohl bei aktiver als auch bei passiver Sanierung Harmonie. Gehen wir von aktiver Sanierung aus, so führt die Förderung eines strukturschwachen Raumes sowohl zu einer Mehrung der Arbeitsplätze (und damit zu einem Abbau der Unterbeschäftigung) als auch zu einem Anstieg der Grenzproduktivität der Arbeit (und damit steigenden Löhnen).

Bei der **Nachhaltigkeit** auf der einen sowie dem **Wachstums-**, dem **Stabilitäts-** und dem **Ausgleichsziel** auf der anderen Seite ist zwischen einem kurz- und einem langfristigen Aspekt zu unterscheiden. Kurzfristig kann eine Übernutzung der natürlichen Lebensgrundlagen den Output steigern und die Grenzproduktivität der Produktionsfaktoren erhöhen, sich damit also positiv auf diese übrigen drei Ziele auswirken. Langfristig würde aber die Grundlage der menschlichen Existenz gefährdet, so dass hier die Harmonie unmittelbar einsichtig wird. Zur Verdeutlichung gehen wir von der neoklassischen Produktionsfunktion

III.2.1.5-1 $\qquad Y_i = A_i^{\alpha} \cdot K_i^{\beta} \cdot Um_i^{\gamma}$

$\qquad\qquad$ mit Um = Umwelt

aus. Damit ist Y_i eine monotone Funktion von Um_i mit $\dfrac{dY_i}{dUm_i} > 0$. Auch die Grenzproduktivitäten reagieren positiv auf einen wachsenden Umwelteinsatz bei der Produktion.

III.2.1.5-2 $\qquad \dfrac{dY_i}{dA_i} = \dfrac{\alpha \cdot K_i^{\beta} \cdot Um_i^{\gamma}}{A_i^{1-\alpha}}$

III.2.1.5-3 $\qquad \dfrac{dY_i}{dK_i} = \dfrac{\beta \cdot A_i^{\alpha} \cdot Um_i^{\gamma}}{K_i^{1-\beta}}$

Setzen wir die kurzfristige Zulässigkeit (langfristige Nachhaltigkeit) der Umweltnutzung $Um_i^k \left(Um_i^{\ell}\right)$ mit $Um_i^k > Um_i^{\ell}$, so verlangt langfristig nachhaltiges Wirtschaften einen Verzicht auf kurzfristig möglichen Output, legt aber die Grundlage für eine unbelastete wirtschaftliche Tätigkeit zukünftiger Generationen. Die Produktion ist pfadabhängig; eine stark die Umwelt belastende Produktionsweise heute belastet den zukünftigen Output.

Die Zielbeziehungen hängen von zugrunde gelegten Theorien ab und sind daher nicht unumstritten. Es spricht aber sehr viel für Zusammenhänge, wie sie aus der folgenden Übersicht hervorgehen.

Übersicht III.2.1.5-1: Zielbeziehung zwischen Wachstum, Stabilität, Ausgleich und Nachhaltigkeit

Ziele / Ziele	Wachstum	Stabilität	Ausgleich	Nachhaltigkeit
Wachstum		Harmonie	Harmonie	Konflikt
Stabilität	Konflikt		Harmonie	Konflikt
Ausgleich	Konflikt	Harmonie		Konflikt
Nachhaltigkeit	Harmonie	Harmonie	Harmonie	

Legende:

Oberhalb der Diagonalen: Passive Sanierung zulässig, bei Nachhaltigkeit kurzfristige Betrachtung der Umweltbelastung

Unterhalb der Diagonalen: Aktive Sanierung, bei Nachhaltigkeit langfristige Betrachtung der Umweltbelastung

Nach dem Wachstumsziel sind die Produktionsfaktoren so auf die Regionen aufzuteilen, dass es zu einem Ausgleich ihrer Grenzproduktivitäten kommt und damit die gesamtwirtschaftliche Produktion maximiert wird.

Ein weiteres Ziel der Regionalpolitik besteht in dem Wunsch, dass die Entwicklung in den einzelnen Wirtschaftsräumen gleichgewichtig verläuft und insbesondere nicht etwa zu Instabilität auf dem Arbeitsmarkt, also zu einer hohen Arbeitslosenquote, führt.

Ausgleich konkretisiert sich in dem Versuch, für gleichwertige Lebensbedingungen in allen Regionen einer Volkswirtschaft zu sorgen.

Schließlich ist als viertes Ziel die Nachhaltigkeit zu nennen. In allen Regionen soll so gewirtschaftet werden, dass die Befriedigung der Bedürfnisse der heute Lebenden nicht zulasten zukünftiger Generationen geht.

Diese Ziele sind nicht unabhängig voneinander. Es spricht viel dafür, dass vor dem Hintergrund der aktiven Sanierung Konflikt zwischen dem Wachstumsziel auf der einen sowie dem Ausgleichs- und Stabilitätsziel auf der anderen Seite herrscht. Lässt man passive Sanierung zu, weicht dieser Konflikt einer Harmonie.

Nachhaltigkeit steht mit den anderen drei Zielen kurzfristig (langfristig) in Konflikt (Harmonie).

III.2.2   Grundsatzentscheidungen im Rahmen der regionalen Wirtschaftspolitik

III.2.2.1   Zentrale versus dezentrale[183] regionale Wirtschaftspolitik[184]

Will man die reale an die gewünschte Raumstruktur anpassen, so bedarf es der Durchführung eines regionalen Entwicklungsprogramms, dessen Arbeitsschritte wir in Kapitel III.2.3 kennen lernen wollen. Vorher gilt es jedoch, bei jedem regionalen Entwicklungsprogramm auftretende grundsätzliche Fragen zu klären.

Im Rahmen der regionalen Wirtschaftspolitik muss zunächst eine Entscheidung darüber getroffen werden, welche hierarchische Ebene im Staatsaufbau die politische Kompetenz über die Raumentwicklung besitzen soll. Hierbei kann zwischen einer zentral und einer dezentral betriebenen Raumwirtschaftspolitik unterschieden werden.

Bei der zentralen Variante der regionalen Strukturpolitik, auch als „Politik für die Regionen" oder interventionistische Variante oder Regionalpolitik „von oben" bezeichnet, liegt die Verantwortung für Fragen der regionalen Strukturpolitik bei einer zentralen Ebene des Staates.

Sie

- teilt die gesamte Volkswirtschaft in Wirtschaftsräume ein.

- entscheidet darüber, welche der Regionen im Rahmen der regionalen Strukturpolitik gefördert werden sollen.

- legt das Förderinstrumentarium fest und stellt die hierfür notwendigen Finanzmittel zur Verfügung.

- entscheidet über die Förderanträge.

- kontrolliert den Vollzug und die Effizienz der Maßnahmen.

- passt die Raumwirtschaftspolitik an geänderte Rahmenbedingungen an.

In einer dezentralen Regionalpolitik, die auch „Politik der Regionen" oder „ordnungspolitische Regionalpolitik" oder Regionalpolitik „von unten" heißt, liegt die Kompetenz für raumwirtschaftliche Maßnahmen bei den Regionen selber. In diesem Konzept stehen die Regionen untereinander im Wettbewerb um Investitionen, (hochqualifizierte) Arbeitskräfte und räumlich mobile Kaufkraft. In diesem Wettbewerbsföderalismus werden sie nur dann erfolgreich sein, wenn sie mit Hilfe effizienter und innovativer Entwicklungsstrategien ihre Stärken aus- und ihre Schwächen abbauen.

Für eine dezentrale Regionalpolitik sprechen folgende Argumente:

---

[183] Auch als eigenverantwortet bezeichnet.
[184] Siehe hierzu die gute Übersicht bei Postlep, R.-D.; Blume, L.; Fromm, O. (2001) und in Eckey (2007).

■ Die Vorteile des Wettbewerbs als Such- und Entdeckungsverfahren werden auf den Bereich der regionalen Wirtschaftspolitik übertragen. Erfolgreiche regionale Entwicklungsstrategien setzen sich durch, weniger erfolgreiche laufen aus.

■ Die untereinander in Wettbewerb stehenden Regionen haben ganz unterschiedliche Standortvoraussetzungen, die individueller Entwicklungsstrategien bedürfen. Für die eine Region mag es sinnvoll sein, wegen bestehender Flächenengpässe neue Gewerbegebiete zu erschließen, während eine andere Region evtl. besser daran tut, den Ausbildungsstand der Arbeitskräfte zu erhöhen. Der Wettbewerb zwischen Regionen garantiert, dass das eingesetzte Instrumentarium auf solche regionalen Besonderheiten Rücksicht nimmt.[185]

■ Regionale Strukturpolitik kann nur erfolgreich sein, wenn sie von den Entscheidungsträgern „vor Ort" effizient umgesetzt wird. Hat man aber ein Konzept selbst entwickelt, so wird man es mit sehr viel mehr Engagement betreiben, als wenn man es von einer zentralen Instanz „übergestülpt" bekommt.

■ Müssen die eingesetzten Instrumente aus eigenen Mitteln finanziert werden, so wird man wesentlich stärker auf Sparsamkeit und Effizienz achten, als wenn man die Mittel von einer zentralen Ebene bekommt. Zentrale Finanzierung führt zu „rent seeking" (= Erschließung zentraler Finanzquellen und Verteidigung einmal errungener Privilegien) und Lethargie (Warten auf Aktionen der zentralen Instanz)[186], die Finanzierung aus eigenen Mitteln dagegen zu einem flexiblen, effizienten, innovativen und sparsamen Verhalten.

Vor dem Hintergrund dieser und weiterer Argumente vollzieht die regionale Strukturpolitik in den letzten Jahren eine Kehrtwendung. Die Regionalpolitik zentraler Instanzen wird zunehmend durch Konzepte ersetzt, die in der Region selber entwickelt und umgesetzt werden (eigenverantwortliche Regionalentwicklung); die Regionalpolitik für die Region weicht einer Regionalpolitik der Region.

Grundlegende Idee der eigenverantworteten Regionalentwicklung ist die Abkehr von einem hierarchischen System, in dem Entscheidungen machtpolitisch durchgesetzt werden. Eine Region ist nicht mehr Befehlsempfänger, sondern „ist als System aufzufassen, das aus einzelnen, selbständigen Subsystemen (z.B. Kommunen, Unternehmern, Verbänden, Initiativen) besteht und Beziehung zu externen Systemen (z.B. Landesregierung, Gesetzgebungsinstanzen, EU) unterhält."[187] Dieses System muss so gemanagt werden, dass es sich im Wettbewerb der Region erfolgreich platziert. Damit besteht eine gewisse Analogie zur zielorientierten Steuerung von Unternehmen, die sich in die Phasen Planung, Realisierung und Kontrolle zerlegen lässt. In Analogie zum betriebswirtschaftlichen Sprachgebrauch verwendet man hierzu den Begriff des

---

[185] In Anlehnung an Tiebout, C.M. (1956), der Wettbewerb zwischen Regionen als Garant für eine pareto-optimale Allokation regionaler öffentlicher Güter entdeckte.

[186] Vgl. Kapitel II.3.3.4 Politisch-Ökonomische Wachstumstheorien.

[187] I. Gugisch, J. Maier und F. Obermaier, F. (1998), S. 136–141.

Regionalmanagements.[188] Wie ein Unternehmen so muss auch ein Wirtschaftsraum zweckorientiert geleitet werden. Es besteht allerdings keine vollkommene Analogie zwischen Unternehmens- und Regionalmanagement. Letzteres baut weniger auf Anweisung denn auf Überzeugung auf; die Kooperation der Mitglieder des Systems „Region" ist in der Regel freiwillig, Anreiz- und Belohnungssysteme stehen kaum zur Verfügung und gesetzliche Vorschriften sowie Vorgaben zentraler Instanzen schränken die Handlungsmöglichkeiten stärker als bei Unternehmen ein. Regionalmanagement kann aber Ziele für die Region formulieren, Instrumente zur erfolgreichen Entwicklung aufzeigen, Prozesse anregen und begleiten, regionaler Interessenvertreter gegenüber zentralen Instanzen sein, Interaktionen zwischen den Bestandteilen des Systems „Region" anregen, intensivieren und gestalten sowie die Region nach außen vermarkten (Standortmarketing).

Den oben angeführten Vorteilen einer eigenverantworteten Regionalpolitik stehen aber auch eine Reihe (wirklicher oder behaupteter) Nachteile gegenüber:

- Der Wettbewerbsprozess zwischen Regionen kann nur dann fair und effizient ablaufen, wenn sie eine vergleichbare Ausgangssituation haben. Dies ist aber nicht der Fall; Regionen sind historisch privilegiert oder benachteiligt, so dass ihre Entwicklung pfadabhängig ist. Stehen z.B. zwei Regionen A und B in Wettbewerb, wobei A reich und B arm ist, wird B kaum eine Chance bei der Ansiedlung von Unternehmen haben, da A die bessere Infrastruktur vorhält und einem Investor größere Zugeständnisse (billige Gewerbeflächen, Steuernachlässe, Investitionszulagen u.ä.) machen kann. Wettbewerbsföderalismus führt danach nicht zu Konvergenz, sondern zu einer weiteren Divergenz zwischen Regionen.

  Aber: Diesem Argument kann durch einen regionalen Finanzausgleich begegnet werden, indem arme Regionen ungebundene Zuweisung erhalten.

- Interregionaler Wettbewerb macht die politischen Entscheidungsträger anfällig gegenüber Lobbyismus. Ein Unternehmen, das für eine Region große Bedeutung hat und am Markt nicht mehr konkurrenzfähig ist, kann gegenüber regionalen Entscheidungsträgern viel eher Strukturerhaltungssubventionen durchsetzen als gegenüber einer zentralen Instanz. Wettbewerbsföderalismus verstärkt nach dieser Auffassung die Gefahr einer Strukturerhaltung zulasten der eigentlich gewollten Strukturanpassung.

- Maßnahmen mit positiven Spillovers werden im Rahmen einer dezentralen Regionalpolitik in zu geringem Umfang durchgeführt. Betrachten wir beispielhaft wiederum zwei Regionen A und B. Die politischen Entscheidungsträger in A überlegen den Bau eines Infrastrukturprojektes, das A 100 GE kostet und mit 80 GE (40 GE) Nutzen für A (B) verbunden ist. Diese Maßnahme würde von den Politikern in

---

[188] Die Anfänge des Regionalmanagements in Deutschland finden sich in den Zukunftsinitiativen Montan und NW in Nordrhein-Westfalen und den Teilraumgutachten in Bayern Anfang der 80er Jahre.

A nicht durchgeführt, da 80<100, obwohl sie volkswirtschaftlich sinnvoll wäre $(80+40>100)$.

Fazit: Regionalpolitische Maßnahmen mit positiven (negativen) externen Effekten werden in einer Regionalpolitik „von unten" in zu geringem (zu großem) Umfang durchgeführt.

■ Wettbewerb zwischen den Regionen birgt die Gefahr eines „race to the bottom" in sich. In Konkurrenz um ansiedlungswillige Unternehmen unterbieten sich die Wirtschaftsräume bei sozial- und umweltpolitischen Auflagen und überbieten sich mit finanziellen Zugeständnissen. So besteht z.B. die Gefahr eines Subventionswettlaufs.

Aber:[189] Subventionen müssen nicht unbedingt allokationsverzerrend sein, sondern können sogar der optimalen Verteilung ökonomischer Aktivitäten im Raum nützlich sein. Wir betrachten hierzu ein Beispiel, das aus drei Akteuren besteht. Ein Unternehmen will eine Investition, die I Geldeinheiten Kosten mit sich bringt, entweder in der Region A oder in der Region B durchführen. Der Preis für Gewerbefläche sei in beiden Regionen gleich GF und jeweils genau kostendeckend. Für unser Unternehmen ergibt sich dann ein Gewinn G von

III.2.2.1-1 $\qquad G = -(I+GF) + \sum_{t=1}^{n} \frac{G_t}{(1+r)^t}$

mit

G	= Gesamtgewinn
I	= Ausgaben für die Investition
GF	= Ausgaben für die benötigte Gewerbefläche
r	= Zinssatz
t	= Zeitpunkt
n	= Lebensdauer der Investition.

Das ansiedlungswillige Unternehmen verursacht in beiden Regionen externe Effekte, die teilweise positiv und teilweise negativ sind. Zu den positiven externen Effekten zählt der Verzicht auf die Notwendigkeit des Fernpendelns, die Festigung des regionalen Unternehmensnetzwerkes, eine Erhöhung des Steueraufkommens, ein Rückgang der Kriminalität durch Abbau der Arbeitslosigkeit usw., zu den negativen externen Effekten eine Erhöhung des Verkehrsaufkommens sowie Lärm- und Abgasemissionen bei der Produktion. Wir unterstellen hier ein Überwiegen der positiven externen Effekte, da ansonsten beide Regionen nicht als Standort zur Verfügung ständen; sie seien in der Region A a und in der Region B b. Dürfen keine Subventionen gezahlt werden, so beträgt die Wahrscheinlichkeit für eine Ansiedlung in beiden Regionen jeweils 0,5. Die gesamtgesellschaftliche Wohlfahrt ist dann

III.2.2.1-2 $\qquad W = G + 0,5 \cdot a + 0,5 \cdot b.$

---

[189] Vgl. hierzu Steinrücken, T.; Jaenichen, S. (2002).

Wir lassen nun in unserem Modell Subventionszahlungen zu und unterstellen ferner, dass aufgrund unterschiedlicher Standortvoraussetzungen $a \neq b$, hier $a > b$ ist. Um die Investition für sich zu gewinnen, werden beide Regionen bereit sein, Subventionen zu bezahlen, die wir mit Z_A und Z_B bezeichnen wollen. Sie liegen für A im Intervall $0 < Z_A < a$ und für b im Intervall $0 < Z_B < b$. Ist $Z_A > b \geq Z_B$, so wird sich das Unternehmen für eine Ansiedlung in A entscheiden. Die gesamtgesellschaftliche Wohlfahrt ist dann

III.2.2.1-3
$$\begin{aligned} W &= \left[-\left(I + GF - Z_A\right) + \sum_{t=1}^{n} \frac{G_t}{(1+r)^t} \right] + \left[a - Z_A\right] \\ &= \left(G + Z_A\right) + \left(a - Z_A\right) \\ &= G + a. \end{aligned}$$

Es ist aber

$$G + a > G + 0{,}5 \cdot a + 0{,}5 \cdot b,$$

wenn a>b ist. Durch Zahlung von Subventionen an das standortsuchende Unternehmen hat sich die gesamtgesellschaftliche Wohlfahrt erhöht. Sie hat dazu geführt, dass sich das Unternehmen in jener Region ansiedelt, in der sie die höchsten positiven externen Effekte verursacht. Es hat allerdings eine Umverteilung zugunsten des Unternehmens und zulasten des Gemeinwesens stattgefunden.

Zur Beantwortung der Frage, ob eher eine dezentrale oder eine zentrale regionale Strukturpolitik angebracht ist, gibt die Theorie des Förderalismus [190] wertvolle Hinweise.

Grundlegend ist hierbei das **Prinzip der fiskalischen Äquivalenz**, nach dem – wie auf einem funktionierenden Markt – nicht internalisierte externe Effekte und damit Fehlallokationen von Ressourcen vermieden werden sollen. Weil in die kollektivinternen Entscheidungen nur innerhalb des Kollektivs anfallende Kosten und Nutzen eingehen, sollen die Grenzen dieses Kollektivs so gezogen werden, dass weder positive noch negative Konsequenzen kollektivinterner Entscheidungen über die Grenzen eben dieses Kollektivs streuen. Mit anderen Worten: Ein Kollektiv hat wenigstens so groß zu sein, dass an seinen Grenzen für die in ihm initiierten Entscheidungskonsequenzen das Ausschlussprinzip gilt. Es ist also – bezogen auf eine bestimmte Entscheidung – das Kollektiv so einzurichten, dass die von den Konsequenzen dieser Entscheidung Betroffenen identisch mit den an ihrem Zustandekommen Beteiligten sind. Damit ist – bei allgemeiner Anwendung des Prinzips – ausgeschlossen, dass die an der kollektiven Entscheidungsfindung Beteiligten über andere als sich selbst (mit) entscheiden und durch die Entscheidungen anderer tangiert werden. Das Prinzip der fiskalischen Äquivalenz erweist sich demnach als eine notwendige Bedingung pareto-optimale Allokationseffizienz bei der Bereitstellung kollektiver Güter und Dienste. Es ergibt

---

[190] Vgl. Tiebout, C.M. (1956), S. 416-424, und Oates, W.E. (1972).

sich damit die Forderung nach Identität von Nutzern, Kostenträgern und Entscheidungsberechtigten.[191]

Aus dem Prinzip der fiskalischen Äquivalenz lässt sich das **Subsidiaritätsprinzip** ableiten. Danach ist es sinnvoll, eine politische Kompetenz möglichst dezentral bereitzustellen, da dann flexibler und effizienter auf Problemlagen reagiert werden kann und räumlich heterogene Präfenzstrukturen im politischen Handeln besser abgebildet werden. Eine Kompetenz sollte nur dann auf eine höhere Ebene gehoben werden, wenn [192]

■ Externalitäten auftreten, wie wir sie etwa in Beispiel III.1.1-2 kennengelernt haben. In diesem Fall können sich betroffene Regionen vereinigen, einen Zweckverband bilden oder die Kompetenz an eine zentralere Instanz abgeben, etwa Kreise an ein Bundesland.

■ die Bereitstellungskosten durch eine zentrale Instanz deutlich geringer sind als durch mehrere dezentrale Institutionen, vergleichbar einer Produktionsfunktion mit zunehmenden Skalenerträgen.

■ dezentrale Instanzen mit einer Aufgabe organisatorisch, kompetenzmäßig oder finanziell überfordert sind.

III.2.2.2 Einheitliche versus regional angepasste Entwicklungsstrategien

Eng mit der Grundsatzentscheidung dezentral versus zentral hängt die Frage zusammen, ob man für alle Förderregionen das gleiche Entwicklungsinstrumentarium anwendet oder ob man an regionsspezifische Entwicklungsengpässe angepasste regionsindividuelle Entwicklungsstrategien konzipiert und umsetzt. Dass die zweite Variante angemessener ist, wird durch eine Analogie zur Medizin unmittelbar einsichtig. Dort würde niemand auf die Idee kommen, an unterschiedlichen Krankheiten leidende Patienten identisch zu therapieren. Genauso wenig erscheint es sinnvoll, dies im Hinblick auf Förderregionen zu tun. So mag die Region A in ihrer Entwicklung vor allem durch eine schlechte Verkehrsinfrastruktur, die Region B durch Flächenengpässe und die Region C durch mangelhaftes Humankapital begrenzt sein, so dass ein gleiches „Medikament" nur wenig sinnvoll und wirksam erscheint.

Bei einer dezentral organisierten regionalen Wirtschaftspolitik werden sich die Akteure „vor Ort" an den spezifischen Entwicklungsengpässen orientieren und versuchen, diese zu beseitigen. Die Entwicklung solcher regional angepasster Entwicklungsstrategien haben wir bereits als großen Vorteil einer dezentral organisierten Regionalpolitik identifiziert.[193]

---

191 Aktuelle gelungene Darstellungen finden sich in verschiedenen Publikationen von Karl, so etwa bei Karl, H. (1996), S. 55-82.
192 Vgl. Blankart, Ch.B. (2001), S. 547 ff.
193 Vgl. Kapitel III.2.2.1 Zentrale versus dezentrale regionale Wirtschaftspolitik.

Schwieriger stellt sich die Situation für den Träger einer zentral betriebenen regionalen Strukturpolitik dar, der in seiner Konzeptionierung vor folgenden Varianten steht:

- Er wendet auf jede Förderregion das gleiche Entwicklungsinstrumentarium an. Dieser Weg ist gangbar und praktikabel, trägt jedoch unterschiedlichen regionsspezifischen Entwicklungsengpässen keine Rechnung und ist damit wahrscheinlich wenig wirksam.

- Er entwickelt ein spezifisches Förderprogramm für jede einzelne Region. Eine solche Strategie verspricht zwar mehr Effizienz, scheitert jedoch an einer Überforderung des zentralen Akteurs und ist damit nicht praktikabel.

- Er geht einen Mittelweg, der in zwei Varianten denkbar ist und wie folgt aussehen kann:

    a) Die Förderregionen erarbeiten einen Vorschlag für das einzusetzende Instrumentarium und legen dies dem zentralen Akteur zur Genehmigung vor.[194] Aber: Neben dem hiermit verbundenen Zeitverlust stellt sich unmittelbar die kritische Frage, woher der zentrale Akteur die Information nimmt, um vernünftig über den Sinn der vorgeschlagenen Maßnahmen entscheiden zu können.

    b) Aufgrund ähnlicher Ausgangssituationen und Probleme teilt der zentrale Akteur die von ihm betreuten Regionen in Klassen ein und entwickelt kein spezifisches Instrumentarium für die einzelnen Regionen, sondern die gebildeten Klassen.

    1. So lassen sich die Bundesraumordnungsregionen[195] aufgrund der Einwohnerdichte und der Größe des Zentrums in Raumtypen einteilen, wie sie aus der folgenden Abbildung III.2.2.2-1 entnommen werden können.

    2. Für jeden Raumtyp lässt sich eine spezielle regionale Entwicklungsstrategie ableiten, die auf die spezifischen Engpässe, aber auch Begabungen Rücksicht nimmt. Betrachten wir beispielhaft die ländlichen Räume mit geringer Dichte. Die Nachteile dieses Raumtyps liegen vor allem in fehlenden Agglomerationsvorteilen, geringer Kaufkraft und einer peripheren Lage. Förderlich sind hier etwa die Verbesserung der Verkehrsanbindung an Metropolen, die Unterstützung von ökologischer Landwirtschaft und Urlaub (auf dem Bauernhof), ein Technologie- und Wissenstransfer zur Nutzung von in Ballungen entwickelten Innovationen, eine Sicherung der örtlichen und regionalen Infrastruktur, die Förderung (mindestens) eines regionalen Entwicklungszentrums sowie die Vernetzung regionaler Aktivitäten.[196]

---

[194] So verfährt die EU, wie wir in Kapitel III.3.1 Die Ebene der Europäischen Gemeinschaft sehen werden.
[195] Vgl. Abbildung II.3.1.5 Bundesraumordnungsregionen.
[196] Siehe Borchard, K. u.a. (1994).

Abbildung III.2.2.2-1:   *Siedlungsstrukturelle Raumtypen*

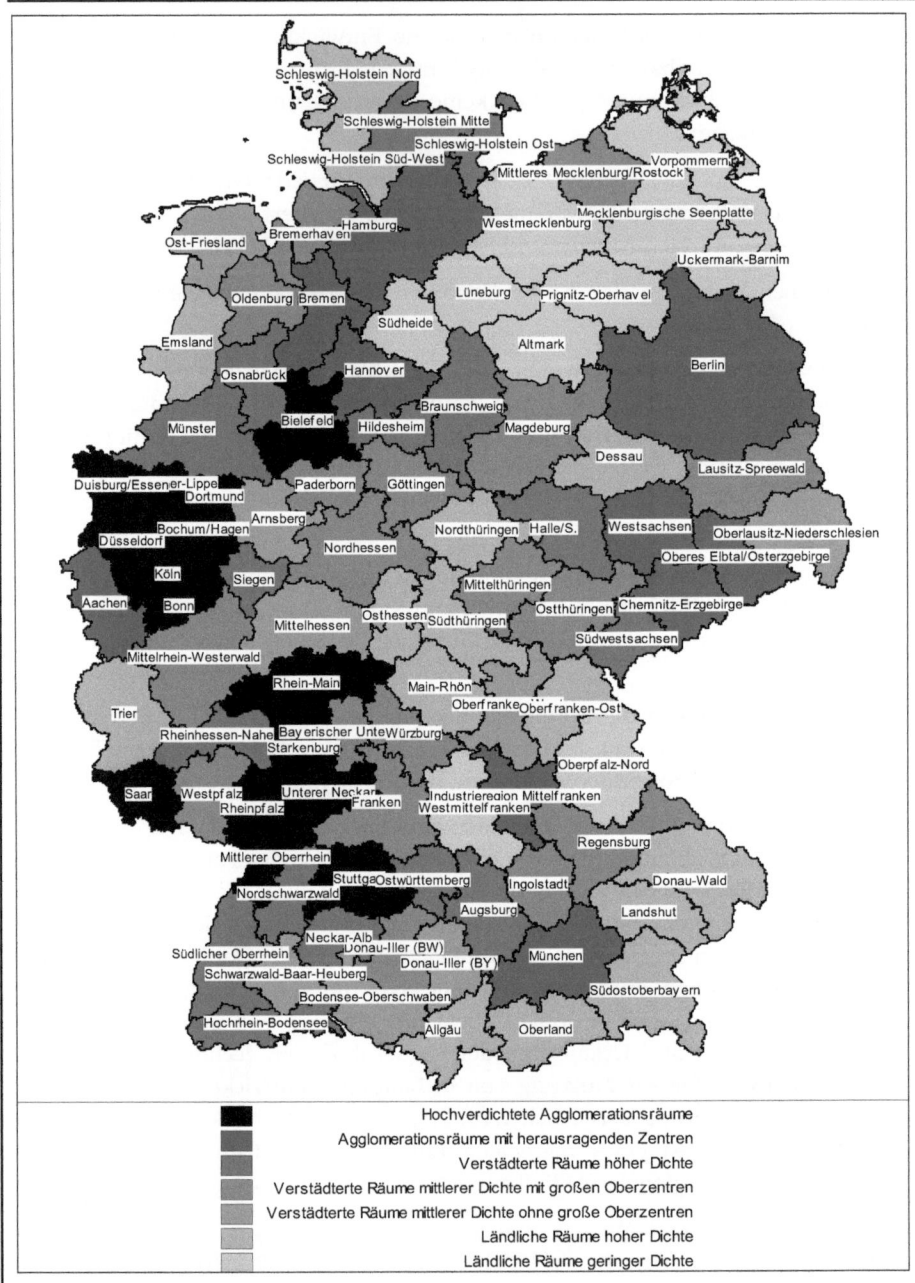

Quelle: Bundesamt für Bauwesen und Raumordnung (2005), INKAR

III.2.2.3   Aktive versus passive Sanierung

Aktive Sanierung will regionalen Schrumpfungsprozessen entgegenstehen, Abwanderungen verhindern, ungesunde Wirtschaftsstrukturen verbessern und die Produktivität der Produktionsfaktoren anheben, während die passive Sanierung Abwanderungen nicht nur zulässt, sondern sie sogar fördert; sie verbindet sich mit der Hoffnung, dass es zu einem „Gesundschrumpfen" strukturschwacher Regionen kommt.

Für eine aktive Sanierung sprechen folgende Argumente:

- Aktive Sanierung bietet den Menschen die Chance, in ihrer Heimat zu bleiben. Persönliche Netzwerke bleiben erhalten, soziale Entwurzelungen werden verhindert.

- Maßstab für die regionale Wirtschaftspolitik muss das Wohl der Menschen sein. Kapital hat im Hinblick auf dieses Ziel nur dienende Funktion; es muss zum Menschen wandern und nicht der Mensch zum Kapital.

- Bei passiver Sanierung ist keineswegs garantiert, dass sich eine Region „gesund schrumpft". Es kann vielmehr zu einer sich immer weiter fortsetzenden Abwärtsspirale kommen. Der Rückgang wirtschaftlicher Aktivitäten verringert nämlich die Ballungsvorteile, führt zu einem verringerten Infrastrukturangebot, dünnt unternehmerische Netzwerke aus, lässt das Steueraufkommen der Region sinken usw. Es besteht die Gefahr, dass dieser Rückgang nicht zu einem „Gesundschrumpfen", sondern zu einem vollkommenen „Leerlaufen" eines Wirtschaftsraums führt.[197]

Der Verzicht auf eine aktive und damit das Zulassen einer passiven Sanierung hat aber auch Vorteile:

- Aktive Sanierung führt unter Umständen zu einem Verzicht auf gesamtwirtschaftlichen Wohlstand. Damit kann ein Zielkonflikt zwischen gesamtwirtschaftlichem Wachstum und interregionalem Ausgleich entstehen, wie wir ihn bereits kennengelernt haben.[198]

- Subventionen haben einen Gewöhnungseffekt und konfligieren mit Eigeninitiative und Flexibilität. Damit können die Grundlagen für einen politisch-ökonomischen Schrumpfungsprozess gelegt werden.[199]

---

[197] Vgl. Kapitel II.3.3.3 Polarisierte Wachstumstheorien.
[198] Vgl. Kapitel III.2.1.5 Zielverhältnisse, insbesondere Abbildung III.2.1.5-1 und Beispiel III.2.1.5-1.
[199] Vgl. Kapitel II.3.3.4 Politisch-ökonomische Wachstumstheorien.

III.2.2.4 Selektive versus generelle Förderung von Unternehmen

Im Rahmen der regionalen Wirtschaftspolitik muss man sich bei der Entwicklung von Wirtschaftsräumen die Frage stellen, ob man alle unternehmerischen Aktivitäten fördern will oder hier eine Selektion nach bestimmten Kriterien vornimmt. Soll eine bestimmte Förderung, etwa eine Investitionszulage, allen oder nur bestimmten Unternehmen gewährt werden? Bei einer selektiven Förderung wird man sich dann auf jene ökonomischen Aktivitäten konzentrieren, die den größten Entwicklungsschub für die Förderregion mit sich bringen; dabei stellt sich sofort die Frage nach dem Entscheidungskriterium. Hierbei kann u.a. nach

a)   der sektoralen Zugehörigkeit des Unternehmens
b)   dem Standort des Unternehmens
c)   der regionalen Herkunft des Unternehmens
d)   dem Lebensalter des Unternehmens

unterschieden werden.

Zu a)   Sektorale Zugehörigkeit des Unternehmens

Für eine selektive Förderung nur von solchen Unternehmen, die bestimmten Sektoren angehören, lassen sich eine Reihe von Argumenten anführen:

■   Bestimmte Theorien legen nahe, dass die Förderung ausgewählter ökonomischer Aktivitäten besonders effizient ist, weil sie erhebliche Expansions- und Multiplikatoreffekte mit sich bringen. So legt die Exportbasistheorie [200] eine Unterstützung von solchen unternehmerischen Aktivitäten nahe, die den regionalen Export von Gütern und Dienstleistungen erhöhen. Multiplikatoreffekte führen anschließend zu einer vielfachen Steigerung der regionalen Bruttowertschöpfung. Die sektorale Wachstumspoltheorie [201] legt nahe, sich in der Förderung auf jene ökonomischen Tätigkeiten zu konzentrieren, die zu erheblichen sektoralen Überschwappeffekten führen. Solche „motorischen" Bereiche ziehen über intersektorale Lieferverflechtungen andere Sektoren mit. Schließlich ist an die Clustertheorie [202] als Begründung für selektive Maßnahmen zu denken, die die Bedeutung von kooperativen Netzwerken neben Hierarchie und Markt als Organisationsprinzipien gesellschaftlicher Beziehungen betont. Dann bringt die räumliche Konzentration von Unternehmensaktivitäten, die sich ergänzen und Transaktionskosten senken, deutliche regionale Wachstumsimpulse mit sich. Die regionale Wirtschaftspolitik sollte sich danach auf die Stärkung solcher unternehmerischer Netzwerke [203] konzentrieren, also in jenen Clustern, bei denen eine Region besondere Begabung hat (etwa Mo-

---

[200] Vgl. Kapitel II.3.3.2 Die postkeynesianische Wachstumstheorie.
[201] Vgl. Kapitel II.3.3.3 Die polarisierte Wachstumstheorie.
[202] Ebenda.
[203] Vgl. Kapitel III.2.2.1 Zentrale versus dezentrale regionale Wirtschaftspolitik.

bilität, Gesundheit, Tourismus, Energie u.ä.), Kooperationen erleichtern und Lücken schließen.

■ Begründet die regionale Wirtschaftspolitik ihre Existenzberechtigung mit der Schaffung von Grundlagen für einen fairen Wettbewerb zwischen den Regionen, indem natürliche (etwa die periphere Lage) oder geschaffene (etwa eine schlechte Infrastruktur) Standortnachteile ausgeglichen werden, macht es nur Sinn, solche Unternehmen zu fördern, die in Konkurrenz mit Unternehmen stehen, die ihren Standort in strukturstarken privilegierten Wirtschaftsräumen haben. Diese Situation stellt sich nur für Unternehmen mit überregionalem Absatz; bei Betrieben, die ihren Absatz ausschließlich innerhalb der Region haben, ist ein solcher Ausgleich nicht notwendig, da alle Wettbewerber die gleichen (schlechten) Standortbedingungen haben. Die Schlussfolgerung im Hinblick auf die selektive Förderung ist damit die gleiche wie bei der Exportbasistheorie.

Es gibt allerdings gegen die selektive Förderung ein gewichtiges Gegenargument, nämlich die „Anmaßung von Wissen". Bei der Selektion der Förderung muss die Mittel zuteilende und über die Förderanträge entscheidende Institution Kenntnis darüber haben, welche ökonomische Aktivität gut für eine Region ist, sich also am Markt durchsetzt und positive Entwicklungsimpulse mit sich bringt. In einem dezentralen marktwirtschaftlich organisierten System ist aber eine solche Vorhersage zuverlässig kaum möglich.

Zu b) Standort des Unternehmens

Stellen wir uns eine Förderregion vor, die aus einem Zentrum und seinem ländlichen Umland besteht. Sollen ökonomische Aktivitäten nur im Zentrum (= Förderung in einem Schwerpunktort) oder in der gesamten Region, also auch im ländlichen Umland (= Förderung in der Fläche), gefördert werden? Für eine Förderung ausschließlich im Zentrum sprechen folgende Argumente:

■ Das regionale Wachstumskonzept [204] legt eine solche Förderung nahe. Das Zentrum hat „Lokomotivfunktion" für das Umland; wird es gestärkt, so profitiert hiervon die gesamte Region. Durch die Stärkung des Zentrums werden nämlich Agglomerationsvorteile [205] geschaffen und ausgebaut; außerdem ist eine leistungsfähige Stadt in der Lage, Impulse (vor allem Informationen) von anderen Regionen aufzunehmen und an das Umland weiterzugeben.

■ Die Konzentration der Produktion auf das Zentrum ist eine auch ökologisch vernünftige Strategie, weil sie die Zersiedlung des Umlandes verhindert.

---

[204] Vgl. Kapitel II.3.3.3 Polarisierte Wachstumstheorien.
[205] Vgl. Kapitel I.1 Die räumliche Dimension in den Wirtschaftswissenschaften.

■ Außerdem lassen sich Verkehrsströme besser bündeln, wenn sie zentrisch verlaufen und nicht dispers. Dies schafft die Grundlage für die Stärkung des ÖPNV anstelle des Individualverkehrs.

Allerdings stößt das Konzept der Zentrenförderung häufig in der Region nicht auf soziale Akzeptanz; das Umland sieht sich benachteiligt und verweigert seine Mitarbeit.

Zu c) und d) Die regionale Herkunft und das Lebensalter des Unternehmens

Betrachten wir es im Folgenden als Ziel der regionalen Wirtschaftspolitik, den Beschäftigungsstand in einer Förderregion zu erhöhen. Es gilt die tautologische Beziehung

$$\Delta B = \Delta EXPBS + \Delta EXPGR + \Delta EXPANS - \Delta MINBS - \Delta MINSCHL - \Delta MINVERL$$

mit

ΔB	= gesamte Beschäftigungsveränderung in der Region
$\Delta EXPBS$	= Beschäftigungsexpansion in bestehenden Unternehmen
$\Delta EXPGR$	= Beschäftigungsexpansion durch Unternehmensgründungen
$\Delta EXPANS$	= Beschäftigungsexpansion durch Ansiedlung von vorher in anderen Regionen tätigen Unternehmen
$\Delta MINBS$	= Beschäftigungsminderung in bestehenden Unternehmen
$\Delta MINSCHL$	= Beschäftigungsminderung durch Unternehmensschließungen
$\Delta MINVERL$	= Beschäftigungsminderung durch Verlagerung in eine andere Region

Regionale Wirtschaftspolitik hat bei der Förderung der Beschäftigung grundsätzlich zwei Möglichkeiten: Sie nimmt keine Selektion vor, sondern behandelt alle beschäftigenden Unternehmen in der gleichen Weise. Oder: Sie konzentriert sich auf bestimmte Unternehmen, die sich durch eine bestimmte regionale Herkunft und (oder) eine bestimmte Lebensphase auszeichnen. Konzentriert sich die Raumwirtschaftspolitik auf $\Delta EXPBS$, so fördert sie bereits gut laufende Unternehmen; in einer Auswahl zwischen „pick the winners" and „save the loosers" entscheidet sie sich für die erste der beiden Strategien. Bei $\Delta EXPGR$ rücken Unternehmensgründungen in den Mittelpunkt der regionalen Strukturpolitik; man versucht, Teile der regionsansässigen Bevölkerung zu Unternehmensgründern zu machen, indem man bestehende Hemmschwellen abbaut. Die auf $\Delta EXPANS$ aufbauende Konzeption versucht, bisher an einem anderen Standort produzierende und dort unzufriedene Unternehmen für die eigene Region zu gewinnen, sie also zu einer Umsiedlung zu bewegen. $\Delta MINBS$ und $\Delta MINSCHL$ zu beeinflussen, bedeutet für die Regionalpolitik, sich auf in Schwierigkeiten befindliche Unternehmen zu konzentrieren, also sinkende Marktanteile oder sogar Unternehmensschließungen zu verhindern. Schließlich kann es Ziel der regionalen Strukturpolitik sein, Unzufriedenheiten von Unternehmen über den regionalen Standort aufzunehmen und abzubauen, um so Umsiedlungen zugunsten anderer Wirtschaftsräume (= $\Delta MINVERL$) zu verhindern.

Addiert man diese sechs Einzelkomponenten und dividiert sie durch 2B, gelangt man zum Job-Turnover. Er beträgt in Deutschland etwa 8 %; die durchschnittliche Lebensdauer eines Arbeitsplatzes in einer Region beträgt damit ungefähr 12,5 Jahre. Der besondere Erfolg von Regionen bei ΔB basiert vor allem auf regional unterschiedlichen ΔEXPBS und ΔEXPGR, so dass es sich anbietet, sich in der Förderung auf regionsansässige Unternehmen zu konzentrieren (= **endogene Regionalentwicklung**), die sich in der Gründungs- oder Expansionsphase befinden. Die Ansiedlung von Unternehmen „von außen" (= **exogene Regionalentwicklung**) ist mangels Masse und harter interregionaler Konkurrenz nur wenig Erfolg versprechend; um die wenigen Unternehmen, die sich interregional verlagern, bemühen sich viele Wirtschaftsräume. Auch die Pflege schrumpfender und kranker Unternehmen (ΔMINBS und ΔMINSCHL) bringt nur wenig, da sich durch Förderung eine Schließung häufig nur aufschieben, aber nicht verhindern lässt.

Bei der Durchführung von Entwicklungsprogrammen für Regionen sind eine Reihe von Grundsatzfragen zu klären.

Soll die Kompetenz für die Erstellung und Durchführung des regionalen Entwicklungsprogramms bei der Förderregion selbst liegen oder bei einer zentralen Instanz? Für eine dezentrale Kompetenzzuweisung spricht eine flexiblere und effizientere Reaktion auf Problemlagen, für eine zentrale Lösung das Auftreten externer Effekte und zunehmende Skalenerträge bei der Durchführung politischer Programme.

Eng mit dieser ersten Fragestellung hängt die Entscheidung darüber zusammen, ob für jede Förderregion ein individuelles Förderkonzept aufgestellt oder ein einheitliches Instrumentarium auf alle Wirtschaftsräume angewendet wird. Für die einheitliche Lösung spricht ihre Praktikabilität, für die individuelle Lösung, dass regionsspezifischen Problemen auch nur mit speziellen Instrumenten wirksam begegnet werden kann.

Bei einer aktiven Sanierung sollen Abwanderungen vermieden werden, also das Kapital zur Arbeit gehen, während bei der passiven Sanierung auch Abwanderungen in der Hoffnung zugelassen werden, dass sich die Region auf niedrigerem Niveau stabilisiert.

Schließlich ist eine Entscheidung darüber zu treffen, ob alle oder nur ausgewählte ökonomische Aktivitäten gefördert werden sollen. Für eine selektive Förderung sprechen bestimmte theoretische Ansätze – so legt etwa die Exportbasistheorie die Förderung von Aktivitäten nahe, die mit regionalen Exporten verbunden sind –, für eine generelle Förderung die mit einer selektiven Förderung verbundene „Anmaßung von Wissen".

III.2.3 Arbeitsschritte im Rahmen der regionalen Wirtschaftspolitik

III.2.3.1 Abgrenzung und Bestimmung der Förderregionen

Im Rahmen der regionalen Wirtschaftspolitik besteht eine direkte Analogie zur Medizin. Hier wie dort kann zwischen Diagnose und Therapie unterschieden werden. Im Rahmen der Diagnose muss die Frage beantwortet werden, an welcher Krankheit der Patient leidet bzw. welche Faktoren eine zufrieden stellende Entwicklung eines Wirtschaftsraumes verhindern. Die anschließende Therapie besteht aus dem Einsatz von Instrumenten und der Kontrolle ihrer Effizienz.

Während aber Patienten in der Medizin eindeutig als Einzelpersonen vorgegeben sind, müssen Wirtschaftsräume im Rahmen der regionalen Wirtschaftspolitik definiert und abgegrenzt werden. Sie sind keine natürlich vorgegebenen Einheiten, die es aufzufinden und zu identifizieren gilt. Vielmehr gibt es praktisch unendlich viele Möglichkeiten, kleinste räumliche Bausteine – etwa Gemeinden – zu Wirtschaftsräumen zusammenzufügen. Dabei sind die Ergebnisse im Rahmen der empirischen Regionalforschung stark von den zugrunde gelegten regionalen Beobachtungseinheiten abhängig. Je nach gewählter Regionalisierung können Wirtschaftsräume als „gesund" oder „krank" erscheinen Daher ist die problemadäquate Regionalisierung ein wichtiges Problem im Rahmen der regionalen Wirtschaftsförderung; mit ihr steht und fällt die Abgrenzung jener Wirtschaftsräume, die im Rahmen der regionalen Strukturpolitik als förderungsbedürftig gelten. An eine problemorientierte Abgrenzung sind bestimmte Anforderungen zu stellen; sie konkretisieren sich in dem Verlangen, dass durch eine geeignete Festlegung von Beobachtungseinheiten die Intentionen der regionalen Strukturpolitik effizient unterstützt werden. Dies ist dann der Fall, wenn die abgegrenzten räumlichen Beobachtungseinheiten

a)   eine zuverlässige Diagnose und Prognose des regionalen Entwicklungsstandes erlauben,

b)   räumliche Ausstrahlungseffekte regionalpolitischer Maßnahmen zum Ausdruck bringen.[206]

Wir haben uns bereits ausführlich mit der Abgrenzung von Regionen beschäftigt[207] und die Schlussfolgerung gezogen, dass eine vernünftige Bewertung der wirtschaftlichen Situation nur dann möglich ist, wenn Zentren mit ihrem Umland zu Funktionalregionen zusammengefasst werden. Das zur Messung von Entwicklung und Wachstum entscheidende Kriterium der Berufspendler führt zu Wirtschaftsräumen, die wir als Regionale Arbeitsmärkte bezeichnen und die im Hinblick auf ihre Förderbedürftigkeit zu bewerten sind.

---

[206] Vgl. H.-F. Eckey, K. Horn und P. Klemmer (1990), S. 1 ff.
[207] Vgl. Kapitel II.3.1 Begriff der Region.

Am Patienten wird u.a. die Körpertemperatur gemessen, das Blutbild analysiert und die Reaktionsfähigkeit getestet, um die Art der vorliegenden Krankheit im Rahmen der Diagnose bestimmen zu können.

Im Rahmen der regionalen Wirtschaftspolitik müssen analoge Indikatoren bestimmt und gemessen werden. Sie lassen sich gemäß Übersicht III.2.3.1-1 systematisieren.

Übersicht III.2.3.1-1:   Indikatoren zur Messung des regionalen Entwicklungsstandes

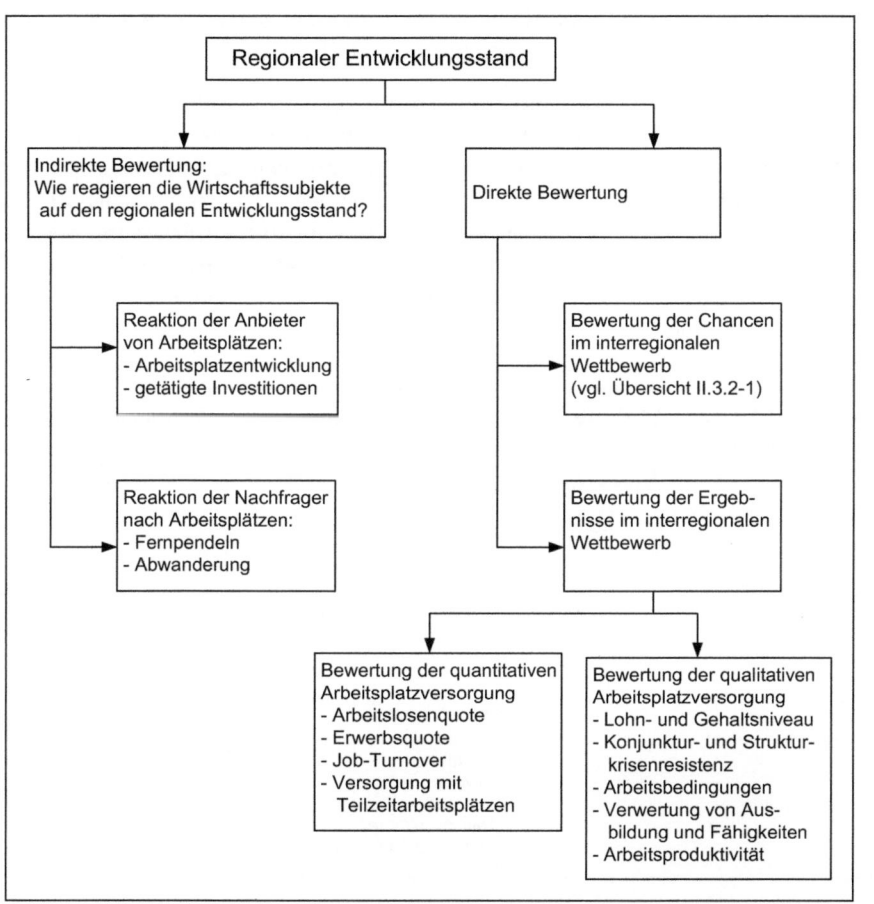

Bei der indirekten Bewertung fragt man sich, wie die Nachfrager nach Arbeitsplätzen (= Erwerbspersonen) und die Anbieter von Arbeitsplätzen (= Unternehmen) auf die Situation in einer Region reagieren. Ist sie attraktiv, so wandern Erwerbspersonen zu und es werden Arbeitsplätze geschaffen, ist sie unattraktiv, suchen sich die Erwerbspersonen einen Arbeitsplatz (investieren die Unternehmen) in einer anderen Region.

Die Standortattraktivität wird mit Hilfe von Zu- und Abwanderungen gemessen, die eine „Abstimmung mit Füßen" darstellen.

Bei einer direkten Bewertung kann zwischen den Chancen und den Ergebnissen im interregionalen Wettbewerb unterschieden werden. Regionen mit gutem naturräumlichem Potenzial, einer überdurchschnittlichen Infrastruktur und einer leistungsfähigen Siedlungsstruktur haben gute Chancen, sich im interregionalen Wettbewerb erfolgreich durchzusetzen.

Das Ergebnis im interregionalen Wettbewerbsprozess kann dann für einen Wirtschaftsraum als zufrieden stellend bezeichnet werden, wenn die Bevölkerung hinreichend mit qualitativ guten Arbeitsplätzen versorgt ist.

Aus der Palette der Einzelvariablen müssen nun jene ausgewählt werden, mit deren Hilfe man Strukturstärke und -schwäche von Regionen messen will. Wählt man nur eine Variable als repräsentativ für den regionalen Entwicklungsstand aus, spricht man von einem eindimensionalen Indikator. Sein Vorteil liegt in seiner einfachen Erstellung und Interpretation, sein Nachteil in der meist unzulänglichen Erfassung des zu beschreibenden Tatbestandes. Mehrdimensionale Indikatoren beschreiben zwar das Phänomen besser, führen aber zu einem Selektions-, einem Dimensions- und einem Gewichtungsproblem.

Übersicht III.2.3.1-2:   *Methodische Probleme bei der Bildung mehrdimensionaler Indikatoren*

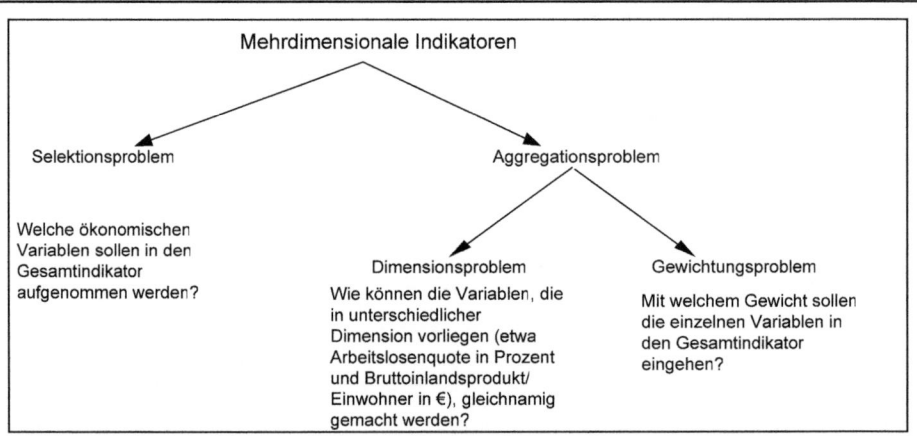

Hat man für die Regionen einen Indikator entwickelt und gemessen, bleibt letztlich die Frage nach dem Normwert. Ab welcher Ausprägung soll ein Wirtschaftsraum als Förderregion angesehen werden und wann nicht? Es zeigt sich erneut die Analogie zur Medizin. Auch dort stellt sich die Frage, ab welcher Körpertemperatur ein Mensch als krank gilt und welcher Cholesterinwert eine Behandlung erforderlich macht.

III.2.3.2 Das Instrumentarium der regionalen Wirtschaftspolitik

III.2.3.2.1 Ein Überblick über das Förderinstrumentarium

Nach der Festlegung der Förderregionen muss jenes Instrumentarium ausgewählt werden, mit dessen Hilfe ihre Entwicklung unterstützt werden soll. Zur Darstellung des Förderinstrumentariums wird zunächst ein Überblick gegeben, um anschließend auf die Instrumente im Einzelnen einzugehen.

Die Wertschöpfung in einer Region i (= Y_i) ergibt sich aus dem Zusammenspiel ihres Angebotspotenzials AP_i und der auf sie anfallenden Nachfrage N_i. Es gilt

$$Y_i = \text{Min} \begin{cases} AP_i \\ N_i \end{cases}.$$

Ist $AP_i > N_i \left(AP_i < N_i \right)$, so wird die Wertschöpfung durch eine unzureichende Nachfrage (ein unzureichendes Angebotspotenzial) limitiert. Eine regionale Wirtschaftspolitik, die das Angebotspotenzial (die regionale Nachfrage) erhöhen will, heißt angebotsorientiert (nachfrageorientiert). Messen wir, wie in der Ökonomie üblich, das Angebotspotenzial über eine Produktionsfunktion

$$Y_i = g\left(f_i, A_i, K_i \right),$$

so zeigen sich bereits die möglichen Ansatzpunkte einer angebotsorientierten Regionalpolitik. Es gilt

- $\dfrac{dY_i}{dA_i} > 0$. Gelingt es, die im Produktionsprozess eingesetzte Arbeitsmenge zu erhöhen, steigt – ceteris paribus – die produzierte Menge an Gütern und Dienstleistungen. Man spricht von einer **arbeitsorientierten Regionalpolitik**.

- $\dfrac{dY_i}{dK_i} > 0$. Auch durch einen Mehreinsatz von Kapital kann der regionale Output gesteigert werden (= **kapitalorientierte Regionalpolitik**).

- $\dfrac{dY_i}{df_i} > 0$. Die Effizienz der regionalen Produktion steigt an, wenn sich die Produktivität von Arbeit oder (und) Kapital erhöht. Dies geschieht,

  a) direkt, wenn das Humankapital der Erwerbstätigen durch Aus- und Weiterbildung erhöht wird (= **bildungsorientierte Regionalpolitik**) bzw. neue oder verbesserte Produkte und Produktionsverfahren geschaffen werden (= **innovationsorientierte Regionalpolitik**).

  b) indirekt, wenn

  - die regionale Infrastruktur verbessert wird (= **infrastrukturorientierte Regionalpolitik**).

Übersicht III.2.3.2.1-1:   *Ansatzpunkte einer regionalen Entwicklungspolitik*

Ansatzpunkte einer regionalen Entwicklungspolitik

Erhöhung des Angebotspotentials
(angebotsorientierte Regionalpolitik)

Erhöhung der regionalen Nachfrage
(nachfrageorientierte Regionalpolitik)

Erhöhter Einsatz von Produktionsfaktoren
(faktororientierte Regionalpolitik)

Höhere Produktivität
(produktivitätsorientierte Regionalpolitik)

direkt

indirekt

Arbeit
(arbeits-orientierte Regional-politik)

Kapital
(kapitalorientierte Regionalpolitik)
Verbesserung der produktionsnahen Infrastruktur (Verkehr, Fläche, Energieversorgung)
Subventionierung von Investitionen

Arbeit
(bildungsorientierte Regionalpolitik)
Verbesserung der Aus- und Weiterbildung
Einsatz neuer Medien wie z.B. E-learning

Kapital
(inno-vations-orientierte Regional-politik)

Infra-struktur
(infra-struktur-orientierte Regional-politik)

Vernetzung der regionalen Aktivitäten
(netzwerkori-entierte Re-gionalpolitik)
Clusterbildung
Regional-management

Vermeidung der Verletzung von restriktiven Nebenbedin-gungen
(engpassorientierte Regionalpolitik)
Aufrechterhaltung des Gleichgewichts in
Energiebilanzen
Flächenbilanzen
Umweltbilanzen

Eigene Nach-frage des Staates in der Region

Induzierung privater Nachfrage in der Region
Nachfragesub-ventionen (mit Empfangsauflagen)
Angebotssubven-tionen wie Kosten-subventionen,
Verkaufsmengen-subventionen usw.

Größe der Bevölkerung
(über Wanderungen)
("weiche Standortfaktoren")
Verbesserung wohnortrelevanter Faktoren wie haushaltsnahe Infrastruktur, gutes Wohnraumumfeld, gute Versorgung mit zentralen Gütern, Subventionierung von Zuzügen

Höhe der Erwerbsquote
Anzahl von Arbeitsplätzen
strukturelle Entsprechung von Arbeitsplatzangebot und -nachfrage
Einrichtung von Teilzeitarbeitsplätzen
neue Form von Arbeitsplätzen (z.B. Telearbeit)

Invention und Innovation
Forschungs-einrichtungen
Hochschulen

Diffusion
Messen
Ausstellungen
Technologie-beratungsstellen
Informationsbanken
Internetpräsentation

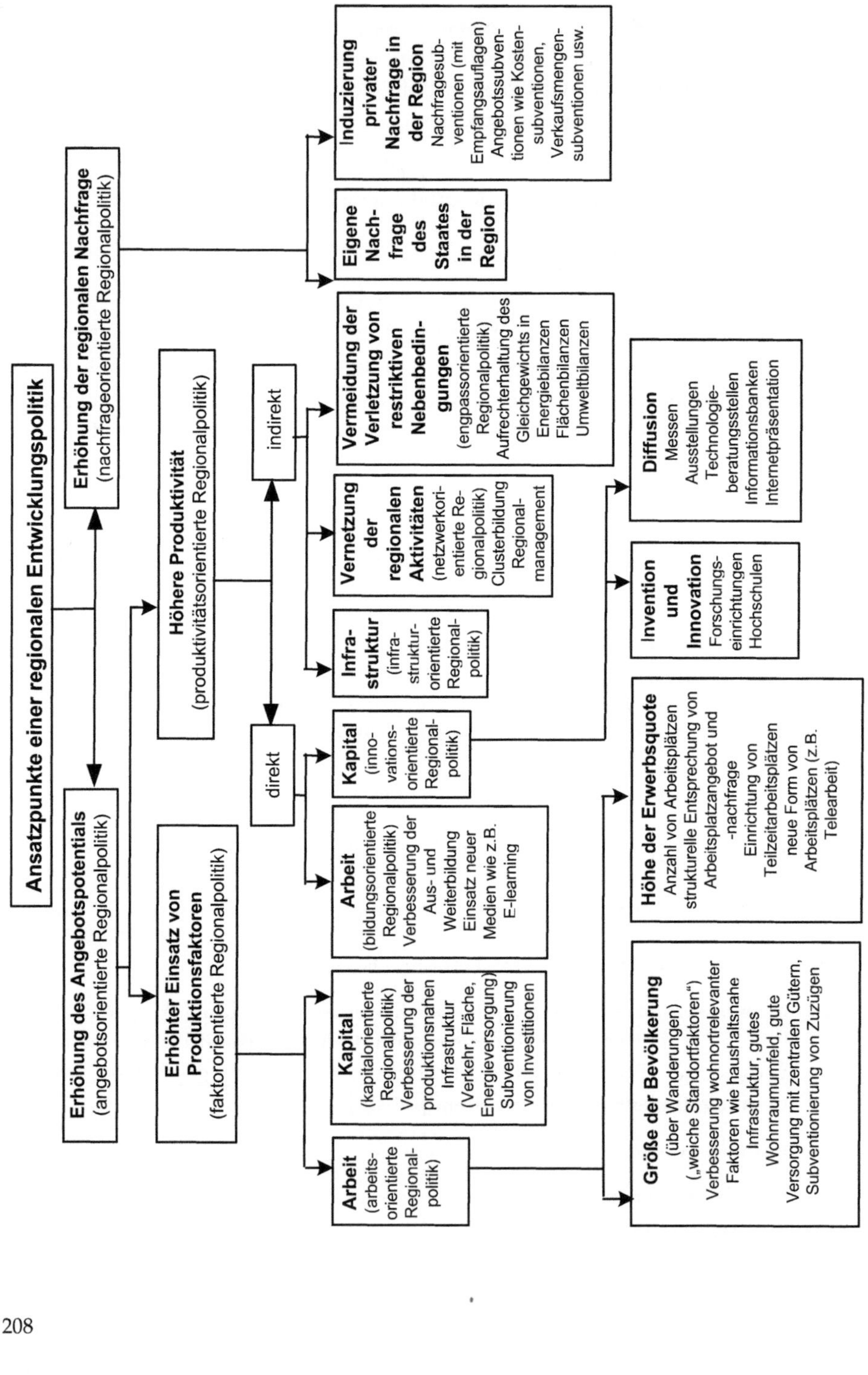

- Netzwerke geschaffen und ausgebaut werden, die zu regionsinternen Überschwappeffekten zwischen Personen, Unternehmen und Institutionen führen (= **netzwerk- oder clusterorientierte Regionalpolitik**).

- es gelingt, Engpässe bei komplementären Produktionsfaktoren wie Energie, Fläche und Rohstoffe zu verhindern (= **engpassorientierte Regionalpolitik**).

Übersicht III.2.3.2.1-1 fasst diese Möglichkeiten noch einmal zusammen.

Die Auswahl der Instrumente baut in der Regel auf einer Machbarkeitsstudie auf, die bestehende Stärken und Schwächen einer Region analysiert, ihre Status-quo- und ihre angestrebte Entwicklung aufzeigt, Instrumente zum Abgleich zwischen beiden Entwicklungen empfiehlt sowie die Umsetzung dieser Instrumente in finanzieller, personeller und organisatorischer Hinsicht vorbereitet, begleitet und kontrolliert. Die Aufstellung solcher Machbarkeitsstudien, die auch als **regionale Entwicklungskonzepte** [208] bezeichnet werden, ist dabei kein einmaliger Vorgang, sondern ein fortwährender Prozess; das Konzept muss laufend geänderten Rahmenbedingungen angepasst werden. Übersicht III.2.3.2.1-2 fasst die Arbeitsschritte eines regionalen Entwicklungskonzepts zusammen.

Die Aufstellung eines solchen regionalen Entwicklungskonzeptes geschieht zwar in Vorbereitung durch die Verwaltung (EU, Bund, Land, Regionalmanagement als Institution, kommunaler Zweckverband, Regierungspräsidium), wird aber häufig mit den Entscheidungsträgern der Region diskutiert, evtl. modifiziert und gemeinsam verabschiedet. Dies geschieht in sog. **Regionalkonferenzen** [209]; hierunter versteht man die

---

[208] Zu diesem Thema vgl. Keim, K.-D. und Kühn, M. (Hrsg.) (2002).

[209] Gegen die Abstimmung von Entwicklungskonzepten in Regionalkonferenzen werden folgende Gegenargumente aufgeführt:

- Die Erarbeitung regionaler Entwicklungskonzepte kann mit räumlicher Leitvorstellung demokratisch legitimierter Gremien (Gemeinde-, Stadt-, Kreis- und Regionalparlamente) konfligieren. Woher beziehen Regionalkonferenzen ihre demokratische Legitimation? Auch die Kompetenz in anderen Bereichen ist bereits besetzt. So ist es auch Ziel von Kommunen (Industrie- und Handelskammer, Handwerkskammer), Netzwerke durch Verbandsarbeit zu knüpfen.

- Unterschiedliche gesellschaftliche Gruppen, die an der Erarbeitung regionaler Entwicklungskonzepte mitarbeiten, haben unterschiedliche Leitvorstellungen zur räumlichen Steuerung. Während Umweltverbände Maßnahmen zur nachhaltigen Regionalentwicklung favorisieren, fordert die Industrie eine billige Ver- und Entsorgung, neue Gewerbeflächen und einen Ausbau der Verkehrsinfrastruktur. So besteht die Gefahr, dass regionale Entwicklungskonzepte nicht in sich konsistente Strategien enthalten, sondern Ausdruck des kleinsten gemeinsamen Nenners sind.

- Projekte in regionalen Entwicklungskonzepten sind ohne zentrale Fördermittel in der Regel nicht finanzierbar. Es besteht die Gefahr, dass regionale Entwicklungskonzepte so aufgestellt werden, dass sie den Richtlinien zur Vergabe zentraler Fördermittel weitestgehend entsprechen, um so den Mittelzufluss zugunsten der eigenen Region zu maximieren. Dann ist ein Entwicklungskonzept aber wiederum nicht Ausdruck einer eigenverantworteten Regionalentwicklung, sondern der Vorstellung zentraler Instanzen.

Zusammenkunft von Personen, die die Subsysteme des Systems „Region" vertreten, so z.B. Unternehmens- und Arbeitnehmervertreter, Repräsentanten bedeutender Institutionen der Region wie etwa Hochschulen, Handwerkskammer sowie Industrie- und Handelskammer, politische Entscheidungsträger usw.

Übersicht III.2.3.2.1-2   *Arbeitsschritte eines regionalen Entwicklungskonzepts*

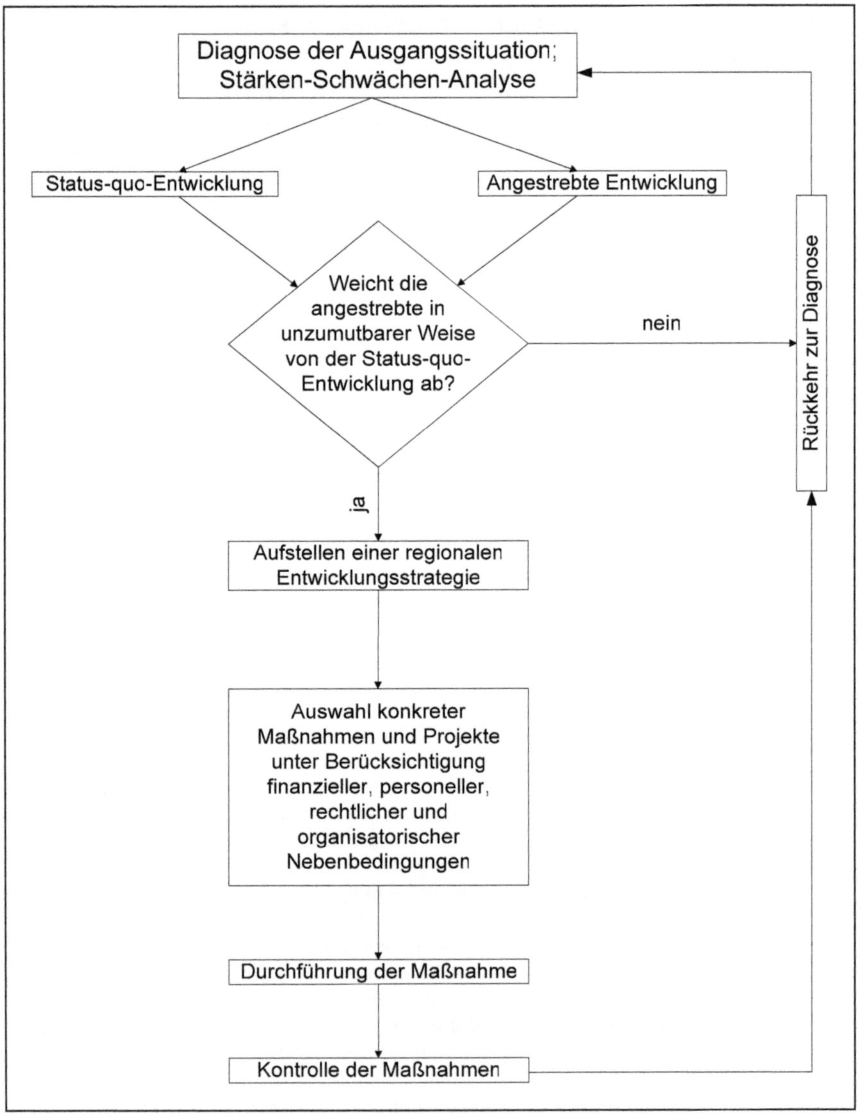

Diagnose der Ausgangssituation;
Stärken-Schwächen-Analyse

Status-quo-Entwicklung

Angestrebte Entwicklung

Weicht die angestrebte in unzumutbarer Weise von der Status-quo-Entwicklung ab?

nein

Rückkehr zur Diagnose

ja

Aufstellen einer regionalen Entwicklungsstrategie

Auswahl konkreter Maßnahmen und Projekte unter Berücksichtigung finanzieller, personeller, rechtlicher und organisatorischer Nebenbedingungen

Durchführung der Maßnahme

Kontrolle der Maßnahmen

III.2.3.2.2 Darstellung ausgewählter Instrumente

III.2.3.2.2.1 Faktororientierte regionale Wirtschaftspolitik: Subventionierung von Arbeit und Kapital

Die Position eines Wirtschaftsraums kann verbessert werden, wenn die in ihm eingesetzten Produktionsfaktoren subventioniert werden. Dies verringert ihre Kosten und erhöht ihren Einsatz.

Wir bauen unsere Überlegungen auf dem Ziel auf, in einer strukturschwachen Region die Arbeitslosigkeit abzubauen, also die Beschäftigung zu erhöhen. Dazu sollen Investitionen gefördert und demnach der Produktionsfaktor Kapital subventioniert werden. Dies kann durch **Investitionszulagen**, **Investitionszuschüsse** und **Sonderabschreibungen** geschehen; diese Instrumente senken die Kapitalnutzungskosten und machen damit eine Region für Investitionen attraktiver. Investitionszulagen und -zuschüsse sind direkte Finanzhilfen, die Unternehmen bei der Durchführung von Investitionen erhalten. Investitionszulagen sind für das geförderte Unternehmen steuerfrei, während Investitionszuschüsse versteuert werden müssen. Im Gegensatz zur normalen Abschreibung steht die Sonderabschreibung in keiner Beziehung zur Wertminderung eines Wirtschaftsgutes; sie wird vielmehr gewährt, damit Unternehmen ihren Gewinn mindern können. Damit sind weniger Steuern zu zahlen und die Attraktivität einer Investition erhöht sich.

Ein rational handelnder Unternehmer wird eine Investition dann vornehmen, wenn die mit ihr verbundenen abdiskontierten Einzahlungen die mit ihr verbundenen Auszahlungen übertreffen.

III.2.3.2.2.1-1 $$-I_0 + \sum_{t=1}^{n}\frac{G_t}{(1+r)^t} + \frac{R_n}{(1+r)^n} > 0$$

mit
I = Investitionskosten
G = Gewinn
R = Restwert
t = Zeitpunkt
n = Lebensdauer des Kapitalgutes
r = Kalkulationszinssatz

Mit steigendem r werden die Gewinne und der Restwert verstärkt abdiskontiert, so dass für immer weniger Investitionen die Bedingung III.2.3.2.2.1-1 erfüllt ist. Es ergibt sich bekanntlich ein negativer Zusammenhang zwischen der Höhe der getätigten Investitionen und der Höhe des Kalkulationszinssatzes.

Wir führen nun den Staat in unsere Betrachtung ein, der Steuern auf die anfallenden Gewinne erhebt. Ist der Steuersatz s, so wird III.2.3.2.2.1-1 zu

III.2.3.2.2.1-2 $\quad -I_0 + \sum_{t=1}^{n} \dfrac{G_t \cdot (1-s)}{(1+r)^t} + \dfrac{R_n \cdot (1-s)}{(1+r)^n} > 0$

als Bedingung für die Vorteilhaftigkeit von Investitionen. Unternehmenssteuern senken die Vorteilhaftigkeit von Investitionen und so das Investitionsvolumen; der negative Zusammenhang zwischen r und I bleibt erhalten.

Abbildung III.2.3.2.2.1-1:   Zusammenhang zwischen Zinssatz und Investitionshöhe

---

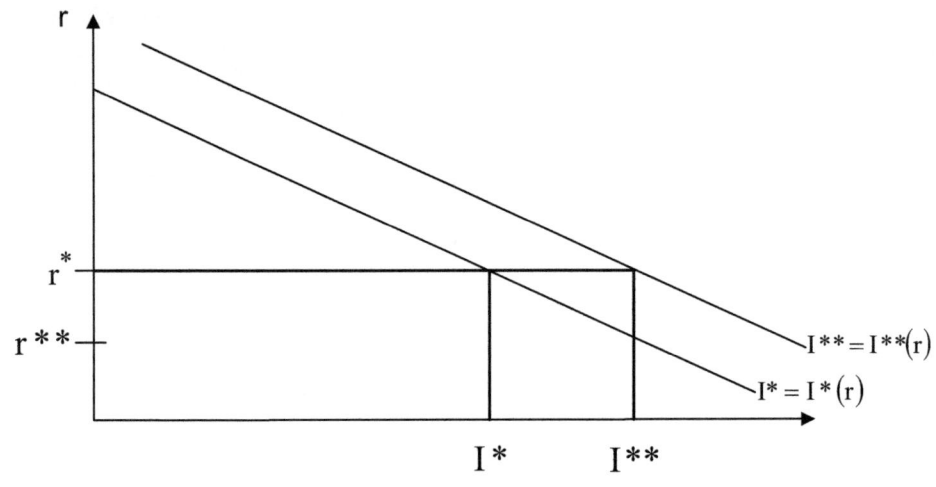

Zum Zeitpunkt * werden bei einem Marktzins = Kalkulationszins r* in der von uns betrachteten Region Investitionen im Umfang von I* getätigt.

Wir führen nun in unser Modell Subventionen zugunsten des Produktionsfaktors Kapital ein. Die Investitionsbedingung III.2.3.2.2.1-2 ändert sich nun wie folgt:

Bei Investitionszulagen IZL:

III.2.3.2.2.1-3 $\quad -I_0 + IZL + \sum_{t=1}^{n} \dfrac{G_t \cdot (1-s)}{(1+r)^t} + \dfrac{R_n \cdot (1-s)}{(1+r)^n}$.

Bei Investitionszuschüssen IZS:

III.2.3.2.2.1-4 $\quad -I_0 + IZS \cdot (1-s) + \sum_{t=1}^{n} \dfrac{G_t \cdot (1-s)}{(1+r)^t} + \dfrac{R_n \cdot (1-s)}{(1+r)^n}$.

Bei Sonderabschreibungen SA:

III.2.3.2.2.1-5 $\quad -I_0 + SA \cdot s + \sum_{t=1}^{n} \dfrac{G_t \cdot (1-s)}{(1+r)^t} + \dfrac{R_n \cdot (1-s)}{(1+r)^n}$.

In jedem dieser drei Fälle verschiebt sich die Investitionskurve $I = I(r)$ nach rechts. Zusätzliche Investitionen erfüllen jetzt die jeweilige Rentabilitätsbedingung, so dass sich in unserer Beispielregion das Investitionsvolumen von I* auf I** erhöht.[210]

Bisher haben wir die positive Auswirkung einer Kapitalsubventionierung auf den Kapitalstock und die Bruttowertschöpfung analysiert. Erinnern wir uns aber daran, dass es Aufgabe der regionalen Wirtschaftspolitik bei der Verfolgung des Stabilitätsziels [211] ist, die regionale Beschäftigung anzuheben. Führt aber der vermehrte Kapitaleinsatz auch zu einer Ausweitung der in einer Region vorhandenen Arbeitsplätze? Bei der Beantwortung dieser Frage sind unterschiedliche Fälle zu unterscheiden:

Ist die Nachfrage nach den in der Region hergestellten Produkten bei gegebenen Preisen unbegrenzt, so wird mit steigendem Kapitalstock auch die Arbeitsmenge ausgeweitet. Dies deshalb, weil sich bei gestiegenen Investitionen über die steigende Kapitalintensität die Grenzproduktivität der Arbeit erhöht und es damit für die Unternehmer attraktiv wird, zusätzliche Arbeitskräfte einzustellen (= Produktionseffekt).

Beispiel III.2.3.2.2.1-1

Wir unterstellen die Produktionsfunktion $Y_i = A_i^{0,6} \cdot K_i^{0,3}$ und einen durch Tarifverhandlungen vorgegebenen Lohn von $\ell_1^* = 0,4$. Beträgt $K_i = 100$, so werden bei gegebenem Lohnsatz

$$\frac{dY_i}{dA_i} = \frac{0,6 \cdot K_i^{0,3}}{A_i^{0,4}} = 0,4$$

$A_i = 2,76 \cdot K_i^{0,75}$ Arbeitskräfte beschäftigt. Ihre Anzahl beträgt bei gegebenem K_i gleich 87, so dass bei einem Arbeitsangebot von $A_i = 100$ eine Arbeitslosenquote von 13 % herrscht.

Wie die folgende Abbildung zeigt, würde bei einem Kapitalstock von 120 Vollbeschäftigung herrschen.

---

[210] Der Effekt ist damit der gleiche, wie wenn sich der Kalkulationszins verringert hätte. In Abbildung III.2.3.2.2.1-1 entspricht die Subvention einer Verringerung des Kalkulationszinssatzes von r* auf r**.

[211] Vgl. Kapitel III.2.1.2. Das Stabilitätsziel.

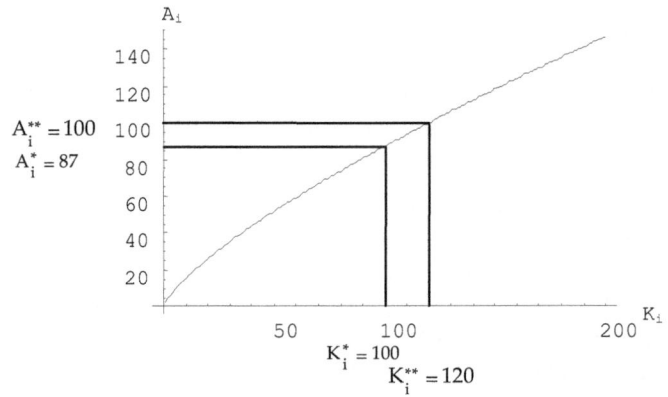

Ähnlich eindeutig fällt die Antwort auf die obige Frage aus, wenn die nachgefragte Menge absolut limitiert ist, Y_i also Y_i^{lim} ist. Es gilt dann bei $Y_i^{lim} = A_i^{\alpha} \cdot K_i^{\beta}$

III.2.3.2.2.1-6 $\quad A_i = \dfrac{\left(Y_i^{lim}\right)^{1/\alpha}}{K_i^{\beta}} \quad .$

Mit zunehmendem Kapitaleinsatz geht die Anzahl der Arbeitsplätze zurück (= Substitutionseffekt).

Nicht eindeutig fällt die Antwort aus, wenn sowohl Output- als auch Substitutionseffekt auftreten, die im Zusammenspiel den Gesamteffekt ergeben. Je nachdem, welcher der beiden Effekte stärker durchschlägt, kann die Auswirkung steigenden Kapitaleinsatzes auf die Arbeitsmenge positiv oder negativ sein.

Vor Subventionierung der Investitionen betrage die regionale Produktion X*, die gemäß eingezeichneter Isoquante mit unterschiedlichen Kombinationen von Kapital und Arbeit hergestellt werden kann. Ist die Lohn-Zins-Relation durch $\tan\alpha^*$ gegeben, so ergibt sich eine Isokostenlinie, die die Isoquante im Optimalpunkt O* tangiert. Im Produktionsprozess werden die Faktormengen A* und K* eingesetzt.

Wird nun der Produktionsfaktor Kapital subventioniert, so wird er im Vergleich zur Arbeit billiger; die Lohn-Zins-Relation steigt auf $\tan\alpha^{**}$ an. Der neue Optimalpunkt bei unverändertem Output ist nun O**, der als optimale Faktormengen A** und K** ausweist. A ist aufgrund der geänderten Faktorpreisrelation teilweise durch Kapital substituiert worden.

Abbildung III.2.3.2.2.1-2: *Produktions-, Substitutions- und Gesamteffekt bei der Subventionierung des Produktionsfaktors Kapital*

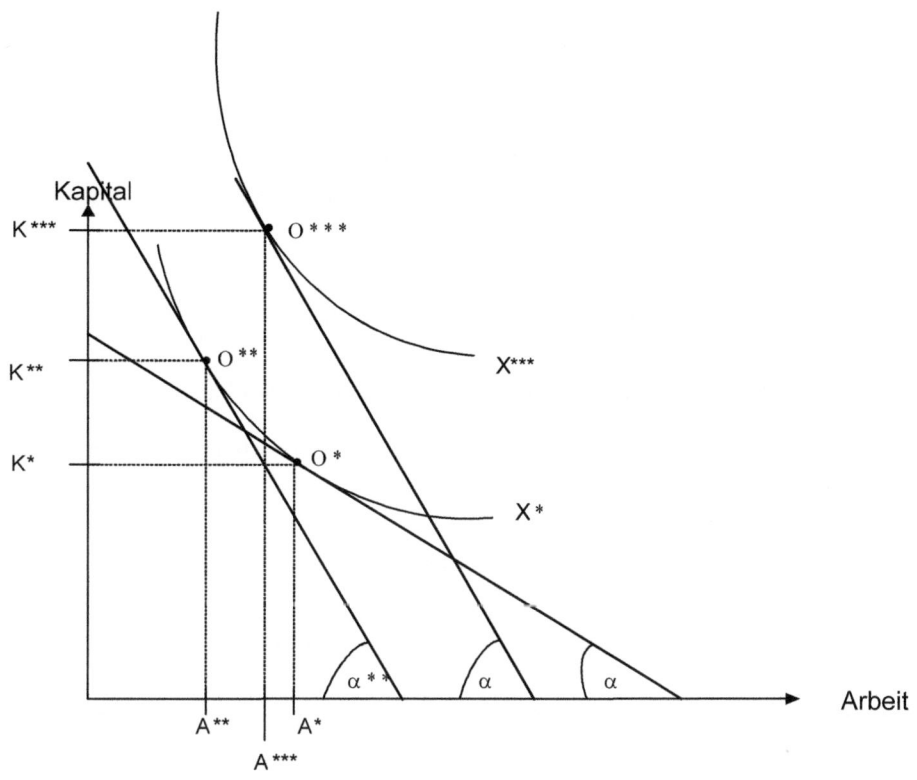

Da unsere Region aufgrund der gewährten Subventionen billiger produzieren kann, wird sich aber ihre Position im interregionalen Wettbewerb verbessern; der Output steige von X* auf X*** (= Produktionseffekt). Bei unveränderter Lohn-Zins-Relation $\tan\alpha*** = \tan\alpha**$ ist der neue Optimalpunkt O***, der mit einem Arbeitseinsatz von A*** und mit einem Kapitaleinsatz von K*** verbunden ist. Insgesamt kommt es damit aufgrund der Kapitalsubventionierung zu einer Arbeitsplatzveränderung A***–A*, die sich wie folgt zerlegen lässt:

	Gesamteffekt	A***–A*
=	Produktionseffekt	A***–A**
+	Substitutionseffekt	A**–A*

Nur wenn der Produktionseffekt größer als der Substitutionseffekt ist, führt eine Kapitalsubventionierung zu einer Ausweitung der regionalen Beschäftigung. Die Wahrscheinlichkeit hierfür ist umso größer, je höher die Preiselastizität der Nachfrage und je niedriger die Substitutionselastizität der Produktionsfaktoren ist.

Beispiel III.2.3.2.2.1-2

Es sei $Y_i = X_i \cdot p_i$ mit X_i = realem Output und p_i = Preis von X_i. Für X_i gelte die Produktionsfunktion $X_i = A_i^{\alpha} \cdot K_i^{1-\alpha}$ und die Nachfragefunktion $X_i = a - b \cdot p_i$. Dann führt eine Verbilligung des Kapitals zu einer Ausdehnung der im Produktionsprozess eingesetzten Arbeitsmenge, wenn $b > \dfrac{a}{2}$ ist.[212]

Setzen wir $\alpha = \dfrac{2}{3}$ und $X_i = A_i = K_i = 100$, so ist bei $p_i = 1$ $\quad \dfrac{dY_i}{dA_i} = \ell_i = \dfrac{2}{3}$ und

$\dfrac{dY_i}{dK_i} = r_i = \dfrac{1}{3}$. Ist a=160 und b=60, so ist $b < \dfrac{a}{2}$, so dass wir bei Variation der Kapital-

kosten einen Rückgang der eingesetzten Arbeitsmenge erwarten. Die neuen Gleichgewichtswerte bei einer Senkung der Kapitalkosten um 1 % sind $p_1 = 0{,}9967$, $X_1 = 100{,}2$, $A_i = 99{,}865$ und $K_i = 100{,}874$. Der Substitutions- hat den Produktionseffekt überwogen. Anders ist dies bei $X_i = 480 - 380 \cdot p_i$, weil hier $b > \dfrac{a}{2}$ ist. Es ist nun nach einer einprozentigen Senkung der Kapitalkosten $p_1 = 0{,}9967$, $X_1 = 101{,}267$, $A_i = 100{,}928$ und $K_i = 101{,}947$. Der Produktionseffekt ist in diesem Fall stärker als der Substitutionseffekt.

Die Gefahr, dass der Substitutions- den Produktionseffekt übertrifft und damit die Beschäftigung in der Förderregion eher gesenkt als gesteigert wird, ist nur einer der Kritikpunkte an einer Subventionierung des Kapitals. Hinzu treten:

- Es kommt zu Mitnahmeeffekten. Auch jene Unternehmen, die ohne Subventionen investiert hätten, werden sie zum Zweck einer Gewinnsteigerung beantragen. So müssen in Abbildung III.2.3.2.2.1-1 I** Investitionen subventioniert werden, um zusätzliche Investitionen von I**–I* zu induzieren. Der Mitnahmeeffekt beträgt $\dfrac{I^*}{I^{**}}$.

- Übertreffen die beantragten Fördermittel die zur Verfügung stehenden Subventionen, so muss der Träger der Regionalpolitik selektieren, also eine Entscheidung darüber treffen, welche Investitionen für die Förderregion besonders geeignet und welche weniger wichtig sind. Hiermit ist eine „Anmaßung von Wissen" verbun-

---

[212] Siehe Beweis III.2.3.2.2.1-1 im Anhang.

den; es wird ein Wissen benötigt, das die politischen Entscheidungsträger in der Regel nicht haben.

▪ Das Wissen um Fördermaßnahmen der regionalen Strukturpolitik bei Instabilität lähmt die Eigeninitiative eines Wirtschaftsraumes, diese unerwünschte Situation durch eigenes prophylaktisches Handeln zu verhindern. Dieses ist in der Region häufig unbeliebt, stößt auf Widerstand und kostet Wählerstimmen; da ist es für die regionalen Entscheidungsträger häufig rationaler, der Verschlechterung der wirtschaftlichen Lage nicht aktiv entgegenzutreten, sondern die Notsituation abzuwarten und dann auf Hilfe „von oben" zu hoffen. Subventionen fördern regionale A-gonie.

▪ Die Subventionen müssen finanziert werden und erhöhen so die steuerliche Belastung der Produktionsfaktoren. Es kommt zu Verdrängungseffekten an anderer Stelle.

Der oben als unbestimmt geschilderte Zusammenhang zwischen Investitionssubventionen und Beschäftigung wird durch eine gesicherte positive Beziehung ersetzt, wenn die Subventionen nicht auf die getätigten Investitionen, sondern auf die im Produktionsprozess eingesetzte Arbeitsmenge gezahlt werden. Dies würde die Arbeit verbilligen und zu einem positiven Substitutionseffekt führen, so dass der Gesamteffekt der Beschäftigung auf jeden Fall positiv wäre. Diese positive Einschätzung von Lohnsubventionen bei einer zeitpunktbezogenen Betrachtung verliert sich aber und verkehrt sich ins Gegenteil, wenn man zu einer zeitraumbezogenen dynamischen Analyse übergeht. Anzuführen sind vor allem drei Gesichtspunkte:

▪ Die Subventionierung von Investitionen führt zu einem modernen Kapitalstock, der eine produktive und ökologisch verträgliche Herstellung von am Markt nachgefragten Gütern und Dienstleistungen ermöglicht. Kapitalsubventionierung erleichtert damit den Strukturwandel. Die Subventionierung des Arbeitsstocks ermöglicht dagegen den Erhalt am Markt nicht mehr lebensfähiger Beschäftigungsmöglichkeiten und führt damit zur Strukturerhaltung und Erstarrung.

▪ Gewerkschaften werden Lohnsubventionen in ihr tarifpolitisches Kalkül einbeziehen. Weiß man, dass der durch zu starke, nicht marktgerechte, weil nicht vollbeschäftigungskonforme Lohnerhöhungen hervorgerufene Beschäftigungsrückgang durch verstärkte Lohnsubventionen ausgeglichen wird, so besteht keine Notwendigkeit, auf den beschäftigungsmindernden Effekt von Lohnerhöhungen in Tarifverhandlungen Rücksicht zu nehmen.

▪ Arbeitgeberverbände haben keinen Anreiz, den nicht mehr marktkonformen, weil zu hohen Lohnforderungen der Gewerkschaften entgegenzutreten. Zu hohe Lohnabschlüsse führen nämlich über die Steigerung der regionalen Arbeitslosigkeit zu höheren Lohnsubventionen, die den Lohnerhöhungseffekt für die Unternehmen ausgleichen. Es kommt zu einer Ausbeutung des Staates durch die Tarifparteien.

III.2.3.2.2.2 Infrastrukturorientierte regionale Wirtschaftspolitik

Wir haben Infrastruktur bereits [213] als Grundausstattung einer Volkswirtschaft mit Kapital definiert, die Grundlage aller ökonomischen Aktivitäten ist, von der öffentlichen Hand bereitgestellt wird und für die private Wirtschaftsleistung den Charakter von (oft kostenlosen) Vorleistungen hat.

Wie die Subventionierung von Kapital und Arbeit kann eine **Verbesserung der wirtschaftsnahen Infrastruktur** dazu genutzt werden, Wachstum in Förderregionen zu induzieren. Ihr Ausbau erhöht die Grenzproduktivitäten beider Produktionsfaktoren und macht somit die Region für Arbeit und Kapital attraktiver. Ziel kann es insbesondere sein, die Anzahl der Arbeitsplätze bei gegebenem Lohnsatz zu erhöhen (Stabilitätsziel) oder den Lohnsatz bei gegebener Anzahl von Arbeitsplätzen anzuheben (Ausgleichsziel).

Wir erweitern die Produktionsfunktion $Y_i = e^{f_i} \cdot A_i^{\alpha} \cdot K_i^{\beta}$ um den Quasiproduktionsfaktor Infrastruktur Infra und unterstellen auch für ihn – wie für Arbeit und Kapital – abnehmende Grenzerträge.

III.2.3.2.2.2-1 $\quad Y_i = e^{f_i} \cdot A_i^{\alpha} \cdot K_i^{\beta} \cdot \text{Infra}_i^{\gamma}$

$$\text{mit } \frac{dY_i}{d\text{Infra}_i} = e^{f_i} \cdot \gamma \cdot A_i^{\alpha} \cdot K_i^{\beta} \cdot \text{Infra}_i^{\gamma} > 0$$

$$\text{und } \frac{d^2 Y_i}{d\text{Infra}_i^2} = e^{f_i} \cdot \gamma \cdot (\gamma - 1) \cdot A_i^{\alpha} \cdot K_i^{\beta} \cdot \text{Infra}_i^{\gamma-2} < 0$$

Es gilt dann für die Grenzproduktivitäten von Arbeit und Kapital

III.2.3.2.2.2-2 $\quad \dfrac{dY_i}{dA_i} = e^{f_i} \cdot \alpha \cdot A_i^{\alpha-1} \cdot K_i^{\beta} \cdot \text{Infra}_i^{\gamma}$

III.2.3.2.2.2-3 $\quad \dfrac{\left(\dfrac{dY_i}{dA_i}\right)}{d\text{Infra}_i} = e^{f_i} \cdot \alpha \cdot \gamma \cdot A_i^{\alpha-1} \cdot K_i^{\beta} \cdot \text{Infra}_i^{\gamma-1}$

III.2.3.2.2.2-4 $\quad \dfrac{dY_i}{dK_i} = e^{f_i} \cdot \beta \cdot A_i^{\alpha} \cdot K_i^{\beta-1} \cdot \text{Infra}_i^{\gamma}$

III.2.3.2.2.2-5 $\quad \dfrac{\left(\dfrac{dY_i}{dK_i}\right)}{d\text{Infra}_i} = e^{f_i} \cdot \beta \cdot \gamma \cdot A_i^{\alpha} \cdot K_i^{\beta-1} \cdot \text{Infra}_i^{\gamma-1}$

---

[213] Vgl. Kapitel II.3.2 Determinanten der Regionalentwicklung.

Die Grenzproduktivitäten von Arbeit und Kapital sind positive Funktionen der Ausstattung der Region mit Infrastruktur. Die Verbesserung der Infrastruktur hat dabei umso größere Effekte, je schlechter die Infrastruktur bisher war.

Infrastrukturelle Maßnahmen unterliegen wie private Investitionen dem Kriterium der Wirtschaftlichkeit und sollten vor der Realisierung einer Nutzen-Kosten-Analyse unterworfen werden. Sie beruht einerseits auf den normativen Vorgaben der Wohlfahrtsökonomie, andererseits auf Erkenntnissen privatwirtschaftlicher Investitionsrechnungen. Ihr Anliegen „besteht gewöhnlich darin, auf zwei zentrale Fragen eine Antwort zu geben:

(1)   Ist es aus ökonomischer Sicht sinnvoll, staatliche Projekte auf Kosten des Entzugs finanzieller Mittel aus dem privaten Sektor durchzuführen?

(2)   Welches oder welche staatlichen Vorhaben sollen aus einer Anzahl potentieller Alternativen ausgewählt und in die Praxis umgesetzt werden?" [214]

Bei Beachtung des Prinzips der Wirtschaftlichkeit hat eine infrastrukturorientierte Regionalpolitik viele Vorteile:

■ Empirische Untersuchungen [215] zeigen, dass Infrastrukturinvestitionen erheblich zur Steigerung der Produktivität von Arbeit und Kapital beitragen. So kommt Aschauer [216] zu dem Ergebnis, dass ca. 40 % der totalen Faktorproduktivität durch öffentliche Infrastrukturdienstleistungen erklärt werden können. Die partielle Produktionselastizität des öffentlichen Kapitalstocks liegt bei 0,25 bis 0,35 und ist damit der partiellen Produktionselastizität des privaten Kapitalstocks vergleichbar.

■ Infrastruktur ist nicht selektierend, sondern steht allen Unternehmen zur Verfügung. Während bei der Subventionierung von privaten Investitionen ein erhebliches Informationsproblem bei der Trennung von „guten" und „schlechten" Förderanträgen auftritt, dient eine Verbesserung der Infrastruktur allen ökonomischen Aktivitäten; es treten keine Diskriminierungen auf.

Nachteilig sind dagegen die lange Lebensdauer von Infrastrukturinvestitionen, die Entscheidungen über ihre Vorteilhaftigkeit sehr unsicher machen und eine Reversibilität von Fehlentscheidungen nicht zulassen, sowie die hohen Unterhaltskosten, die während ihrer Lebensdauer anfallen. Es bleibt aber auch hier die Argumentation, die wir gegen die Gewährung von Subventionen angeführt haben. Das Wissen um die Notwendigkeit, mit dem Strukturwandel selbst fertig werden zu müssen und ihm effizient zu begegnen, weicht einem „rent seeking".

---

214 Hanusch, H. (1994), S. 1.
215 Siehe den sehr guten Überblick bei Busch, B./Klös, H.-D. (1995).
216 Vgl. Aschauer, D.A. (1989), S. 177–200.

III.2.3.2.2.3 Innovations- und wissensorientierte regionale Wirtschaftspolitik

Innovations- und wissensorientierte regionale Strukturpolitik nimmt direkten Einfluss auf die technische Fortschrittsrate f_i. Es ist $f_i = g$ (Stand von technologischem Standard und Humankapital). Sowohl der Output als auch die Grenzproduktivität der Produktionsfaktoren steigt mit dem Stand von technologischem Standard und Humankapitel. Will man den Effizienzparameter über eine Steigerung von technologischem Standard (Humankapital) anwachsen lassen, so spricht man von einer innovationsorientierten (bildungs- oder wissensorientierten) Regionalpolitik.

Unter einer innovationsorientierten regionalen Strukturpolitik [217] versteht man damit die Herstellung neuer oder wesentlich verbesserter Produkte (Produktinnovation) sowie die Entwicklung und Anwendung neuer Verfahren, die eine effizientere Produktion bekannter Produkte erlauben, d.h. es ermöglichen, eine gegebene Produktionsmenge mit geringeren Kosten oder eine größere Produktionsmenge mit gleich bleibenden Kosten herzustellen (Prozessinnovation). Technischer Fortschritt durchläuft drei Phasen, nämlich die Phase der Invention, der Innovation und der Diffusion. Unter Invention versteht man die Generierung neuen Wissens, unter Innovation ihre erste kommerzielle Anwendung und unter Diffusion die Marktdurchdringung und Ausbreitung.

Die Palette möglicher Instrumente einer innovationsorientierten Regionalpolitik ist breit; die wichtigsten seien im Folgenden angeführt.

So können im Rahmen einer innovationsorientierten Regionalpolitik Ausgaben der Unternehmen für Forschung und Entwicklung subventioniert werden. Zu denken ist an zweckgebundene Zulagen und Zuschüsse, an Sonderabschreibungen auf zu aktivierendes „Know-how" oder an Lohnzuschüsse für Forscher.

Eine andere Möglichkeit besteht in der **Lokalisierung von Forschungseinrichtungen** wie Universitäten, Instituten und Akademien in strukturschwachen Regionen. Von der räumlichen Nähe verspricht man sich eine bevorzugte Nutzung der dort entwickelten Neuerungen durch regionsansässige Unternehmen.

Technologietransferstellen unterstützen den Technologietransfer, also die Verbreitung von neuem Wissen, um es auch Dritten wirtschaftlich nutzbar zu machen. Ansprechpartner sind vor allem kleine und mittlere Unternehmen, die nur sehr beschränkt eigene Forschung und Entwicklung betreiben und auch über von anderen entwickelte Neuerungen nur unzureichend informiert sind; ihnen soll durch Technologietransferstellen der Zugang zu neuem technischen Wissen erleichtert werden. Sie informieren über Förderprogramme und stellen die Verbindung zu Institutionen (Universitäten, andere Forschungseinrichtungen, Unternehmen) her, die Lösungsmöglichkeiten für

---

[217] Siehe hierzu als grundlegende Literatur Meyer-Krahner, F. (1984) und Ewers, H.J./Wettmann, R. (1980). Siehe auch Fritsch, M. (2005) und Koschatzky, K. (2001).

das Problem des ratsuchenden Unternehmens finden können oder bereits gefunden haben.

Unter **Technologiezentren** versteht man eine räumlich konzentrierte Standortgemeinschaft junger technologieorientierter Unternehmen. Mit ihr werden mehrere Vorteile verbunden: So senken günstige Mieten und die gemeinsame Nutzung zentraler Einrichtungen wie Schreibbüro, Kantine u.ä. die Kosten und senken die Hemmschwelle bei einer Unternehmensgründung. Außerdem erhofft man sich durch enge wechselseitige Beziehungen zwischen den jungen Unternehmen positive Synergieeffekte; Vorbild ist das Silicon Valley.

Diese und andere Förderinstrumente werden nur dann auf fruchtbaren Boden fallen, wenn die Förderregion bereit und in der Lage ist, Innovationen zu generieren und zu adaptieren. Ist dies der Fall, spricht man von einem **innovativen Milieu**.[218]

Eng verknüpft ist die innovationsorientierte mit der bildungsorientierten Regionalpolitik, die auf die Ausweitung des regionalen Humankapitals zielt.[219] Dabei versteht man unter Humankapital jenes Leistungspotenzial der Arbeitskräfte, das auf Aus- und Weiterbildung sowie Erziehung basiert. Instrumente zur Ausweitung des Humankapitals sind Aus- und Weiterbildungseinrichtungen sowie Institutionen, die die Abfrage von Wissen (etwa Informationsdatenbanken) sowie den Austausch von Wissen (Tagungen, Netzwerke) erleichtern. Förderlich ist außerdem die Schaffung attraktiver Standortbedingungen für hochqualifizierte Arbeitskräfte, die ihre Anwerbungen erleichtern und ihre Abwanderung verhindern. Die hohe Bedeutung von Wissen im regionalen Wachstumsprozess lässt sich mehrfach begründen:

- Wissen hat einen hohen Grad an Komplementarität zum technischen Standard. Es generiert und ermöglicht Inventionen, Innovationen und Adaptionen, während umgekehrt nur ein hoher technischer Standard die Verwertung des Humankapitals erlaubt.[220]

- Beim Wissen wird in das "Articulated Knowledge" und das "Tacit Knowledge" unterteilt.[221] Während das artikulierbare Wissen in schriftlicher Form festgehalten werden kann und durch eine formale Sprache übermittelt wird, ist das "Tacit Knowledge" schwierig zu kommunizieren. Es lässt sich weder kodieren noch schriftlich niederlegen, sondern muss über Erfahrungen und Beispiele erlernt werden. Weitergegeben wird es ausschließlich über persönliche Kontakte [222], die sich

---

[218] Hierauf werden wir in Kapitel III.2.3.2.2.4 Cluster- und Netzwerkorientierte regionale Wirtschaftspolitik näher eingehen.

[219] Vgl. Schädlich, M./Stangl, J. (2005).

[220] Verbunden damit ist aber auch eine Gefahr. Mit dem Erwerb von Wissen sind bestimmte Erwartungen an den Arbeitsplatz verbunden. Kann die Heimatregion diese Ansprüche nicht erfüllen, kommt es zu Abwanderungen der gut ausgebildeten, jungen, dynamischen und mobilen Bevölkerung.

[221] Vgl. Senker, J./Faulkner, W. (1996), S. 76 f.

[222] Genosko, J. (1999), S. 37 f., und Breschi, S./Lissoni, F. (2001), S. 246, S. 262.

regional aufgrund geringer Entfernungen besonders gut organisieren lassen. „Articulated Knowledge" lässt sich über moderne Techniken wie Internet und E-Learning auch schnell für periphere Regionen gewinnen.

■ Wissen ist durch Nichttrivalität im Gebrauch und eine eingeschränkte Exklusivität – Dritte können nur begrenzt von seiner Nutzung ausgeschlossen werden – charakterisiert. Dadurch kommt es zu positiven externen Effekten. [223]

Bildungs- und innovationsorientierte Regionalpolitik haben den Vorteil, dass sie den Strukturwandel fördern, indem sie die Grundlagen für moderne Produkte und Produktionsverfahren verbessern. Sie haben aber auch den Nachteil aller mit der Gewährung von Finanzmitteln verbundenen Politiken, nämlich die Gefahr der Verschwendung öffentlicher Mittel, der Förderung der Subventionsmentalität und der „Anmaßung von Wissen" bei der Entscheidung über Förderanträge.

III.2.3.2.2.4 Cluster- und netzwerkorientierte regionale Wirtschaftspolitik

Eine Aufgabe der regionalen Wirtschaftspolitik besteht in der Initiierung und Vertiefung der Kontakte zwischen regionalen Entscheidungsträgern; Ziel ist die Bildung und Stärkung **regionaler Netzwerke**. Ein Netzwerk stellt eine dritte gesellschaftliche Organisationsform neben Unternehmen und Markt dar. Unternehmen bilden eine rechtliche Einheit, in der Produktionsfaktoren zum Zweck einer nachhaltig ertragbringenden Herstellung von Gütern und Dienstleistungen miteinander kombiniert werden; Organisationsprinzipien sind Anordnungen und Mitbestimmung, Anreiz- und Sanktionsmechanismen sind die Entlohnung der Produktionsfaktoren und Beförderungen. Auf einem Markt werden Angebot und Nachfrage miteinander konfrontiert und in Übereinstimmung gebracht. Die Pläne voneinander unabhängig agierender wirtschaftlicher Akteure werden durch die Preise aufeinander abgestimmt; Anreiz- und Sanktionsmechanismen sind Gewinne und Verluste. Zwischen der zentralen Organisationsform Unternehmen und der dezentralen Organisationsform Markt befinden sich Netzwerke. Sie sind ein lockerer Verbund von Personen, die sich bildlich als Knoten darstellen lassen und die untereinander durch Kanten, über die Verflechtungen wie informelle Austauschbeziehungen verlaufen, verbunden sind; Knoten und Kanten haben die Form eines Netzwerks. Charakteristisch für Netzwerke ist

■ ein lockerer Verbund zwischen den Akteuren. Eintritt in und Austritte aus Netzwerken sind relativ leicht möglich.

■ eine ungerichtete Dauerhaftigkeit. Netzwerke können auf Dauer angelegt sein, sich aber auch mit der Erstellung bestimmter Projekte verbinden und sich nach deren Realisierung wieder auflösen.

---

[223] Diese Bedeutung für den regionalen Wachstumsprozess haben wir bereits im Kapitel II.3.3.5 Neue Wachstumstheorie kennen gelernt.

- eine Zusammenarbeit, die nicht auf Hierarchie und Anordnung, sondern auf Gleichberechtigung und Kooperation beruht.

- eine Organisation, die auf Partnerschaft und Vertrauen unter den Beteiligten aufbaut.

- eine Vorteilhaftigkeit für alle Beteiligten. Nur wenn ein Nutzen erkennbar ist, wird man zur Mitarbeit in Netzwerken bereit sein.[224]

Bei der Entscheidung darüber, welche Organisationsform zur Lösung eines bestimmten Problems gewählt wird, spielen die Transaktionskosten [225] eine große Rolle. Sie fallen in Form von Such-, Informations- und Verhandlungskosten vor der Durchführung einer ökonomischen Transaktion und in Kontroll-, Reklamations- und Rechtsstreitkosten nach einer Durchführung an. „Eine gegebene Transaktion wird, so die zentrale These dieses Ansatzes, um so effizienter organisiert und abgewickelt werden, je besser das institutionelle Arrangement den Anforderungen entspricht, die sich aus den Charakteristika der Transaktion ergeben. Danach stellt der Markt die vorteilhafteste Koordinationsform dar, wenn Transaktionen nicht mit besonderer Unsicherheit oder transaktionsspezifischen Investitionen verbunden sind. Die Hierarchie ist vorteilhaft, wenn die Unwägbarkeiten und das Risiko opportunistischen Handelns hoch sind. Eine netzwerkartige Organisation wird im Idealfall die Vorteile marktlicher und hierarchischer Koordination verbinden: Wie in einem Unternehmen lassen sich Skalen- und Verbundeffekte nutzen, gleichzeitig bleibt die effizienzsteigernde Wirkung des Marktes erhalten. Im Mittelpunkt transaktionskostentheoretischer Untersuchungen zu interorganisationalen Beziehungen stehen demzufolge die institutionellen Arrangements, in denen die Transaktionen abgewickelt werden."[226]

Abbildung III.2.3.2.2.4-1 macht den Unterschied zwischen Markt, Netzwerk und Unternehmenshierarchie noch einmal deutlich.

Die Bildung funktionierender Netzwerke verbessert die Position eines Wirtschaftsraumes im interregionalen Wettbewerbsprozess. Ihre Unternehmen sind in Kooperationen eingebunden, die ihnen die Lösung von Problemen erleichtern und eine Antwort auf geänderte Rahmenbedingungen, insbesondere die Globalisierung, geben. Diese Vorteile äußern sich u.a. in

- der Bildung von Unternehmensclustern,

- der Schaffung innovativer Milieus,

- der Bildung und Ausbreitung neuen Wissens.

---

[224] Zur Definition und Bedeutung regionaler Netzwerke vgl. Fürst, D./Schubert, H. (1998), S. 352–361; Diller, C. (2002), S. 146–154; und Meyer, S. (2002).

[225] Der Transaktionskostenansatz geht auf Coase, R.H. (1937), S. 386–405, zurück und wurde insbesondere durch Williamson, O.E. (1990) weiterentwickelt.

[226] Steiner, R. (2002), S. 25–43.

Abbildung III.2.3.2.2.4-1:   Organisationsformen ökonomischer Aktivitäten

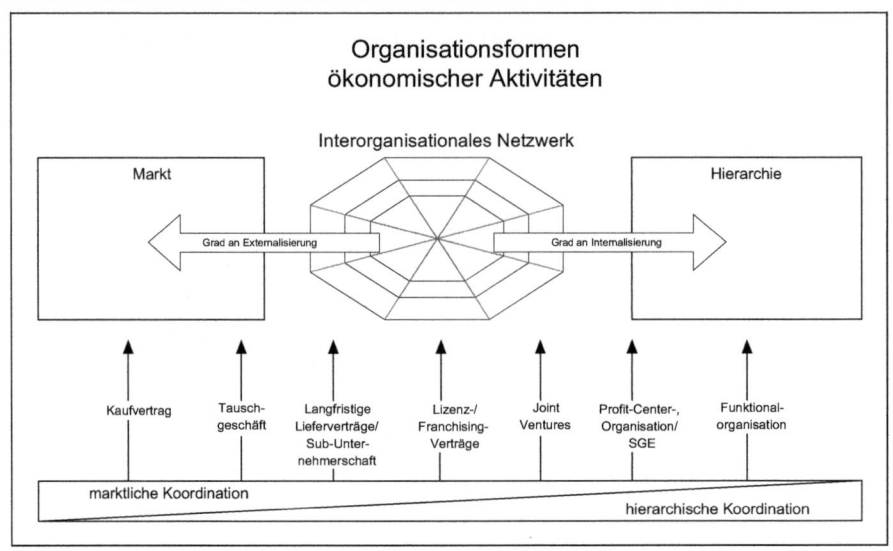

Quelle: Moßig, I. (2000), S. 101

Beginnen wir mit der Bildung von Clustern.[227] Hierunter versteht man die räumliche Konzentration von Unternehmen, die sich gegenseitig in ihrer Entwicklung begünstigen. Ist $X_A(X_B)$ die Produktion des Unternehmens A (B), so gilt $\dfrac{dX_A}{dX_B} > 0$ und

$\dfrac{dX_B}{dX_A} > 0$. Solche „externen Effekte, Produktivitäts- und Qualitätsvorteile und Synergien entstehen durch Arbeitsteilung und Bündelung der Kräfte, durch die Verfügbarkeit von qualifizierten Beschäftigten, durch direkte Zusammenarbeit in einzelnen Unternehmensfeldern (Beschaffung, Marketing, Entsorgung, etc.). Spezialisierung und Austausch ermöglichen economies of scale und Lernkurveneffekte."[228] Das Vertrauensverhältnis und die räumliche Nähe zwischen den Akteuren verringert die Unsicherheit über die künftige Entwicklung, erhöht die Flexibilität von Unternehmen, die sich bei der Bewältigung neu auftretender Probleme auf die Mithilfe anderer Akteure im Netzwerk verlassen können und senkt die Gefahr von sunk costs.[229] Damit werden

---

[227] Siehe hierzu Rehfeld, D. (1999).

[228] Meyer, S. (2002), S. 58 f.

[229] Versunkene Kosten ergeben sich, wenn sich Kapitalgüter für einen speziellen Markt nicht amortisieren und ihr Liquiditätserlös die Anschaffungskosten, vermindert um die Abschreibungen, nicht deckt.

durch funktionierende Branchencluster Krisen und Risiken abgepuffert, während sich die Marktchancen erhöhen.

Für die Positionierung eines Wirtschaftsraumes im interregionalen Wettbewerbsprozess ist die technologische Fortschrittsrate entscheidend, also die Fähigkeit, neue Produkte und Produktionsverfahren zu generieren und anzuwenden; gelingt dies, so spricht man von einem innovativen oder kreativen Milieu.[230] Stabile regionale Netzwerke können hierzu einen entscheidenden Beitrag leisten. Die Nutzung komplementären Wissens, die problemangepasste Lieferung von Vorprodukten, die Bündelung von Aktivitäten im Bereich von Forschung und Entwicklung, die gemeinsame Beantragung zentraler Mittel der Forschungsförderung, aufeinander abgestimmte Normen und Standards sowie eine gemeinsame Sprache und Problemsicht erhöhen die regionale Innovationsfähigkeit.

Die Innovationsfähigkeit einer Region ist eine direkte Funktion des dort vorhandenen Humankapitals.[231] Durch regionale Netzwerke werden Prozesse der Wissensgenerierung und -verbreitung erleichtert und gefördert; hiermit verbindet sich der Begriff der **lernenden Region**. „Kompetenzen entstehen und wachsen durch den Austausch von Wissen und Know-how, durch die Qualifikation und Fluktuation von Beschäftigten und interaktives Lernen. Die Diffusion von Informationen und Innovationen wird beschleunigt. Der einfache Abgleich verschiedener Vorgehen ermöglicht Vergleichsmöglichkeiten, den leichten Zugang zu best-practise-Verfahren und gibt Anregungen für organisatorische Modernisierungen, Fehlentwicklungen können schneller aufgedeckt werden. ... Verschiedene Lösungsansätze werden verglichen, Ideen und Neuerungen entstehen im kommunikativen, erfahrungsbasierten Austausch und Vergleich. Die Vielfalt der Ansätze und damit auch die Reaktionsfähigkeit und die Wahrscheinlichkeit einer schnellen Problemlösung erhöhen sich."[232]

Aufgabe der räumlichen Wirtschaftspolitik ist es, solche regionalen Netzwerke zu initiieren, zu stärken und auszubauen, um so die Grundlagen für Produktionscluster und kreative Milieus zu schaffen. Neben dem Bestreben, bevorzugt solche Unternehmen durch Neugründungen oder Standortverlagerungen in der Region zu verankern, die bestehende oder angestrebte Cluster sinnvoll ergänzen, liegt eine besondere Bedeutung in der Schaffung von Plattformen für häufige informelle Kontakte, die einen ständigen Informationsaustausch zwischen den regionalen Akteuren ermöglichen. Face-to-face-Kontakte, die das sich gegenseitige Kennenlernen, Informieren und Vertrauen ermöglichen, bilden die Grundlage für die Bildung regionaler Netzwerke; der Aufbau regionaler Datenbanken, in der die Leistungspotenziale regionaler Akteure enthalten sind, ergänzen solche persönlichen Kontakte sinnvoll, können sie jedoch nicht ersetzen. Anlässe für solche Treffen können die Mitarbeit an Projekten, Ausflüge

---

[230] Siehe hierzu u.a. Rösch, A. (2000), S. 161–172.
[231] Vgl. Kapitel 0 III.2.3.2.2.3 Innovations- und wissensorientierte regionale Wirtschaftspolitik.
[232] Meyer, S. (2002), S. 59; siehe hierzu auch Morgan, K. (1997), S. 491–503.

zu interessanten Zielen, gesellschaftliche Ereignisse oder Vortragsveranstaltungen sein.

Das Konzept einer cluster- und netzwerkorientierten Regionalentwicklung hat sicherlich eine Reihe von Vorteilen, muss sich jedoch einer Reihe von Kritikpunkten stellen:

- Die Betonung von Branchenclustern und kreativen Milieus ist keineswegs neu, sondern geht bereits auf Alfred Marshall zurück, der sie als Akkumulations- und Urbanisierungsvorteile (zusammengefasst Agglomerationsvorteile [233]) bezeichnet hat, die sich in externen Kostenvorteilen für die Unternehmen niederschlagen. Neu ist vor allem die starke Betonung der Bedeutung regionaler Netzwerke für das Auftreten dieser Effekte.

- Die Mitarbeit an Netzwerken ist freiwillig; zu ihr werden regionale Akteure nur bereit sein, wenn der erwartete Nutzen die erwarteten (insbesondere Zeit-) Kosten übertrifft. Da die Kosten direkt und unmittelbar anfallen, der Nutzen sich aber erst nach längerer Zeit zeigt (und häufig gar nicht als Ergebnis regionaler Netzwerke erkennbar ist), besteht die Gefahr von Frustration und Verweigerung der Mitarbeit.

- Die Bildung von Clustern bietet für ein Unternehmen nicht nur Vor-, sondern auch Nachteile. Die räumliche Nähe vieler ähnlicher Unternehmen erhöht den Wettbewerbsdruck im Hinblick auf Abnehmer und Arbeitskräfte.

- Cluster und Milieus müssen keineswegs die regionale Entwicklung begünstigen, sondern können zu einem gravierenden Entwicklungsengpass werden. Sie unterliegen ähnlich wie ein Produkt einem Lebenszyklus, an dessen Ende sie sklerotisch werden. Die innovative, im regionalen Wettbewerb erfolgreiche Grundhaltung weicht nach Sättigung der Märkte und dem Aufkommen starker Konkurrenz dem Wunsch nach Besitzstandswahrung, der sich in der Forderung nach Erhaltungssubventionen sowie der Abwehr neuer Produkte und neuer Unternehmen niederschlägt. Ein Beispiel hierfür ist das Ruhrgebiet, in dem Kohle, Stahl, auf sie ausgerichtete Unternehmen des Maschinenbaus, Energieversorger und spezialisierte Transportunternehmen lange Zeit ein erfolgreiches Cluster bildeten. Nach auftretenden Problemen seit Ende der 50-er Jahre übten Unternehmen, Gewerkschaften und die Politiker „vor Ort" gemeinsam Druck auf Bund und Land aus, diesen Branchen zu helfen. Aufgrund der Subventionszahlungen mögliche hohe Löhne sowie ein geschlossenes und innovationsfeindliches regionales Netzwerk verhindern darüber hinaus die Ansiedlung und Gründung neuer Unternehmen. Strukturen verfestigen sich und verkrusten; Regionen sind aufgrund sklerotischer Netzwerke nicht fähig, den Strukturwandel zu bewältigen.[234]

- Clusterbildung beruht auf der Hypothese, dass räumliche Nähe anderer „Knoten" im Netzwerk einen wichtigen Standortfaktor darstellt. In Zeiten moderner Tele-

---

[233] Siehe Kapitel I.1 Die räumliche Dimension in den Wirtschaftswissenschaften.
[234] Vgl. Kapitel II.3.3.4 Politisch-Ökonomische Wachstumstheorien.

kommunikationsformen sowie stark gesunkener Transport- und Informationskosten ist die Richtigkeit dieser Annahme aber zweifelhaft.

III.2.3.2.2.5 Nachfrageorientierte regionale Wirtschaftspolitik

Bisher sind wir davon ausgegangen, dass die Menge der Güter, die mit dem in der
Region vorhandenen Arbeits- und Kapitalstock hergestellt werden können, vom Markt
aufgenommen werden; eine unzureichende Nachfrage stellte bisher kein Problem dar.
Ist aber die Nachfrage nach den in der Region hergestellten Produkten kleiner als das
Angebotspotenzial, so limitiert sie die wirtschaftliche Entwicklung. Eine weitere Verbesserung der Angebotsbedingungen nützt dann möglicherweise der Förderregion
nicht nur nichts, sondern schadet ihr sogar. Dies ist direkt erkennbar, wenn die Nachfrage ein konstantes Y_i^{lim} darstellt. Es ist unmittelbar einsichtig, dass bei

$$\text{III.2.3.2.2.5-1} \quad Y_i^{lim} = e^{f_i} \cdot A_i^{\alpha} \cdot K_i^{(1-\alpha)}$$

jede Ausweitung von f_i und K_i die beschäftigte Arbeitsmenge A_i sinken ließe.[235]
Sinnvoller als eine angebots- erscheint hier eine nachfrageorientierte Regionalpolitik,
die die Limitierung der Nachfrage aufhebt. Bei Verwendung obiger Produktionsfunktion gilt für den Einfluss von Y_i^{lim} auf A_i [236]

$$\text{III.2.3.2.2.5-2} \quad A_i = \frac{Y_i^{lim}}{e^{f_i} \left(\dfrac{\ell(1-\alpha)}{r \cdot \alpha} \right)^{1-\alpha}} \ .$$

Bei gegebenem Effizienz- und Technologieparameter sowie gegebenem Lohn- und
Zinssatz ist A_i eine lineare Funktion von Y_i^{lim} .

Wie kann eine Erhöhung der Nachfrage nach Produktion der Region i erreicht werden, also eine Ausweitung von Y_i^{lim} erfolgen?

■ Zunächst kann der Staat selber als Nachfrager nach Produkten der Förderregion
auftreten, so etwa Güter und Dienstleistungen bevorzugt in den neuen statt in den
alten Bundesländern einkaufen. Den gleichen Effekt erzielt der Staat, wenn er die
ihm gehörenden Unternehmen zu einem entsprechenden Verhalten verpflichtet.

■ Eine weitere Möglichkeit für den Träger der Regionalpolitik besteht darin, private
Nachfrager dann zu subventionieren, wenn sie Produkte der Förderregion kaufen.
Zu denken ist etwa an zweckgebundene Einkommenstransfers, Mehrwertsteuer-
erlasse, Sonderabschreibungen bei Investitionsgütern oder Exportsubventionen.

---

[235] Siehe hierzu die ausführliche Darstellung des Einflusses von Kapitalsubventionen auf den
Arbeitsstock in Kapitel 0 III.2.3.2.2.1Faktororientierte regionale Wirtschaftspolitik: Subventionierung von Arbeit und **Kapital**.

[236] Vgl. Beweis III.2.3.2.2.1-1 im Anhang.

■ Werbemaßnahmen für Produkte bestimmter Regionen können das Image verbessern und ihren Bekanntheitsgrad erhöhen.

■ Zusätzliche Informationen haben als Ziel nicht nur regionsexterne Nachfrager zur Steigerung regionaler Exporte, sondern auch die regionsinternen Nachfrager. Absicht ist hier eine Substitution von Importen durch eigene Produkte. Man spricht in diesem Zusammenhang von der Förderung **regionaler Kreisläufe**.

Dass trotz einer scheinbaren Zielsicherheit von einer nachfrageorientierten Regionalpolitik kaum Gebrauch gemacht wird, hat seine guten Gründe:

■ Eine solche Politik ist mit einem erheblichen Kontrollaufwand verbunden, soll sie nicht unterlaufen werden. Fertigt etwa ein Unternehmen in der Förderregion A und in der Nichtförderregion B das gleiche Produkt, so muss verhindert werden, dass auch die in B produzierten Güter als in A hergestellt deklariert und subventioniert werden.

■ Die Induzierung zusätzlicher Nachfrage nach Gütern, die in der Förderregion hergestellt werden, untergräbt dort das Streben nach Innovationen und erfolgreichem Strukturwandel. Warum soll man sich um neue Produktionsverfahren und moderne Produkte bemühen, wenn man weiß, dass der Träger der Regionalpolitik ineffiziente Produktion und veraltete Produkte durch Subventionen belohnt?

■ Diese Agonie wird aber nicht nur bei den Unternehmen der Förderregion, sondern auch bei den restlichen Unternehmen einer Volkswirtschaft hervorgerufen. Da eine Verbesserung der eigenen Wettbewerbssituation aufgrund von Innovationen unmittelbar durch eine noch stärkere Subventionierung des nicht innovierenden Konkurrenten ausgeglichen wird, wird man gut daran tun, sich die Kosten für solche Innovationen zu sparen.

III.2.3.3 Kontrolle des eingesetzten Instrumentariums

Als letzter Arbeitsschritt im Rahmen der regionalen Wirtschaftspolitik fällt die Kontrolle der eingesetzten Instrumente an. Dabei versteht man unter Kontrolle den Vergleich von geplanten und realisierten Größen sowie eine Analyse der Gründe, wenn beide Größen voneinander abweichen. [237+238+239]

Vergleicht man die angestrebte Entwicklung einer Region mit jener, die wirklich eingetreten ist, so spricht man von einer **Zielerreichungskontrolle**. Weichen beide Entwicklungen voneinander ab, so hat die regionale Strukturpolitik drei Möglichkeiten: Sie

---

[237] Auch hier ist die Analogie zur Medizin direkt erkennbar. Wie dort ist zu überprüfen, ob die eingeschlagene Therapie dem Patienten in gewünschter Weise genutzt hat.

[238] Zur Erfolgskontrolle in der regionalen Wirtschaftspolitik vgl. Lammers, K./Niebuhr, A. (2002).

[239] Zu den Grundstrukturen und Möglichkeiten einer Wirkungskontrolle im Rahmen der regionalen Strukturpolitik vgl. Asmacher, C./Schalk, H.-J./Thoss, R. (1987).

kann erstens den angestrebten Zielerreichungsgrad senken, also mit einem „Weniger" beim angestrebten Ziel zufrieden sein. Zweitens kann sie das eingesetzte Instrumentarium in größerer Intensität einsetzen als bisher und schließlich drittens auf ein anderes Instrumentarium zurückgreifen, das sie additiv oder alternativ zu den bisherigen Maßnahmen einsetzt. Eine ausschließliche Zielerreichungskontrolle ist für die Überprüfung der Effizienz der Regionalpolitik aber absolut unzureichend, wie Abbildung III.2.3.3-1 verdeutlichen soll.

Wir betrachten den Zielerreichungsgrad zu zwei Zeitpunkten t_0 und t_1. Ziel ist es, den Zielerreichungsgrad von I in t_0 auf IV in t_1 zu steigern; hierzu werden ab t_0 in der Förderregion Entwicklungsinstrumente eingesetzt. Im Rahmen der Zielerreichungskontrolle wird der wirklich eingetretene Zielerreichungsgrad III mit dem angestrebten Wert IV verglichen. Danach war die Regionalpolitik eingeschränkt erfolgreich; ihr ist es zwar gelungen, den Zielerreichungsgrad von I auf III anzuheben, aber nicht gelungen, den angestrebten Zielerreichungsgrad IV zu realisieren. Die Zielerreichungskontrolle führt zu einem Erfolgsgrad der Regionalpolitik von $\dfrac{\text{III}-\text{I}}{\text{IV}-\text{I}}$.

Abbildung III.2.3.3-1: Zielerreichungskontrolle und ihre Probleme

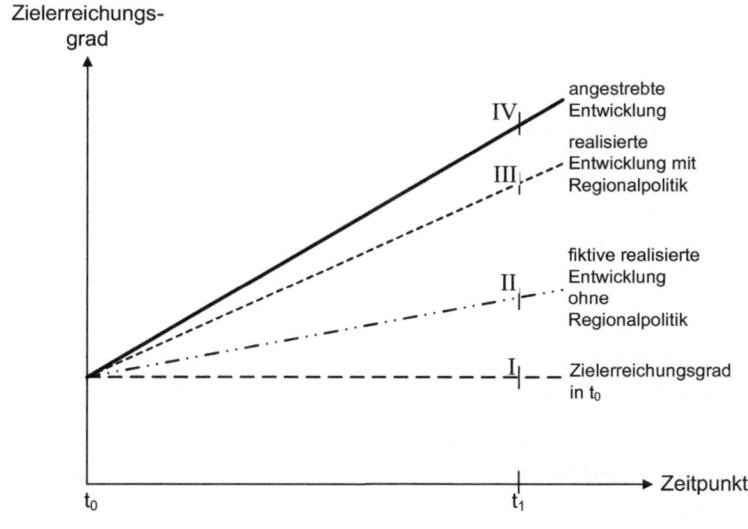

Eine solche Schlussfolgerung ist aber nicht zwingend und schätzt die Erfolge der regionalen Strukturpolitik falsch ein. Ohne regionalpolitische Maßnahmen wäre der Zielerreichungsgrad nicht konstant bei I geblieben, sondern auf II angestiegen. Die Variation $\text{III}-\text{I}$ lässt sich in die Bestandteile $(\text{III}-\text{II})+(\text{II}-\text{I})$ zerlegen. Nicht der Gesamteffekt III – I, sondern lediglich der Teileffekt III – II geht auf die betriebene regionale Strukturpolitik zurück. Dieser Effekt wird im Rahmen einer **Wirkungskontrolle** [240] gemessen, die methodisch wesentlich anspruchsvoller ist als die Zielerreichungskontrolle. Der Grund liegt darin, dass III mit einer fiktiven Größe II verglichen wird, die nicht direkt gemessen werden kann, sondern geschätzt werden muss. Hilfreich ist hier die multiple Regressionsrechnung, die auf regionalen Produktionsfunktionen basiert.

Beispiel III.2.3.3- 1

Wir unterstellen eine Cobb-Douglas-Produktionsfunktion der Form $Y_i = e^{f_i} \cdot A_i^{\alpha} \cdot K_i^{(1-\alpha)}$ und unterstellen den Einsatz eines regionalpolitischen Instruments M, das f_i, A_i und K_i beeinflusst. Es ist dann

$$\frac{dY_i}{dM} = e^{f_i} \cdot A_i^{\alpha} \cdot K_i^{(1-\alpha)} \cdot \frac{df_i}{dM} + e^{f_i} \cdot \alpha \cdot \left(\frac{K_i}{A_i}\right)^{1-\alpha} \cdot \frac{dA_i}{dM} + e^{f_i} \cdot (1-\alpha) \cdot \left(\frac{A_i}{K_i}\right)^{\alpha} \cdot \frac{dK_i}{dM}$$

$\alpha, \dfrac{df_i}{dM}, \dfrac{dA_i}{dM}$ und $\dfrac{dK_i}{dM}$ sind als Regressionskoeffizienten in statistisch-ökonometrischen Modellen zu schätzen. Die Auswirkung von M auf $Y_i = \left(\dfrac{dY_i}{dM_i}\right)$ lässt sich dann unmittelbar bestimmen.

Führt eine Wirkungskontrolle zu dem Ergebnis, dass das eingesetzte Instrumentarium wenig effizient war, so können hierfür verschiedene Gründe verantwortlich sein:

- Das Instrumentarium ist zwar gut, ist aber von Verteilern und Empfängern ineffizient umgesetzt worden. **Vollzugskontrollen** geben Auskunft darüber, ob die Fördermittel gemäß den Vorgaben ordnungsgemäß verwendet worden sind.

- Das Instrumentarium ist in falscher Dosierung eingesetzt worden. Eine Maximierung der Differenz der mit der Maßnahme verbundenen Nutzen und Kosten zeigt die optimale Intensität an, mit der das Instrument M eingesetzt werden sollte.

- Andere Instrumente wirken besser. Eine Nutzen-Kosten-Analyse alternierender Maßnahmen M_1 und M_2 zeigt an, ob evtl. M_2 M_1 überlegen ist; M_1 sollte dann durch M_2 ersetzt werden.

Übersicht III.2.3.3- 1 stellt die Arbeitsschritte der regionalen Strukturpolitik noch einmal im Überblick dar. Anhand dieser Arbeitsschritte soll im Folgenden die Praxis der regionalen Wirtschaftsförderung dargestellt werden.

---

[240] Zu den Grundstrukturen und Möglichkeiten einer Wirkungskontrolle im Rahmen der regionalen Strukturpolitik vgl. Asmacher, C./Schalk, H.-J./Thoss, R. (1987).

Übersicht III.2.3.3- 1: Arbeitsschritte im Rahmen der regionalen Strukturpolitik

Arbeitsschritt	Aufgabenstellung	Problem
1. Einteilung eines Gesamtraums Teilgebiete (=Wirtschaftsräume)	Wirtschaftsräume sollen a) eine zuverlässige Diagnose und Prognose des regionalen Entwicklungsstandes erlauben. b) die räumliche Reichweite regionalpolitischer Maßnahmen zum Ausdruck bringen. c) eine effiziente Umsetzung regionalpolitischer Maßnahmen „vor Ort" ermöglichen. d) dem räumlichen Zusammengehörigkeitsgefühl der Bevölkerung Rechnung tragen.	Eine „falsche" Regionalisierung führt zu verzerrten Diagnosen und zu Hemmnissen bei der Umsetzung regionalpolitischer Maßnahmen.
2. Bestimmung der Fördergebiete 2.1 Messung von Einzelindikatoren 2.2 Zusammenfassung der Einzel- zu einem Gesamtindikator 2.3 Festlegung der Förderschwelle	Die Wirtschaftsregionen eines Gesamtraums müssen nach ihrer Förderbedürftigkeit und Förderfähigkeit eingeteilt werden. Es ist festzulegen, welche Regionen im Rahmen der regionalen Strukturpolitik unterstützt werden sollen.	Hohes Maß an Subjektivität bei den einzelnen Arbeitsschritten 2.1 Selektionsproblem: Welche Indikatoren drücken Strukturstärke und -schwäche am besten aus? 2.2 a) Dimensionsproblem: Wie kann man die in unterschiedlichen Größenordnungen vorliegenden Teilindikatoren vergleichbar machen? b) Gewichtungsproblem: Mit welchem Gewicht sollen die Einzel- in den Gesamtindikator eingehen? 2.3 Ab welchem Wert des Gesamtindikators soll eine Region gefördert werden?
3. Festlegung des Förderinstrumentariums 2.1 Art der Maßnahmen 2.2 Träger und Finanziers der Maßnahmen	Im Rahmen der regionalen Strukturpolitik muss festgelegt werden, a) welche Instrumente zur Entwicklung einer Region eingesetzt werden sollen. b) wer diese Maßnahmen umsetzt und finanziert.	a) Erkennen des regionalen Entwicklungsengpasses, um ein effizientes Instrumentarium einsetzen zu können. b) Vermeidung von Mitnahmeeffekten. c) Vermeidung von regionalem Attentismus im Vertrauen auf das Handeln von nationalen und supranationalen Institutionen.
4. Kontrolle der Förderprogramme	Die Maßnahmen der regionalen Strukturpolitik müssen im Hinblick auf ihre Effizienz überprüft werden. Sind die angestrebten Ziele nicht erreicht worden, sind sie entweder zu relativieren oder das Förderinstrumentarium muss angepasst werden.	Eine Zielerreichungs- oder Vollzugskontrolle genügt nicht; notwendig ist vielmehr eine Wirkungskontrolle, die hohe methodische Anforderungen stellt, häufig nicht zu eindeutigen Ergebnissen kommt und keine direkten Alternativen aufzeigt.

Quelle: Eckey, H.-F. (2005), S. 938

III.3 Praxis der regionalen Wirtschaftspolitik

III.3.1 Die Ebene der Europäischen Gemeinschaft

Bereits in der Präambel des Vertrags von Rom [241] erklärten die Unterzeichnerstaaten ihren Willen, „ihre Volkswirtschaften zu vereinigen und deren harmonische Entwicklung zu fördern, indem sie den Abstand zwischen einzelnen Gebieten und den Rückstand wenig begünstigter Gebiete verringern". Von einer eigenständigen Regionalpolitik der EU kann aber erst seit dem Jahr 1975 gesprochen werden, in dem der Europäische Fonds für regionale Entwicklung (EFRE) eingerichtet wurde. Er dient dem Ziel, die Ungleichgewichte zwischen den Regionen der Gemeinschaft zu verringern, und gewährt finanzielle Hilfen für die Entwicklung bedürftiger Regionen. Seine Funktion bestand bis 1985 weitgehend darin, die Mitgliedsstaaten bei der Durchführung eigener regionaler Förderprogramme finanziell zu unterstützen, wobei die Verteilung der Mittel nach Länderquoten erfolgte.

Waren die Zuwendungen durch den EFRE damit bis 1985 zweckgebundene Finanzzuweisungen zugunsten der Mitgliedsstaaten, so führt die EU seitdem eine eigenständige Regionalpolitik zugunsten strukturschwacher Wirtschaftsräume durch.

Mit dem Vertrag von Maastricht vom 29. Juli 1992, der 1993 in Kraft trat, wird der wirtschaftliche und soziale Zusammenhalt neben der Wirtschafts- und Währungsunion und dem Binnenmarkt als eines der Kernziele der Europäischen Union verankert.[242] Außerdem wird neben dem EFRE ein weiterer Fonds, der Kohäsionsfonds, eingeführt. Aus ihm erhalten wenig wohlhabende Mitgliedsstaaten Zuschüsse zu Umwelt- und Verkehrsprojekten.[243]

---

[241] Präambel des Vertrags zur Gründung der Europäischen Wirtschaftsgemeinschaft vom 25. März 1957.

[242] Auszüge aus Titel XVII Wirtschaftlicher und sozialer Zusammenhalt des Amtsblatts der Europäischen Union vom 29.12.2006:

Artikel 158

Die Gemeinschaft setzt sich insbesondere zum Ziel, die Unterschiede im Entwicklungsstand der verschiedenen Regionen und den Rückstand der am stärksten benachteiligten Gebiete oder Inseln, einschließlich der ländlichen Gebiete, zu verringern.

Artikel 160 (teilweise)

Aufgabe des Europäischen Fonds für regionale Entwicklung ist es, durch Beteiligung an der Entwicklung und an der strukturellen Anpassung der rückständigen Gebiete und an der Umstellung der Industriegebiete mit rückläufiger Entwicklung zum Ausgleich der wichtigsten regionalen Ungleichgewichte in der Gemeinschaft beizutragen.

Artikel 161 (teilweise)

Ein vom Rat nach demselben Verfahren errichteter Kohäsionsfonds trägt zu Vorhaben in den Bereichen Umwelt und transeuropäische Netze auf dem Gebiet der Verkehrsinfrastruktur finanziell bei.

[243] Die Weiterentwicklung der Regionalpolitik wurde jeweils durch eine Erweiterung (Beitritt zusätzlicher Nationalstaaten) oder eine Vertiefung (Stärkung des Einigungsprozesses) der EU

Die im Augenblick betriebene europäische Regionalpolitik basiert auf den „Gemeinschaftlichen Leitlinien zur Kohäsion", die der Rat am 6. Oktober 2006 verabschiedet hat und die für den Zeitraum von 2007-2013 gelten. Bei der Kohäsionspolitik wird zwischen den Zielen und den Fonds, also den finanziellen Quellen, unterschieden.[244]

Ziele sind Konvergenz, regionale Wettbewerbsfähigkeit und Beschäftigung sowie die europäische territoriale Zusammenarbeit.

■ Unter dem Konvergenzziel sollen relativ arme Mitgliedsstaaten und Regionen gefördert werden; Ziel ist eine Annäherung an den EU-Durchschnitt.

■ Alle Wirtschaftsräume, die keine Konvergenzregionen darstellen, können zur Verfolgung des Ziels Regionale Wettbewerbsfähigkeit gefördert werden. Durch Ausbau von Innovation und Humankapital soll die Attraktivität von Regionen und ihre Beschäftigung verbessert werden.

■ Mit dem Ziel Europäische territoriale Zusammenarbeit sollen integrierte territoriale Entwicklungen über nationalstaatliche Grenzen hinweg gefördert werden.

Insgesamt stehen für den Zeitraum 2007-2013 347,41 Milliarden [245] € zur Verfügung; dies entspricht 35,7 % des gesamten Unionshaushalts. Hiervon entfallen 282,86 (54,97; 8,72) Mrd. € auf die Verfolgung des Ziels Konvergenz (Regionale Wettbewerbsfähigkeit und Beschäftigung; Europäische territoriale Zusammenarbeit); der jeweilige Anteil entspricht damit 81,6 (15,9; 2,5) %. Gespeist werden diese Mittel aus drei Fonds, nämlich dem Europäischen Fonds für regionale Entwicklung (EFRE), dem Europäischen Sozialfonds (ESF) und dem Kohäsionsfonds. Den Europäischen Fonds für regionale Entwicklung und den Kohäsionsfonds haben wir bereits kennengelernt. Der 1960 gegründete Sozialfonds ist das wichtigste Instrument der EU-Sozialpolitik. Er

---

induziert. So trat Großbritannien 1973 der damaligen EWG bei und setzte in seinen Beitrittsverhandlungen die Schaffung des EFRE durch. Er sollte eine Kompensation für Zahlungsströme darstellen, die überwiegend in den Agrarbereich flossen; Großbritannien, dessen Einkommensniveau damals unter dem Gemeinschaftsdurchschnitt lag, wäre ansonsten Nettozahler geworden.

Im Jahr 1986 traten Spanien und Portugal der Europäischen Gemeinschaft bei. Unter Vertretung der Hypothese, dass ansonsten ein Divergenzprozess zulasten strukturschwacher peripherer und zugunsten wohlhabender zentraler Regionen eintreten würde, verlangten sie (unter Unterstützung von Griechenland, Irland und Italien) eine Aufwertung der europäischen Regionalpolitik.

Ähnlich wurde von den armen Ländern bei der Einführung der Wirtschafts- und Währungsunion argumentiert. Um ihre Zustimmung zur Vertiefung des europäischen Einigungsprozesses zu erreichen, wurde ein zusätzlicher Fonds zu ihren Gunsten, der sog. Kohäsionsfonds, eingeführt.

Siehe zum politischen Hintergrund der Ausweitung der europäischen Regionalpolitik Konrad Lammers (2007), S. 288-300.

[244] Die folgenden Ausführungen basieren vor allem auf Europäische Kommission (2007). Siehe hierzu auch die ausführliche Darstellung bei Immig, B. (2007).

[245] Beinhaltet 0,87 Mrd. € an Kosten für die Planung und die Durchführung der Programme (technische Hilfe).

dient der Förderung von Maßnahmen zur Berufsausbildung und Umschulung und zur Schaffung von Arbeitsplätzen. Zwischen den Kohäsionszielen und den Fonds [246] ergibt sich der aus Abbildung III.3.1.-1 hervorgehende Zusammenhang.

Abbildung III.3.1–1   Ziele der Kohäsionspolitik und Strukturfonds 2007-2013

Ziele	Strukturfonds und -instrumente		
Konvergenz	EFRE	ESF	Kohäsions-fonds
Regionale Wettbewerbsfähigkeit und Beschäftigung	EFRE	ESF	
Europäische Territoriale Zusammenarbeit	EFRE		

Quelle: In Anlehnung an Regionalpolitik-Inforegio: Die vorrangigen Ziele, S. 1, abgerufen am 22. Oktober 2007 unter http://europa.eu/regional_policy/object/index_de.htm

---

Wir wollen uns im Folgenden auf das Konvergenzziel beschränken, da es den Kernbereich der europäischen Regionalpolitik darstellt und die Masse der im Rahmen der Kohäsionspolitik zur Verfügung stehenden Mittel auf sich vereint. Hierbei sind grund-

---

[246] Im Einzelnen finanzieren die Fonds folgende Maßnahmen:

EFRE:
- Direkte Hilfen bei Investitionen von Unternehmen (besonders kleiner und mittlerer Unternehmen) zur Schaffung von dauerhafter Beschäftigung;
- Infrastrukturen, insbesondere im Zusammenhang mit Forschung und Innovation, Telekommunikation, Umwelt, Energie und Transport;
- Finanzierungsinstrumente (Risikokapitalanlage, Fonds für regionale Entwicklung,...) zur Unterstützung der regionalen und lokalen Entwicklung und zur Förderung der Zusammenarbeit zwischen Städten und Regionen.

ESF:
- Anpassungsmaßnahmen von Arbeitnehmern und Unternehmen: Systeme der lebenslangen Ausbildung, Ausarbeitung und Verbreitung innovativer Systeme der Arbeitsorganisation;
- Förderung des Zugangs von Arbeitssuchenden, Nichterwerbstätigen, Frauen und Zuwanderern zum Arbeitsmarkt;
- soziale Eingliederung benachteiligter Personen und Kampf gegen Diskriminierung auf dem Arbeitsmarkt;
- Stärkung des Humankapitals durch die Reform von Bildungssystemen und die Vernetzung von Bildungseinrichtungen.

Kohäsion:
- Verkehrsinfrastrukturvorhaben;
- Projekte im Bereich des Umweltschutzes.

sätzlich zwei Arten der Regionalpolitik zu unterscheiden. Die erste Variante bezieht sich auf Regionen, die zweite Variante auf ganze Nationalstaaten.

Zur Ermittlung der förderbedürftigen Regionen wird die EU in NUTS-II Regionen [247] unterteilt, die in Deutschland weitgehend den Regierungsbezirken entsprechen. Gefördert werden alle Regionen, deren Bruttoinlandsprodukt (BIP) pro Einwohner unter 75 % des EU-Durchschnitts liegt. Hinzu treten für eine Übergangsphase Regionen, die im Rahmen des Ziels Konvergenz förderfähig gewesen wären, wenn das Kriterium bei 75 % des durchschnittlichen BIP der EU-15 anstatt der EU-25 geblieben wäre; sie erhalten eine abnehmende Übergangshilfe („phasing-out").

In Deutschland haben wir sowohl förderfähige als auch phase-out Regionen, die sich mit Ausnahme der Region Lüneburg alle in Ostdeutschland befinden.

Während die Regionen in Abb. III.3.1– 2 aus Mitteln von EFRE und ESF gefördert werden, bezieht sich der Kohäsionsfonds auf Nationalstaaten, deren BIP/Einwohner unter 90 % des EU-Durchschnitts liegt. Hierbei handelt es sich um Bulgarien, die Tschechische Republik, Estland, Griechenland, Zypern, Lettland, Litauen, Ungarn, Malta, Polen, Portugal, Rumänien, Slowenien und die Slowakei. Spanien erhält eine abnehmende Übergangshilfe, da sein BIP je Einwohner unter 90 % des EU-15, aber nicht unter 90 % des EU-25-Durchschnitts liegt.

---

[247] NUTS (frz. Nomenclature des unités territoriales statistiques – dt. Systematik der Gebietseinheiten für die Statistik) bezeichnet eine Systematik zur Identifizierung der räumlichen Einheiten der amtlichen Statistik in den Mitgliedsländern der Europäischen Union. Sie ist hierarchisch aufgebaut. So entspricht NUTS-0 den Mitgliedsstaaten, NUTS-I in Deutschland den Bundesländern und NUTS-III den Stadt- und Landkreisen. NUTS-II entspricht den 22 Regierungsbezirken in den Bundesländern Baden-Württemberg (4), Bayern (7), Hessen (3), Nordrhein-Westfalen (5) und Sachsen (3), 10 ehemaligen Regierungsbezirken in den Ländern Niedersachsen (4), Rheinland-Pfalz (3) und Sachsen-Anhalt (3), 2 nichtadministrativen Einheiten in Brandenburg (Nordost und Südwest) sowie 7 kleineren Bundesländern, die nicht unterteilt werden (Stadtstaaten Berlin, Bremen und Hamburg sowie die Flächenländer Mecklenburg-Vorpommern, Schleswig-Holstein, Saarland und Thüringen). Damit ist Deutschland in 41 NUTS-II Regionen unterteilt.

Abbildung III.3.1–2   Konvergenz – EFRE und ESF

2007 bis 2013

Im Rahmen des Ziels Konvergenz förderfähige Regionen

Im Rahmen der Übergangsunterstützung des Ziels Konvergenz förderfähige Regionen (phasing-out)

Quelle: Europäische Union (2007), S. 15

In diese Förderregionen fließen zur Verfolgung des Konvergenzziels die folgenden Mittel:

Tabelle III.3.1–1: Indikative Zuweisung zur Verfolgung des Konvergenzzieles pro Mitgliedsstaat 2007-2013 (laufende Preis, in Mio. Euro)

	Konvergenz			Summe	Summe je Einwohner
	Kohäsions-fonds	Regionale Konvergenz	Phasing-out		
Belgien			638	638	61
Bulgarien	2 283	4 391		6 674	862
Tschechische Republik	8 819	17 064		25 883	2 540
Dänemark					
Deutschland		11 864	4 215	16 079	195
Estland	1 152	2 252		3 404	2 553
Irland					
Griechenland	3 697	9 420	6 458	19 575	1 764
Spanien	3 543	21 054	1 583	26 180	603
Frankreich		3 191		3 191	52
Italien		21 211	430	21 641	369
Zypern	213			213	255
Lettland	1 540	2 991		4 531	1 968
Litauen	2 305	4 470		6 775	1 978
Luxemburg					
Ungarn	8 642	14 248		22 890	2 269
Malta	284	556		840	2 084
Niederlande					
Österreich			177	177	21
Polen	22 176	44 377		66 553	1 742
Portugal	3 060	17 133	280	20 473	1 945
Rumänien	6 552	12 661		19 213	888
Slowenien	1 412	2 689		4 101	2 052
Slowakei	3 899	7 013		10 902	2 024
Finnland					
Schweden					
Vereinigtes Königreich		2 738	174	2 912	48
Insgesamt	**69 578**	**199 322**	**13 955**	**282 855**	**577**

Quelle: In Anlehnung an Europäische Union (2007), S. 25

Die Zuteilung dieser Mittel verläuft in mehreren Phasen. Zunächst stellt die EU Grundsätze der Förderinterventionen auf. Zu diesen Grundsätzen zählen u.a.

■ die Komplementarität. Die Nationalstaaten müssen die zugewiesenen EU-Mittel kofinanzieren, wobei der Anteil der EU höchstens 75 bis 85 % beträgt.

■ die Zusätzlichkeit. Die Strukturfonds dürfen nicht an die Stelle der öffentlichen Strukturausgaben eines Staates treten.

■ die Ausrichtung an den Plänen der Europäischen Gemeinschaft. Mindestens 60 % der Fördermittel müssen der Unterstützung der Lissabon-Strategie der EU dienen. Diese Strategie wurde im März 2000 von den europäischen Staats- und Regierungschefs in Lissabon verabschiedet und hat zum Ziel, die EU bis zum Jahr 2010 zum wettbewerbsfähigsten und dynamischsten Wirtschaftsraum der Welt zu machen.

Ausgehend von diesen Grundsätzen legt jeder Mitgliedsstaat einen nationalen strategischen Rahmenplan (NSRP) vor, der als Bezugsrahmen für die Programmplanung der Fonds dient. Er definiert vor allem politische Prioritäten bei der Erreichung der Förderziele, beschreibt die soziale und wirtschaftliche Situation der Volkswirtschaft sowie ihre Stärken und Schwächen, beinhaltet eine Liste „Operationeller Programme", die er in Angriff nehmen möchte, zeigt auf, welchen Beitrag der NSRP zur Lissabon-Strategie leistet und enthält Angaben für die Überprüfung der Einhaltung des Zusätzlichkeitsprinzips. Der NSRP wird in ständigem Dialog mit der Kommission erarbeitet, die die Möglichkeit hat, den Plan zu kommentieren und Zusatzinformationen einzufordern.

Haben sich nationale Regierung und EU-Kommission auf einen NSRP geeinigt, folgt die Aufstellung operationeller Programme (OP), die von nationalen oder regionalen Behörden, die vom Mitgliedsstaat ernannt werden, erstellt und durchgeführt werden. Diese OP's erstrecken sich über mehrere Jahre und benennen die Projekte, die in den Förderregionen durchgeführt werden sollen; sie sind von der Europäischen Kommission im Hinblick auf die Beachtung der Grundsätze der Regionalpolitik und auf ihre interne Kohärenz zu überprüfen.

Nachdem die Kommission die operationellen Programme [248] genehmigt hat, haben der Mitgliedsstaat und seine Regionen die Aufgabe, die in den Programmen genannten Projekte auszuwählen, für ihre Umsetzung zu sorgen, sie zu überwachen und zu bewerten.

In der Programmperiode 2007-2013 gibt es neben einer Vollzugskontrolle durch unabhängige Behörden drei Arten von Bewertungen: vor (ex-ante), während (laufend) und nach (ex-post) dem Programmplanungszeitraum. In der ex-ante-Bewertung erfolgt u.a. eine Stärken-Schwächen-Analyse der Förderregion, die Quantifizierung von Entwicklungszielen sowie eine Beurteilung der Relevanz und Kohärenz der beabsichtigten Strategie und ihrer Instrumente. Hinzu tritt ein Finanzierungsplan und eine Darlegung, wie die Qualität in der Durchführungsphase sichergestellt werden soll. Verantwortlich für die Durchführung sind die Mitgliedsstaaten. Die ex-ante-Bewertung dient der Aufstellung geeigneter operationeller Programme.

---

[248] Zur Vereinfachung der Abwicklung der Programme gilt das Prinzip: ein Programm = ein Fonds. So können im Rahmen gewisser Grenzen Projekte aus dem Handlungsbereich der anderen Fonds von EFRE bzw. ESP mitfinanziert werden. EFRE und Kohäsionsfonds finanzieren gemeinsam die Programme aus den Bereichen Infrastruktur und Umwelt.

Bei der laufenden Bewertung während des Programmplanungszeitraums soll mit Hilfe ausgewählter Indikatoren untersucht werden, ob die Instrumente sich als wirksam (Vergleich der tatsächlich erzielten mit den angestrebten Ergebnissen) und effizient (Vergleich der erzielten Ergebnisse mit den eingesetzten Finanzmitteln) erweisen. Ist dies nicht der Fall, ist das Programm zu modifizieren.

Bei der ex-post-Bewertung durch die Kommission wird nicht nur eine abschließende Bewertung der Wirksamkeit vorgenommen, sondern auch der Nutzen und die Nachhaltigkeit des durchgeführten Programms überprüft. Beim Nutzen wird geprüft, ob die Wirkung einer Intervention den Bedürfnissen des zu beseitigenden Problems entsprochen hat, während bei der Nachhaltigkeit untersucht wird, inwieweit die Programmwirkungen nach Beendigung der Finanzierung mittel- und langfristig Bestand haben.

Außerdem legt die Kommission regelmäßig einen Bericht über den wirtschaftlichen und sozialen Zusammenhalt der EU vor.[249] Der im Mai 2007 vorgelegte Vierte Bericht [250] stellt ein umfangreiches Indikatorensystem für die 27 Mitgliedsstaaten und für 268 Regionen vor und bescheinigt der EU-Kohäsionspolitik für den Zeitraum 2000-2006 großen Erfolg. So lässt sich sowohl für die Nationalstaaten als auch die Regionen eindeutig Konvergenz nachweisen.

Setzt man sich kritisch mit der europäischen Regionalpolitik auseinander, so stellt sich zunächst die Frage, ob die EU der geeignete Träger für regionalpolitische Maßnahmen ist. Wir haben bereits festgestellt,[251] dass nach den Prinzipien der fiskalischen Äquivalenz und der Subsidiarität eine Aufgabe nur dann auf einer höheren Ebene durchgeführt werden soll, wenn (erhebliche) Externalitäten zwischen den Regionen auftreten, die Bereitstellungskosten für eine zentrale Instanz deutlich niedriger sind als für mehrere dezentrale Institutionen oder (und) dezentrale Instanzen mit einer Aufgabe organisatorisch oder finanziell überfordert sind. Externe Effekte sind sicherlich ein gutes Argument, die territoriale Zusammenarbeit zwischen Regionen, die unterschiedlichen Nationalstaaten angehören, auf der europäischen Ebene zu verankern. Dies gilt aber nicht für das Konvergenzziel. Will man kein Modell des „Wettbewerbs zwischen Regionen", bei dem die Kompetenz bekanntlich in der Region selbst liegt, so spricht nur wenig dafür, in die Kompetenz der Nationalstaaten einzugreifen und eine eigene Regionalpolitik aufzubauen. Will man aus Solidarität den ärmeren Mitgliedsstaaten

---

[249] Nach Artikel 159 der konsolidierten Fassung des Vertrags zur Gründung der Europäischen Gemeinschaft muss die Europäische Kommission einen Bericht über den wirtschaftlichen und sozialen Zusammenhalt vorlegen. Dieser Artikel lautet:
„Die Kommission erstattet dem Europäischen Parlament, dem Rat, dem Wirtschafts- und Sozialausschuss und dem Ausschuss der Regionen alle drei Jahre Bericht über die Fortschritte bei der Verwirklichung des wirtschaftlichen und sozialen Zusammenhalts und über die Art und Weise, in der die in diesem Artikel vorgesehenen Mittel hierzu beigetragen haben. Diesem Bericht werden erforderlichenfalls entsprechende Vorschläge beigefügt."

[250] Europäische Kommission: Vierter Bericht über den wirtschaftlichen und sozialen Zusammenhalt, Brüssel 2007.

[251] Vgl. Kapitel III.2.2.1 Zentrale versus dezentrale regionale Wirtschaftspolitik.

helfen, so ist ein System eines zwischenstaatlichen Finanzausgleichs wesentlich angemessener.

Zu diesem grundsätzlichen Einwand tritt eine Reihe von Kritikpunkten im Detail, von denen wir uns auf drei beschränken wollen:

■ Bei der Bestimmung der Förderregionen wird von einer falschen Regionalisierung ausgegangen. Wir haben als eine problemadäquate Abgrenzung Funktionalregionen erkannt, die eine Zusammenfassung von Zentrum und Umland darstellen.[252] Nutzt man aber Verwaltungseinheiten wie die NUTS-II Regionen, so ergeben sich erhebliche diagnostische Verzerrungen. Betrachten wir beispielhaft die Region Lüneburg [253], die als relativ arm in der EU angesehen wird und phasing-out-Charakter hat. Sie ist aber nicht wirklich arm, sondern wird bei Verwendung des Indikators BIP/Einwohner künstlich arm gerechnet, weil die dort lebenden Erwerbstätigen zum großen Teil in Hamburg arbeiten und dort zur Erstellung des BIP beitragen.[254]

■ Die Genehmigung operationeller Programme stellt die EU-Kommission vor erhebliche Probleme. Woher will sie wissen, ob ein Instrument A für eine polnische oder ein Instrument B für eine ungarische Region sinnvoll ist? Dies ist „Anmaßung" von Wissen.

■ Die von der EU-Kommission durchgeführt Evaluierung beschränkt sich weitgehend auf eine Vollzugs- und eine Zielerreichungskontrolle.[255] Eine eigentlich zur Effizienzkontrolle notwendige Wirkungsanalyse wird überwiegend von Dritten durchgeführt. Besonders bekannt geworden ist das HERMIN-Modell, das speziell zur Wirkungskontrolle der europäischen Regionalpolitik entwickelt wurde. Es lässt Prognosen für die Auswirkungen der Förderperiode 2007-2013 zu und kommt für die besonders strukturschwachen Länder und Großregionen zu folgendem Ergebnis:

---

252 Vgl. Kapitel II.3.1 Begriff der Region.
253 Vgl. Abb. 2.1-2 Konvergenz – EFRE und ESF.
254 So lag das verfügbare Einkommen je Einwohner 2004 mit 17.500 € genau auf Bundesdurchschnitt und damit fast 30 % über EU-Durchschnitt.
255 Vgl. Kapitel III.2.3.3 Kontrolle des eingesetzten Instrumentariums.

Tabelle III.3.1-2:   *Niveauunterschied im BIP in % im Jahr 2020 für die Förderperiode 2007-2013*

	Differenz in %
Tschechische Republik	4,40
Ungarn	4,10
Estland	3,70
Polen	2,70
Slowenien	2,10
Rumänien	1,70
Portugal	1,70
Lettland	1,40
Italiens Mezzogiorno	0,70
Spanien	0,30
Griechenland	0,30
Ostdeutschland	0,15

Quelle: John Bradley/Edgar Morgenroth: A Study of the Macro-Economic Impact of the Reform of EU Cohesian Policy, Dublin 2004, S. 143.

Die Tabelle von Bradley/Morgenroth wurde von John Bradley/Gerhard Untiedt: Die gesamtwirtschaftlichen Wirkungen der EU-Strukturpolitik in den Konvergenzregionen, in: Raumforschung und Raumordnung 4/2007, S. 309 in die obige Form gebracht.

Danach hat die Tschechische Republik im Jahr 2020 ein um 4,40 % höheres BIP als wenn es die europäische Regionalpolitik nicht gäbe. Insgesamt sind ihre erwarteten Ergebnisse relativ bescheiden.

> Die Europäische Union betreibt eine eigenständige Regionalpolitik. In ihr werden alle NUTS-II-Regionen (Nationalstaaten) gefördert, deren Bruttoinlandsprodukt je Einwohner kleiner als 75 % (90 %) des EU-Durchschnitts ist. Für diese Regionalpolitik stehen im Planungszeitraum 2007-2013 282,9 Mrd. € zur Verfügung.
>
> Nach Auffassung der EU-Kommission hat ihre Regionalpolitik deutlich zur Konvergenz in Europa beigetragen.

III.3.2 Die Ebene von Bund und Ländern[258]

Regionale Strukturpolitik in der Bundesrepublik Deutschland ist zwar nicht nur, aber vor allem eine Aufgabe, die von Bund und Ländern in der **Gemeinschaftsaufgabe „Verbesserung der regionalen Wirtschaftsstruktur"** (GRW) betrieben wird. Sie wird im Mittelpunkt der folgenden Ausführungen stehen.

In ihren Anfängen zielte die regionale Strukturpolitik in der Bundesrepublik Deutschland darauf ab, Gebiete mit besonders harten Kriegsfolgen sowie rückständige, landwirtschaftlich geprägte Regionen in ihrer Entwicklung zu fördern, war also in erster Linie zur „eiligen Behebung von Notständen"[259] da. An die Stelle dieser „Feuerwehrpolitik" ist ein anderes Selbstverständnis der regionalen Strukturpolitik getreten, die ihr primäres Ziel nicht mehr darin sieht, Notstände abzubauen, sondern sie durch prophylaktisches Handeln in Form der rechtzeitigen Ausnutzung von Entwicklungschancen bestimmter Gebiete zu verhindern.

Hierzu soll das Planungsinstrumentarium der GRW dienen, das in sog. Rahmenplänen festgelegt wird, die kontinuierlich jährlich fortgeschrieben werden. So trat der erste Rahmenplan am 01.01.1972 für den Zeitraum 1972–1975 in Kraft. Für den Zeitraum von 2007 bis 2010 gilt der sechsunddreißigste Rahmenplan.[260]

Nach Artikel 30 des Grundgesetzes ist regionale Wirtschaftsförderung grundsätzlich Aufgabe der Länder.[261]

Die Kompetenz des Bundes im Rahmen der regionalen Strukturpolitik leitet sich aus den Artikeln 91a und 104a (4) des Grundgesetzes ab. Danach

■ wirkt der Bund „auf folgenden Gebieten bei der Erfüllung von Aufgaben der Länder mit, wenn diese Aufgaben für die Gesamtheit bedeutsam sind und die Mitwirkung des Bundes zur Verbesserung der Lebensverhältnisse erforderlich ist (Gemeinschaftsaufgaben):

1. Ausbau und Neubau von Hochschulen einschließlich der Hochschulkliniken,

2. **Verbesserung der regionalen Wirtschaftsstruktur,**[262]

3. Verbesserung der Agrarstruktur und des Küstenschutzes."

---

258 Die folgenden Ausführungen basieren auf H.-F. Eckey/W. Stock (2001) (Aktualisierung in Bearbeitung).

259 O. Schlecht (1972), S. 174.

260 Sechsunddreißigster Rahmenplan der Gemeinschaftsaufgabe „Verbesserung der regionalen Wirtschaftsstruktur" für den Zeitraum 2007 bis 2010, Drucksache 16/5215 des Deutschen Bundestages (16. Wahlperiode) vom 27.04.2007.

261 Artikel 30 des Grundgesetzes vom 23. Mai 1949, BGBl. 1949, 1, zuletzt geändert durch Art. 16 vom 26.07.2002 I 2863: „Die Ausübung der staatlichen Befugnisse und die Erfüllung der staatlichen Aufgaben ist Sache der Länder, soweit dieses Grundgesetz keine andere Regelung trifft oder zulässt."

262 Hervorhebungen durch den Verfasser.

▨ kann der Bund „den Ländern Finanzhilfen für besonders bedeutsame Investitionen der Länder und Gemeinden (Gemeindeverbände) gewähren, die zur Abwehr einer Störung des gesamtwirtschaftlichen Gleichgewichts oder **zum Ausgleich unterschiedlicher Wirtschaftskraft im Bundesgebiet** [263] oder zur Förderung des wirtschaftlichen Wachstums erforderlich sind."

Die gesetzliche Grundlage für die Gemeinschaftsaufgabe „Verbesserung der regionalen Wirtschaftsstruktur" (GRW) wird durch das Gesetz über die Gemeinschaftsaufgabe vom 06.10.1969 [264] gebildet. In seinem § 1 wird festgelegt, dass all jene Gebiete innerhalb der Bundesrepublik zu fördern sind,

„1. deren Wirtschaftskraft erheblich unter dem Bundesdurchschnitt liegt oder erheblich darunter abzusinken droht oder

2. in denen Wirtschaftszweige vorherrschen, die vom Strukturwandel in einer Weise betroffen oder bedroht sind, dass negative Rückwirkungen auf das Gebiet in erheblichem Umfang eingetreten oder absehbar sind".

Wird in dem ersten Absatz eindeutig das Ausgleichsziel betont, liegt das Schwergewicht des zweiten Absatzes auf einer langfristigen Stabilisierungspolitik. Zur Verfolgung dieser Ziele [265] wird in folgenden Arbeitsschritten vorgegangen:

Erstens wird das Bundesgebiet in 270 regionale Arbeitsmärkte unterteilt,[266] von denen 204 in West- und 66 in Ostdeutschland liegen.

---

[263] Hervorhebungen durch den Verfasser.

[264] BGBl. I 1969, 1861.

[265] Über die Arbeitsschritte der GRW und ihr Ergebnis entscheidet der Planungsausschuss der Gemeinschaftsaufgabe.
  § 6 des GRW-Gesetzes legt über ihn fest:
  (1) „... Ihm gehören der Bundesminister für Wirtschaft als Vorsitzender sowie der Bundesminister der Finanzen und ein Minister (Senator) jedes Landes an; jedes Mitglied kann sich vertreten lassen. Die Stimmzahl des Bundes entspricht der Zahl aller Länder. Jedes Land hat eine Stimme.
  (2) Der Planungsausschuss beschließt mit den Stimmen des Bundes und der Mehrheit der Stimmen der Länder.
  Seine Beschlüsse führen zur Aufstellung des jährlichen fortgeschriebenen Rahmenplans, der die Fördergebiete und das Förderinstrumentarium festlegt.

[266] Dies ist ein prinzipiell richtiger Ansatz (vgl. Kapitel II.3.1). Leider wurden die aufgrund von Berufspendlerbeziehungen abgegrenzten Funktionsregionen (vgl. Abbildung II.3.1.-2) in der politischen Abstimmung im Planungsausschuss der GRW so verwässert und abgeändert, dass von einer problemadäquaten Regionalisierung kaum noch gesprochen werden kann. So wurden häufig Zentrum und Umland voneinander getrennt. Die politische Modifikation zeigt sich durch einen Vergleich von Abbildung III.2.2.-1 mit Abbildung II.3.1.-2. So wird in der GA z.B. Berlin vollkommen von seinem Umland getrennt.

Abbildung III.3.2-1:   Regionale Arbeitsmärkte im Rahmen der Gemeinschaftsaufgabe „Verbesserung der regionalen Wirtschaftsstruktur"

Quelle: 36. Rahmenplan, Anlage Arbeitsmarktregionen

An den 270 regionalen Arbeitsmärkten Deutschlands werden vier Förderindikatoren gemessen, nämlich

▪ die durchschnittliche Arbeitslosenquote der Jahre 2002-2005,

▪ der Bruttojahreslohn je sozialversicherungspflichtig Beschäftigten in 2003,

▪ eine Erwerbstätigenprognose für den Zeitraum von 2004 bis 2011,

▪ ein Indikator, der die Güte der wirtschaftsnahen Infrastruktur zum Ausdruck bringen soll und Einzeltatbestände umfasst, die der Tabelle III.3.2-1 entnommen werden können.

Tabelle III.3.2-1:   Die Teilindikatoren des Infrastrukturindikators 2005

Regionalindikator	Wichtung
Sachkapitalorientierte Infrastruktur	**40 %**
Erreichbarkeit der drei nächsten nationalen oder ausländischen Agglomerationsräume im Pkw- oder Schienenverkehr, 2004/2005	15 %
Erreichbarkeit europäischer Metropolen im kombinierten Pkw/Luftverkehr, 2004/2005	10 %
Ausstattung mit hochrangigen Verkehrsinfrastruktureinrichtungen, 2004/2005	10 %
Breitbandversorgung – Verfügbarkeit von DSL, Powerline, Kabel, Funk, März 2005	5 %
Humankapitalorientierte Infrastruktur	**40 %**
Berufliche Ausbildungsplatzkapazitäten 2002-2004	6 %
Anteil der Erwerbspersonen mit abgeschlossener Berufsausbildung an allen Erwerbspersonen	10 %
Besatz mit wissensintensiven unternehmensorientierten Dienstleistungen, Juni 2004	4 %
Anteil der Beschäftigten in technischen Berufen an allen Beschäftigten, Juni 2004	10 %
Personaleinsatz in Wissenstransfereinrichtungen, 2005	10 %
Haushaltsorientierte Infrastruktur	**20 %**
Regionales Bevölkerungspotenzial 2003	20 %

Quelle: Informationen aus der Forschung des BBR, Nr. 3/Juni 2006, S. 8.

Will man mehrere Einzelvariablen zu einem Gesamtindikator zusammenfassen, so müssen die in unterschiedlicher Größenordnung vorliegenden Variablen gleichnamig gemacht (= Dimensionsproblem) und gewichtet (= Gewichtungsproblem) werden. Das Dimensionsproblem wird durch Standardisierung gelöst, d.h. die vier Variablen werden so transformiert, dass sie den Mittelwert 100 und die Standardabweichung 1 haben. Anschließend erhalten die so gleichnamig gemachten Einzelvariablen im Rahmen einer multiplikativen Verknüpfung die Gewichte 0,5; 0,4; 0,05 und 0,05.

Zur Standardisierung benötigen wir das arithmetische Mittel und die Standardabweichung der vier Einzel-Kriterien, wie sie aus Tabelle III.3.2-2 hervorgehen. So betrug die Arbeitslosenquote 2002-2005 im Durchschnitt aller regionalen Arbeitsmärkte 10,6 % bei einer Standardabweichung von 4,6; dabei ist die durchschnittliche Arbeitslosenquote in den Regionen Westdeutschlands mit 8,6 % deutlich niedriger als in den Regionen Ostdeutschlands mit 18,2 %.

Tabelle III.3.2-2: Arithmetisches Mittel und Standardabweichung der vier Einzelindikatoren

Kennziffer/ Variable	durchschnittliche Arbeitslosen- quote 2002- 2005 (in %)	Lohn pro Beschäf- tigten 2003	Erwerbstätigen- prognose 2004 – 2011 (in %)	Infrastruktur- indikator 2005
arithmetisches Mittel	10,6	25.051	0,0	75,5
in Westdeutschland	8,6	26.366	1,5	79,0
in Ostdeutschland	18,2	19.817	-6,6	64,9
Standardabweichung	4,6	3.878	3,6	25,2

Die Standardisierung wollen wir am Beispiel Husums durchführen. Hierzu bilden wir die Differenz zwischen der Ausprägung der Variablen im jeweiligen regionalen Arbeitsmarkt und dem arithmetischen Mittel in Deutschland, dividieren diese Differenz durch die Standardabweichung und erhöhen um 100. Ein Wert < (>) 100 deutet darauf hin, dass der betrachtete regionale Arbeitsmarkt bei diesem Kriterium schlechter (besser) abschneidet als die regionalen Arbeitsmärkte insgesamt in ihrem Durchschnitt.

Tabelle III.3.2- 3: Standardisierung der Einzelkriterien im regionalen Arbeitsmarkt Husum

Einzelkriterium	Ausprägung	Standardisierung
durchschnittliche Arbeitslosenquote 2002-2005 (in %) *)	9,0	$=100-\dfrac{9,0-10,6}{4,6}=100,336$
Lohn pro Beschäftigtem 2003	19.901	$=100+\dfrac{19901-25051}{3878}=98,672$
Erwerbstätigenprognose 2004-2011 (in %)	2,7	$=100+\dfrac{2,7-0,0}{3,6}=100,755$
Infrastrukturindikator 2005	25,2	$=100+\dfrac{25,2-75,5}{25,2}=98,003$

*) Hier wird der standardisierte Wert von 100 abgezogen, da eine hohe Ausprägung bei der Arbeitslosenquote einen negativen Tatbestand darstellt; bei den übrigen Kriterien sind hohe Ausprägungen positiv zu interpretieren.

Zur Berechnung eines Gesamtindikators nehmen wir eine multiplikative Verknüpfung der Einzelindikatoren mit den Gewichten 0,5, 0,4, 0,05 und 0,05 vor. Für Husum gilt $100,336^{0,5} \cdot 98,672^{0,4} \cdot 100,755^{0,05} \cdot 98,003^{0,05} = 99,571$. Da $99,571 < 100$ ist, liegt die Wirtschaftsstärke Husums leicht unter dem Durchschnitt aller regionalen Arbeitsmärkte Deutschlands.

Tabelle III.3.2-4. bringt den Gesamtindikator für die jeweils zehn stärksten und schwächsten regionalen Arbeitsmärkte in Deutschland zum Ausdruck und weist auf das (erwartete) Ost-West- sowie Stadt-Land-Gefälle hin.

Tabelle III.3.2-4.: Gesamtförderindikator in den jeweils 10 besten und schlechtesten regionalen Arbeitsmärkten Deutschlands

Rangplatz	Nummer des RAM	Name des RAM	Gesamtindikator
1	159	München	101,36
2	163	Dingolfing	101,31
3	120	Stuttgart	101,28
4	184	Erlangen	101,21
5	92	Frankfurt/Main	101,18
6	127	Baden-Baden	100,98
7	147	Friedrichshafen	100,98
8	160	Ingolstadt	100,92
9	58	Leverkusen	100,89
10	129	Heidelberg	100,88
261	211	Güstrow	97,74
262	233	Staßfurt	97,74
263	229	Stendal	97,74
264	207	Stralsund	97,69
265	271	Löbau-Zittau	97,67
266	209	Neubrandenburg	97,61
267	310	Prenzlau(n)	97,47
268	237	Sangerhausen	97,47
269	250	Sondershausen	97,45
270	205	Pasewalk	97,06

Quelle: Eigene Berechnung nach Daten, die dem Verfasser vom Bundesamt für Bauwesen und Raumordnung (BBR) zur Verfügung gestellt wurden. Herrn Zarth sei an dieser Stelle herzlich für seine Mithilfe gedankt.

Nach der Berechnung eines Gesamtindikators muss ein Schwellenwert festgelegt werden, der strukturschwache und zu fördernde Regionen auf der einen und nicht hilfebedürftige Regionen auf der anderen Seite voneinander trennt. Hierzu ist eine Absprache mit der Europäischen Kommission notwendig. Der Grund ist die notwendige beihilferechtliche Genehmigung; nach Artikel 87 der konsolidierten Fassung des Vertrags zur Gründung der Europäischen Gemeinschaft[267] sind nämlich „staatliche oder aus staatlichen Mitteln gewährte Beihilfen gleich welcher Art, die durch Begünstigung bestimmter Unternehmen oder Produktionszweige den Wettbewerb verfälschen oder zu verfälschen drohen, mit dem Gemeinsamen Markt unvereinbar, soweit sie den Handel zwischen Mitgliedstaaten beeinträchtigen." Ausnahmen können u.a. gewährt werden, wenn die Beihilfen

- zur Förderung der wirtschaftlichen Entwicklung von Gebieten, in denen die Lebenshaltung außergewöhnlich niedrig ist oder eine erhebliche Unterbeschäftigung herrscht;[268]

- zur Förderung der Entwicklung gewisser Wirtschaftszweige oder Wirtschaftsgebiete, soweit sie die Handelsbedingungen nicht in einer Weise verändern, die dem gemeinsamen Interesse zuwiderläuft;[269]

dienen.[270]

Ausgehend vom oben dargestellten Gesamtindikator und in Absprache mit der Europäischen Kommission [271] wurden folgende Fördergebietskategorien festgelegt:[272]

- Die strukturschwächsten regionalen Arbeitsmärkte bilden das A-Fördergebiet, das grundsätzlich mit den neuen Bundesländern identisch ist. Hiervon gibt es zwei Ausnahmen:

  a) Nach den Kriterien der EU-Regionalpolitik erfüllt die NUTS-II-Region Lüneburg[273] ebenfalls die Voraussetzung als Höchstfördergebiet nach Artikel 87.3a des EG-Vertrages. Da aber nach dem Gesamtindikator lediglich der regionale Arbeitsmarkt Uelzen besonders strukturschwach ist, wird nur dieser Teil der NUTS-II-Region Lüneburg in die A-Förderung aufgenommen.

  b) Gesamtberlin und damit auch sein Ostteil zählen nicht zu den A-Fördergebieten.

- Die besonders strukturschwachen Regionen Westdeutschlands und Teile von Berlin bilden das C-Fördergebiet nach Artikel 87.3c des EG-Vertrages.

- Hinzu treten D-Fördergebiete. Hierbei handelt es sich um Teile Berlins und strukturschwache Regionen Westdeutschlands, die ehemals C-Fördergebiete darstellten,

---

267 Amt für Veröffentlichung der Europäischen Gemeinschaften, Luxemburg 1997.
268 Art. 87 (3) a).
269 Art. 87 (3) c).
270 Siehe hierzu die detaillierte Darstellung von Erlbacher/Lageard: Regionalförderung und EG-Wettbewerbsrecht, Abschnitt VII, Kapitel 4 im Handbuch der regionalen Wirtschaftsförderung, (hrsg. von Eberstein/Karl 1996).
271 Die beihilferechtliche Genehmigung erfolgte am 8. November 2006.
272 Siehe hierzu die Abbildung „GRW-Fördergebiete" als Anlage zum Rahmenplan OA, Handbuch der regionalen Wirtschaftsförderung (hrsg. von Eberstein/Karl 1996).
273 Identisch mit dem ehemaligen Regierungsbezirk.

aufgrund der Vorgaben der Europäischen Kommission aber nur noch eingeschränkte Förderrechte unterhalb des Regionalbeihilferechts erhalten dürfen. Zu den noch erlaubten Maßnahmen gehört die Förderung von kleinen und mittleren Unternehmen, von wirtschaftsnaher Infrastruktur und von Clustermanagementprojekten.

Insgesamt leben in den A-, C- und D-Fördergebieten 29,57 Mill. Einwohner; dies entspricht 35,84 % der Bevölkerung in Deutschland. Hiervon entfallen 16,52 % auf die Förderkategorie A, 11,62 % auf die Förderkategorie C und 7,7 % auf die Förderkategorie D.[274]

Die Maßnahmen der GRW [275] beziehen sich vor allem auf die Förderung von Investitionen

a) der gewerblichen Wirtschaft, sofern sie überwiegend überregional absetzt,

b) des Fremdenverkehrs,

c) in die wirtschaftsnahe Infrastruktur.

Nach § 3 des GRW-Gesetzes besteht die finanzielle Förderung im Rahmen der regionalen Strukturpolitik in der Gewährung von Investitionszuschüssen, Darlehn, Zinszuschüssen und Bürgschaften.

---

[274] Hinzu treten E-Gebiete, aus denen Betriebe unter Inanspruchnahme der Regionalförderung nur verlagert werden dürfen, wenn die zuständige Behörde des Bundeslandes, aus dem der verlagernde Betrieb stammt, zustimmt.

[275] Siehe hierzu 36. Rahmenplan der Gemeinschaftsaufgabe „Verbesserung der regionalen Wirtschaftsstruktur" für den Zeitraum 2007 bis 2010, Drucksache 16/5215 des Deutschen Bundestages vom 27.04.2007, S. 15 ff.

Abb. III.3.2.-2: Fördergebiete der Gemeinschaftsaufgabe „Verbesserung der regionalen Wirtschaftsstruktur"

Fördergebiete der Gemeinschaftsaufgabe "Verbesserung
der regionalen Wirtschaftsstruktur" 2007 - 2013
in gemeindescharfer Abgrenzung

Gemeinden, Stand 31.12.2003

A - Fördergebiet	D - Fördergebiet
A - Fördergebiet ('statistische-Effekt-Region')	D - Fördergebiet (davon Städte/Gemeinden teilweise)
C - Fördergebiet	Teilweise C - Fördergebiet, teilweise E - Gebiet
C - Fördergebiet (davon Städte/Gemeinden teilweise)	Teilweise C - Fördergebiet (nur KMU-Zuschläge)
Teilweise C -, teilweise D - Fördergebiet	Teilweise C - Fördergebiet (nur KMU-Zuschläge), teilweise D - Fördergebiet
E-Gebiet (Schutzklausel/Einvernehmensregel)	Nicht-Fördergebiet

Quelle: Anlage zum 36. Rahmenplan, abgerufen unter
http://www.bmwi.de/BMWI/Redaktion/PDF/foerdergebietskarte-ab-2007

Empfänger der Investitionszuschüsse der gewerblichen Wirtschaft und des Fremdenverkehrs sind private Unternehmen, die eine entsprechende Förderung beantragen müssen; ein Rechtsanspruch auf Förderung existiert nicht. Dabei gelten folgende Förderhöchstsätze:

Tabelle III.3.2-5:   Förderhöchstsätze für Investitionen der gewerblichen Wirtschaft ab 2007

Größe des Unternehmens / Art des Fördergebiets	Große Unternehmen	Mittlere[276] Unternehmen	Kleine[276] Unternehmen
A-Fördergebiete	30 %	40 %	50%
C-Fördergebiete[277]	15 %	25 %	35 %
D-Fördergebiete	7,5 % (max. 200.000 €)	7,5 %	15 %

Quelle: 36. Rahmenplan, a.a.O. S. 22

Soweit zur Entwicklung der gewerblichen Wirtschaft und des Tourismus notwendig, kann der Ausbau der Infrastruktur gefördert werden, u.z. bis zu 90 % der förderfähigen Kosten. Empfänger der Zahlungen sind hier Gemeinden und Gemeindeverbände.

Für das Jahr 2007 standen GRW-Mittel für Investitionszuschüsse von 1239,244 Mio. € zur Verfügung, die jeweils zur Hälfte vom Bund und dem entsprechenden Bundesland aufzubringen sind. Manche Bundesländer stocken diesen Betrag auf, indem sie ihnen zugewiesene EFRE-Mittel und (oder) zusätzliche Landesmittel über die GRW abwickeln. Insgesamt betrug damit die 2007 zur Verfügung stehende Finanzmasse für Zuschüsse 2062,669 Mio. €.

---

[276] Kleine Unternehmen sind Unternehmen, die weniger als 50 Personen beschäftigen und einen Jahresumsatz oder eine Jahresbilanzsumme von höchstens 10 Mio. € haben. Mittlere Unternehmen beschäftigen weniger als 250 Personen und haben einen Jahresumsatz von höchstens 50 Mio. € oder eine Jahresbilanzsumme von höchstens 43 Mio. €.

[277] Mit Aufstockungen von 5 % bzw. 1 % für Regionen in Nachbarschaft zu Tschechien, um das Fördergefälle abzumildern.

*Tabelle III.3.2-6.:   Finanzmittel lt. Finanzierungsplan im Rahmen der GRW in 2007
(in Mio. €)*

Land	Höhe der Finanzmittel der GRW lt. Finanzierungsplan			
	Insgesamt	GRW-Nor-mal-förde-rung	EFRE	Zusätzliche Landesmittel
Bayern	36,282	14,562	0,000	21,720
Berlin	175,688	131,030	44,658	0,000
Brandenburg	301,148	173,548	127,600	0,000
Bremen	27,951	3,590	0,000	24,361
Hessen	13,212	13,212	0,000	0,000
Mecklenburg-Vorpommern	210,926	131,316	79,610	0,000
Niedersachsen	74,000	50,000	24,000	0,000
Nordrhein-Westfalen	70,306	50,306	20,000	0,000
Rheinland-Pfalz	23,538	7,133	0,000	16,405
Saarland	20,870	6,066	0,000	14,804
Sachsen	523,020	278,220	244,800	0,000
Sachsen-Anhalt	349,295	179,295	170,000	0,000
Schleswig-Holstein	18,234	18,234	0,000	0,000
Thüringen	218,199	182,732	33,567	0,000
Summe	2062,669	1239,244	744,235	77,290

Quelle: Eigene Zusammenstellung nach 36. Rahmenplan, a.a.O., S. 24 f. und S. 57 ff.

Bekanntlich kann bei der Evaluierung zwischen einer Vollzugs-, einer Zielerreichungs- und einer Wirkungskontrolle unterschieden werden.[278] Im Rahmen der Vollzugs- kontrolle wird kontrolliert, ob die Subventionsgewährung ordnungsgemäß erfolgt ist. Hierbei überprüft der Bund die Bewilligungsbescheide der Länder daraufhin, ob sie mit den Förderregelungen des jeweiligen Rahmenplans übereinstimmen, überprüfen die Länder bei den Empfängern der Fördermittel, ob sie die Fördervoraussetzungen im Einzelfall erfüllt haben, und überprüfen die Rechnungshöfe die effiziente Verwen- dung der Mittel.

Die Zielerreichungskontrolle überprüft, ob die Ziele, die sich die GRW gesetzt hat, auch wirklich erreicht wurden. Dabei lässt sich eine regionale und eine einzelbetrieb- liche Ebene unterscheiden.

---

[278] Vgl. zur Evaluierung der GRW den Überblick bei Konrad Lammers/Annekatrin Niebuhr (2002), a.a.O., Abschnitt BXI.

Im Hinblick auf die regionale Ebene zeigt eine Untersuchung des Instituts für Arbeits-markt- und Berufsforschung der Bundesagentur für Arbeit (IAB) und des Bundes-amtes für Bauwesen (BBR) durchaus positive Ergebnisse.[279] Sie haben untersucht,

- „ob sich geförderte Regionen ganz oder zum Teil besser entwickelt haben als das Nicht-Fördergebiet,

- ob sich der Rangplatz in einem gesamtdeutschen Ranking nicht verändert,

- ob die Förderbedürftigkeit weiterhin Bestand hat.

Die Ergebnisse zeigen den beachtlichen Erfolg der Förderung in strukturschwachen Gebieten. Die Untersuchungen geben ferner Hinweise auf die Ursachen des erheb-lichen Wachstumsgefälles und regionale Schwachstellen.

Im Einzelnen zeigten sich folgende Ergebnisse:

- Innerhalb des Fördergebietes hat sich die wirtschaftliche Leistungskraft angegli-chen, doch die wirtschaftliche Entwicklung variiert von Region zu Region. In West-deutschland stehen Fördergebiete, die bei wirtschaftlicher Leistungskraft und Pro-duktivität ihren Abstand zum Durchschnitt West deutlich verkürzt haben, Förder-gebieten gegenüber, die zurückgefallen sind. Regionen mit hohem Anteil von Betrieben im produktionsnahen Dienstleistungssektor verzeichneten deutlich posi-tive Entwicklungen.

- Die GRW-Investitionsförderung führte im überwiegenden Teil der Fördergebiete dazu, dass durch Schaffung von Arbeitsplätzen ein Anstieg des Erwerbstätigen-potenzials „überkompensiert" wurde und im Saldo die Arbeitslosenquote sank. Diese positiven Effekte der Regionalförderung hielten zumeist auch nach Beendi-gung der Förderung bzw. nach Ausscheiden der betreffenden Region aus dem För-dergebiet an."[280]

Ähnliche Zielerreichungskontrollen werden auch auf einzelbetrieblicher Ebene durch-geführt. Hierbei werden im Rahmen der GRW geförderte Betriebe im Hinblick auf die Zahl und Entwicklung ihrer Arbeitsplätze, ihre gezahlten Lohnsummen und -strukturen, ihren regionalen Wachstumsbeitrag und ihre erhöhten Steuern und Sozial-abgaben untersucht. Anhand von 31.409 identischen Förderfällen kam das IAB zu dem Ergebnis,[281] dass sich geförderte Betriebe

- im Hinblick auf Arbeitsplätze, Lohnsummen und Lohnstrukturen günstiger ent-wickelten als nicht geförderte Betriebe.

- die Beschäftigungsverhältnisse stabiler und die Stilllegungen geringer sind.

---

[279] Koller, M./Schwengler, B./Zarth, M. (2001).
[280] 36. Rahmenplan, a.a.O., S. 35.
[281] Bellmann, L./Koller, M. (2000).

■ in ihrem Fördervolumen über die Zahlung höherer Steuern und Sozialabgaben zu einem erheblichen Teil selbst refinanzieren.[282]

Wirkungskontrollen erheben den Anspruch, den Anteil des regionalpolitischen Förderinstrumentariums an der Entwicklung von Wirtschaftsräumen zu ermitteln. Es existieren eine Vielzahl von Wirkungskontrollmodellen der GRW, die zu unterschiedlichen Ergebnissen gelangen. So kommt z.B. eine Untersuchung des Instituts für Siedlungs- und Wohnungswesen der Universität Münster[283] zu dem durchaus positiven Ergebnis, dass 1 € Fördermittel 2,3 € private Investitionen induzieren; 0,51 Mio. € (= 1 Mio. DM) Fördermittel bewirken danach die Schaffung von 39 zusätzlichen Arbeitsplätzen.

Andererseits weisen Eckey und Kosfeld[284] nach, dass das Instrumentarium der GRW kaum zur Schaffung neuer Investitionen beiträgt, sondern nur zu ihrer räumlichen Umverteilung; 96 % der in GRW-Gebieten geförderten Investitionen sind gesamtwirtschaftlich nicht zusätzlich, sondern das Ergebnis interregionaler Umverteilung von strukturstarken zu strukturschwachen Regionen. Berücksichtigt man die höhere Produktivität im Nichtfördergebiet, so mag die GRW zwar gewisse regionalpolitische Erfolge vorweisen, die aber deutlich zulasten des gesamtwirtschaftlichen Wachstumsziels gehen.

In einer kritischen Auseinandersetzung mit der GRW ergeben sich ein prinzipieller Einwand und eine Reihe von Kritikpunkten im Detail. Vertreter einer regionalisierten Regionalpolitik [285] werden darauf verweisen, dass Subventionen den Attentismus von politischen Entscheidungsträgern und Unternehmen in Förderregionen unterstützen; eigenes (notwendiges und häufig schmerzliches) Handeln wird durch das Hoffen auf Hilfe „von außen" verdrängt. Hinzu treten Detailkritikpunkte wie eine häufig falsche Regionalisierung und das „Anmaßen von Wissen", wenn durch Behörden über den Sinn von Förderanträgen zu entscheiden ist.

Für eine zentral betriebene regionale Wirtschaftspolitik hat sich die GRW im Prinzip bewährt. Ihre besonderen Pluspunkte liegen in folgenden Tatbeständen:

■ Es ist ein Förderkonzept entwickelt worden, das in sich konsistent ist und sich einer Überprüfung durch Dritte stellt.

■ Die GRW fördert den (notwendigen) Strukturwandel und führt damit nicht zu einer Strukturkonservierung (wie der Großteil der sektoralen Strukturpolitik).

■ Die GRW verhindert einen Subventionswettlauf zwischen den einzelnen Bundesländern.

---

[282] Siehe auch 36. Rahmenplan, a.a.O., S. 36 ff.

[283] Vgl. Asmacher, C./Schalk, H.-J./Thoss, R. (1987). Dieser Ansatz wurde mehrfach mit ähnlichen Ergebnissen aktualisiert (siehe z.B. Schalk, H.J./Untiedt, G. (2000), S. 173-195.

[284] Eckey, H.-F./Kosfeld, R. (2005), S. 149-173.

[285] Vgl. das Kapitel III.2.2.1 Zentrale versus dezentrale regionale Wirtschaftspolitik.

▣ Das Instrumentarium stützt sich auf bewährte Entwicklungstheorien.

▣ Trotz einer notwendigen Drei-Viertel-Mehrheit hat der Planungsausschuss als Entscheidungsgremium der GRW auf geänderte Rahmenbedingungen relativ flexibel reagiert, obwohl es hierzu der Stimmen des Bundes und der Mehrheit der Länder bedarf.

▣ Kontrollrechnungen in der Form einer Wirkungskontrolle belegen einen beachtlichen Erfolg der eingesetzten Fördermittel in Hinsicht auf die angestrebten Ziele.

▣ Die von der Wissenschaft im Hinblick auf politische Maßnahmen geforderten Kriterien wie Logik, Theoriebezug, Transparenz und Kontrolle sind weitestgehend erfüllt.

Regionale Strukturpolitik ist innerhalb Deutschlands vor allem eine Gemeinschaftsaufgabe von Bund und Ländern. Dazu wird

▣ das Gebiet der gesamten Volkswirtschaft in regionale Arbeitsmärkte unterteilt.

▣ mit Hilfe von vier Indikatoren (Arbeitslosenquote, Lohn- und Gehaltssumme je Beschäftigten, Güte der wirtschaftsnahen Infrastruktur, Erwerbstätigenprognose) ein regionales Ranking erstellt.

▣ in Absprache mit der EU festgelegt, ab welchem Gesamtindikator ein Gebiet als so strukturschwach gilt, dass in ihm Fördermittel gezahlt werden sollen und dürfen.

▣ Förderregionen ein bestimmter Betrag zur Ansiedlung neuer und zum Ausbau bestehender Unternehmen sowie zur Verbesserung der wirtschaftsnahen Infrastruktur zugeteilt.

▣ eine Vollzugs- und Zielerreichungskontrolle durchgeführt.

III.3.3 Die Ebene der Kommunen[286]

Artikel 28 des Grundgesetzes [287] enthält für die Gemeinden die Garantie, alle Angelegenheiten der örtlichen Gemeinschaft im Rahmen der Gesetze in eigener Verantwortung regeln zu dürfen. Da die Existenz einer Gemeinde unmittelbar von ihrer einheimischen Wirtschaft abhängt, liegt die Erhaltung einer gesunden Wirtschaft auch im öffentlichen Interesse. Zu den gemeindlichen Selbstverwaltungsaufgaben gehört daher auch die Aufgabe, Wirtschaftsförderung zu betreiben. Bei der kommunalen Wirtschaftsförderung kann zwischen ihren Zielen, ihren Aufgaben, ihren Instrumenten und ihrer Organisationsform unterschieden werden.

„Die Ziele der kommunalen Wirtschaftsförderung und Gewerbepolitik sind überaus vielfältig und lassen sich drei großen Zielbereichen zuordnen (vgl. Übersicht III.3.3-1 d.V.):

- betriebsbezogene Ziele wie z.B. Erhöhung der Investitionsbereitschaft der Unternehmen, Sicherung der Wettbewerbsfähigkeit etc.,

- bevölkerungsbezogene Ziele wie z.B. Erhaltung der vorhandenen und Schaffung neuer Arbeitsplätze,

- verwaltungsbezogene Ziele wie z.B. Sicherung und Erhöhung des Steueraufkommens".[288]

---

[286] Ausführliche Darstellungen finden sich bei Icks, A. (1999) und Feuerstein, S. (1981).
[287] Artikel 28 (2) des Grundgesetzes, a.a.O.:
   „(2) Den Gemeinden muß das Recht gewährleistet sein, alle Angelegenheiten der örtlichen Gemeinschaft im Rahmen der Gesetze in eigener Verantwortung zu regeln. Auch die Gemeindeverbände haben im Rahmen ihres gesetzlichen Aufgabenbereiches nach Maßgabe der Gesetze das Recht der Selbstverwaltung. Die Gewährleistung der Selbstverwaltung umfaßt auch die Grundlagen der finanziellen Eigenverantwortung; zu diesen Grundlagen gehört eine den Gemeinden mit Hebesatzrecht zustehende wirtschaftskraftbezogene Steuerquelle."
[288] Bullinger, D. (1986), S. 90.

Übersicht III.3.3-1:   *Ziele kommunaler Gewerbepolitik*

Betriebsbezogene Ziele:	Bevölkerungsbezogene Ziele:	Verwaltungsbezogene Ziele:
– Verbesserung der Wirtschaftsstruktur und Branchen, Reduzierung der Krisenanfälligkeit, Abbau unterdurchschnittlicher Wirtschaftskraft	– Sicherung der vorhandenen Arbeitsplätze, Schaffung neuer Arbeitsplätze, Reduzierung von Arbeitslosigkeit und Pendlerströmen	– Sicherung und Erhöhung des Steueraufkommens / der Steuerkraft in der Region / in den Gemeinden
– Verhinderung von Standortverlagerungen von Betrieben / Verbesserung der Standortbedingungen	– Verbesserung der Umweltbedingungen, Reduzierung von Immissionsbelastungen, Attraktivitätssteigerung	– Optimale Ausnutzung der vorhandenen Infrastruktur, Verbesserung der Infrastrukturausstattung
– Erhöhung der Investitionsbereitschaft der Unternehmen, Förderung und Unterstützung der Expansionsbereitschaft der Betriebe	– Sicherung und Steigerung der privaten Einkommen und der Ausbildungsqualität	– Beachtung der Rentabilität der Maßnahmen zur Wirtschaftsförderung und Standortverbesserung, Sicherung des wirtschaftlichen Einsatzes öffentlicher Mittel
– Ausschöpfung wirtschaftlicher Entwicklungspotenziale, Gewährleistung eines angemessenen Wirtschaftswachstums in der Region, Sicherung der Wettbewerbsfähigkeit	– Verbesserung der Arbeitsbedingungen	
	– Sicherung und Verbesserung der Versorgung der Bevölkerung mit Gütern und Dienstleistungen	

Quelle: Bullinger, D. (1986), S. 98

Zu den Aufgaben der kommunalen Wirtschaftsförderung, die auch als ihre Kernfunktionen bezeichnet werden, zählt

- die Standortinformation. Hierunter fällt das Sammeln und Aufbereiten von Daten, die über die Standorteigenschaften von Gemeinden und Regionen Auskunft geben, aber auch das Standortmarketing und die Imagepflege, also die werbende Selbstdarstellung einer Gemeinde.

- die Beratung von Unternehmen. Zu dieser Kernfunktion rechnet man sowohl die Betreuung vorhandener Unternehmen als auch die Akquisition neuer Betriebe, aber auch die Knüpfung regionaler Netzwerke.[289]

- die Flächenvorsorge und -vermittlung. Ein gutes Flächenmanagement beinhaltet eine vorsorgende Flächenpolitik sowohl im Hinblick auf die Größe der zur Ver-

---

[289] Vgl. Kapitel III.2.3.2.2.4 Cluster- und Netzwerkorientierte regionale Wirtschaftspolitik.

fügung stehenden Fläche als auch im Hinblick auf ihre Qualität (Differenzierung des Flächenangebots gemäß potenzieller Nachfrager), eine Regelung nicht mehr genutzter Flächen, eine sinnvolle räumliche Nachbarschaft zwischen Unternehmen, aber auch zwischen Gewerbe- und Wohnflächen sowie eine erfolgreiche Flächenvermarktung.

■ die Wahrung der Interessen der Wirtschaft gegenüber der Gemeindeverwaltung. Wichtige Aufgaben in diesem Zusammenhang sind Stellungnahmen zu wirtschaftsrelevanten Maßnahmen wie die Aufstellung von Bebauungsplänen, die Veränderung des Gewerbesteuerhebesatzes oder der Ausbau der Infrastruktur, die Beschleunigung behördlicher Genehmigungsverfahren sowie die Funktion eines ehrlichen Maklers bei Konflikten zwischen Unternehmen und öffentlicher Verwaltung.

Zur Durchsetzung dieser Ziele und Aufgaben stehen der kommunalen Wirtschaftsförderung eine Reihe von Maßnahmen zur Verfügung, die in Übersicht III.3.3-2 zusammengefasst sind.

Während in Bezug auf das Planungsinstrumentarium und die Öffentlichkeitsarbeit keine Differenzen in der Literatur auftreten, ist umstritten, ob die Gemeinde finanzwirksame Maßnahmen bei der kommunalen Gewerbeförderung durchführen darf. Dieser Disput bezieht sich vor allem auf Bürgschaften und Darlehen sowie Preisvergünstigungen. So ist etwa der Planungsausschuss von Bund und Ländern für die Gemeinschaftsaufgabe „Verbesserung der regionalen Wirtschaftsstruktur" und die Innenministerkonferenz der Auffassung, dass solche direkten Wirtschaftsförderungsmaßnahmen aus rechtlichen und wirtschaftspolitischen Gründen nicht durchgeführt werden sollten. Es sei nicht Aufgabe der Gemeinden, ihre Mittel zur Subventionierung von Unternehmen einzusetzen. Außerdem würden hierdurch evtl. Maßnahmen von Bund und Land unterlaufen, ein Tatbestand, der sich wegen der geforderten Bundes- und Landestreue verbietet. Anderer Auffassung sind dagegen die Städte- und Gemeindebünde. Sie kommen zu dem Schluss, dass die Übernahme von Bürgschaften und sogar die Gewährung von Subventionen grundsätzlich zulässig sind. Eine Einschränkung dieser Befugnisse wäre nur durch ein Gesetz möglich, das es bisher aber noch nicht gibt.

Übersicht III.3.3-2:   *Überblick über das Instrumentarium der kommunalen Wirtschaftsförderungspolitik*

1.	**Entwicklungs- und Planungsinstrumente**

1.1   Standortvorsorge
       (Sicherung von Betrieben am bestehenden Standort)

1.2   Bodenvorratspolitik
       (Erschließung und Vermittlung städtischer Gewerbegrundstücke

1.3   Infrastrukturplanung
       (Mitwirkung bei der Planung des Ausbaus der wirtschaftsnahen Infrastruktur)

1.4   Mitarbeit bei der Bauleitplanung
       (Umsetzung von vorhandenen oder erwarteten gewerblichen Nutzungsanforderungen in Konzepte der Bauleitplanung

2.   Öffentlichkeitsarbeit

2.1   Standortbeobachtung und -analyse
       (Diagnose der wirtschaftlichen Entwicklung und der Standortfaktoren)

2.2   Versorgung der ansässigen Wirtschaft mit Informationen
       (geplante städtische Maßnahmen, Förderprogramme, Datenbanken)

2.3   Bildung von Gesprächskreisen zur Stärkung regionaler Netzwerke

2.4   Versorgung der nicht-ortsansässigen Wirtschaft mit Informationen
       (Vertrieb von Standortinformationen; Beteiligung an Ausstellungen; gezielte Ansprache von Unternehmen auf der Basis der Auswertung von Informationen, z.B. aus der Wirtschaftspresse)

3.   Finanzwirksame Maßnahmen

3.1   Finanzierungshilfen
       (Bürgschaften und Darlehen; Investitionszuschüsse und -zulagen; Bereitstellung von Kreditrisikokapital)

3.2   Steuerliche Belastung
       (insbesondere Gewerbesteuerhebesatz)

3.3   Tarif- und Preispolitik
       (Gebührenermäßigungen für kommunale Dienstleistungen, Preisnachlässe beim Verkauf von Gewerbegrundstücken und/oder die Einräumung von Erbbaurechten)

Quelle: Eigene Zusammenstellung.
          Ähnliche Übersichten finden sich bei Heuer, H. (1985), Feuerstein, S. (1981) und
          Müller, W.-H. (1983), S. 625 ff.

Ein Problem der kommunalen Wirtschaftsförderung besteht darin, dass nur ein Teil der betrieblichen Kriterien der Standortentscheidung durch sie beeinflusst werden kann, wie Abbildung III.3.3-1 zeigt.

Abbildung III.3.3-1:   *Wichtigkeit von Standortfaktoren und ihre Beeinflussbarkeit durch die kommunale Wirtschaftsförderungspolitik*

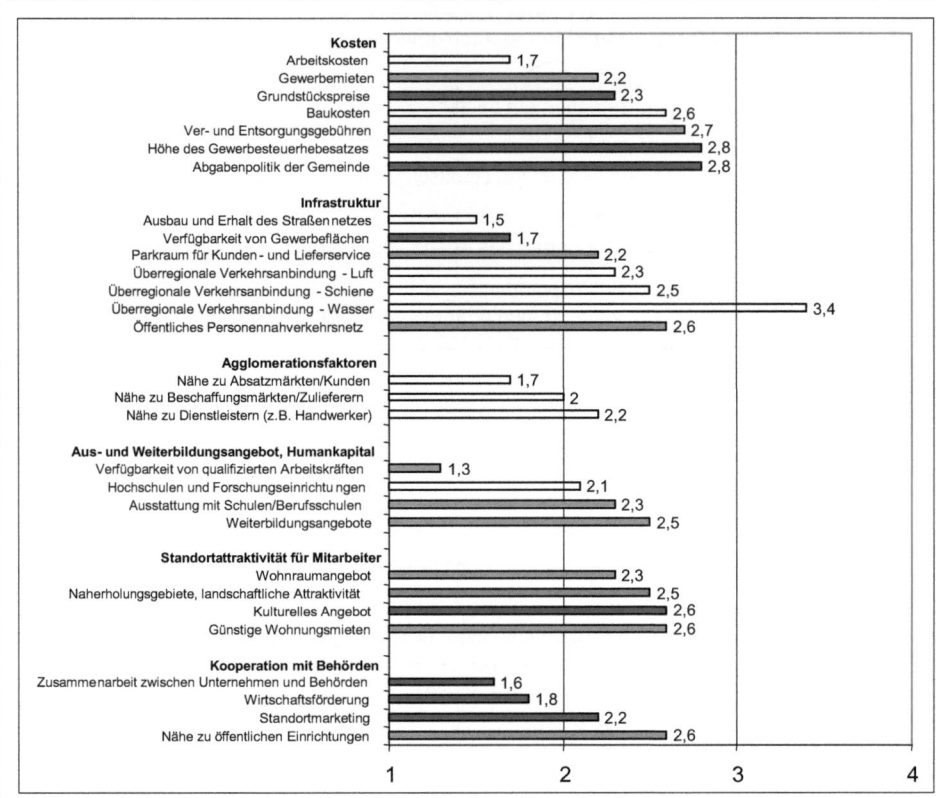

Legende:

Die Wichtigkeit ist von „1 = sehr wichtig" bis „5 = unwichtig" gestaffelt.

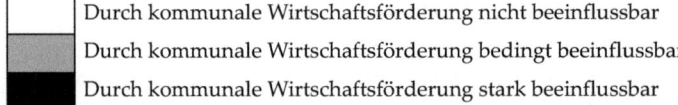

Durch kommunale Wirtschaftsförderung nicht beeinflussbar

Durch kommunale Wirtschaftsförderung bedingt beeinflussbar

Durch kommunale Wirtschaftsförderung stark beeinflussbar

Quelle: Eigene Darstellung nach Institut der deutschen Wirtschaft Köln Consult (2003), S. 2

Kontrovers diskutiert wird die Frage nach der geeigneten Organisationsform für die Wirtschaftsförderung.[290] Hierbei können zwei Grundformen unterschieden werden:

- Die Wirtschaftsförderung ist als Amt in die Verwaltung einer Gemeinde eingegliedert und stellt damit eine Organisation öffentlichen Rechts dar.

- Die Wirtschaftsförderung wird aus der Verwaltung ausgegliedert. Sie stellt formal eine Gesellschaft privaten Rechts (meist in Form einer GmbH) dar, die aber weiter im Eigentum der Gemeinde ist. Dieses Eigentum kann vollständig oder teilweise sein. Beim teilweisen Eigentum werden Unternehmen und Unternehmensverbände wie die IHK an der Wirtschaftsförderungsgesellschaft beteiligt (Public-Private-Partnership).

Übersicht III.3.3-3 bringt die spezifischen Vorteile dieser Organisationsformen zum Ausdruck.

Übersicht III.3.3-3:   *Vorteile unterschiedlicher Organisationsformen der kommunalen Wirtschaftsförderung*

verwaltungsintern als Amt	ausgelagert als eigene Gesellschaft
– gute Einbindung in verwaltungsinterne Abläufe	– stärkere Akzeptanz bei den Unternehmen
– leichte Kommunikation mit anderen Ämtern	– höhere Flexibilität bei Entscheidungen und Personalplanung
– starker Einfluss bei Wahrung der Interessen der Wirtschaft innerhalb der Gemeindeverwaltung	– leichtere Einbeziehung Dritter in Planungs- und Entscheidungsprozesse
	Zusätzlich bei Public-Private-Partnership:
	– Erweiterung der finanziellen Basis
	– besserer Informationsfluss von Seiten der Unternehmen in Richtung auf die Wirtschaftsförderung
	– höhere Kompetenz bei Entscheidungen
	– noch stärkere Akzeptanz der Entscheidungen der Wirtschaftsförderung in den Unternehmen

Quelle: Eigene Zusammenstellung

---

[290] Siehe hierzu Krämer-Eis, H./Tengler, H. (1998), Kapitel A VI 4, insbesondere die Randziffern 6–17.

Wichtiger als die Organisationsform, also die Festlegung, ob die Wirtschaftsförderung in öffentlich-rechtlicher Form innerhalb der Verwaltung oder in privater Form außerhalb der Verwaltung durchgeführt wird, ist die Frage, ob sich die Unternehmen mit ihren Anliegen und Sorgen bei der Kommune gut aufgehoben fühlen. Grundvoraussetzung hierfür sind die Herstellung eines Vertrauensklimas zwischen Verwaltung und Wirtschaft und der Ersatz von hoheitlichem durch partnerschaftliches Verhalten.

Neben der EU, dem Bund und den Ländern betreiben auch kommunale Institutionen regionale Strukturpolitik. Ihre Möglichkeiten sind beschränkt, da die wichtigsten Standortfaktoren von ihnen gar nicht oder kaum beeinflusst werden können.

Zu den Kernaufgaben der kommunalen Wirtschaftsförderung gehören Standortinformation, die Beratung von Unternehmen, die Flächenvorsorge und -vermittlung sowie die Wahrung der Interessen der Wirtschaft im kommunalen politischen Entscheidungsprozess. Hierzu stehen ihr Entwicklungs- und Planungsinstrumente, die Öffentlichkeitsarbeit sowie finanzwirksame Maßnahmen zur Verfügung. Regionalmanagement sowie die Bildung und Festigung regionaler Netzwerke rücken dabei immer stärker in den Mittelpunkt.

IV Ausblick: Anforderungen an die zukünftige Regionaltheorie und -politik

Regionalökonomie ist kein starres System, sondern einem stetigen Wandel unterworfen. Dieser resultiert zum einen aus Erfahrungen, die im Rahmen der Erklärungsversuche ökonomischen Handelns im Raum und der praktisch betriebenen regionalen Strukturpolitik in der Vergangenheit gesammelt worden sind, und zum anderen aus sich ändernden gesamtwirtschaftlichen Rahmenbedingungen, die wiederum Einfluss auf die ökonomische Raumstruktur nehmen.

Im Hinblick auf die Weiterentwicklung der Theorie ist daran zu erinnern, dass nicht die formale Eleganz den Wert von wissenschaftlichen Modellen bestimmt, sondern ihr Erklärungsgehalt im Hinblick auf das Zusammenspiel von Ökonomie und Raum. Im Mittelpunkt der Weiterentwicklung der Theorie der Regionalökonomie hat also die zunehmende Übereinstimmung mit der Realität zu stehen; immer komplexere mathematische Modelle mögen dabei hilfreich sein, sind jedoch kein Selbstzweck. Folgende Tendenzen erscheinen sinnvoll:

- Es kann evtl. Sinn machen, zwischen unterschiedlichen regionalen Ebenen zu differenzieren. Die Erklärungsfaktoren bei einer großräumigen sind ganz andere als bei einer kleinräumigen Arbeitsteilung.

- Immer wichtiger werdenden Erklärungsfaktoren regionalen Gefälles und Wachstums wie Innovation, Wissen und Vernetzung muss verstärkt Beachtung geschenkt werden.

- Regionalökonomische Modelle sind so zu formulieren, dass sie anhand der Realität auf ihre Güte hin überprüft werden können. Nur so lassen sich gute von schlechten Theorien trennen.

- Moderne Theorien der Regionalökonomie wie die Neue Wachstumstheorie und die Neue Ökonomische Geographie haben nur eingeschränkten Informationsgehalt und damit kaum prognostische Relevanz, weil nach ihnen sowohl Gleichverteilung der ökonomischen Produktion als auch ihre vollständige Konzentration bzw. Konvergenz oder Divergenz möglich ist. Es ist zu fordern, dass diese Theorien stärker die Bedingungen herausarbeiten, die zu der einen oder zu der anderen Tendenz führen.

- Durch Transformation des Ursache-Wirkungs-Verhältnisses in ein Ziel-Mittel-Verhältnis müssen Aussagen für die praktizierte regionale Wirtschaftspolitik möglich sein. Nur dann wird die Theorie der Regionalökonomie auf gesellschaftliche Akzeptanz stoßen.

■ Eine engere Verzahnung mit verwandten Wissenschaftsdiziplinen ist sicherlich vielversprechend. So stehen heute die Theorie der Regionalökonomie auf der einen und die Außenwirtschafts- bzw. die Entwicklungstheorie auf der anderen Seite weitgehend unverbunden nebeneinander.

Es gibt aber auch umgekehrt Forderungen der Theorie und Politik der Regionalökonomie an die praktizierte regionale Strukturpolitik. Die Erfahrungen mit ihr in der Vergangenheit und die erkennbaren Änderungen in den Rahmenbedingungen legen folgende Weiterentwicklungen zur Effizienzsteigerung der regionalen Strukturpolitik nahe:

■ Die ordnungspolitische sollte zu Lasten der prozesspolitischen Variante der regionalen Strukturpolitik gestärkt werden, d.h., die Kompetenz über regionalpolitische Maßnahmen sollte gemäß dem Subsidiaritätsprinzip hin zu Regionen und Kommunen verlagert werden. Dies führt zu einer Stärkung der Eigeninitiative und der Verkürzung von Entscheidungsprozessen.

■ Punktuelle Maßnahmen sollten durch integrierte regionale Entwicklungsprogramme (Regionale Entwicklungskonzepte) ersetzt werden, die Bezug auf regionale Stärken und Schwächen nehmen und regionale Entwicklungsengpässe aufzeigen.

■ Direkte Zahlungen an Unternehmen sollten durch allgemeine standortverbessernde Maßnahmen wie etwa eine Aufwertung der regionalen Infrastruktur ersetzt werden. Direkte Maßnahmen verlangen nämlich eine Selektivität von förderungswürdigen und nicht-förderungswürdigen Tatbeständen, mit der sich der Staat in einem dezentralen marktwirtschaftlichen System übernimmt, und führen zu Mitnahmeeffekten, die die Effizienz der regionalen Strukturpolitik erheblich beeinträchtigen.

■ Im Rahmen der indirekten Maßnahmen werden vor allem jene an Bedeutung gewinnen, die die Produktivität der Produktionsfaktoren erhöhen; es ist mit einer weiteren Aufwertung der bildungs- und innovationsorientierten Regionalpolitik zu rechnen.[291]

---

[291] Eckey, H-F. (2005), S. 940.

V   Anhang: Beweise

Beweis II.1.1.1- 1

$$\text{Gewinn} = (p_A - k)\left(\frac{a - b \cdot p_A}{b \cdot t}\right) - Kf$$

$$\frac{d\,\text{Gewinn}}{dp_A} = \frac{(a + 2 \cdot b \cdot k - 3 \cdot b \cdot p_A)(a - b \cdot p_A)}{b \cdot t}$$

Wir setzen diese Ableitung gleich 0, lösen nach p_A auf und erhalten

$$p_A = \frac{a + 2\,b\,k_A}{3\,b}$$

Beweis II.1.1.1- 2

Die Marktgrenze zwischen den beiden Anbietern in S_B und S_C bezeichnen wir mit S_{BC}. S_{BC} bestimmt sich mit Hilfe der Gleichung

$$a - b(p_B + t \cdot d_{B,BC}) = a - b(p_C + t \cdot d_{BC,C})$$

und liefert zunächst für

$$d_{B,BC} = \frac{p_C - p_B + t \cdot d_{BC,C}}{t}\,.$$

Da $d_{B,BC} + d_{BC,C} = d_{B,C}$ bzw. $d_{BC,C} = d_{B,C} - d_{B,BC}$ ist, erhalten wir

$$d_{B,BC} = \frac{p_C - p_B + t(d_{B,C} - d_{B,BC})}{t}\,,$$

was aufgelöst nach $d_{B,BC}$

$$d_{B,BC} = \frac{p_C - p_B + t \cdot d_{B,C}}{2 \cdot t}$$

ergibt.

Beweis II.1.1.1- 3

In Analogie zu Beweis II.1.1.1- 2 gilt

$$d_{BA,A} = \frac{p_B - p_A + d_{B,A} \cdot t}{2 \cdot t}$$

bzw. aufgelöst nach $d_{B,A}$

$$d_{B,A} = \frac{p_A - p_B + 2 \cdot d_{BA,A}}{t}$$

und

$$d_{A,AC} = \frac{p_C - p_A + d_{A,C} \cdot t}{2 \cdot t}$$

bzw. aufgelöst nach $d_{A,C}$

$$d_{A,C} = \frac{p_A - p_B + 2 \cdot d_{A,AC}}{t}.$$

Wegen $d_{BA,A} = d_{A,AC}$ gilt schließlich

$$d_{B,A} - d_{A,C} = \frac{p_C - p_B}{t}.$$

Da ferner

$$d_{B,A} + d_{A,C} = d_{B,C}$$

gilt, ist

$$d_{B,A} = \frac{p_C - p_B + d_{B,C} \cdot t}{2 \cdot t}$$
$$d_{A,C} = \frac{p_B - p_C + d_{B,C} \cdot t}{2 \cdot t}.$$

Diese beiden Beziehungen stimmen mit den Beziehungen in Beweis II.1.1.1- 2 überein, so dass $S_A = S_{BC}$ ist.

Beweis II.1.1.1- 4

Die Grenzen der Einzugsbereiche von S_A in Richtung auf S_B und S_C errechnen sich analog zu Beweis II.1.1.1- 2 als

$$d_{BA,A} = \frac{p_B - p_A + d_{B,A} \cdot t}{2 \cdot t}$$

$$d_{A,AC} = \frac{p_C - p_A + d_{A,C} \cdot t}{2 \cdot t} \ .$$

Da $\ d_{BA,A} = d_{B,BC} = \dfrac{p_C - p_B + d_{B,C} \cdot t}{2 \cdot t}\ $ und $d_{A,C} = d_{BC,C} = \dfrac{p_B - p_C + d_{B,C} \cdot t}{2 \cdot t}$, werden

die obigen Beziehungen zu

$$d_{BA,A} = \frac{p_B + p_C - 2p_A + d_{B,C} \cdot t}{4 \cdot t}$$

$$d_{A,AC} = \frac{p_B + p_C - 2p_A + d_{B,C} \cdot t}{4 \cdot t} \ .$$

Da $d_{BA,A} = d_{A,AC}$, ist der Einzugsbereich in beide Richtungen gleich groß. Der Einzugsbereich von S_A ist damit

$$2 \cdot d_{BA,A} = \frac{2(p_B + p_C - 2p_A + d_{B,C} \cdot t)}{4 \cdot t} = \frac{p_B + p_C - 2p_A + d_{B,C} \cdot t}{2 \cdot t} \ .$$

Beweis II.1.1.1- 5

Es ist

$$\text{Gewinn} = 2 \int_{d=0}^{d_{Einzug}} (a - b \cdot (p_A + t \cdot d)) dd (p_A - k_A) - Kf_A$$

$$= d_{Einzug}(p_A - k_A)(2a - 2b \cdot p_A + b \cdot d_{Einzug} \cdot t) - Kf_A$$

$$= \frac{d_{Gewinn}}{dp_A} = d_{Einzug}(2a - b(4p_A - 2k_A + d_{Einzug} \cdot t)) \ .$$

Gleich 0 gesetzt und aufgelöst nach p_A ergibt sich für den gewinnmaximalen Preis

$$p_A = \frac{a + b \cdot k_A}{2b} - \frac{d_{Einzug} \cdot t}{4} \ .$$

Beweis II.1.1.1- 6

Es ist $p_W = p_B + p_C + t \cdot d_{B,C}$; da die Größe des Einzugsbereichs von S_A $\dfrac{p_B + p_C - 2p_A + d_{B,C} \cdot t}{4t}$ ist (vgl. Beweis II.1.1.1- 4), wird diese Beziehung zu

$d_{Einzug} = \dfrac{p_W - 2p_A}{4t}$. Damit ist

$$\text{Absatz} = 2 \int_0^{d_{Einzug}} \left(a - b\left(p_A + d \cdot t\right)\right) dd = \frac{\left(p_W - 2 \cdot p_A\right)\left(8a - b\left(6 \cdot p_A + p_W\right)\right)}{16 \cdot t}$$

$$\text{Gewinn} = \text{Absatz}\left(p_A - k_A\right) - Kf_A = \frac{\left(p_A - k_A\right)\left(2 \cdot p_A + p_W\right)\left(8a - b\left(6 \cdot p_A + p_W\right)\right)}{16 \cdot t} - Kf_A .$$

Leiten wir den Gewinn nach p_A ab, erhalten wir

$$\frac{d_{Gewinn}}{d\,p_A} = \frac{1}{16 \cdot t}\left(8a\left(2k_A - 4p_A + p_W\right) - b\left(24k_A p_A - 36p_A^2 - 4k_A p_W + 8p_A p_W + p_w^2\right)\right) .$$

Gleich 0 gesetzt nach p_A aufgelöst, erhalten wir

$$p_A = \frac{1}{18 \cdot t}\left(8a + 6bk_A + 2 \cdot b \cdot p_W - \sqrt{64a^2 - 8ab\left(6k_A + 5p_W\right) + b^2\left(36k_A^2 - 12k_A p_W + 13p_W^2\right)}\right) .$$

Setzen wir p_A in die Beziehung für $d_{Einzug} = \dfrac{p_W - 2p_A}{4t}$ ein, erhalten wir

$$d_{Einzug} = \frac{1}{36b \cdot t}\left(7b \cdot p_W - 8a - 6b \cdot k_A + \sqrt{64a^2 - 8ab\left(6k_A + 5p_W\right) + b^2\left(36k_A^2 - 12k_A p_W + 13p_W^2\right)}\right)$$

Beweis II.1.2.1- 1a

---

i stehe für einen Punkt auf der Grenze des Einzugsbereichs von S_A gegenüber S_B. x und y sind die Raumkoordinaten mit $S_A[y_a, x_a] = S_A[0,0]$ und $S_B[y_B, x_B] = S_B[0, x_B] =$. Für die Entfernung zwischen i auf der einen und S_A bzw. S_B auf der anderen Seite gilt nach dem Satz des Pythagoras

$$d_{i,A} = \left(\left(x_i - x_A\right)^2 + \left(y_i - y_A\right)^2\right)^{0,5} = \left(x_i^2 + y_i^2\right)^{0,5}$$

$$d_{i,B} = \left(\left(x_i - x_B\right)^2 + \left(y_i - y_B\right)^2\right)^{0,5} = \left(\left(x_i - d_{AB}\right)^2 + y_i^2\right)^{0,5}$$

Ist

$$p + t \cdot d_{i,A} = p + t \cdot d_{i,B} ,$$

so ist

$$d_{i,A} = d_{i,B}$$

bzw.

$$\left(x_i^2 + y_i^2\right)^{0,5} = \left(\left(x_i - d_{AB}\right)^2 + y_i^2\right)^{0,5}$$
oder

$$x_i = \frac{1}{2} \cdot d_{AB}$$

Die Funktion ist eine Mittelsenkrechte auf der Verbindungslinie zwischen A und B.

Beweis II.1.2.1- 1b

Ein Kreis ist definiert als eine Linie, deren Punkte i alle die gleiche Entfernung des Radius r vom Mittelpunkt haben $[x_M, y_M]$ haben. Für ihn gilt der Ausdruck

$$\left(x_i - x_M\right)^2 + \left(y_i - y_M\right)^2 = r^2 .$$

Ist $\qquad p + t_A \cdot d_{i,A} = p + t_B \cdot d_{i,B}$

bzw. $\qquad t_A \cdot d_{i,A} = t_B \cdot d_{i,B}$, so gilt bei $S_A[0,0]$ und $S_B[0,x_B]$

so gilt

$$t_A \left(x_i^2 + y_i^2\right)^{0,5} = t_B \left(\left(x_i - d_{AB}\right)^2 + y_i^2\right)^{0,5}$$
$$t_A^2 \left(x_i^2 + y_i^2\right) = t_B^2 \left(\left(x_i^2 - 2x_i \cdot d_{AB} + d_{AB}^2\right) + t_i^2 \cdot y_i^2\right)$$
$$t_A^2 \cdot x_i^2 + t_A^2 \cdot y_i^2 = t_B^2 \cdot x_i^2 - 2d_{AB} \cdot t_B^2 \cdot x_i + t_B^2 \cdot d_{AB}^2 + t_B^2 \cdot y_i^2$$
$$x_i^2\left(t_A^2 - t_B^2\right) + 2d_{AB} \cdot t_B^2 \cdot x_i + y_i^2\left(t_A^2 - t_B^2\right) = t_B^2 \cdot d_{AB}^2$$
$$x_i^2 + \frac{2 \cdot d_{AB} \cdot t_B^2}{t_A^2 - t_B^2} \cdot x_i + y_i^2 = \frac{t_B^2 \cdot d_{AB}^2}{t_A^2 - t_B^2}$$
$$\left(x_i - \frac{d_{AB} \cdot t_B^2}{t_B^2 - t_A^2}\right)^2 + y_i^2 = \frac{t_B^2 \cdot d_{AB}^2}{t_A^2 - t_B^2} + \frac{d_{AB}^2 \cdot t_B^4}{\left(t_B^2 - t_A^2\right)^2} = \left(\frac{d_{AB} \cdot t_A \cdot t_B}{t_A^2 - t_B^2}\right)^2$$

Damit ergibt sich, wenn $t_A > t_B$ ist, ein Einzugsbereich von A gegenüber B in Form eines Kreises mit dem Mittelpunkt $\left[x_M = \dfrac{d_{AB} \cdot t_B^2}{t_B^2 - t_A^2}, y_M = 0\right]$ und dem Radius

$$r = \frac{d_{AB} \cdot t_A \cdot t_B}{t_A^2 - t_B^2} .$$

Beweis II.1.2.1- 1c

Eine Hyperbel ist die Ortlinie, für deren Punkte die Entfernungen von zwei Festpunkten, den Brennpunkten F_1 (hier S_A) und F_2 (hier S_B), eine vorgeschriebene Differenz 2a haben. Sie hat die allgemeine Form

$$\frac{(x_i - x_M)^2}{a^2} - \frac{(y_i - y_M)^2}{b^2} = 1 \,.$$

Es ist $\quad x_M = \dfrac{x_A + x_B}{2} = \dfrac{0 + d_{AB}}{2} = \dfrac{d_{AB}}{2}$

und $\quad y_M = \dfrac{y_A + y_B}{2} = \dfrac{0 + 0}{2} = 0 \,.$

Die vorgeschriebene Differenz $d_{i,B} - d_{i,A}$ ist $\dfrac{p_A - p_B}{t}$, so dass

$2a = \dfrac{p_A - p_B}{t}$ bzw. $a = \dfrac{p_A - p_B}{2t}$ gilt. Damit ist $a^2 = \left(\dfrac{p_A - p_B}{2 \cdot t}\right)^2 .$

Es bleibt die Bestimmung von b. Es ist

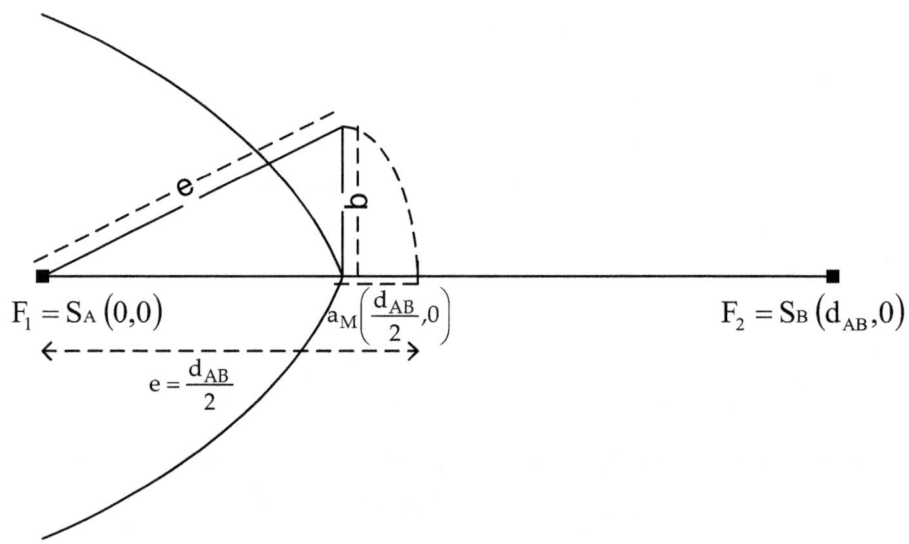

$$F_1 = S_A\,(0,0) \qquad a_M\left(\frac{d_{AB}}{2}, 0\right) \qquad\qquad F_2 = S_B\,(d_{AB}, 0)$$

$$e = \frac{d_{AB}}{2}$$

Damit ist $b^2 = e^2 - a^2 = \left(\dfrac{d_{AB}}{2}\right)^2 - \left(\dfrac{p_B - p_A}{2t}\right)^2 .$

Beweis II.1.2.1- 1d:

Wir bestimmen zunächst die Punkte S_{AB1} und S_{AB2}, also die Schnittpunkte der Ellipse mit der x-Achse, mit

$$p_A + t_A \cdot d_{AB_1} = p_B + t_B \cdot (d_{AB} - d_{AB_1})$$

mit $\quad d_{AB_1} = \dfrac{p_B - p_A + d_{AB} \cdot t_B}{t_A + t_B}$

und $\quad p_A + t_A \cdot d_{AB2} = p_B + t_B \cdot (d_{AB} - d_{AB_2})$

mit $\quad d_{AB_2} = \dfrac{p_B - p_A + d_{AB} \cdot t_B}{t_A - t_B}$

Damit sind $S_{AB1} \left[\dfrac{p_B - p_A + d_{AB} \cdot t_B}{t_A + t_B} ;0\right]$ und $S_{AB2}\left[- \dfrac{p_B - p_A + d_{AB} \cdot t_B}{t_A - t_B} ;0\right]$ eindeutig bestimmt. Der Mittelpunkt x_M liegt auf der halben Strecke zwischen AB_1 und AB_2:

$$x_M = (\dfrac{p_B - p_A + d_{AB} \cdot t_B}{t_A + t_B} - \dfrac{p_B - p_A + d_{AB} \cdot t_B}{t_A - t_B})/2 = \dfrac{t_B(p_B - p_A + d_{AB} \cdot t_B)}{t_B^2 - t_A^2} = \dfrac{t_B(p_B - p_A)}{t_B^2 - t_A^2} + r_K$$

Die Berechnung von S_{AB1} und S_{AB2} und x_M ermöglicht die Bestimmung von

$$a = S_{AB1} - x_M = \dfrac{t_A(p_B - p_A + d_{AB} \cdot t_B)}{t_A^2 - t_B^2} = \dfrac{t_A(p_B - p_A)}{t_A^2 - t_B^2} + r_K$$

Da sich die Ellipse spiegelbildlich um die x-Achse verteilt darstellt, ist $y_M = 0$.

Schließlich bleibt die Bestimmung von b

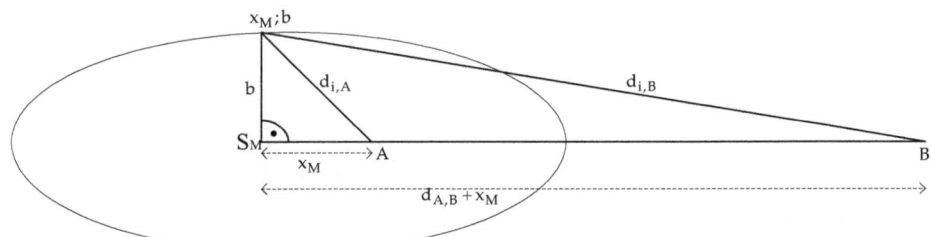

Es ist $\quad p_A + t_A \cdot d_{i,A} = p_B + t_B \cdot d_{i,B}$ bzw. $p_D + t_A \cdot d_{i,A} = t_B \cdot d_{i,B}$ und damit

$d_{i,A}^2 = \sqrt{b^2 + x_M^2}$ und $d_{i,B}^2 = b^2 + (d_{A,B} + x_M)^2$. Wir setzen in die vorstehende Gleichung ein und erhalten

$$b = \dfrac{0{,}5\sqrt{t_A\left(4 \cdot p_D^2 \cdot t_A + 4 \cdot d_{A,B}^2 \cdot t_A \cdot t_B^2 - 8 \cdot p_D \cdot t_B(d_{A,B}^2 \cdot t_A^2 + (p_D - d_{A,B} \cdot t_B)^2\right)^{0{,}5})}{t_A^2 - t_B^2} .$$

Beweis II.1.2.2- 1 [130]

Es ist

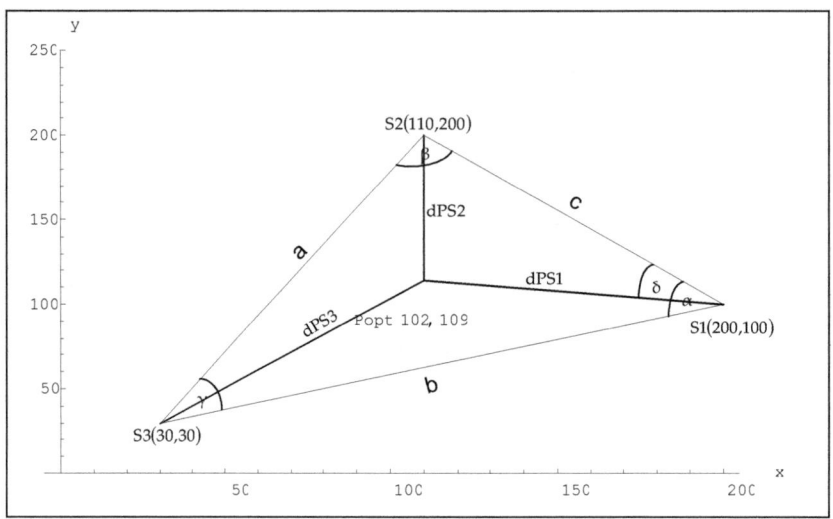

Wir berechnen zunächst die Seitenlängen des Weberschen Standortdreiecks mit Hilfe des Satzes des Pythagoras und erhalten

$$a = \sqrt{(110 \cdot 30)^2 + (200 \cdot 30)^2} \approx 187,883, \quad b \approx 183,848 \text{ und } c \approx 134,536.$$

Mit Hilfe des Kosinussatzes bestimmen wir α, β und γ. Es gilt

$$a^2 = b^2 + c^2 - 2 \cdot b \cdot c \cdot \cos\alpha$$

mit $\cos\alpha = \dfrac{a^2 - b^2 - c^2}{-2 \cdot b \cdot c} = \dfrac{3500 - 33800 - 18100}{-2 \cdot 183,848 \cdot 134,536} \approx 0,3356$.

und $\alpha = \text{ArcCos}(0,3356) = 1,2286$

Um auf das Winkelmaß zu kommen, ist α mit $\dfrac{360}{2\pi}$ zu multiplizieren, so dass schließlich $\alpha \approx 70,393°$, $\beta \approx 67,188°$ und $\gamma = 42,419°$ wird.

Ebenfalls nach dem Kosinussatz ist

$$d_{PS2} = \left(d_{PS1}^2 + c^2 - 2d_{PS1} \cdot c \cdot \cos\delta\right)^{0,5}$$

und $d_{PS3} = \left(d_{PS1}^2 + b^2 - 2d_{PS1} \cdot b \cdot \cos(\alpha - \delta)\right)^{0,5}$,

so dass die Transportkosten insgesamt zu

---

[130] Eine allgemeine Ableitung findet sich bei Launhardt, W. (1882), S. 107 ff.

$$TK_P = t_{PS1} \cdot d_{PS1} + t_{PS2} \cdot \left(d_{PS1}^2 + c^2 - 2d_{PS1} \cdot c \cdot \cos\delta\right)^{0,5}$$
$$+ t_{PS3} \cdot \left(d_{PS1}^2 + b^2 - 2d_{PS1} \cdot b \cdot \cos(\alpha - \delta)\right)^{0,5}$$

werden.

Wir setzen die bereits bekannten Werte für die Transportkosten und die Längen der Dreiecksseiten in diese Beziehung ein und erhalten so

$$TK_P = 30 \cdot d_{PS1} + 40 \cdot \left(18100 + d_{PS1}^2 - 269,072 \cdot d_{PS1} \cdot \cos\delta\right)^{0,5}$$
$$+ 50 \cdot \left(33800 + d_{PS1}^2 - 367,6962 \cdot d_{PS1} \cdot \cos(1,2286 - \delta)\right)^{0,5} .$$

Wir bilden $\dfrac{dTK}{d\,d_{PS1}}$ und $\dfrac{dTK}{d\delta}$, setzen beide Ableitungen gleich 0 und lösen nach d_{PS1}

bzw. δ auf:

$$\frac{dTK}{d\,d_{PS1}} = 30 + \frac{40d_{PS1} - 5381,45 \cdot \cos(\delta)}{\left(18100 + d_{PS1}^2 - 269,071 \cdot d_{PS1} \cdot \cos(\delta)\right)^{0,5}}$$
$$+ \frac{50d_{PS1} - 9192,39 \cdot \cos(1,2286 - \delta)}{\left(33800 + d_{PS1}^2 - 367,696 \cdot d_{PS1} \cdot \cos(1,2286 - \delta)\right)^{0,5}} = 0$$

$$\frac{dTK}{d\delta} = \frac{5384,45 \cdot d_{PS1} \cdot \sin\delta}{\left(18100 + d_{PS1}^2 - 269,071 \cdot d_{PS1} \cdot \cos\delta\right)^{0,5}}$$
$$- \frac{9192,39 \cdot d_{PS1} \cdot \sin(1,2286 - \delta)}{\left(33800 + d_{PS1}^2 - 367,696 \cdot d_{PS1} \cdot \cos(1,2286 - \delta)\right)^{0,5}} = 0 .$$

Damit liegen zwei Gleichungen mit zwei Unbekannten vor, die zum Ergebnis $d_{PS1} = 98,22$ und $\delta = 0,7458$ führen. Damit ist

$$d_{PS2} = \left(98,22^2 + 134,536^2 - 298,22 \cdot 134,536 \cdot \cos(0,7458)\right)^{0,5} = 91,29$$

und $d_{PS3} = \left(98,22^2 + 183,848^2 - 298,22 \cdot 183,848 \cdot \cos(1,2286 - 0,7458)\right)^{0,5} = 106,69 .$

Sind d_{PS1} und d_{PS2} bekannt, lassen sich die Koordinaten $(x_P; y_P)$ des transportkostenminimalen Punktes P leicht bestimmen. Es ist

$$(x_P - 200)^2 + (y_P - 100)^2 = d_{PS1}^2 \text{ und } (x_P - 110)^2 + (y_P - 200)^2 = d_{PS2}^2 .$$

Diese beiden Gleichungen führen zu $x_P = 101,597$ und $Y_P = 109,096$.

Beweis II.1.2.3- 1:

Die Nachfrage nach dem Gut ist eine Funktion des Preises p und der beim Einkauf auftretenden Transportkosten

$$X = a - b(p + d \cdot t)$$

mit

X = nachgefragte Menge

d = Entfernung zum Angebotsort

t   = Transportkosten je Raumeinheit

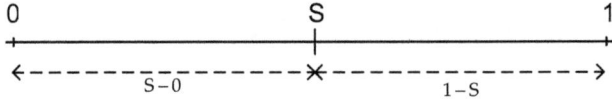

Damit ist der Absatz

$$\text{Absatz} = \int_0^S X dd + \int_0^{1-S} X dd = a - b \cdot p - \frac{b \cdot t}{2} + b \cdot S \cdot t - b \cdot S^2 \cdot t$$

$$\frac{d\,\text{Absatz}}{d\,S} = b \cdot t - 2 \cdot b \cdot S \cdot t \text{ [131]}$$

Wir setzen diese Ableitung gleich 0 und erhalten

$$S = 0{,}5\,.$$

Der Absatz ist dann

$$\text{Absatz} = a - b\,(p + 0{,}25\,t)$$

Beweis II.1.2.3- 2

Wir unterstellen einen Anbieter A, der als bisheriger Angebotsmonopolist seinen Standort in $S_A = 0{,}5$ gesucht hat. Zeigen A und der neu auftretende Konkurrent B wettbewerbliches Verhalten, so behält A seinen Standort bei und B maximiert seinen Gewinn, was mit dem Maximum des Absatzes bzw. des Absatzgebietes identisch ist. Sein Absatzgebiet ergibt sich mit Hilfe der Beziehung

$$S_B = \left(\frac{S_A + S_B}{2} \right) = 0{,}25 + 0{,}5\,S_A \,.$$

mit $S_B = 0{,}5$ bei $S_A = 0{,}5$

---

[131] Da $\text{Gewinn} = (p - k) \cdot \text{Absatz} - \text{Kf}$ ist und $(p - k)$ sowie Kf Konstante darstellen, macht es im Ergebnis keinen Unterschied, ob der Gewinn oder der Absatz maximiert wird.

Bei kooperativem Verhalten werden die Standorte so gewählt, dass der gemeinsame Absatz von A und B (= Absatz$_{A+B}$) zu einem Maximum geführt wird.

$$
\begin{array}{cccccc}
0 & S_A & \dfrac{S_A+S_B}{2} & S_B & 1
\end{array}
$$

$$
\underbrace{\qquad}_{S_A-0} \quad \underbrace{\qquad}_{\left(\frac{S_A+S_B}{2}\right)-S_A} \quad \underbrace{\qquad}_{S_B-\left(\frac{S_A+S_B}{2}\right)} \quad \underbrace{\qquad}_{1-S_B}
$$

$$
\text{Absatz}_{A+B} = \int_0^{S_A} X\,dd + \int_0^{\left(\frac{S_A+S_B}{2}\right)-S_A} X\,dd + \int_0^{S_B-\left(\frac{S_A+S_B}{2}\right)} X\,dd + \int_0^{1-S_B} X\,dd
$$

$$
= a - b\,p - \frac{b\cdot t}{2} - \frac{3}{4}b\cdot S_A^2\cdot t + b\cdot S_B\cdot t + \frac{1}{2}b\cdot S_A\cdot S_B\cdot t - \frac{3}{4}b\cdot S_B^2\cdot t
$$

Es ist
$$
\frac{d\,\text{Absatz}_{A+B}}{d\,S_A} = \frac{1}{2}b\left(-3S_A + S_B\right)t
$$

und
$$
\frac{d\,\text{Absatz}_{A+B}}{d\,S_B} = \frac{1}{2}b\left(2 + S_A - 3S_B\right)t .
$$

Setzen wir beide Beziehungen gleich 0 und lösen nach S_A und S_B auf, so ist $S_A = 0{,}25$ und $S_B = 0{,}75$.

Die gesamten Transportkosten T ergeben sich durch die Beziehung

$$
T = \int_0^{S_A}(t\cdot d)dd + \int_0^{\left(\frac{S_A+S_B}{2}\right)-S_A}(t\cdot d)dd + \int_0^{S_B-\left(\frac{S_A+S_B}{2}\right)}(t\cdot d)dd + \int_0^{1-S_B}(t\cdot d)dd = \frac{1}{4}\left(2 + 3S_A^2 - 2(2+S_A)S_B + 3S_B^2\right)\cdot t .
$$

Es ist
$$
\frac{d\,T}{d\,S_A} = \frac{1}{2}\left(3S_A - S_B\right)\cdot t
$$

und
$$
\frac{d\,T}{d\,S_B} = -\frac{1}{2}\left(2 + S_A - 3S_B\right)\cdot t .
$$

Beide Gleichungen gleich Null gesetzt, ergibt $S_A = 0{,}25$ und $S_B = 0{,}75$. Bei kooperativer Lösung werden also die gesamtwirtschaftlichen Transportkosten minimiert.

Beweis II.1.2.3- 3

$$0 \qquad S_A \qquad \frac{S_A+S_B}{2} \qquad S_B \qquad \frac{S_B+S_C}{2} \quad S_C \qquad\qquad 1$$

$$\underset{S_A - 0}{\longleftrightarrow} \qquad \underset{S_B - \left(\frac{S_A+S_B}{2}\right)}{\longleftrightarrow} \qquad \underset{S_C - \left(\frac{S_B+S_C}{2}\right)}{\longleftrightarrow}$$

$$\underset{\left(\frac{S_A+S_B}{2}\right)-S_A}{\longleftrightarrow} \qquad \underset{\left(\frac{S_B+S_C}{2}\right)-S_B}{\longleftrightarrow} \qquad \underset{1-S_C}{\longleftrightarrow}$$

Damit ist bei $x = a - b(p + t \cdot d)$ der Absatz für A

$$Absatz_A = \int_0^{S_A} x \, dd + \int_0^{\frac{(S_A+S_B)}{2}-S_A} x \, dd$$

$$= \frac{a \cdot S_A}{2} - \frac{b \cdot p \cdot S_A}{2} + \frac{a \cdot S_B}{2} - \frac{b \cdot p \cdot S_B}{2} - \frac{5}{8} b \cdot S_A^2 \cdot t + \frac{1}{4} b \cdot S_A \cdot S_B \cdot t - \frac{1}{8} b \cdot S_B^2 \cdot t \quad ,$$

Absatz für B

$$Absatz_B = \int_0^{S_B - \frac{(S_A+S_B)}{2}} X \, dd + \int_0^{\frac{(S_B+S_C)}{2}-S_B} X \, dd$$

$$= -\frac{a \cdot S_A}{2} + \frac{b \cdot p \cdot S_A}{2} + \frac{a \cdot S_C}{2} - \frac{b \cdot p \cdot S_C}{2}$$

$$- \frac{1}{8} b \cdot S_A^2 \cdot t + \frac{1}{4} b \cdot S_A \cdot S_B \cdot t - \frac{1}{4} b \cdot S_B^2 \cdot t + \frac{1}{4} b \cdot S_B S_C \cdot t - \frac{1}{8} b \cdot S_C^2 \cdot t$$

und Absatz für C

$$Absatz_C = \int_0^{\frac{(S_B+S_C)}{2}-S_B} X \, dd + \int_0^{1-S_C} X \, dd$$

$$= a - b \cdot p - \frac{a \cdot S_B}{2} + \frac{b \cdot p \cdot S_B}{2} - \frac{a \cdot S_C}{2} + \frac{b \cdot p \cdot S_C}{2} - \frac{b \cdot t}{2} \quad .$$

$$- \frac{1}{8} b \cdot S_B^2 \cdot t + b \cdot S_C \cdot t + \frac{1}{4} b \cdot S_B \cdot S_C \cdot t - \frac{5}{8} b \cdot S_C^2 \cdot t$$

Im kooperativen Fall wird der gemeinsame Absatz maximiert. Setzen wir $Absatz_A + Absatz_B + Absatz_C = Absatz_G$, so gilt

$$\frac{d\,\text{Absatz}_G}{d\,S_A} = -\frac{3}{2}b \cdot S_A \cdot t + \frac{b \cdot S_B \cdot t}{2}$$

$$\frac{d\,\text{Absatz}_G}{d\,S_B} = \frac{b \cdot S_A \cdot t}{2} - b \cdot S_B \cdot t + \frac{b \cdot S_C \cdot t}{2}$$

$$\frac{d\,\text{Absatz}_G}{d\,S_C} = b \cdot t + \frac{b \cdot S_B \cdot t}{2} - \frac{3 \cdot b \cdot S_C \cdot t}{2}$$

Wir setzen diese Ableitung gleich 0 und lösen nach den drei unbekannten S_A, S_B und S_C auf. Dabei erhalten wir die eindeutigen Lösungen $S_A = 1/6$, $S_B = 1/2$ und $S_C = 5/6$.

Bei der wettbewerblichen Lösung versucht jeder der drei Anbieter, seinen Absatz zu maximieren:

$$\frac{d\,\text{Absatz}_A}{d\,S_A} = \frac{a}{2} - \frac{b \cdot p}{2} - \frac{5 \cdot b \cdot S_A \cdot t}{4} + \frac{b \cdot S_B \cdot t}{4}$$

$$\frac{d\,\text{Absatz}_B}{d\,S_B} = \frac{b \cdot S_A \cdot t}{4} - \frac{b \cdot S_B \cdot t}{2} + \frac{b \cdot S_C \cdot t}{4}$$

$$\frac{d\,\text{Absatz}_C}{d\,S_C} = -\frac{a}{2} + \frac{b \cdot p}{2} + b \cdot t + \frac{b \cdot S_B \cdot t}{4} - \frac{5 \cdot b \cdot S_C \cdot t}{4}$$

Wir setzen die Ableitungen gleich 0 und lösen nach S_A, S_B und S_C auf:

$$S_A = \frac{4 \cdot a - 4 \cdot b \cdot p + b \cdot t}{10 \cdot b \cdot t}$$

$$S_B = \frac{1}{2}$$

$$S_C = \frac{9}{10} - \frac{2(a - b \cdot p)}{5 \cdot b \cdot t}$$

Damit überhaupt Wettbewerb zwischen benachbarten Anbietern, hier beispielhaft A und B, besteht, muss sich der der potenzielle Einzugsbereich überlagern. Ist $S_B = 0,5$ und wählt A den weitest entfernt liegenden Standort $S_A = 0$, so tritt noch eine Überschneidung des Einzugsgebietes in 0,25 ein, wenn $X = a - b(p + t \cdot 0,25) > 0$ bzw. wenn $p < \frac{a}{b} - 0,25 \cdot t$. Setzen wir aber $S_A = \frac{1}{6} = \frac{4 \cdot a - 4 \cdot b \cdot p + b \cdot t}{10 \cdot b \cdot t}$, so ergibt sich für $p = \frac{a}{b} = \frac{1}{6} \cdot t$; nur dann wäre $S_A = \frac{1}{6}$ für A eine gleichgewichtige Standortlösung. Es kann aber nicht gleichzeitig $p < \frac{a}{b} - 0,25 \cdot t$ und $p = \frac{a}{b} - \frac{1}{6} \cdot t$ gelten, so dass $S_A = \frac{1}{6}$ keine Gleichgewichtslösung im Wettbewerbsfall darstellen kann.

Beweis II.1.2.3- 4

Es ist

$$\frac{dr_{min}}{dKf} = \frac{1}{2\sqrt{(k-p)\left((k-p)(a-b\cdot p)^2 + b\cdot Kf\cdot t\right)}}$$

$$\frac{dr_{min}}{dk} = -\frac{Kf}{2(k-p)\sqrt{(k-p)\left((k-p)(a-b\cdot p)^2 + b\cdot Kf\cdot t\right)}}$$

$$\frac{dr_{min}}{da} = \frac{k-p+\dfrac{(k-p)^2(a-b\cdot p)}{\sqrt{(k-p)\left((k-p)(a-b\cdot p)^2 + b\cdot Kf\cdot t\right)}}}{b(k-p)t}$$

$$\frac{dr_{min}}{db} = \frac{-2a^2(k-p)-b\cdot Kf\cdot t - 2a\left(b\cdot p(-k+p)+\sqrt{(k-p)\left((k-p)(a-b\cdot p)^2 + b\cdot Kf\cdot t\right)}\right)}{2b^2\cdot t\sqrt{(k-p)\left((k-p)(a-b\cdot p)^2 + b\cdot Kf\cdot t\right)}}$$

$$\frac{dr_{min}}{dt} = \frac{\dfrac{Kf\cdot t}{\sqrt{(k-p)\left((k-p)(a-b\cdot p)^2 + b\cdot Kf\cdot t\right)}} + 2\left(p+\dfrac{-a+\dfrac{\sqrt{(k-p)\left((k-p)(a-b\cdot p)^2 + b\cdot Kf\cdot t\right)}}{-k+p}}{b}\right)}{2t^2}$$

$$\frac{dr_{min}}{dp} = \frac{Kf\cdot t - 2(k-p)\left((k-p)(a-b\cdot p)+\sqrt{(k-p)\left((k-p)(a-b\cdot p)^2 + b\cdot Kf\cdot t\right)}\right)}{2(k-p)\cdot t\sqrt{(k-p)\left((k-p)(a-b\cdot p)^2 + b\cdot Kf\cdot t\right)}}$$

Beweis II.2.1-1

Um die Bodenrente zu maximieren, ist sie nach v_j abzuleiten, die Ableitung ist gleich Null zu setzen und nach v_j aufzulösen. Für v_1 ist

$$BR = (p_x - t_x \cdot d)\cdot x(v_1) - p_{v_1} \cdot v_1 .$$

Es gilt

$$\frac{dBR}{dv_1} = -p_{v_1} + \left(p_x - t_x \cdot d\right) \cdot \frac{dx}{dv_1} = 0$$

bzw.

$$p_{v_1} = \left(p_x - t_x \cdot d\right) \cdot \frac{dx}{dv_1} \quad \text{oder} \quad \frac{dx}{dv_1} = \frac{p_{v_1}}{p_x - t_x \cdot d}$$

Dies ist die bekannte Gewinnmaximierungsregel. Der Produktionsfaktor wird pro Flächeneinheit so intensiv eingesetzt, bis sein Preis seinem Grenzerlös entspricht.

Wie groß sind nun v_1, x und BR? Gehen wir von einer Produktionsfunktion $x = \beta \cdot v_1^{\alpha}$ aus, so ergibt sich in der Gewinnmaximierungsbedingung

$$\frac{dx}{dv_1} = \frac{\alpha \cdot \beta}{v_1^{1-\alpha}} = \frac{p_{v_1}}{p_x - t_x \cdot d} \ .$$

Wir lösen zunächst nach v_1 auf und erhalten

$$v_1^{opt} = \left(\frac{\left(p_x - t_x \cdot d\right) \cdot \alpha \cdot \beta}{p_{v_1}} \right)^{\frac{1}{1-\alpha}}$$

$$\text{mit} \ \frac{dv_1^{opt}}{dd} = \frac{t_x \cdot v_1^{opt}}{\left(p_x - t_x \cdot d\right)\left(\alpha - 1\right)} \ .$$

Da der Zähler auf jeden Fall positiv und der Nenner auf jedem Fall negativ [132] ist, sinkt v_1^{opt} mit steigender Entfernung vom Absatzort.

Damit gilt

$$x^{opt} = \beta \cdot \left(v_1^{opt}\right)^{\alpha} = \beta \cdot \left(\frac{\left(p_x - t_x \cdot d\right) \cdot \alpha \cdot \beta}{p_{v_1}} \right)^{\frac{\alpha}{1-\alpha}}$$

$$\text{mit} \ \frac{dx^{opt}}{dd} = \frac{\beta \cdot t_x \cdot \alpha \cdot \left(v_1^{opt}\right)^{\alpha}}{\left(p_x - t_x \cdot d\right) \cdot \left(\alpha - 1\right)} = \frac{t_x \cdot \alpha \cdot x^{opt}}{\left(p_x - t_x \cdot d\right) \cdot \left(\alpha - 1\right)}$$

und

$$BR = \left(p_x - t_x \cdot d\right) x^{opt} - p_{v_1} \cdot v_1^{opt}$$

$$\text{mit} \ \frac{dBR}{dd} = -t_x \cdot x^{opt}$$

---

[132] Im Zähler müssten alle Größen positiv sein $\left(t_x > 0, v_1 > 0, 0 < \alpha < 1\right)$. Im Nenner muss $p_x - t_x \cdot d > 0$ sein, da sonst kein Angebot erfolgen würde; dagegen ist $\alpha - 1 < 0$.

Beweis II.2.2- 1

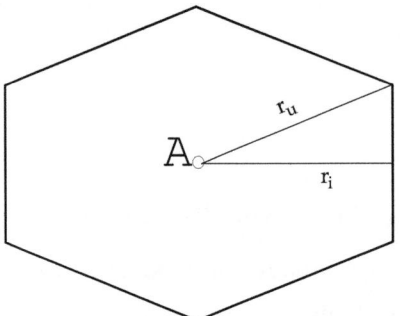

Die Fläche des Sechsecks $\dfrac{6 \cdot r_i \cdot r_u}{2}$ muss bei vollkommenem Wettbewerb dem kostendeckenden Absatzgebiet $r_{min}^2 \cdot \pi$ entsprechen:

$$3 \cdot r_1 \cdot r_u = r_{min}^2 \cdot \pi \, .$$

Dabei gilt wegen des Satzes des Pythagoras

$$r_i^2 + \left(\frac{r_u}{2}\right)^2 = r_u^2$$

$$r_u = \frac{2}{\sqrt{3}} \cdot r_i$$

Wir setzen diesen Ausdruck in die obige Gleichung der kostendeckenden Absatzflächen ein und erhalten

$$r_u = \frac{\sqrt{2\pi}}{3^{3/4}} \cdot r_{min} \approx 1{,}0996 \cdot r_{min} \, .$$

Damit wird r_i zu

$$r_i = \frac{\sqrt{\dfrac{\pi}{2}}}{3^{1/4}} \cdot r_{min} \approx 0{,}9523 \cdot r_{min} \, .$$

Damit sind die konkurrierenden Standorte

$$2 \cdot r_i = \frac{\sqrt{2\pi}}{3^{1/4}} \cdot r_{min} \approx 1{,}9046 \cdot r_{min}$$

voneinander entfernt.

Beweis II.2.2- 2

k=3

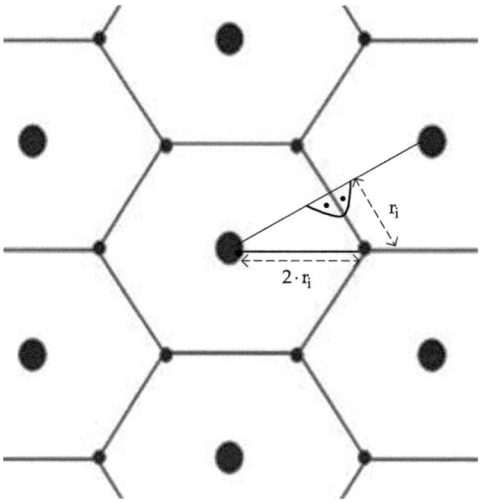

Die Entfernung zwischen zwei Angebotsorten im k=1-System haben wir mit $2 \cdot r_i$ bestimmt. Dann ist die Strecke zwischen zwei Angebotsorten im k=3-System

$$2 \cdot \left((2 \cdot r_i)^2 - r_i^2 \right)^{0,5} = 2 \cdot \left(3r_i^2 \right)^{0,5} = 2 \cdot r_i \cdot \sqrt{3} \ .$$

k=7

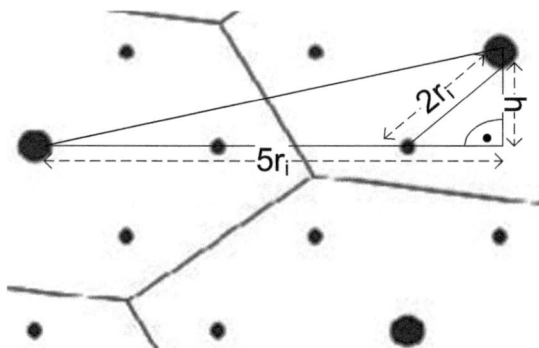

Es ist $h = \left((2r_i)^2 - r_i^2 \right)^{0,5} = \sqrt{3} \, r_i$ und damit die Strecke zwischen zwei Angebotsorten

$$\left((5r_i)^2 - 3r_i^2 \right)^{0,5} = \left(28r_i^2 \right)^{0,5} = 2 \cdot r_i \cdot \sqrt{7} \ .$$

Beweis II.3.3.6-1

Setzen wir die Ausgaben für Industriegüter gleich 1 und unterstellen wir, dass von jedem Industriegut die gleiche Menge nachgefragt wird, so gilt

$$C_M = \left(\sum_{i=1}^{ncm} cm_i^\rho \right)^{1/\rho} = \left[\sum_{i=1}^{ncm} \left(\frac{1}{ncm} \right)^\rho \right]^{1/\rho} = \left[ncm \cdot \left(\frac{1}{ncm} \right)^\rho \right]^{1/\rho} = ncm^{1/\rho} \cdot \frac{1}{ncm}$$

$$= ncm^{1/\rho} \cdot ncm^{-1} = ncm^{\frac{1}{\rho}-1} = ncm^{\frac{1-\rho}{\rho}} \ .$$

Es gilt ferner

$$\frac{1-\rho}{\rho} = \frac{1 - \frac{\sigma-1}{\sigma}}{\frac{\sigma-1}{\sigma}} = \frac{\frac{\sigma-\sigma+1}{\sigma}}{\frac{\sigma-1}{\sigma}} = \frac{1}{\sigma-1} \ ,$$

so dass die obige Beziehung zu

$$C_M = ncm^{\frac{1}{\sigma-1}}$$

wird.

Es gilt

$$\frac{dC_M}{dncm} = \frac{1}{\sigma-1} ncm^{\frac{1}{\sigma-1}-1} = \frac{1}{\sigma-1} ncm^{\frac{1-(\sigma-1)}{\sigma-1}} = \frac{1}{\sigma-1} ncm^{\frac{2-\sigma}{\sigma-1}} \ .$$

Beweis II.3.4.1- 1

Im stationären Wachstumsgleichgewicht entsprechen die Investitionen I den Abschreibungen D

$I = D$.

Herrscht Gleichgewicht zwischen den Regionen, gibt es keine interregionalen Kapitalimporte und -exporte, so dass die Investitionen den Ersparnissen entsprechen:

$I = S$
$S = D$.

Wir erweitern die linke Seite der Gleichung mit Y und die rechte Seite mit K

$$\frac{S}{Y} \cdot Y = \frac{D}{K} \cdot K$$
$$s \cdot Y = \delta \cdot K$$

mit s = Sparquote

und δ = Abschreibungsquote .

Da wir die Produktionsfunktion

$$Y = A^\alpha \cdot K^{1-\alpha}$$

unterstellt haben, gilt

$$s \cdot A^\alpha \cdot K^{1-\alpha} = \delta \cdot K \quad |: A$$

$$s \cdot \left(\frac{K}{A}\right)^{1-\alpha} = \delta \cdot \frac{K}{A}$$

$$\text{mit } k = \frac{K}{A} = \text{Kapital int ensität.}$$

Im Gleichgewicht gilt also

$$s \cdot \frac{k^{1-\alpha}}{k} = \delta$$

$$\text{oder } s \cdot \frac{1}{k^\alpha} = \delta.$$

Damit ist die optimale Kapitalintensität

$$k^{opt} = \left(\frac{s}{\delta}\right)^{1/\alpha}.$$

Wir dividieren nun die Produktionsfunktion durch A

$$\frac{Y}{A} = \frac{A^\alpha \cdot K^{1-\alpha}}{A}$$

$$Y = k^{1-\alpha}$$

$$\text{mit } Y = \frac{Y}{A} = \text{Arbeitsproduktivität.}$$

Damit ist $y^{opt} = \left(k^{opt}\right)^{1-\alpha} = \left(\left(\frac{s}{\delta}\right)^{\frac{1}{\alpha}}\right)^{1-\alpha} = \left(\frac{s}{\delta}\right)^{\frac{1-\alpha}{\alpha}}.$

Wir setzen schließlich $y = k^{1-\alpha}$ in die oben abgeleitete Beziehung

$$\frac{s \cdot k^{1-\alpha}}{k} = \delta$$

ein und erhalten die in Abbildung II.3.4.1-1 verwendete Beziehung

$$\frac{s \cdot y}{k} = \delta.$$

Beweis III.2.1.1- 1

Formal lässt sich die optimale räumliche Verteilung der Produktionsfaktoren mit Hilfe des Lagrange'schen Ansatzes nachweisen. Ist $\overline{A}$ das Arbeitskräftepotenzial in einer Volkswirtschaft und besteht sie aus n Regionen (j=1,2,...,n), so gilt $\sum_{j=1}^{n} A_j = \overline{A}$. In kurzfristiger Betrachtungsweise ist der Output Y eine ausschließliche Funktion der Menge der im Produktionsprozess eingesetzten Arbeitskräfte $Y_j = Y_j(A_j)$. Damit ist der gesamtwirtschaftliche Output $Y = \sum_{j=1}^{n} Y_j(A_j)$ unter der Nebenbedingung $\sum_{j=1}^{n} A_j = \overline{A}$ zu maximieren: $Y = \sum_{j=1}^{n} Y_j(A_j) - \lambda \left(\sum_{j=1}^{n} A_j - \overline{A} \right)$. Diese Gleichung ergibt, abgeleitet nach A_j,

$$\frac{dY_j}{dA_j} = \frac{dY_j(A_j)}{dA_j} - \lambda = 0 \text{ für alle j bzw. } \frac{dY_j(A_j)}{dA_j} = \lambda \text{ für alle j }.$$

Die Grenzproduktivitäten der Arbeit müssen in allen Regionen gleich sein, um den gesamtwirtschaftlichen Output zu maximieren.

Beweis III.2.3.2.2.1- 1

Wir setzen zunächst den Absatz X als konstant voraus $(X = \overline{X})$ und leiten die Zinselastizität der Arbeitsnachfrage $\varepsilon_{A,r}$ bei einer Cobb-Douglas-Funktion $X = A^{\alpha} \cdot K^{1-\alpha}$ ab. Es ist

$$\frac{dX}{dA} = \alpha \cdot \left(\frac{K}{A} \right)^{1-\alpha}$$

und

$$\frac{dX}{dK} = (1-\alpha) \cdot \left(\frac{A}{K} \right)^{\alpha}.$$

Damit ist das Verhältnis der beiden Grenzproduktivitäten

$$\frac{dX/dA}{dX/dK} = \frac{\alpha \cdot K}{(1-\alpha) \cdot A}.$$

Dieses Verhältnis der Grenzproduktivitäten entspricht bekanntlich im Gewinnmaximum dem Lohn-Zins-Verhältnis

$$\frac{\alpha \cdot K}{(1-\alpha) \cdot A} = \frac{\ell}{r}$$

bzw.

$$K = \frac{A \cdot \ell \cdot (1-\alpha)}{r \cdot \alpha} \quad \text{und} \quad A = \frac{K \cdot r \cdot \alpha}{\ell \cdot (1-\alpha)} \, .$$

Wir setzen K in die Cobb-Douglas-Funktion ein und lösen nach A auf

$$A = X \bigg/ \left(\frac{\ell \cdot (1-\alpha)}{r \cdot \alpha} \right)^{1-\alpha} .$$

Dann ist

$$\varepsilon_{A,r} = \frac{dA}{dr} \bigg/ \frac{A}{r} = 1 - \alpha \, .$$

Sinkt durch Kapitalsubventionen der Zinssatz um 1 %, so geht bei konstantem Output der Arbeitseinsatz um $(1-\alpha)$ % zurück; damit haben wir den Substitutionseffekt berechnet.

Wir berechnen nun die Zinselastizität des Preises und damit den Outputeffekt. Hierzu ermitteln wir zunächst die Kosten.

$$\text{Kosten} = \ell \cdot A + r \cdot K$$

In diese Beziehung setzen wir für $A = X \bigg/ \left(\frac{\ell \cdot (1-\alpha)}{r \cdot \alpha} \right)^{1-\alpha}$ bzw. $K = X \bigg/ \left(\frac{r \cdot \alpha)}{\ell \cdot (1-\alpha)} \right)^{\alpha}$

und erhalten

$$\text{Kosten} = \ell \cdot X \bigg/ \left(\frac{\ell \cdot (1-\alpha)}{r \cdot \alpha} \right)^{1-\alpha} + r \cdot X \bigg/ \left(\frac{r \cdot \alpha}{\ell \cdot (1-\alpha)} \right)^{\alpha} = X \cdot \left(\frac{\ell}{\alpha} \right)^{\alpha} \cdot \left(\frac{r}{1-\alpha} \right)^{1-\alpha} .$$

Setzen wir wegen der Annahme eines vollkommenen Marktes die Durchschnittskosten DK gleich dem Preis, so gilt für den Preis p

$$p = \frac{\text{Kosten}}{X} = \left(\frac{1}{\alpha} \right)^{\alpha} \cdot \left(\frac{r}{1-\alpha} \right)^{1-\alpha} .$$

Wir bilden

$$\varepsilon_{p,r} = \frac{dp}{dr} \bigg/ \frac{p}{r} = 1 - \alpha \, .$$

Eine 1%ige Senkung der Kapitalkosten senkt den Preis um $(1-\alpha)$ %. Da $\varepsilon_{A,r} = \varepsilon_{p,r}$, erhöht sich der Arbeitseinsatz offensichtlich dann, wenn die Preiselastizität der Nachfrage < -1 ist. Dann erhöht sich der Output bei einer Preissenkung von 1 % um mehr als 1 %, so dass der Output- den Substitutionseffekt übertrifft und damit der Gesamteffekt positiv ist.

Gehen wir von einer linearen Nachfragefunktion X = a-b·p aus, so ist

$$\varepsilon_{x,p} = \frac{dX}{dp} \bigg/ \frac{X}{p} = (-b) \bigg/ \frac{a - b \cdot p}{p} = \frac{b \cdot p}{b \cdot p - a}$$

Es gilt $\varepsilon_{x,p} < -1$, wenn

$$\frac{b \cdot p}{b \cdot p - a} < -1$$

bzw. $\quad p < \dfrac{a}{2b}$ ist.

Wir unterstellen in der Ausgangssituation $\alpha = \ell = \frac{2}{3}$ und $(1-\alpha) = r = \frac{1}{3}$; dann ist $A_0 =$

K_0 und $p_0 = \left(\dfrac{\frac{2}{3}}{\frac{2}{3}}\right)^{\frac{2}{3}} \cdot \left(\dfrac{\frac{1}{3}}{\frac{1}{3}}\right)^{\frac{1}{3}} = 1$. Setzen wir $a - b = 100$, so ist $X_0 = 100$ bei $A_0 = K_0 = 100$.

Nun mögen sich die Kapitalkosten um 1 % verringern. Bei unterschiedlichen a und b erhalten wir folgende Auswirkungen auf die relevanten ökonomischen Variablen:

ökonomische Variable / Fälle	1. Fall $a = 180$ $b = 80$ $p > \dfrac{a}{2b}$	2. Fall $a = 200$ $b = 100$ $P = \dfrac{a}{2b}$	3. Fall $a = 220$ $b = 120$ $p < \dfrac{a}{2b}$
$\varepsilon_{x,p} = \dfrac{dX}{dp} \bigg/ \dfrac{X}{p} = (-b) \bigg/ \dfrac{X}{p}$	$-\dfrac{4}{5}$	-1	$-\dfrac{6}{5}$
$p_1 = p_0 \cdot (1 - (1-\alpha)\%)$	0,9967	0,9967	0,9967
$X_1 = X_0 - b \cdot (p_1 (-p_0))$	100,267	100,333	100,4
$K_1 \approx K_0 (1 + \alpha\%) \cdot \left(\dfrac{X_1}{X_0}\right)$	100,939	101	101,072
$A_1 \approx A_0 (1 - (1-\alpha)\%) \cdot \left(\dfrac{X_1}{X_0}\right)$	99,932	100	100,066
K_1 / A_1	1,01	1,01	1,01

Literaturverzeichnis

Aghion, P./Howitt, P. (1992), A Model of Growth trough Creative Destruction. – In: Econometrica 60 (2), S. 323–351.

Alonso, W. (1964), Location and Land Use, Cambridge.

Amt für Veröffentlichungen der Europäischen Gemeinschaften (2002), Konsolidierte Fassung des Vertrages über die Europäische Union und des Vertrages zur Gründung der Europäischen Gemeinschaft, veröffentlicht im Amtsblatt der Europäischen Gemeinschaften C 325/1 vom 24.12.2002, Luxemburg.

Armstrong, H./Taylor, J. (2000), Regional Economics and Policy, (3rd edition), Oxford.

Arrow, K.J. (1962), The Economic Implications of Learning by Doing. – In: Review of Economic Studies, Bd. 29 – Juni, S. 155-173.

Aschauer, D.A. (1989), Is Public Expenditure Productive? – In: Journal of Monetary Economics 23, S. 177–200.

Asmacher, C./Schalk, H.-J./Thoss, R. (1987), Analyse der Wirkungen regionalpolitischer Instrumente, Münster.

Baldwin, R./ Forslid, R./ Martin, P./ Ottaviano, G./Hobert-Nicoud, F. (2003), Economic Geography & Public Policy, Princeton and Oxford.

Baron, S. (2006), Extrem uneben. – In: Wirtschaftswoche 27/2006 vom 03.07.2006, S. 3.

Barro, R.J. (1991), Economic Growth in a Cross Section of Countries. – In: The Quarterly Journal of Economics 106 (2), S. 407-443.

Barro, R.J./Sala-i-Martin, X. (1995), Economic Growth, New York u.a.

Bathelt, H. (2000), Räumliche Produktions- und Marktbeziehungen zwischen Globalisierung Regionalisierung. – In: Berichte zur Landeskunde 74 (2), S. 97 ff.

Bea, F.X./Dichtl, E./Schweitzer, M. (Hrsg.) (2000), Allgemeine Betriebswirtschaftslehre, Band 1 Grundlagen, Stuttgart.

Bellmann, L./Koller, M. (2000), Einzelbetriebliche Erfolgskontrolle für regionale Fördermaßnahmen (Gemeinschaftsaufgabe „Verbesserung der regionalen Wirtschaftsstruktur"), Nürnberg.

Biehl, D. et al (1975), Bestimmungsgründe des regionalen Entwicklungspotentials Infrastruktur, Agglomerationen und sektorale Wirtschaftsstruktur. – In: Kieler Studien, Bd. 133, Kiel.

Biehl, D. (1991), The Role of Infrastructur in Regional Development. – In: Vickermann, R.W. (ed.), Infrastructure and Regional Development, London, S. 9-35.

Blankart, Ch.B. (2001), Öffentliche Finanzen in der Demokratie, München.

Blotevogel, H.H. (2002a), Fortentwicklung des zentrale-Orte-Konzepts, Forschungs- und Sitzungsberichte, Band 127, Hannover: ARL.

Blotevogel, H.H. (2002b), Deutsche Metropolregionen in der Vernetzung, in: Informationen zur Raumentwicklung, Die großräumigen Verflechtungen deutscher Metropolregionen, BBR (Hrsg.), Heft 6/7.2002, S. 345-351.

Blotevogel, H.H. (2005), Raum. – In: Handwörterbuch der Raumordnung, Hannover, S. 831–841.

Blum, U./Dudley, L./Leibbrand, F./Weiske, A. (2005), Angewandte Institutionenökonomik, Wiesbaden.

Blume, L. (2003), Kommunen im Standortwettbewerb: Theoretische Analyse, volkswirtschaftliche Bewertung und empirische Befunde am Beispiel Ostdeutschlands, Baden-Baden.

Bode, E. (1998), Wirtschaftliche Konvergenz in Deutschland. – In: Fischer, B./Straubhaar (Hrsg.), Ökonomische Konvergenz in Theorie und Praxis, Baden-Baden, S. 163–188.

Borchard, K./Holst, M./Klemmer, P./Neuhaus, H./Schäfer, R./Wachter, B. (1994), Strategien für periphere ländliche Räume. Heft 8/1994 der Arbeitspapiere für periphere ländliche Räume, Bonn.

Borchard, K./Mäding, H./Zimmermann, H. (2005), Gleichwertige Lebensverhältnisse. Diskussionspapier des Präsidiums der Akademie für Raumforschung und Landesplanung. – In: ARL-Nachrichten 2/2005, S. 1–3.

Boudeville, J.-R. (1966), Problems of Regional Economic Planning, Edinburgh.

Böventer, E. von (1962), Optimales Wachstum und optimale Standortverteilung. – In: Schneider, E. (Hrsg.), (Schriften des Vereins für Socialpolitik, Gesellschaft für Wirtschafts- und Sozialwissenschaften, Bd. 27).

Bradley, J./Morgenroth, E. (2004), A Study of the Macro-Economic Impact of the Reform of EU Cohesian Policy, Dublin, S. 143.

Breschi, S./Lissoni, F. (2001), Localised Knowledge Spillovers vs. Innovative Milieux. Knowledge "Tacitness" Reconsidered, Papers in Regional Science, 80, S. 255-273.

Bröker, J./ Dohse, D./ Soltwedel, R. (Hrsg., 2003), Innovation Clusters and Interregional Competition, Berlin.

Bullinger, D. (1986), Innovationsorientierte kommunale Wirtschaftsförderung und Technologietransfer auf lokaler Ebene – Möglichkeiten und Grenzen einer Neuorientierung. – In: Denzer, K.J. (Hrsg.), Weiterbildung und Wissenschaft als Dienstleistung für Kommunen und Region, Bielefeld.

Bundesamt für Bauwesen und Raumordnung (Hrsg.) (2005), Raumordnungsbericht 2005, Berichte Band 21, Bonn.

Bundesamt für Bauwesen und Raumordnung (2006), Informationen aus der Forschung des BBR, Nr. 3.

Bundesamt für Bauwesen und Raumordnung (Hrsg.) (2006), Schwerpunktheft „Gleichwertige regionale Lebensverhältnisse?", Informationen zur Raumentwicklung, Heft 6.7 (2006).

Bundesministerium für Verkehr, Bau und Stadtentwicklung (2006), Leitbilder und Handlungsstrategien für die Raumentwicklung in Deutschland, Verabschiedet von der Ministerkonferenz für Raumordnung (MKRO) am 30.6.2006, online verfügbar: URL: http://www.bmvbs.de/Anlage/original_982048/Leitbilder-und-Handlungsstrategien-fuer-die-Raumentwicklung-in-Deutschland-2006.pdf, 02.11.2007.

Busch, B./Klös, H.-D. (1995), Potentialfaktor Infrastruktur, Band 22 der Beiträge zur Wirtschafts- und Sozialpolitik des Instituts der Deutschen Wirtschaft Köln, Köln.

Buttler, F. (1973), Entwicklungspole und räumliches Wirtschaftswachstum. Teil 1, Tübingen, S. 1–99.

Christaller, W. (1933), Die zentralen Orte in Süddeutschland, Jena.

Christaller, W. (1960), Die Hierarchie der Städte. – In: Proceedings of the IGU Symposium in Urban Geography, Lund, S. 3-11.

Coase, R.H. (1937), The Nature of the Firm. – In: Economica 4, S. 386–405.

Diller, C. (2002), Zwischen Netzwerk und Kooperation. – In: Raumforschung und Raumordnung, 60 (2), S. 146–154.

Dixit, A.K./Stiglitz, J.E. (1977), Monopolistic Competition and Optimum Product Diversity. – In: American Economic Review 67 (3), S. 297-308.

Downs, A. (1968), Ökonomische Theorie der Demokratie, Tübingen.

Eberstein, H.H./Karl, H. (Hrsg.) (1996): Handbuch der regionalen Wirtschaftsförderung, 3. Auflage, Band 1, Köln.

Eckey, H.-F. (1978), Grundlagen der regionalen Strukturpolitik: Eine problemorientierte Einführung, Köln.

Eckey, H.-F. (1995), Exportbasistheorie. – In: Handwörterbuch der Raumordnung, Hannover, S. 281–282.

Eckey, H.-F. (2005), Regionale Strukturpolitik. – In: Handwörterbuch der Raumordnung, Hannover, S. 933–940.

Eckey, H.-F./Horn, K./Klemmer, P. (1990), Abgrenzung von Diagnoseeinheiten für die Zwecke der regionalen Wirtschaftspolitik, [Beiträge zur Struktur- und Konjunkturforschung (Hrsg.: Prof. Dr. Paul Klemmer), Band XXIX], Bochum.

Eckey, H.-F./Kosfeld, R. (2004), New Economic Geography. Volkswirtschaftliche Diskussionsbeiträge des Fachbereichs Wirtschaftswissenschaften der Universität Kassel, No. 65/04.

Eckey, H.-F./Kosfeld, R. (2005), Regionaler Wirkungsgrad und räumliche Ausstrahlungseffekte der Investitionsförderung. – In: Jahrbuch für Regionalwissenschaft, Vol. 25.

Eckey, H.-F./Kosfeld, R./Türck, M. (2005), Regionale Produktionsfunktionen mit Spillover-Effekten in Deutschland. – In: Schmollers Jahrbuch 125 (2), S. 239–268.

Eckey, H.-F./Stock, W. (2001), Verbesserung der regionalen Wirtschaftsstruktur – Gesetz über die Gemeinschaftsaufgabe vom 06. Oktober 1969. – In: Eberstein, H.H./Karl, H. (Hrsg.), Handbuch der regionalen Wirtschaftsförderung, (48. Ergänzungslieferung vom April 2001), Band 1, Teil A, Abschnitt V, (Aktualisierung in Bearbeitung).

Enright, M. (2003), Regional Clusters – What We Know and What We Should Know. – In: Bröker/ Dohse/ Soltwedel (Hrsg.), Innovation Clusters and Interregional Competition, Berlin.

Erlbacher, F./Lageard, S. (2000), Regionalförderung und EG-Wettbewerbsrecht. – In: Eberstein, H.H./Karl, H. (Hrsg.), Handbuch der regionalen Wirtschaftsförderung, (46. Ergänzungslieferung vom August 200), Band 1, Teil A, Abschnitt VII, Kap. 4.

Europäische Kommission (2007), Die Kohäsionspolitik 2007-2013 (Erläuterungen und offiziele Texte), Brüssel.

Ewers, H.J./Wettmann, R. (1980), Innovationsorientierte Regionalpolitik, Bonn-Bad Godesberg.

Fehl, U./Oberender, P. (2004), Grundlagen der Mikroökonomie, 9. Aufl., München.

Feichtinger, G./Hartl, R.F. (1986), Optimale Kontrolle ökonomischer Prozesse. Anwendungen des Maximumprinzips in den Wirtschaftswissenschaften, Berlin/New York.

Feuerstein, S. (1981), Aufgabenfelder und Informationsbedarf kommunaler Wirtschaftsförderungspolitik, München.

Fischer, G./Wahse, J./Dahms, V.//Frei, M./Riedmann, A./Janik, F. (2007), Standortbedingungen und Beschäftigung in den Regionen West- und Ostdeutschlands. – In: IAB Forschungsbericht Nr. 5.

Frenkel, M./Hemmer, H.-R. (1999), Grundlagen der Wachstumstheorie, Gießen.

Fritsch, M. (2005), Innovation. – In: Handwörterbuch der Raumordnung, Hannover, S. 475-483.

Fritsch, M./Wein, T./Ewers, H.-J. (1993), Marktversagen und Wirtschaftspolitik, München.

Fujita, M./Krugman, P.R./Venables, A.J. (2001), The Spatial Economy: Cities, regions and international trade, Cambridge, Mass.

Fujita, M./Thisse, J.-F. (2002), Economics of agglomeration: cities, industrial location, and regional growth, Cambridge, Mass.

Funke, M./Niebuhr, A. (2005), Regional Geographic Research and Development Spillovers and Economic Growth. Evidence from West Germany. – In: Regional Studies 39 (1), S. 143–153.

Fürst, D./Schubert, H. (1998), Regionale Akteursnetzwerke. – In: Raumforschung und Raumordnung 56 (5/6), S. 352–361.

Genosko, J. (1999), Netzwerke in der Regionalpolitik, Marburg.

Giersch, H. (1964), Das ökonomische Grundproblem der Regionalpolitik. – In: Jürgensen, H. (Hrsg.), Gestaltungsprobleme der Weltwirtschaft (Andreas Predöhl aus Anlass seines 70. Geburtstages gewidmet, Festschrift), Göttingen.

Gugisch, I./Maier, J./Obermaier, F. (1998), Regionales Management zur Gestaltung und Koordination kommunaler und regionaler Entwicklungsprozesse. – In: Raumforschung und Raumordnung 56 (2/3), S. 136–142.

Hanusch, H. (1994), Nutzen-Kosten-Analyse, 2. Aufl., München.

Hayek, F.A. von (1960), The Constitution of Liberty, London.

Heimpold, G. (2006), Neue Orientierungen für die deutsche Raumentwicklungspolitik? – In: Wirtschaft im Wandel 2/2006, S. 60-65.

Hemmer, H.-R./Lorenz, A. (2004), Grundlagen der Wachstumsempirie, München.

Hirschman, A.O. (1967), Die Strategie der wirtschaftlichen Entwicklung, Stuttgart.

Heuer, H. (1985), Instrumente kommunaler Gewerbepolitik. Ergebnisse empirischer Erhebungen, Reihe: Schriften des Deutschen Instituts für Urbanistik, Bd. 73, Stuttgart.

Hotelling, H. (1929), Stability in Competition. – In: Economic Journal 39, S. 41–57.

Icks, A. (1999), Innovative kommunale Wirtschaftsförderung, Wiesbaden.

Immig, B. (2007), Die europäische Regionalpolitik – Bestandsaufnahme und Ausblick auf die Förderperiode 2007-2013, Saarbrücken.

Institut der deutschen Wirtschaft Köln Consult (2003), Spieglein, Spieglein … Wer ist der Beste im ganzen Land? Die Bundesländer im Vergleich, Köln.

Isard, W. (1956), Location and Space Theory – A General Theory Relating to Industrial Location, Market Areas, Land Use, Trade and Urban Structure, Cambridge/Mass.

Isard, W. (1962), Location and Space-Economy, 3. Aufl., Cambridge.

Jenkins, H.W. (1995), Raumordnung und Raumordnungspolitik, München.

Jochimsen, R. (1966), Theorie der Infrastruktur, Tübingen.

Jovanovic, M.N. (2003), Local vs. Global Location of Firms and Industries. – In: Journal of Economic Integration 18 (1), S. 60–104.

Karl, H. (1996), Europäische Raumentwicklungspolitik, Bonn.

Karlsson, C./Johansson, B./Stough, R. (2000), Endogenous Regional Growth and Policies. – In: Johansson, B./Karlsson, C./Stough, R. (eds.), Theories of Endogenous Regional Growth, Berlin, S. 3-13.

Keim, K.-D./Kühn, M. (Hrsg.) (2002), Regionale Entwicklungskonzepte, Strategien und Steuerungswirkungen (Arbeitsmaterial/Akademie für Raumforschung und Landesplanung; Nr. 287), Hannover.

Kemming, H. (1980), Raumwirtschaftstheoretische Gravitationsmodelle, Berlin.

Kindleberger, Ch.P. (1965), Economic Development, 2. Aufl., New York.

Koller, M./Schwengler, B./Zarth, M. (2001), Zielerreichungsanalyse bei den Fördergebieten der Gemeinschaftsaufgabe „Verbesserung der regionalen Wirtschaftsstruktur", Band 243 der Beiträge zur Arbeitsmarkt- und Berufsforschung, Nürnberg.

Koller, M. (2004), Wie erfolgreich sind Subventionen? – Investitionsförderung auf dem Prüfstand, Gutachten im Rahmen der Gemeinschaftsaufgabe „Verbesserung der regionalen Wirtschaftsstruktur" im Auftrag des Landes Sachsen-Anhalt.

Kommission der Europäischen Gemeinschaften (2002), 13. Jahresbericht der Strukturfonds (2001), Bericht der Kommission, Luxemburg, S. 1–131.

Koschatzky, K. (2001), Räumliche Aspekte im Innovationsprozess. Ein Beitrag zur neuen Wirtschaftsgeographie aus Sicht der regionalen Innovationsforschung. (= Wirtschaftsgeographie; 19), Münster.

Kosfeld, R./Eckey, H.-F./Dreger, C. (2005), Regional Convergence in the Unified Germany. A Spatial Econometric Perspective. – In: Dreger, C./Galler, H.P. (eds.), Advances in Macroeconomic Modelling, Baden-Baden, S. 189–214.

Krämer-Eis, H./Tengler, H. (1998), Wirtschaftsförderungsgesellschaften. – In: Eberstein, H.H./Karl, H. (Hrsg.), Handbuch der regionalen Wirtschaftsförderung, (43. Ergänzungslieferung vom Juni 1998), 1. Band, Teil A, Abschnitt VI 4, S. 1–30.

Krieger-Boden, C. (1995), Die räumliche Dimension in der Wirtschaftstheorie: ältere und neuere Erklärungsansätze, Kiel: Institut für Weltwirtschaft.

Krieger-Boden, C. (2005), Raumwirtschaftstheorie. – In: Handwörterbuch der Raumordnung, Hannover, S. 899–906.

Krugman, P.R. (1991a), Geography and Trade, Cambridge/Mass.

Krugman, P.R./Obstfeld, M. (2003), Internationale Wirtschaft, 6. Aufl., München.

Lammers, K. (2007), Die EU-Regionalpolitik im Spannungsfeld von Integration, regionaler Konvergenz und wirtschaftlichem Wachstum. – In: Raumforschung und Raumordnung 4/2007.

Lammers, K./Niebuhr, A. (2002), Erfolgskontrolle in der Gemeinschaftsaufgabe „Verbesserung der regionalen Wirtschaftsstruktur". – In: Eberstein, H.H./Karl, H. (Hrsg.) (1996), Handbuch der regionalen Wirtschaftsförderung, (50. Ergänzungslieferung vom Juli 2002), 1. Band, Teil B, Abschnitt XI, S. 1–54.

Lasuen, J.-R. (1969), On Growth Poles. – In: Urban Studies 6(2), S. 137–161.

Launhardt, W. (1882), Die Bestimmung des zweckmäßigsten Standortes einer gewerblichen Anlage, in: Zeitschrift des Vereins Deutscher Ingenieure, Band XXVI, Heft 3, S. 106–115.

Launhardt, W. (1885), Mathematische Begründung der Volkswirtschaftslehre, Leipzig.

Lauschmann, E. (1976), Grundlagen einer Theorie der Regionalpolitik (Band 2 der Taschenbücher zur Raumplanung), 3., völlig neu bearb. Aufl., Hannover.

Löbbe, K. (2000) Internationale Wettbewerbsfähigkeit und Standortqualität aus Sicht der sektoralen Strukturanalyse. – In: RWI-Mitteilungen, 51 (3/4), S. 185–204.

Lösch, A. (1940), Die räumliche Ordnung der Wirtschaft, Jena.

Lösch, A. (1944), The Nature of Economic Regions. – In: Southern Economic Journal 5 (1), S. 71-78.

Lucas, R.E. (1988), On the Mechanics of Economic Development. – In: Journal of Monetary Economics 22 (1), S. 3–42.

Luckenbach, H. (2000), Theoretische Grundlagen der Wirtschaftspolitik, München.

Marshall, A. (1890), Principles of Economics, London.

McCann, P. (2001), Urban and Regional Economics, New York.

Meyer, S. (2002), Strukturerneuerung und Regionalentwicklung durch Kooperationen und Netzwerke, Frankfurt a.M.

Meyer-Krahner, F. (1984), Erfassung regionaler Innovationsdefizite, Bonn-Bad Godesberg.

Miegel, M. (1991), Wirtschafts- und arbeitskulturelle Unterschiede in Deutschland, Gütersloh.

Morgan, K. (1997), The Learning Region: Institutions, Innovation and Regional Renewal. – In: Regional Studies (31) 5, S. 491–503.

Moßig, I. (2000), Räumliche Branchencluster und zwischenbetriebliche Vernetzungen?: Das Beispiel der Verpackungsmaschinenbau-Industrie in Deutschland. – In: Gesellschaft für Regionalforschung: Seminarbericht 42, S. 97–111.

Müller, W.-H. (1983), Wirtschaftsförderung. – In: Handbuch der kommunalen Wissenschaft und Praxis, Band 4, Berlin/Heidelberg 1983, S. 625 ff.

Myrdal, G. (1974), Ökonomische Theorie unterentwickelter Regionen, Frankfurt am Main.

Oates, W. E. (1972), Fiscal Federalism, New York.

Olson, M. (1991), Aufstieg und Niedergang von Nationen, 2. Aufl., Tübingen.

Ottaviano, G. (2004), Agglomeration and Economic Geography. – In: Handbook of Regional and Urban Economics, Vol. 4, S. 2564 ff., Amsterdam [u.a.].

Ottaviano, G.I.P./Thisse, J.-F. (2004), Agglomeration and economic geography. – In: Henderson, J.V./Thisse, J.-F. (Eds.) (2004), Handbook of Urban and Regional Economics, 4, Part III. Economic geography and the geography of modern economies, Amsterdam [u.a.], S. 2563–2608.

Perroux, F. (1964), L'Économie du XXème sciècle, Paris.

Porter, M. E. (1988), Clusters and the New Economic of Competition. –In: Harvard Business Review, November/December, S. 77-90.

Porter, M. E. (1999), Wettbewerbsstrategie: Methoden zur Analyse von Branchen und Konkurrenten, 10. Auflage, Frankfurt a.M.

Postlep, R.-D./Blume, L.; Fromm, O. (2001), Regionalpolitik im föderativen Staatsaufbau (Volkswirtschaftliche Diskussionsbeiträge/Universität Kassel, Fachbereich Wirtschaftswissenschaften, 26/01), Kassel.

Raumordnungsgesetz (ROG) § 1 Abs. 2.

Rebelo, S. (1991), Long Run Policy Analysis and Long Run Growth. – In: Journal of Political Economy 99 (3), S. 500–521.

Rehfeld, D. (1999), Produktionscluster – Konzeption, Analysen und Strategien für eine Neuorientierung der regionalen Strukturpolitik, München.

Richardson, H.W. (1969), Regional Economics: Location Theory, Urban Structure and Regional Change, New York.

Richardson, H.W. (1973), Regional Growth Theory, New York.

Ridinger, R. (1992), EG-Regionalpolitik. – In: Handbuch der Regionalen Wirtschafts-förderung, Köln 1988, A VI 1, S. 1-22.

Rittenbruch, K. (1968), Zur Anwendbarkeit der Exportbasis-Konzepte im Rahmen von Regionalstudien, Berlin.

Romer, P.M. (1990), Endogenous Technological Change. – In: The Journal of Political Economy 98 (5), S. 71–102.

Roos, M. (2002), Ökonomische Agglomerationstheorien: die neue ökonomische Geo-graphie im Kontext, Lohmar/Köln (Zugl.: Dortmund, Univ., Diss., 2002).

Rösch, A. (2000), Kreative Milieus als Fakten der Regionalentwicklung. – In: Raum-forschung und Raumordnung 58 (2/3), S. 161–172.

Rosenthal, S.S./Strange, W.C. (2004), Evidence on the Nature and Sources of Agglom-eration. – In: Handbook of Regional and Urban Economics, Vol. 4, S. 2119 ff.

Salmen, T. (2001), Standortwahl der Unternehmen, Marburg.

Schalk, H.J./Untiedt, G. (2000), Regional investment incentives in Germany. Impact on factor demand and growth. – In: Annals of Regional Science 34 (2), S. 173–195.

Schädlich, M./Stangl, J. (2005), Wissensgesellschaft. – In: Handwörterbuch der Raum-ordnung, Hannover, S. 1290-1297.

Schätzl, L. (2001), Wirtschaftsgeographie 1 Theorie, Paderborn.

Schätzl, L. (2003), Wirtschaftsgeographie 1 – Theorie, 9. Aufl., UTB 783, Paderborn.

Schilling-Kaletsch, I. (1976), Wachstumspole und Wachstumszentren, Hamburg.

Schlecht, O. (1972), Künftige Aufgaben der regionalen Wirtschaftspolitik. – In: Structur 8, S. 174 ff.

Schmalen, H. (2002), Grundlagen und Probleme der Betriebswirtschaft, 12., überarb. Aufl, Stuttgart.

Schneider, E. (1965), Einführung in die Wirtschaftstheorie, II. Teil – Wirtschaftspläne und wirtschaftliches Gleichgewicht in der Verkehrswirtschaft, 10., verb. Aufl., Tü-bingen.

Schöler, K. (2005a), Raumwirtschaftstheorie, München.

Schöler, K. (2005b), Standortentscheidungen. – In: Handwörterbuch der Raumordnung Hannover, S. 1109-1117.

Sechsunddreißigster Rahmenplan der Gemeinschaftsaufgabe „Verbesserung der regionalen Wirtschaftsstruktur" für den Zeitraum 2007 bis 2010, BT-Drucksache 16/5215 vom 27.04.2007.

Senker, J./Faulkner, W. (1996), Networks, Tacid Knowledge and Innovation. – In: Coombs, R. u.a., Technological Collaboration. The Dynamics of Cooperation in Industrial Innovation, Cheltenham, S. 76 – 97.

Siebert, H. (2000), Zum Paradigma des Standortwettbewerbs, Tübingen.

Sinz, M. (2005a), Raumordnung/Raumordnungspolitik. – In: Handwörterbuch der Raumordnung, Hannover, S. 863-872.

Sinz, M. (2005b), Region. – In: Handwörterbuch der Raumordnung, Hannover, S. 919.

Solow, R.M. (1956), A Contribution to the Theory of Economic Growth. – In: Quarterly Journal of Economics 70 (1), S. 65–94.

Spehl, H. u.a. (1987), Externe Kontrolle und regionale Wirtschaftspolitik, Berlin.

Statistisches Jahrbuch 2006

Steiner, R. (2002), Zur Notwendigkeit einer konzeptionellen Erweiterung transaktionskostentheoretischer Netzwerkanalysen. – In: Seminarbericht 45 (2002) der Gesellschaft für Regionalforschung, S. 25–43.

Steinrücken, T./Jaenichen, S. (2002), Wofür bezahlen Standorte? Subventionswirkungen im Wettbewerb zwischen Regionen. – In: List-Forum für Wirtschafts- und Finanzpolitik 28 (4), S. 313–326.

Stiller, S. (2005), Raumentwicklung, ökonomische. – In: Handwörterbuch der Raumordnung, Hannover, S. 850–856.

Thünen, J.H. von (1875), Der isolirte Staat in Beziehung auf Landwirtschaft und Nationalökonomie, 3. Auflage, Hamburg.

Tiebout, C.M. (1956), A Pure Theory of Local Expenditures, - In: Journal of Public Economy 64 (5), S. 416-424.

Valdes, B. (1999), Economic Growth- Theory, Empirics and Policy, Cheltenham and Northampton.

Weber, A. (1909), Über den Standort der Industrien, Tübingen.

Weber, A. (1922), Über den Standort der Industrie [1. Teil: Reine Theorie des Standorts (2. Aufl.)], Tübingen.

Weil, D.N. (2005), Economic Growth, Boston u.a.

Williamson, O.E. (1990), Die ökonomischen Institutionen des Kapitalismus, Tübingen.

Stichwortverzeichnis

Mehr wissen – weiter kommen

Leicht und erfolgreich
durch die Statistikprüfung

Dieses Lehrbuch vermittelt anwendungsorientiert die Verfahren der Deskriptiven Statistik, wie sie in den Wirtschafts- und Sozialwissenschaften an Universitäten und Fachhochschulen gelehrt werden. Ein besonderer Akzent liegt auf einer möglichst wenig formalen Darstellung sowie auf vielen Beispielen und der Interpretation als Teilaufgabe der statistischen Methodenlehre. Somit eignet sich das Buch hervorragend als Begleitlektüre und zum selbstständigen Nacharbeiten einer Vorlesung oder auch zum gezielten Nachschlagen bestimmter Fragestellungen.

Hans-Friedrich Eckey | Reinhold Kosfeld | Matthias Türck
Deskriptive Statistik
Grundlagen – Methoden – Beispiele
5. Aufl. 2008. XXVI, 283 S.
Br. EUR 26,90
ISBN 978-3-8349-0859-9

Statistik verstehen
und erfolgreich anwenden

Dieses Lehrbuch vermittelt anwendungsorientiert die Verfahren der Wahrscheinlichkeitsrechnung und Induktiven Statistik, wie sie in den Wirtschafts- und Sozialwissenschaften an Universitäten und Fachhochschulen gelehrt werden. Anhand zahlreicher Beispiele werden die statistischen Methoden anschaulich dargestellt und ihre Ergebnisse ausführlich interpretiert. Somit eignet sich das Buch hervorragend als Begleitlektüre und zum selbstständigen Nacharbeiten einer Vorlesung oder auch zum gezielten Nachschlagen bestimmter Fragestellungen. Es empfiehlt sich auch für Praktiker, die sich über die Durchführung und Interpretation statistischer Tests sowie die Berechnung von Konfidenzintervallen informieren wollen.

Hans-Friedrich Eckey | Reinhold Kosfeld | Matthias Türck
Wahrscheinlichkeitsrechnung und Induktive Statistik
Grundlagen – Methoden – Beispiele
2005. XVI, 309 S.
Br. EUR 29,90
ISBN 978-3-8349-0043-2

Erprobte Einführung mit vielen Beispielen

In dem Lehrbuch werden Verfahren der multivariaten Statistik anwendungsorientiert und verständlich vermittelt. Anhand von Beispielen aus der Ökonomie kann der Leser die vorgestellten Methoden schrittweise und anschaulich nachvollziehen. Mit Hilfe des Programmpakets SPSS wird die sachgerechte Anwendung multivariater Verfahren illustriert.

Hans-Friedrich Eckey | Reinhold Kosfeld | Martina Rengers
Multivariate Statistik
Grundlagen – Methoden – Beispiele
2002. XXXIV, 442 S.
Br. EUR 34,90
ISBN 978-3-409-23572-3

Änderungen vorbehalten. Stand: Juni 2008.
Erhältlich im Buchhandel oder beim Verlag.
Gabler Verlag . Abraham-Lincoln-Str. 46 . 65189 Wiesbaden . www.gabler.de

GABLER

Mehr wissen – weiter kommen

Grundlagen der Institutionenökonomik

Das Buch gibt einen Überblick über die moderne Industrieökonomik, ausgehend von den grundlegenden Modellen der Mikroökonomik und der alten Industrieökonomik. Es verdeutlicht die Anwendbarkeit zur Erklärung aktueller Fragen der Industrie- und Wirtschaftspolitik und stellt die Themen in historische und philosophische Kontexte. Die anwendungsorientierte Darstellung mit Beispielen, Übungsaufgaben und Lösungen stellt den Bezug zwischen Theorie, Empirie und Wirtschaftspolitik bzw. strategischem Management her und beschreibt die Industrieökonomik anhand der Wettbewerbsinstrumente.

Ulrich Blum | Simone Müller |
Andreas Weiske
**Angewandte
Industrieökonomik**
Theorien – Modelle – Anwendungen
2006. X, 287 S.
Br. EUR 29,90
ISBN 978-3-8349-0215-2

Das Gabler-Repetitorium: Mikroökonomie

Das Intensivtraining Mikroökonomie diskutiert die Bestimmungsfaktoren für das Verhalten der privaten Haushalte, wobei sowohl die Haushaltsnachfrage als auch das Haushaltsangebot betrachtet wird. Anschließend wird gezeigt, welche Aspekte Unternehmen bei ihren Entscheidungen berücksichtigen müssen. Außerdem wird bei unterschiedlichen Marktkonstellationen analysiert, wie ein Ausgleich zwischen Nachfrage und Angebot zu erzielen ist. Ein kurzer Einblick in die neueren Entwicklungen der Mikroökonomie rundet das Repetitorium ab.

Gabriele Hildmann
**Intensivtraining
Mikroökonomie**
2., überarb. Aufl. 2005.
VIII, 174 S.
Br. EUR 17,90
ISBN 978-3-409-22620-2

Methodenkenntnisse pur –
anschaulich aufbereitet

Die Ökonometrie nimmt bei der empirischen Fundierung ökonomischer Hypothesen und Theorien eine herausragende Stellung ein. Kenntnisse ökonometrischer Methoden werden in vielen Bereichen, z. B. in der Konjunkturanalyse, Politiksimulation, Finanzmarktanalyse oder in der Marktforschung, für empirisch arbeitende Ökonomen vorausgesetzt. Dieses Lehrbuch vermittelt anschaulich anwendungsreife ökonometrische Methoden. Beispiele aus den verschiedensten Bereichen der Wirtschaftstheorie bieten außerdem Anhaltspunkte für eine fundierte Interpretation der Ergebnisse ökonometrischer Schätzungen und Tests.

Hans-Friedrich Eckey | Reinhold
Kosfeld | Christian Dreger
Ökonometrie
Grundlagen – Methoden – Beispiele
3. Aufl. 2004. XXVIII, 423 S.
Br. EUR 42,90
ISBN 978-3-409-33732-8

Änderungen vorbehalten. Stand: Juni 2008.
Erhältlich im Buchhandel oder beim Verlag.
Gabler Verlag . Abraham-Lincoln-Str. 46 . 65189 Wiesbaden . www.gabler.de

GABLER

Grundbegriffe der BWL und VWL zum Nachschlagen

Aktuelles Wirtschaftswissen für Beruf und Studium

Das Gabler Kompakt-Lexikon Wirtschaft definiert kurz und prägnant die wichtigsten Begriffe aus den Themenbereichen:

- Management | Unternehmensführung | Organisation | Personal
- Finanzierung | Bank | Börse | Versicherung
- Rechnungswesen | Controlling | Steuern
- Marketing
- Produktion | Logistik
- Mathematik | Statistik
- Volkswirtschaft
- Recht

Zahlreiche Verweise ergänzen die Ausführungen und zeigen Zusammenhänge auf.

Die neunte Auflage des Lexikons ist vollständig überarbeitet und vor allem in den Bereichen Unternehmensführung, Bank, Börse, Steuern und Recht durch eine Vielzahl aktueller Begriffe erweitert.

Gabler Kompakt-Lexikon Wirtschaft

3.000 Begriffe nachschlagen, verstehen, anwenden
9., vollst. überarb. u. erw. Aufl. 2006.
385 S. Mit 40 Abb.
Br. EUR 19,90
ISBN 978-3-409-99168-1

Ebook-Ausgabe

9., vollst. überarb. u. erw. Aufl. 2006.
2,7 MByt.
Ebook Mopipocket Reader
EUR 19,90
ISBN 978-3-8349-0162-0

Änderungen vorbehalten. Stand: Januar 2008.
Erhältlich im Buchhandel oder beim Verlag
Gabler Verlag . Abraham-Lincoln-Str. 46 . 65189 Wiesbaden . www.gabler.de GABLER

MIX
Papier aus verantwortungsvollen Quellen
Paper from responsible sources
FSC® C105338

If you have any concerns about our products,
you can contact us on
ProductSafety@springernature.com

In case Publisher is established outside the EU,
the EU authorized representative is:
Springer Nature Customer Service Center GmbH
Europaplatz 3, 69115 Heidelberg, Germany

Printed by Libri Plureos GmbH
in Hamburg, Germany